Rätsel der Menschheit

Rätsel der Menschheit

UNGEKLÄRTE WUNDER
UND GEHEIMNISVOLLE ERSCHEINUNGEN

Herbert Genzmer

Ullrich Hellenbrand

Parragon

Bath · New York · Singapore · Hong Kong · Cologne · Delhi · Melbourne

Inhalt

Mythos oder Wirklichkeit? 92

Parawissenschaften 184

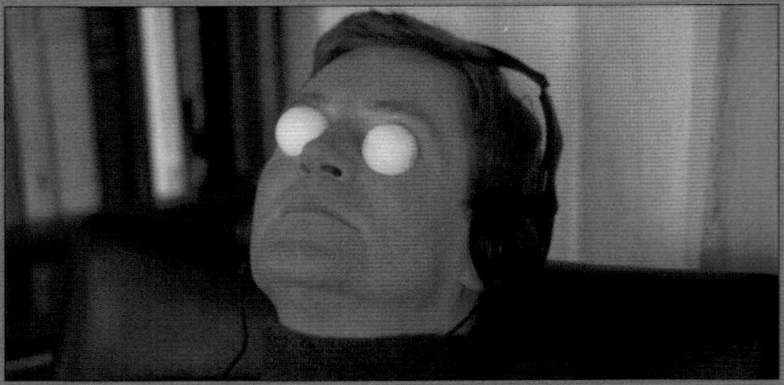

Geheimnisse der Gegenwart

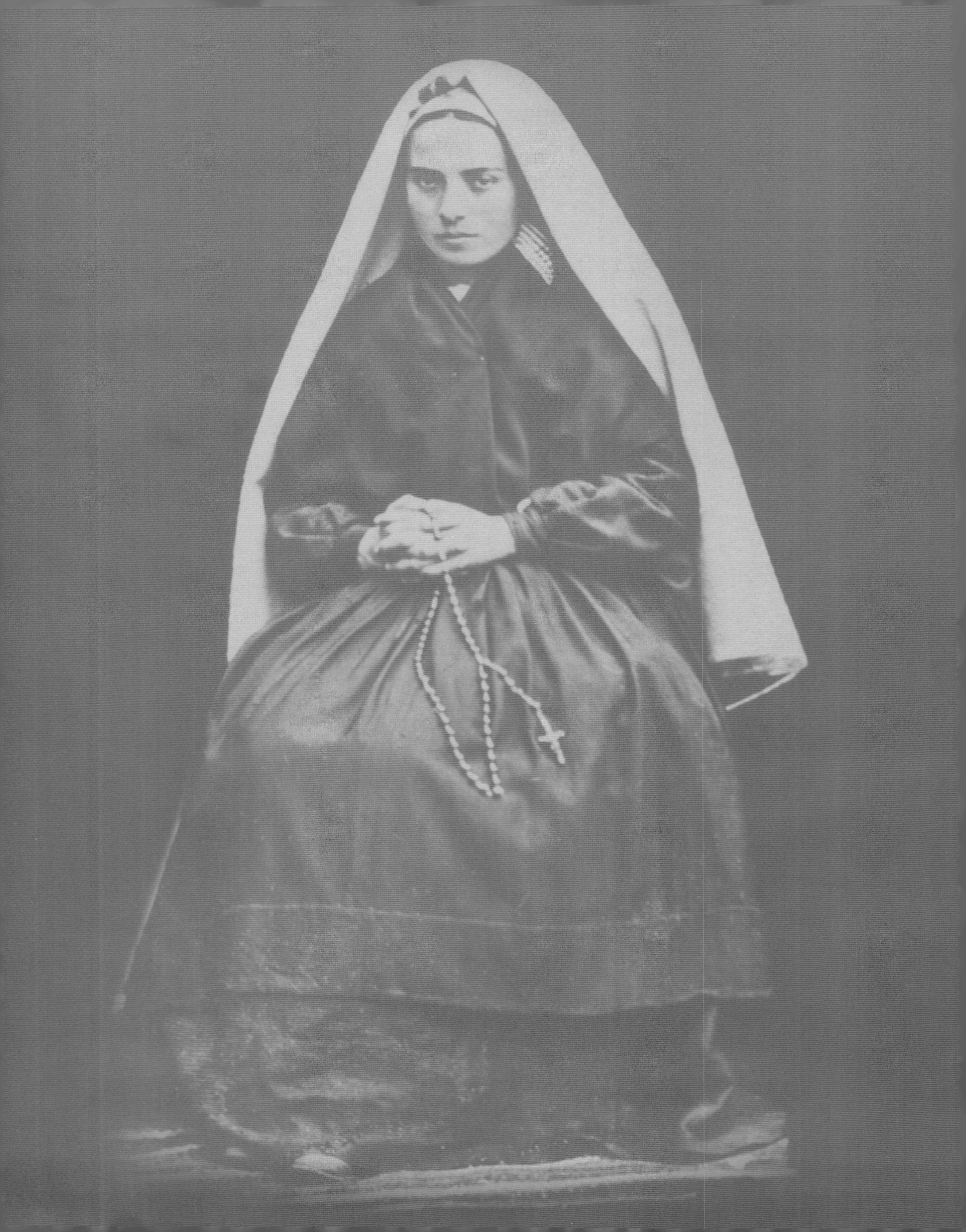

Vorwort

Wir leben in einer fortschrittlichen, hoch technisierten Welt – und sind dennoch umgeben von unzähligen Geheimnissen. Uralte Orte und mysteriöse Wesen, versunkene Welten und Kulturen, symbolträchtige Landschaften, unerklärliche Erscheinungen und unglaubliche Funde aus alten Zeiten geben den Menschen trotz intensiver Forschungen immer noch zahlreiche Rätsel auf.

In manchen Fällen werden Geheimnisse oder zumindest Teile davon gelüftet, doch nicht selten üben sie trotzdem einen ungebrochenen Bann auf die Menschen aus. So ist beispielsweise Atlantis, das legendäre Inselreich, das in der Antike existiert haben und dann versunken sein soll, seit Jahrhunderten im Gespräch. Obwohl viele Forscher davon überzeugt sind, dass die Insel nie existiert hat, begeben sich bis heute immer wieder Menschen auf die Suche nach dem Reich – im festen Glauben daran, dass das versunkene Atlantis nicht nur ein Mythos ist. Eine ähnlich große Faszination üben auch nach wie vor die Pyramiden der ägyptischen Pharaonen auf uns aus, ganz besonders in Verbindung mit dem Fluch des Pharaos Tutanchamun, der angeblich schon viele Forscher getötet hat, die mit den Ausgrabungen zu tun hatten. Aberglaube – oder Realität?

Dieses Buch befasst sich mit eben solchen Rätseln, die die Menschheit bewegten und bewegen; mit heiligen Stätten und uralten Städten an Kraftorten, über deren Erbauer wir noch immer sehr wenig wissen, mit versunkenen und legendären Welten, mit Kulturen, die inzwischen erloschen sind, ohne Informationen darüber zu hinterlassen, wer sie eigentlich waren und woher sie ihr geheimes Wissen bezogen. Hatten sie Unterstützung von außerirdischen Lebensformen, wie einige renommierte Forscher annehmen? Gibt es Geister und treten Verstorbene wirklich mit manchen Menschen in Kontakt? Auch Geheimnisse aus jüngerer Zeit wie Ufo-Sichtungen oder das Auftreten rätselhafter Kornkreise werden in Augenschein genommen. Natürlich dürfen auch Phänomene aus dem Bereich der Parawissenschaften nicht fehlen, die zumindest teilweise die Dogmata „seriöser" Wissenschaften in Zweifel ziehen.

Fest steht in jedem Fall eines: In vielen Bereichen mischen sich Legenden und Mythen mit Archäologie und Naturwissenschaften. In diesem Buch verdichten sie sich zur faszinierenden Frage nach den Rätseln der Menschheit. Es bietet den Versuch verschiedenster Deutungen an und begibt sich auf die Spur der seltsamen Kräfte, die uns umgeben ...

Linke Seite: Die heilige Bernadette von Lourdes (s. S. 239, 282) starb 1879 im Alter von 36 Jahren. Bei der Öffnung ihres Grabes im Jahre 1919, 40 Jahre später, weist ihr Körper keine Verwesungsspuren auf – ein ungeklärtes Rätsel. Mit einer Wachsschicht überzogen liegt ihr Leichnam bis heute in einem Schrein in der Kapelle der Schwestern von Nevers.

Rätselhafte Hinterlassenschaften früherer Kulturen

Rätselhafte Stätten

Alte Stätten liefern Informationen, Geschichten, Legenden und andere Hinweise, die für Archäologie und Historiker, also allgemein für die Erforschung von Kulturen, unerlässlich sind. In der Vergangenheit ist man häufig wenig sorgsam mit alten Bauwerken und Kultplätzen umgegangen; viele von ihnen wurden zerstört oder verfielen, nachdem sie verlassen worden waren. Mangelhafte Pflege und äußere Einflüsse taten ihr Übriges dazu, dass ein Großteil der ältesten Stätten falls überhaupt nur noch als Ruine existiert.

Doch auch aus den Überresten kann man noch viele Informationen ableiten, wie etwa die ehemalige Ausdehnung, Art und Qualität des Baumaterials oder, im Fall von Ruinen, eventuell sogar die Art der Zerstörung. Häufig geben auch der Standort oder der Nutzungszweck der Gebäude weitere Aufschlüsse über die Kulte und Kulturen der Vergangenheit.

Allerdings lassen sich nicht immer alle Geheimnisse lösen, die ein Gebäude oder ein Kultplatz verbirgt. Falsche oder falsch gedeutete Hinweise oder legendäre Geschichten, mit denen man die Stätten in Verbindung bringt, sorgen ebenso wie das grundsätzliche Fehlen weiterer Informationen für offen bleibende oder gar neue unerklärliche Rätsel.

Im Folgenden werden Hinterlassenschaften früherer Kulturen vorgestellt, um die sich zahlreiche Mythen und Legenden ranken, und die oft sowohl die Öffentlichkeit als auch die Wissenschaften vor unlösbare Rätsel stellen. Viele dieser geheimnisvollen Stätten stehen an so genannten Kraftorten, an Orten, an denen unbekannte mächtige Kräfte der Erde wirken, die frühe Kulturen zu erkennen, zu deuten und zu nutzen wussten.

Der berühmte Steinkreis von Stonehenge gibt Wissenschaftlern seit Jahrhunderten Rätsel auf, die bis heute nicht gelöst werden konnten. Keiner weiß, wer dieses monumentale Werk errichtete und wann und warum es gebaut wurde.

In der Maya-Stadt Uxmal befindet sich die so genannte „Pyramide des Magiers", die mit ihrem ovalen Grundriss und den fünf Überbauungen zu den ungewöhnlichsten Pyramiden zählt.

Pyramiden

Pyramiden finden sich nicht nur im ägyptischen Tal der Könige, sondern auf der ganzen Welt. Sie stehen im Sudan und Irak, in Mexiko, Chile, Guatemala und sogar in Rom. Auf den Philippinen wurden diese Bauwerke ebenso errichtet wie in Österreich. Im letzten Jahrhundert wurde südlich von Japan sogar eine Pyramide entdeckt, die sich unter Wasser befindet. Viele dieser Bauwerke wurden bis heute nur teilweise oder sogar überhaupt nicht erforscht, was vor allem damit zusammenhängt, dass viele Pyramiden nicht oder nur noch schwer zugänglich sind.

Pyramiden als Grabmäler?

In vielen Fällen mögen Pyramiden als Grabmal gedacht gewesen sein. Allerdings gibt es auch Hinweise darauf, dass dies nicht der einzige Grund für ihre Errichtung war. Immerhin entstanden unter Cheops' Vater und Vorgänger Snofru (ab ca. 2575 v. Chr.) im Lauf seiner Regierungszeit – man geht von etwa 48 Jahren aus – fünf Pyramiden, darunter auch die so genannte „Knick-Pyramide" (s. Kasten S. 16) und die „Rote Pyramide" in Dahschur in Unterägypten.

Mittlerweile ist die Theorie verbreitet, dass die Pharaonen mit diesen imposanten Bauwerken auch Größe, Stärke und Macht beweisen wollten. Andere Forscher behaupten, dass die Pyramiden errichtet worden seien, um mit ihrer Hilfe astronomische Beobachtungen durchzuführen. Einiges scheint für diese These zu sprechen, da sich viele Grundrisse der Pyramiden offensichtlich an den vier Himmelsrichtungen orientieren. Mittlerweile gilt als gesichert, dass die Astronomie in Ägypten hoch entwickelt war, was ebenfalls ein Indiz dafür ist,

Europäische Pyramiden

In Europa befinden sich in erster Linie Pyramiden, die erst in jüngerer Zeit entstanden sind und die von den älteren Pyramiden inspiriert wurden. So entstand 1989 auf dem Gelände des Pariser Louvre eine Pyramide, die aus gläsernen Quadraten besteht. Ähnlich modern gehalten wurde auch die Pyramide der Euromed-Klinik in Fürth. Aus dem 19. Jahrhundert stammen dagegen die Karlsruher Pyramide (1823), die mittlerweile zum Wahrzeichen der Stadt geworden ist, und die beiden Pyramiden im Park und Schloss Branitz in Cottbus (1856/57). Auch im Neuen Garten von Potsdam wurde eine Pyramide (1791/92) nach den klassischen Vorbildern gebaut.

In Rom entstand etwa 20 v. Chr. eine Pyramide, die nach ihrem Auftraggeber Gaius Cestius benannt wurde. Die mit über 2000 Jahren wahrscheinlich älteste bekannte europäische Pyramide liegt im österreichischen Waldviertel zwischen Zwettl und Groß-Gerungs.

dass mit den Pyramiden ein astronomischer Zweck verfolgt wurde – eindeutige Beweise stehen allerdings bislang noch aus.

Natürlich finden sich auch Pyramiden, die eindeutig als Grabmal gedient haben. Im Hinblick darauf, dass im Tal der Könige nahezu alle verborgenen Gräber von Plünderern heimgesucht wurden – das Grab Tutanchamuns bildet bislang die einzige bekannte Ausnahme –, muss davon ausgegangen werden, dass im Laufe der Jahrtausende auch die weithin auffälligen Bauwerke das Ziel von Dieben gewesen sind. Tatsächlich fanden sich an nahezu allen erforschten Pyramiden Spuren von Einbrüchen, die in einigen Fällen das Fehlen von Grabbeigaben oder sogar einer Mumie erklären würden.

Der Bau einer Pyramide

Es ist bis heute nicht restlos geklärt, wie man während ihrer Entstehungszeit beim Pyramidenbau vorgegangen ist. Selbst mit heutigen Mitteln wären derartige Gebäude nur schwer zu realisieren. Aufgrund der Vielzahl von Pyramiden in den unterschiedlichen Kulturkreisen ist davon auszugehen, dass es mehr als eine Errichtungsmethode gab.

Ende der 80er-Jahre des letzten Jahrhunderts veröffentlichte der französische Chemiker Joseph Davidovits eine Theorie, nach der die Steine einer – in diesem Fall ägyptischen – Pyramide vor Ort entstanden waren, indem man Schlamm aus Kalkstein mit weiteren Stoffen gemischt und an der vorgesehenen Stelle in eine Holz-, Ton- oder Ziegelform gegossen hatte, wo er langsam abband. Diese Theorie kann im Fall der ägyptischen Pyramiden sehr schnell widerlegt werden, indem man auf die unregelmäßigen und keinesfalls passgenau verlegten Steine verweist. Allerdings besteht durchaus die Möglichkeit, dass das recht einfache Verfahren an anderer Stelle tatsächlich angewandt wurde.

Von den meisten Wissenschaftlern wird die Theorie vertreten, dass die Steine von einem Steinbruch an die jeweilige

Man geht davon aus, dass die Unterwasserpyramide im japanischen Meer unmittelbar an der Küste gebaut wurde. Die Anlage versank im Wasser, da der Meeresspiegel in den letzten Jahrtausenden um etwa 30 Meter angestiegen ist.

Baustelle transportiert wurden, um dort von Arbeitern über eine Rampe, die gleichzeitig mit der Pyramide wuchs, an die erforderliche Stelle gezogen oder geschoben zu werden. Einige weiterführende Ideen besagen, dass die jeweilige Rampe später zum Teil der Pyramide wurde, indem man absichtlich belassene Lücken später mit den Steinen der Rampe schloss. Zu Beginn des 21. Jahrhunderts fanden sich in Ägypten Hinweise darauf, dass diese Rampentheorie der Wahrheit entsprechen könnte, der eindeutige Beweis steht allerdings noch aus. In einigen Fällen ist eine Rampe als Möglichkeit auch auszuschließen, da der zur Verfügung stehende Platz nicht ausgereicht haben kann.

Die Stufenpyramide des Djoser in Sakkara gilt als der erste monumentale Steinbau Ägyptens. Sie entstand etwa im Jahr 2700 v. Chr.

Gerüchte und Rätsel

Selbst Pyramiden, die heutzutage als erforscht gelten, scheinen immer noch Geheimnisse zu hüten. Neben diversen Gerüchten über besondere Kostbarkeiten, die sich in bestimmten geheimen Gängen und Kammern befinden sollen, kam es bei der Erforschung oder den Ausgrabungen wiederholt zu Geschehnissen, die den Verdacht erhärten, dass sich in den Bauwerken mehr als das bislang Entdeckte befinden muss. So berichteten die Archäologen John Shea Perring und Howard Vyse, die 1839 in der Knick-Pyramide arbeiteten, dass bei den Ausgrabungen so starke kalte Winde durch die Gänge wehten, dass die Arbeit mitunter eingestellt werden musste. Abgesehen von dem Weg, durch den die Archäologen ins Innere der Pyramide vorgestoßen waren, war allerdings keine weitere Verbindung zur Außenwelt bekannt.

Die Knick-Pyramide

Die „Knick-Pyramide" von Dahschur entstand in der 4. Dynastie (2639–2504 v. Chr.) unter Pharao Snofru. Ihr Name geht darauf zurück, dass man im Bauverlauf den Neigungswinkel reduzierte, sodass etwa auf halber Höhe ein deutlicher Knick zu sehen ist. Diese Veränderung wurde offensichtlich notwendig, um die Stabilität der Pyramide zu gewährleisten. Der qualitativ minderwertige Boden war abgesackt, und der Bau drohte einzustürzen. Durch die Absenkung des Neigungswinkels und einige andere bauliche Veränderungen konnten die Arbeiten allerdings doch zu Ende geführt werden.

Der ägyptische Forscher Ahmed Fakhry berichtete Anfang der 50er-Jahre von Tönen, die an windigen Tagen im Innern der Pyramide zu hören waren. Die Ursachen für beide Ereignisse sind bis zum gegenwärtigen Zeitpunkt noch nicht geklärt. Möglich ist, dass weitere Öffnungen und eventuell auch Räume existieren, durch die Luft ins Innere der Pyramide gelangen kann und dort durch Zirkulation Luftströme oder Geräusche erzeugt.

Einem seit Jahrhunderten kursierenden Gerücht zufolge wollten die Erbauer der Pyramiden ihren Nachkommen oder ihren Göttern Botschaften übermitteln und hinterließen daher beim Bauen Zeichen oder Zahlenrätsel.

So existieren Behauptungen, die Pyramiden seien allesamt nach Norden ausgerichtet, was bedeuten würde, dass sämtliche Pyramiden nach einem globalen Plan errichtet worden sind. Dieses Gerücht hält sich zwar hartnäckig, jedoch ist nachweisbar, dass man sich nahezu ausschließlich beim Bau der ägyptischen Pyramiden an den Himmelsrichtungen orientierte, was sich mit dem belegten astronomischen Interesse der Ägypter begründen lässt. Alle weiteren Pyramiden, vor allem aber jene, die erst in den letzten Jahrhunderten nach ägyptischem Vorbild entstanden sind, wurden wahrscheinlich nicht bewusst nach den Himmelsrichtungen ausgerichtet.

Die Behauptung, dass es sich bei den Pyramiden um überdimensionale Sonnenuhren handelt, erwies sich als haltlos, da einige Schatten von Pyramiden in Schluchten oder Flussläufe fallen. Darüber hinaus ist der Schatten einer Pyramide grundsätzlich nicht dazu geeignet, auf einer Sonnenuhr einen bestimmten Punkt anzuzeigen, da dieser zu breit ausfällt.

Schließlich wird behauptet, dass die Pyramiden nach einem festen Schema erbaut wurden, sodass anhand der Grundfläche immer die Höhe der Pyramide ermittelt werden kann. Dass diese Annahme falsch ist, lässt sich allein anhand der „Knick-Pyramide" (s. Kasten) feststellen. Nicht die Grundfläche ist entscheidend für die Höhe einer Pyramide, sondern der Winkel, der bei der Errichtung der Außenmauern gewählt wird – und dieser

Die „Knick-Pyramide" gilt als erste ägyptische Pyramide, die nicht mehr als Stufenpyramide geplant war.

war einerseits vom persönlichen Geschmack des Erbauers und andererseits vom technischen Geschick der Arbeiter abhängig. Diese Annahme wurde in der Vergangenheit bereits einigen Wissenschaftlern zum Verhängnis, wie etwa Charles Piazzi Smyth (1819–1900), als er vor einer verschütteten Pyramide anhand der sichtbaren Spitze abschätzen wollte, wie lange man für Ausgrabungen benötigen würde.

Natürlich existieren weitaus mehr Rätsel und Gerüchte rund um die Pyramiden, allerdings sind die meisten eher auf ältere Geschichten zurückzuführen, weshalb ihr Wahrheitsgehalt im Allgemeinen als eher gering betrachtet wird.

Die 1989 im Innenhof des Louvre errichtete Glaspyramide geht auf den chinesisch-amerikanischen Architekten Ieoh Ming Pei zurück.

Die Pyramiden bilden das Wahrzeichen der antiken Maya-Stadt Tikal im heutigen Guatemala. Hier befindet sich die mit 72 m höchste bekannte Pyramide der Mayas.

Die Pyramiden von Gizeh

Die weltweit bekanntesten Pyramiden befinden sich im ägyptischen Gizeh. Einst von Herodot beschrieben, sind sie das einzige der sieben Weltwunder, das bis in die Gegenwart erhalten geblieben ist. Sie zählen zu den antiken Hinterlassenschaften, deren Geschichte und Funktion am häufigsten diskutiert wurden. Im Folgenden werden zwei Erkenntnisse neueren Datums stellvertretend für die unzähligen Gerüchte und Theorien geschildert, die sich um diese Bauwerke ranken.

Die Sklaven des Herodot

Als der Geschichtsschreiber Herodot (ca. 484–420 v. Chr.) etwa im Jahr 450 v. Chr. seine Liste der sieben Weltwunder erstellte und dabei die Pyramiden beschrieb, schuf er gleichzeitig ein Bild von schwer arbeitenden Sklaven, die jahrelang schwere Steinblöcke transportieren mussten. Gerade in den letzten Jahren kristallisiert sich allerdings immer stärker heraus, dass er von falschen Vorstellungen ausging und die Pyramiden tatsächlich von freien Menschen erbaut wurden.

Ausgangspunkt für diese neue Erkenntnis ist der Nil, großer Strom und Lebensader schon in der Antike, der damals regelmäßig über die Ufer trat und jedes Jahr von Juni bis Oktober weite Teile des Landes überschwemmte. Der Nilschlamm war einer der Gründe dafür, dass sich die Zivilisation der Ägypter so hervorragend entwickeln konnte, da er auf die Felder gespült wurde und den Boden düngte. Deshalb wurden die Überschwemmungen auch nicht als Katastrophe, sondern eher als Segen angesehen. Um dieses Ereignis entsprechend zu feiern und vermutlich auch, um das Volk während der Zeit der Überflutungen zu beschäftigen, ließ der Pharao jedes Jahr in diesen vier Monaten die Menschen an den Pyramiden bauen. Dies hatte zur Folge, dass die Bindung des Volkes an seinen Herrscher noch enger wurde und der Wissensschatz in verschiedensten Bereichen regelmäßig erweitert werden konnte, was wiederum zur Entwicklung der gesamten Gesellschaft beitrug.

So ist mittlerweile erwiesen, dass sich auf den Baustellen auch neue Berufe entwickelten oder weiterbildeten. Ärzte kümmerten sich um Verletzte – Knochenfunde ergaben, dass Brüche erstaunlich gut verheilt waren, was für die gute medizinische Versorgung auf den Baustellen spricht. Bäcker konnten bei der Verpflegung der Arbeiter Erfahrungen austauschen und sammeln. Auf einigen Steinplatten scheint außerdem von Verwaltern erfasst worden zu sein, welche Arbeiter wie lange beschäftigt waren.

Die Pyramiden von Gizeh wurden vor etwa 4500 Jahren in unmittelbarer Nähe von Kairo auf einer Hochfläche errichtet. Ursprünglich waren sie mit weißem Kalkstein verkleidet.

Einige Modelle, die die Unterkünfte der Arbeiter zeigen, lassen weitere Zweifel an der Sklaven-Theorie aufkommen. Mittlerweile sprechen viele Hinweise für die Annahme, dass freie Menschen die Pyramiden erbaut haben, als wichtigstes Gegenargument bleibt nur Herodots Schilderung.

In einigen Legenden, die sich um die Pyramiden von Gizeh ranken, spielt auch der Sphinx eine Rolle. So soll sich ein unterirdischer Gang von einer der Pyramiden zu dem Wächter ziehen, in dem ebenfalls große Schätze lagern.

In den Tiefen der Pyramide

Vielen Pyramiden wird allgemein nachgesagt, dass sie besondere Schätze beherbergen. Bei der Großen Pyramide in Gizeh werden die Angaben hierzu sehr konkret: Es heißt, unter der Pyramide befinde sich eine Kammer, die eine Bibliothek beheimatet, in der sämtliches Wissen der antiken Ägypter festgehalten ist.

Als sich Ende der 1980er-Jahre zeigte, dass von den Steinen der Pyramide menschlicher Schweiß aufgenommen wird und es dadurch zur Pilzbildung kommt, wurde in Erwägung gezogen, eine Klimaanlage einzubauen. Nachdem man bereits in der Königskammer erfolgreich daran gearbeitet hatte, stellte sich in der Königinnenkammer das Problem, dass dort – im Gegensatz zur Königskammer – die Schächte nicht nach außen führten, sondern scheinbar blind endeten. Man schickte einen Roboter in die Gänge, um Untersuchungen vorzunehmen. Er stieß im Südschacht unvermittelt auf eine Blockierung, die mit zwei länglichen Stiften versehen war. Sofort knüpfte die Presse an die Geschichten von der „Kammer des Wissens" an, und ein Forscherteam begann damit, alles in die Wege zu leiten, um diese Blockade zu beseitigen.

Im Jahr 2002 wurde schließlich ein neuer Roboter mit Bohrer und Kamera ausgestattet und in den Schacht geschickt. Aufgrund der intensiven Vorarbeit der Presse hatte man beschlossen, das Durchbohren der Blockade live im Fernsehen zu übertragen. Der Roboter führte nach dem Bohrvorgang eine Kamera durch das Loch und übertrug Bilder aus dem dahinter liegenden Schacht. Die Enttäuschung war groß, als man feststellte, dass sich hinter der Blockade nur ein weiterer, etwa 45 cm langer, leerer Abschnitt des Gangs befand, an dessen Ende man einen Steinblock erkennen konnte, der anscheinend zur Außenwand gehörte.

Dennoch hält sich die Forderung, diesen Stein ebenfalls zu beseitigen, um sicherzugehen, dass dahinter keine weitere Kammer verborgen ist. Die Zukunft wird zeigen, ob an dieser oder einer anderen Stelle in der Großen Pyramide von Gizeh tatsächlich eine „Kammer des Wissens" existiert. Die Wissenschaft steht dieser Vermutung allerdings skeptisch gegenüber.

Die Vorbereitungen des Roboters „Pyramid Rover", der das Innere des Schachts erkunden sollte, wurden mit großem Medieninteresse verfolgt.

Teotihuacán – eine Stadt nach kosmischem Vorbild

Die eindrucksvollen Pyramiden von Teotihuacán erheben sich in der mexikanischen Hochebene unweit von Mexiko-Stadt. Lange hielt man die Azteken für ihre Erbauer, tatsächlich wurden sie aber Jahrhunderte vor deren Eintreffen von einem bisher unbekannten Volk geschaffen, das die ganze Stadt als perfektes Abbild des Himmels anlegte.

Die Geschichte der Stadt

„Ort der Götter" heißt Teotihuacán auf Náhuatl, der Sprache der Azteken. Lange war man davon überzeugt, diese älteste Stadt des amerikanischen Kontinents sei von dem Indianervolk erbaut worden, das ihr auch den Namen gab. Doch tatsächlich stießen die Azteken erst im 14. Jahrhundert von Norden her ins Hochtal von Mexiko vor und erbauten dort ihre Hauptstadt Tenochtitlán, das heutige Mexiko-Stadt. Wie man inzwischen weiß, ist Teotihuacán viel älter. Die Stadt, die die Azteken schließlich entdeckten und als Kultstätte nutzten, lag zu diesem Zeitpunkt bereits seit Jahrhunderten verlassen da; die Wohnbezirke waren zerstört, und nur die prachtvollen Pyramiden erhoben sich noch.

Die Sonnenpyramdide ist das höchste Bauwerk in Teotihuacán. Sie ähnelt in ihren Dimensionen den Pyramiden von Gizeh.

Ihre Blüte erlebte Teotihuacán sehr wahrscheinlich zwischen 150 und 600 n. Chr. Die Stadt erlangte großen Reichtum und war mit 200 000 Einwohnern die sechstgrößte ihrer Zeit.

Wie die Anfänge ist auch das Ende Teotihuacáns unbekannt: Niemand weiß, wann genau und wieso die Stadt verlassen wurde. Vermutlich reduzierte eine Dürreperiode die Ernteerträge so sehr, dass ein Überleben in Teotihuacán nicht mehr garantiert war, möglicherweise waren aber auch religiöse Grunde ausschlaggebend. Endgültig ging die Stadt wahrscheinlich unter, als sie um 700 n. Chr. von Barbaren gebrandschatzt wurde.

Stadt nach kosmischem Vorbild

Bis heute weiß man weder, wie Teotihuacán ursprünglich hieß, noch wer die Stadt erbaute und die phänomenalen Pyramiden inspirierte. Fest steht nur eines: Die Erbauer der Stadt müssen meisterliche Architekten und Handwerker mit präzisem Wissen über die Gestirne gewesen sein, denn Teotihuacán ist ein perfektes Abbild des Himmels. Der amerikanische Ingenieur Hugh Harleston beschäftigte sich in den 70er-Jahren des 20. Jahrhunderts mit den Maßen und Beziehungen der Bauwerke zueinander und errechnete, dass die Dimensionen für die Bahnen von Merkur, Venus, Erde, Mars, Jupiter, Saturn, Uranus und sogar für Neptun und Pluto – die ja erst 1846 und 1930 entdeckt wurden – exakt in der Gesamtanlage wiedergegeben sind: Teotihuacán ist ein perfektes Modell unseres Sonnensystems.

Die Mondpyramide hat ebenso wie alle anderen Pyramiden in Teotihuacán eine abgeflachte Spitze, die darauf hinweist, dass die Pyramiden Kultstätten waren, an denen Menschenopfer dargebracht wurden.

Der Tempel des Quetzacoatl mit den Köpfen der gefiederten Schlange gilt als weiterer Beweis dafür, dass sich die Erbauer der Stadt im Einklang mit dem Himmel befanden: Die Summe der Statuen an der Tempelfassade entspricht einem Schaltjahr von 366 Tagen, die Anzahl der Treppen (13) den Monaten eines Jahres nach dem Mondzyklus und die Summe aller Stufen (4 x 13 = 52) der Wochenanzahl eines Jahres.

Die wichtigsten Fakten

Fläche der Stadt: 24 km^2
Sonnenpyramide: Grundfläche: 227 m x 227 m; Höhe: 67 m; erbaut im 1. Jh. n. Chr.
Mondpyramide: Grundfläche 150 m x 200 m; Höhe: 48 m.
Quetzalcoatl-Pyramide: Ursprünglich ein Tempel, der mit einer Pyramide überbaut wurde und inzwischen wieder teilweise freigelegt worden ist. Sie erhielt ihren Namen von den gefiederten Schlangen (Quetzalcoatl) an ihrer Fassade, dem Symbol der Verbindung von Himmel und Erde.

Bei der Straße der Toten wurden zahlreiche Skelette von Kriegern geborgen. Zunächst hielt man die Toten für die Ureinwohner der Stadt, doch das stellte sich als Irrtum heraus, denn diese verbrannten ihre Leichen.

Aufbau der Stadt

Beherrscht wird die Anlage von Teotihuacán von der Sonnen-, der Mond- und der Quetzalcoatl-Pyramide. Man nimmt an, dass allein für den Bau der Sonnenpyramide mehr als 3000 Personen über 30 Jahre lang tätig waren.

Als Nord-Süd-Achse durchläuft die Stadt ein etwa 3 km langer Boulevard, die „Straße der Toten". Auf beiden Seiten stehen kleinere Pyramiden, gefolgt von einer Reihe geschlossener Höfe, die früher für Gräber gehalten wurden – daher der Name der Straße. Heute weiß man, dass diese Annahme falsch war, denn die Ureinwohner Teotihuacáns verbrannten ihre Toten.

Es gibt verschiedene Theorien über den Sinn dieser Straße. So vermutet der amerikanische Ingenieur Alfred Schlemmer, die Höfe seien in Wirklichkeit Becken gewesen, die mit Wasser gefüllt wurden, um den Himmel und die Sterne zu reflektieren. Der Schweizer Autor Erich von Däniken sieht in der Straße eine gewaltige Landebahn für Außerirdische – für diejenigen, die den Bau der Pyramiden und die Anlage der Stadt inspirierten: die Götter aus dem All. Andere Forscher sehen in der Straße eine symbolische Verbindung zwischen Himmel und Erde, zwischen den göttlichen Bauten der Pyramiden und der Wohnstadt der Bewohner.

Die Glimmerkammer

Das jüngste Geheimnis Teotihuacáns ist die Glimmerkammer. 1983 stießen Archäologen auf Kellerräume, deren Decken mit einer Schicht aus Glimmer isoliert sind, die in einem Sandwich-Verfahren (Stein–Glimmer–Stein) eine Dicke von 15 cm haben. Bis heute ist nicht klar, wozu diese Kammern dienten. In einer Theorie wird vermutet, hier sei Empfindliches aufbewahrt worden, das gegen äußere Einflüsse geschützt werden musste, z. B. gegen Außenhitze. Eine andere Theorie besagt, hier sei Hitze erzeugt worden und die Kammer eine Art Schmelzofen gewesen. Nach Ansicht des durchaus streitbaren amerikanischen Autors und selbst ernannten Altertumswissenschaftlers Zecharia Sitchins handelt es sich um eine Anlage zur Zerlegung, Verfeinerung oder Reinigung mineralischer Stoffe.

Das Rätselhafteste jedoch bleibt die Tatsache, dass es in Mexiko kaum natürliche Glimmervorkommen gibt; Glimmer kommt nur in Südafrika, Brasilien, den USA und Russland vor. Woher stammen also die Glimmerschichten in Teotihuacán, wieso wurden die unterirdischen Räume damit isoliert, und wer ordnete dies an?

Eine weitere Frage ist offen: Aus einem der unterirdischen Räume läuft ein mit Glimmer isoliertes Rohr. Niemand weiß, wozu es diente.

Glimmer
Glimmer, auch als Muskovit („Moskauer Glas") bekannt, ist ein Bestandteil von Granit. Er ist ein farbloses, perlmutterglänzendes Mineral, chem. Kalialuminiumsilikat, und besitzt sehr spezifische Eigenschaften, z. B. hohe Elastizität, Hitzebeständigkeit bis 800 °C sowie Resistenz gegen Schocktemperaturen (heiß/kalt) und organische Säuren. Erstmals erwähnt wurde Glimmer 1546, also lange nach seiner Verwendung in Teotihuacán.

Die Azteken haben viele Spuren in Teotihuacán hinterlassen, z. B. diese Totenmaske. Auch deshalb hielt man sie ursprünglich für die Erbauer der Stadt.

Ausserirdische Lehrmeister?

Ebenso wie Erich von Däniken glaubt auch Sitchins, dass die präkolumbianischen Kulturen mithilfe von Göttern, den *Anunaki* („die vom Himmel kamen"), entstanden. Die Parallele zu den Pyramiden von Gizeh, von denen man ebenfalls sagt, „Götter" hätten sie erbaut, ist offensichtlich. Sitchins schließt, die Erbauer der Sonnen- und Mondpyramide kannten Gizeh und bauten ihre Pyramiden bis auf die Treppen und die Plattform oben nach. Sie haben dieselben Dimensionen, wenngleich die Pyramiden von Gizeh mit 146 m mehr als doppelt so hoch sind. Heute glaubt man in Kreisen der Grenzwissenschaftler, dass die Pyramiden von Gizeh bereits 8500 Jahre vor der Existenz der Pharaonen erbaut wurden, also gegen Ende der Eiszeit. Diese Theorie wirft weitere nicht zu beantwortende Fragen auf, denn welcher steinzeitliche Mensch wäre dazu in der Lage gewesen? Stammen die ursprünglichen Pyramiden von Teotihuacán auch aus jener Zeit?

Viele Wissenschaftler vermuten, dass wir nicht die einzigen „intelligenten" Wesen sind. Aber gab es eine Zeit, in der Götter – Außerirdische – als Lehrmeister zu uns kamen? Gibt es Beweise? Für Grenzwissenschaftler schon: „Die Erde ist voll davon", sagt Erich von Däniken, „ständig haben wir sie vor Augen, sehen sie in Museen, aber erkennen sie nicht."

Erich von Däniken glaubt, die „Straße der Toten" sei ursprünglich eine Landebahn für Außerirdische gewesen, die die Erbauer der Stadt inspieriert hatten.

Das Trümmerfeld von Puma Puncu

Auf der Hochebene Altiplano in Bolivien liegen die Ruinen des ehemaligen Indianerdorfs Tiahuanacu, das Anfang des 20. Jahrhunderts ins Blickfeld der Wissenschaft geriet. Vor allem das so genannte „Sonnentor" mit seinen Gravuren und komplexen Einkerbungen gibt den Wissenschaftlern Rätsel auf. Dabei wurde zu Beginn der Untersuchungen sogar ein weiterer rätselhafter Ort übersehen, der nur wenige hundert Meter von der Ruinenstadt entfernt liegt.

Das Sonnentor, die Pyramide und das Trümmerfeld

Der deutsche Ingenieur Arthur Posnansky (1873–1946) arbeitete zu Beginn des 20. Jahrhunderts jahrelang an der Erforschung der Ruinen von Tiahuanacu. Da Teile des Mauerwerks noch vorhanden waren, konnte er Rückschlüsse auf den ehemaligen Umfang des Dorfs und dessen Gebäude ziehen. Besonders dem Siedlungsbereich, der Kalasasaya genannt wurde, was in Aymara, der Sprache der Indios, „Stehende Steine" bedeutet, widmete er besondere Aufmerksamkeit. Er schloss aus der Anordnung der Steine und deren Ausrichtung, dass sich hier vor Jahrtausenden eine Pyramide oder ein astronomisches Observatorium befunden haben musste – eine Vermutung, die später durch den deutschen Architekten Edmund Kiss bestätigt wurde. Posnansky versuchte, unter Berücksichtigung der Höhe der Anlage und der von ihm angenommenen Ausrichtung der Pyramide auf das Alter der Anlage zu schließen. Er kam zu dem Ergebnis, dass sie um 15 000 v. Chr. angelegt worden sein musste. Dieses geschätzte Alter wurde einerseits von der Fachwelt sehr skeptisch aufgenommen, andererseits führte es dazu, dass in den 1920er-Jahren mehrere Forschergruppen versuchten, weitere Daten zu sammeln. Einige Forscher bestätigten diese Berechnungen, andere bestimmten das Entstehungsdatum unter Hinzunahme weiterer Faktoren wiederholt neu – auch Posnansky selbst. Der letzte veröffentlichte Wert spricht von einer Entstehungszeit zwischen 10 150 und 4050 v. Chr. Im Jahr 1981 wurde das Alter einer Probe auf das Jahr 1580 v. Chr. festgelegt, wobei allerdings darauf hingewiesen wurde, dass die Probe wahrscheinlich nicht repräsentativ für die komplette Anlage sei und vermutlich einem jüngeren Bauabschnitt zugeordnet werden müsse.

Zu dieser Zeit wurde schließlich auch das einige hundert Meter entfernt liegende Trümmerfeld von Puma Puncu in die Untersuchungen einbezogen.

Einer der regelmäßig geformten Steine auf dem Trümmerfeld in Puma Puncu mit eingearbeitetem Muster.

Ob das Trümmerfeld durch eine Naturkatastrophe entstand oder nach dem Untergang einer Kultur als Steinbruch verwendet wurde, konnte bis heute nicht geklärt werden.

Man geht davon aus, dass das Sonnentor bei einem Erdbeben umstürzte und dabei beschädigt wurde. Erst im 20. Jahrhundert wurde es wieder aufgerichtet.

Das antike Baukastensystem

Das Trümmerfeld umfasst Steinblöcke von bis zu 1000 t Gewicht. Es scheint sich hierbei um die Überreste mehrerer Gebäude zu handeln. Ungewöhnlich ist die Form der Steine, die so präzise bearbeitet wurden, dass sie auf mehrere Arten in- oder aneinander gesetzt werden können, vergleichbar mit einem modernen Baukastensystem. Zur Befestigung der Steine dienten Metallklammern, eine Methode, die der Archäologie aus dem einige tausend Kilometer entfernten Delphi bekannt ist.

Es ist bis heute nicht geklärt, wie Puma Puncu und Tiahuanacu zerstört wurden. Allerdings lässt sich durch einen Vergleich der Steinbearbeitung erkennen, dass beide Stätten nicht zur selben Zeit entstanden sind – bei einer so geringen Entfernung wäre ein Austausch zwischen den Techniken unvermeidbar gewesen. Im Fall von Puma Puncu sind die Zerstörungen darüber hinaus umfassender – Gebäudestrukturen lassen sich nur noch schwer erkennen, und es existieren nur noch wenige Steine nebeneinander, während in Tiahuanacu vereinzelt noch Mauern stehen. Wenn man ein Erdbeben als Grund für die Zerstörung von Puma Puncu annimmt, was aufgrund der Lage des Orts wahrscheinlich ist, dann wäre dies so vernichtend gewesen, dass Tiahuanacu ebenfalls erheblichen Schaden davongetragen hätte. Da das nicht der Fall ist, gehen Wissenschaftler davon aus, dass Puma Puncu viel älter ist als Tiahuanacu. Allerdings wirft dieser Umstand ein Problem auf: Die Indianer, die in der näheren Umgebung lebten, kannten zu dieser Zeit nachweislich keine Schrift und kein Metall – demzufolge können sie nicht für die Metallklammern verantwortlich gewesen sein. Ob sie in der Lage waren, Steine auf derart präzise Weise zu bearbeiten, ist ebenfalls fraglich.

Die in der Nähe des Altiplano lebenden Indianer behaupten allerdings auch nicht, dass ihre Vorfahren für den Bau dieser beiden Anlagen verantwortlich waren. Ihren Legenden zufolge gehen die beiden Stätten auf Götter oder Riesen zurück, die dort oben lebten. Sollte dies der Wahrheit entsprechen, wären allerdings Herkunft und Verbleib dieser Wesen zu klären.

Das Sonnentor

Das Sonnentor von Tiahuanacu wurde – entgegen dem „Baukasten"-Prinzip, das sich an den Steinen von Puma Puncu erkennen lässt – aus einem einzigen Stein herausgearbeitet. Es wurde mit Reliefs und einigen Gravuren versehen, die hauptsächlich auf dem Querstück über der 1,40 m hohen Toröffnung angebracht sind. Das zentrale Relief zeigt eine mit zwei Speer- oder Schlangenzeptern bewaffnete Figur mit 48 geflügelten Beisitzern, von denen 32 Figuren Menschengesichter aufweisen, während 16 weitere mit Kondorköpfen versehen sind. Man geht davon aus, dass es sich bei der zentralen Gestalt um eine Darstellung des Schöpfergottes Viracocha handelt.

Das Sonnentor erhielt seinen Namen, weil zu Beginn des Frühlings die Sonne exakt über der Mitte des Sonnentors aufgeht, sofern der Betrachter unmittelbar davorsteht. Einer Theorie zufolge stellen die 48 eingearbeiteten Figuren das Grundkonzept eines Kalenders dar, womit ein weiterer astronomischer Bezug hergestellt wäre.

Tiermes, die Steinerne Stadt

Die nordspanische Stadt Tiermes erregte vor allem deshalb Aufmerksamkeit, weil große Teile der Architektur nicht gebaut, sondern in den Fels gearbeitet wurden. Das Gestein wurde dabei so geschickt und ungewöhnlich behauen, dass Zweifel darüber herrschen, ob die Kulturen, denen man Tiermes zuschreibt, tatsächlich an den Arbeiten beteiligt waren. Seit Ende des 19. Jahrhunderts wird die Stadt archäologisch erforscht.

Die Geschichte der Steinernen Stadt ...

Von wem und wann genau Tiermes in der Provinz Soria im Herzen Altkastiliens gegründet wurde, ist nicht bekannt. Die erste Erwähnung der Stadt stammt vom griechischen Mathematiker und Geographen Ptolemäus (ca. 100–175), der Tiermes als Stadt der Arévacos, einem iberisch-keltischen Volk, bezeichnete. Es steht fest, dass die Stadt im Jahr 98 v. Chr. von den Römern unterworfen wurde. Während des 1. Jahrhunderts n. Chr. entwickelte sich der Ort zur Hauptstadt eines römischen Verwaltungsgebiets, womit der wirtschaftliche Aufschwung begann und ein Ausbau vollzogen werden konnte, der unter anderem einen Marktplatz und Wasserleitungen beinhaltete. Im 6. oder 7. Jahrhundert fiel Tiermes an die Westgoten, Anfang des 8. Jahrhunderts an die Mauren. Der Umstand, dass die Stadt unmittelbar an der Grenze zwischen Christen und Mohammedanern lag, führte schließlich im Laufe der nächsten Jahrzehnte zum Niedergang der dortigen Kultur. Spätestens seit dem 12. Jahrhundert spielte Tiermes keine wichtige Rolle mehr in der Geschichte des Landes.

Ungefähr 1888 begann der örtliche Historiker Nicolás Rabal nach einem Besuch der Stadt mit den ersten wissenschaftlichen Untersuchungen der Bauwerke, von denen bis heute viele aufgrund des milden Klimas erhalten geblieben sind.

Der „Basar" von Tiermes zeigt die Struktur der Stadt auf: Neben den Häusern, die in den Fels gearbeitet wurden, existieren zusätzlich gebaute Wände, Passagen und architektonische Strukturen, wie sie in jeder anderen Stadt auch zu finden sind.

... und ihrer Bewohner

In Tiermes finden sich viele Konstruktionen, die für die damalige Zeit oder Kulturen ungewöhnlich waren, wie etwa ein Röhrensystem, das wohl zur Be- oder Entwässerung verwendet wurde. Sicher ist, dass an einigen Stellen für die Funktion des Systems ein pumpenähnliches Gewerk nötig war, allerdings fehlt bis heute eine Erklärung, wie diese Pumpenkonstruktion ausgesehen haben könnte.

Viele Wände und Decken wurden ungewöhnlich dick belassen. Wandstärken zwischen 1,50 m und 3 m sind keine Seltenheit. Zusätzlich weisen viele Gebäude und öffentliche Plätze Rampenkonstruktionen auf, auf denen sich anscheinend ein Gleissystem von 1,40 m Spurbreite abzeichnet. Über das gesamte Plateau hinweg verlaufen schmale Rillen, führen teilweise sogar in unterirdische Gänge.

In den 60er-Jahren des vorigen Jahrhunderts sprachen einige Forscher davon, dass diese Anzeichen weit eher zu einem modernen Luftabwehrsystem passen würden, bei dem sich Zivilisten in Bunker zurückziehen könnten, während die eigentliche Abwehr einige schwer zu transportierende Waffen über ein Schienensystem an die entsprechenden Orte delegieren könne.

Im weiteren Verlauf der Ausgrabungen stieß man auf zusätzliche Spuren, die nicht in das Bild einer Festung aus jener Zeit passen wollten, wie etwa Gruben, die an Schützengräben aus dem Zweiten Weltkrieg erinnern und für die niemand eine Erklärung zu haben schien. Darüber hinaus war es nicht möglich, sie einem der Völker zuzuschreiben, die seit der römischen Eroberung in Tiermes gelebt hatten. Man geht daher davon aus, dass die Anlage älter ist als bisher angenommen und ursprünglich von einem Volk bewohnt wurde, für das diese sonderbaren Einrichtungen einen bestimmten Zweck erfüllten. Vor allem in den 80er- und 90er-Jahren des letzten Jahrhunderts wurden Spekulationen darüber laut, dass die Spuren von vorgeschichtlichen Außerirdischen stammen müssten, die sich mit passenden Geschützen gegen Angriffe aus dem Weltraum zur Wehr gesetzt hätten. Seriöse Wissenschaftler verweisen angesichts dieser Vermutungen allerdings gerne auf die jüngste Vergangenheit, in der schon häufiger ähnliche Vermutungen durch neue wissenschaftliche Erkenntnisse widerlegt werden konnten.

Spuren des Schienensystems sind noch heute überall in Tiermes deutlich erkennbar. Über den Zweck dieses Systems ist nichts bekannt.

Es ist unklar, ob Ptolemäus die Stadt Tiermes tatsächlich besucht hat oder sich bei seinen Schilderungen auf die Berichte von Reisenden stützte.

Die einfachen Wohnhäuser an der „Hauptstraße“ boten Platz für etwa 30 000 Menschen. Teile der Wohnungen wurden bei einem Erdbeben im Jahr 363 zerstört.

Die Felsenstadt Petra

Im August 1812 erfuhr der Schweizer Johann Ludwig Burckhardt (1784–1817) auf seiner Reise durch den Orient von einem Pilger, dass sich ganz in seiner Nähe eine Felsenstadt befände. Unter einem Vorwand ließ er sich von Beduinen an diesen Ort führen. In einer 1200 m langen und bis zu 100 m hohen Schlucht entdeckte er die Stadt Petra, von der man in Europa bis dahin angenommen hatte, dass es sich bei ihr um eine Erfindung handeln müsse.

Die Stadt im Stein

Die ältesten entdeckten Spuren weisen darauf hin, dass bereits während der Jungsteinzeit in dieser Schlucht, dem Siq (arab. *siq* = Schlucht), Menschen siedelten. Die Ursprünge der Stadt Petra, die im heutigen Jordanien liegt, gehen allerdings auf den Stamm der Edomiter zurück, Erzfeine Israels, die sich dort niedergelassen hatten. Nach dem Niedergang siedelten etwa im 3. Jahrhundert v. Chr. die Nabatäer an dieser Stelle. Unter ihnen entwickelte sich Petra (oder „Selo“) zu einem der wichtigsten Handelszentren des Nahen Ostens. Ein Großteil der Bauten, die aus dem Felsen gearbeitet wurden, entstand erst unter den Nabatäern oder wurde zumindest von ihnen in die heutige Form gebracht, unter anderem das „Schatzhaus“ (Khazne al-Firaun), bei dem es sich ursprünglich um ein Felsengrab gehandelt hat, das „Römische Theater“, das 5000 Zuschauern Platz bot, das Stadtzentrum mit seiner Säulenstraße sowie weitere Felsengräber, die den Verdacht nahe legen, dass Petra zuerst eine Grabstätte war, die später erweitert wurde.

Sagen und Mythen

Nachdem im 19. Jahrhundert bekannt wurde, dass die Stadt Petra wiederentdeckt worden war, allerdings nur von Moslems besucht werden durfte, entstanden zum Teil morbide Gerüchte darüber, dass sich im Inneren der Felsenhäuser dekorierte Überreste der Kreuzritter befänden, die zuletzt von der Stadt berichtet hatten. Darüber hinaus nahmen einige Schilderungen Bezug auf den angeblich biblischen Ursprung der Stadt, wonach Moses an dieser Stelle eine Quelle aus dem Stein geschlagen hatte, die das ihm nachfolgende Volk Israels mit Wasser versorgte. Ein Gerücht des 19. Jahrhunderts besagte, dass dieses Wasser mittlerweile vergiftet worden sei, was allerdings nur die Muslime wüssten. Weitere Geschichten über Grausamkeiten, die Christen in der abgeschiedenen Felsenstadt angetan wurden, teils von lebenden, teils von toten Kreaturen, aber auch von großen Schätzen, die in weit verzweigten unterirdischen Gängen liegen sollen, begründeten Petras Ruf als gleichzeitig unheimliche und dennoch faszinierende Stadt.

Im Jahr 106 n. Chr. wurden die Nabatäer von den Römern besiegt. Da das Gebiet mit der neuen Hauptstadt Bostra an das Römische Reich angeschlossen wurde, verlor die Stadt ihre Bedeutung. Als große Teile Petras in den Jahren 363 und 551 durch Erdbeben zerstört wurden, verließen immer mehr Einwohner die Felsenstadt. Es gilt als gesichert, dass die Stadt nach dem Sieg der Araber über die Region im Jahr 663 praktisch nicht mehr bewohnt wurde. Nach den Kreuzzügen des Mittelalters geriet Petra in Europa in Vergessenheit, wurde immer mehr zu einer Legende, bis sie schließlich wiederentdeckt wurde. Ausgrabungen finden in Petra erst seit den 20er-Jahren des 20. Jahrhunderts statt; ungefähr zur selben Zeit begann man damit, die Stadt für den Tourismus freizugeben.

Ob das so genannte „Schatzhaus" tatsächlich für Schätze verwendet wurde, ist bis heute nicht eindeutig geklärt; häufig geht man von der Annahme aus, dass es sich ursprünglich um ein Grabmal handelte.

Rätselhaftes oder vernünftiges Handeln?

Die Stadt Petra wurde in einer lang gezogenen Schlucht errichtet, was sicherlich strategische Gründe hatte. Ein Gegner, der eine Stadt in einer Schlucht erobern will, hat es leicht, wenn ihm die Kontrolle der umliegenden Hänge gelingt – zumindest wenn sich die Gebäude in der Schlucht befinden. Die Erbauer von Petra gingen hingegen einen Schritt weiter und verlegten ihre Wohnungen in das Innere der Hänge. Auf diese Weise verschafften sie sich einen großen Vorteil, da es nun dem Gegner nicht mehr möglich war, die Gebäude unmittelbar anzugreifen, geschweige denn die Kampfkraft und Ausdauer der Bewohner genauer einzuschätzen. Zwar befanden sich auch Gebäude im Innern der Schlucht, allerdings in erster Linie Geschäftshäuser, die nur wenig über Bewaffnung und Anzahl der Einwohner aussagten. Wenn ein Gegner Petra erobern wollte, war er darauf angewiesen, seine eigene Deckung aufzugeben und die Schlucht ungeschützt zu stürmen – für viele Gegner war dies ein zu großes Risiko, wie sich herausstellen sollte.

Der legendäre Status, den die Stadt Petra in Europa lange Zeit innehatte, sorgte dafür, dass dem Ort vor allem im 19. Jahrhundert, als es Nicht-Moslems untersagt war, Petra aufzusuchen, gewisse Eigenschaften und Geschichten zugeschrieben wurden, die sich bis heute gehalten haben. Tatsächlich ist Petra aber weder eine vorsintflutliche Stätte noch auf unerklärliche Weise entstanden.

Das „Kloster" weist mit über 50 m Breite die größte Fassade der Stadt auf. In seinem Innern wurden viele Kreuze gefunden, wodurch es seinen Namen erhielt. Ob es tatsächlich für Gottesdienste verwendet wurde, ist nicht geklärt.

Der Große Platz war vermutlich das erste und zu seiner Zeit größte Einkaufszentrum Afrikas, denn der Wohlstand Groß-Zimbabwes hing direkt mit weltweite, Handel zusammen.

Groß-Zimbabwe

Im Südosten Zimbabwes, zwischen dem Zambesi River und dem Orange River, liegt eine Ruinenstadt, die seit Jahrhunderten ein Geheimnis darstellt. Immer wieder berichteten Händler und Seefahrer von einem Ort, der in der Sprache der Shona *dzimba dza mabwe* heißt, „große Häuser aus Stein". Der Legende nach handelt es sich hierbei um die Hauptstadt der Königin von Saba.

Eine grosse Stadt ganz aus Stein

Die ersten Europäer, die auf die Ruinen stießen, waren im 16. Jahrhundert die Portugiesen. Sie verbreiteten die Legende, die Stadt sei die Heimat der sagenhaften Königin von Saba. 1871 gelang es dem deutschen Forscher Karl Gottlieb Mauch (1837–1875), Groß-Zimbabwe zu finden. Viele Rätsel, die ihre Ruinen seitdem aufgeben, hängen mit der Zerstörung archäologischer Spuren durch Schatzsucher und Hobbyarchäologen in den Jahren zwischen 1890 und 1910 zusammen. Die Ruinenstadt besteht aus drei Teilen, der Felsenburg, die sich auf einem Hügel inmitten bizarr geformter Felsformationen erhebt, dem Talbereich und einem darunter gelegenen eliptischen Komplex, den Großen Platz. Letzter ist umgeben von einer 253 m langen Steinmauer, die ohne Mörtel errichtet wurde und deren Steine wie Ziegel geschlagen sind. Sie hat eine Höhe von zwischen 4,9 m und 10,7 m. Das Innere des Mauerrings ist unterteilt in zahlreiche kleine Gebäude und Plätze, von denen man nicht weiß, wozu sie benutzt wurden. Das größte Geheimnis aber gibt der konische Turm auf, der an der äußeren Mauer steht. Da der Turm keine sichtbare

Funktion hat und weder Türen noch Fenster noch Stufen aufweist, spornt er seit jeher die Fantasie der Forscher an. Einige sehen in ihm ein phallisch-religiöses Symbol, Zeichen für die Fruchtbarkeit des Landes, andere betrachten ihn als eine Art von Signalturm oder als Observatorium.

An der äußeren Mauer des Großen Platzes steht ein konischer Turm, der keine sichtbare Funktion hat, weder Türen, noch Fenster, noch Stufen. Ist er Observatorium oder phallisches Symbol der Fruchtbarkeit der Ebene?

König Salomons Gold

Seit Jahrhunderten ist man auf der Suche nach den fabelhaften Minen von Ofir, der Grundlage von König Salomons Schätzen. 1522 beschrieb der portugiesische Historiker João de Barros eine Festung in Sofala, die über dem Tor eine unentschlüsselbare Nachricht zeige. Die Einwohner der Gegend hießen Symbaoe, was dem heutigen Zimbabwe sehr ähnlich ist. Erste Funde reichen zurück bis in 4. Jahrhundert v. Chr. Als Zentrum des Munhumutapa-Reichs, das das heutige Zimbabwe und Mosambik einschloss, erlebte es seine Blütezeit von über 400 Jahren zwischen dem 10. und 15. Jahrhundert. Man teilt diese Zeit heute in drei Perioden ein: Bereits seit dem 11. Jahrhundert existierte ein starkes Herrschaftsgebiet, denn schon ab ca. 1000 dürfte hier Gold gefunden worden sein. Man vermutet indischen Einfluss, denn es lässt sich dieselbe Schürftechnik wie in Indien nachweisen. Ab dem 13. Jahrhundert muss in der zweiten Periode ein reger Fernhandel bestanden haben, denn bei systematischen Grabungen wurden 1932 Keramiken der Ming-Dynastie (1384–1644) und aus dem Persien des 13. und 15. Jahrhunderts gefunden. Ein florierender Handel und der daraus resultierende Reichtum schufen die monumentale Architektur, deren Ruinen man heute bewundert. Im 15. Jahrhundert und als Übergang zur dritten Periode kam es zum Zerfall Groß-Zimbabwes. Die Gründe dieses Endes einer Hochkultur, der einzigen mit Ausnahme Ägyptens in Afrika, die lange vor der arabischen Invasion und der europäischer Kolonialisten lag, sind bis heute ungeklärt. Man vermutet das Ende oder eine Unterbrechung des Fernhandels.

Die äußere Mauer des Großen Platzes erhebt sich bis zu einer Höhe von 10 m. Die Steine sind in der Form von Ziegeln geschlagen und ohne Mörtel verlegt.

Einkaufszentrum Gross-Zimbabwe

Der Archäologe Wilfried Mallows vertritt die These, Groß-Zimbabwe sei ein gewaltiges Einkaufszentrum gewesen, und später sei es auch als arabisches Sklavenzentum benutzt worden.

Der einzigartige Charakter der Ruinenstadt, seine faszinierende Verbindung mit Arabien, Indien und dem Fernen Osten spornen die Fantasie von Forschern wie Besuchern gleichermaßen an und machen es zu einem der grandiosen und geheimnisvollen Monumente der Welt.

Unterirdische Städte

Neben der Stadt Petra, die nahezu vollständig mit den sie umgebenden Felsen verschmolzen ist, existieren noch andere Städte, die an ungewöhnlichen Orten entstanden sind. Hauptsächlich in der Türkei entdeckte man Städte, die sich unterhalb des Erdoberfläche befinden.

Das tiefe Loch

In der Türkei, ungefähr 30 km südlich von Nevşehir, entdeckte Ömer Demir im Jahr 1963 eher zufällig ein tiefes Loch (türk. Derinkuyu). Der Legende nach soll er darauf aufmerksam geworden sein, als eines seiner Hühner plötzlich durch einen Spalt in der Erde verschwand. Er begann zu graben und geriet dabei in einen steilen Gang, der in die Tiefe führte. Mit einem Licht stieg er hinab und stieß dabei auf Stufen, schmale Durchgänge und in den Felsen hineingearbeitete Nischen und Schächte. Auch wenn einige Passagen im Laufe der Zeit verschüttet oder auf andere Weise verbarrikadiert worden waren, stellte sich schnell heraus, dass sich hier mehr verbarg als nur eine unterirdische Höhle.

Tatsächlich wurde nach intensiven Grabungen klar, dass es sich bei dem „tiefen Loch“ um eine ganze Stadt handelte, die unter der Erde angelegt worden war. Und das nicht nur auf einer einzigen Ebene – man entdeckte weitere Schächte und Gänge, die immer tiefer in die Erde führten – manche von ihnen konnte man mithilfe von mühlsteingroßen, runden Felsen von einer Seite aus verschließen. Dies führte zunächst zu der Vermutung, in Derinkuyu eine Art Notunterkunft oder Zufluchtsort entdeckt zu haben. Je weiter man allerdings die Stadt erforschte, desto mehr war man davon überzeugt, dass es sich um weit mehr gehandelt haben musste – für einen Unterschlupf war die Anlage viel zu groß dimensioniert. Man fand im Laufe der Ausgrabungen neben Wohn- und Lagerstätten, Weinkellern und Ladengeschäften auch hallenartige Räume, in denen vermutlich Schulunterricht erteilt worden war. Die Stadt verfügte über eine unterirdische Kirche von 65 m Länge und vereinzelte Räumlichkeiten, bei denen es sich eigentlich nur um Ställe gehandelt haben kann. Insgesamt erstreckt sich die Stadt unterirdisch über etwa 4 km², es wurden bislang 13 Stockwerke freigelegt, weitere werden noch vermu-

Die unterirdischen Gänge von Derinkuyu wurden durch ein komplexes Schachtsystem mit Frischluft versorgt.

tet, das unterste Stockwerk liegt derzeit in einer Tiefe von 85 m. Schätzungen zufolge hätten mehr als 20 000 Menschen in dieser Anlage bequem Platz gefunden. Die Position und Ausführung von verborgenen Ausgängen und tausenden von Luftschächten wirkt so gut durchdacht und die Gänge so weitläufig, dass man kaum von einer eiligst angelegten Zwischenlösung sprechen kann. Andererseits lässt sich aus der Anordnung der durch Felsen verschließbaren Gänge und einigen Gemeinschaftsräumen sowie dem komplexen Belüftungssystem, das auch als Kommunikationssystem gebraucht werden konnte, schließen, dass die Menschen von Derinkuyu Angst vor Verfolgern hatten.

Viele der weitläufigen Gänge und Räume von Kaymakli sind heute ebenfalls für Touristen geöffnet. Dennoch sind die Ausgrabungen noch nicht beendet.

Ist diese Stadt einzigartig?

Nach der Sensation von Derinkuyu suchte man in der Region Kappadokien nach weiteren unterirdischen Städten – und wurde tatsächlich fündig. 30 Städte dieser Art sind bereits bekannt, es ist aber davon auszugehen, dass noch weitere existieren oder zumindest existiert haben. Diesen Schluss lassen einige Gänge zu, die aus dem unterirdischen „Stadtgebiet" hinausführen. Man vermutet, dass es sich hierbei um Verbindungen zu anderen Städten handelt. Die meisten der Anlagen sind mittlerweile verschüttet oder aus anderen Gründen unzugänglich. Derinkuyu, Kaymakli und Özkonak sind die drei Orte, bei denen die Ausgrabungen am weitesten fortgeschritten sind. Einige Teile der unterirdischen Gänge und Räume sind mittlerweile auch für den Tourismus geöffnet worden.

Doch nicht nur in Kappadokien existieren unterirdische Städte. Hinweise auf unterirdische Orte finden sich praktisch weltweit. Man geht davon aus, dass es weltweit insgesamt zwischen 300 und 500 dieser Städte gab oder noch immer gibt.

Das weit verzweigte Tunnelsystem von Kaymakli erstreckte sich ebenfalls über mehrere Stockwerke.

Die Entstehung der unterirdischen Stadt

Aufgrund der Kirche und eines Beckens, das anscheinend als Taufbecken gedacht war, kamen Archäologen zu dem Schluss, dass es sich bei Derinkuyu um eine Stadt gehandelt haben muss, deren Einwohner aufgrund ihres christlichen Glaubens verfolgt wurden.

Daneben wurden weitere Theorien geäußert, die allerdings aus verschiedenen Gründen angezweifelt werden: Die Vermutung, die Menschen könnten in den unterirdischen Gängen in Kriegszeiten oder aber vor den Lavamassen eines ausbrechenden Vulkans Schutz gesucht haben, wurde mit dem Argument widerlegt, dass die Luftschächte in beiden Fällen große Schwachpunkte gewesen wären – von Feinden zugeschüttet oder mit Lava gefüllt, hätten die Schächte in jedem Fall den sicheren Tod bedeutet. Und noch ein weiterer Punkt spricht für die Theorie der verfolgten Christen: Auch in anderen bisher freigelegten Stadtteilen befanden sich mehrere Kirchen.

Man geht mittlerweile davon aus, dass die unterirdischen Städte vor etwa 3000 Jahren, zur Zeit der Phryger, entstanden sind. Ob diese auch für den Bau der unterirdischen Anlagen verantwortlich sind, ist noch nicht geklärt, allerdings spricht einiges dafür, dass die Hethiter die ursprünglichen Baumeister waren. Während in den umliegenden Städten Bogazköy oder Alacahöyük Brandspuren nachweisbar sind, die auf die Phryger zurückgehen, wurden in Derinkuyu keine solchen Spuren gefunden. Es ist demzufolge durchaus möglich, dass sich die Hethiter in die damals bestehenden Tunnel zurückzogen, um vor den Phrygern zu fliehen. Aus den fehlenden Brandspuren schließen einige Wissenschaftler und Buchautoren, dass die Flucht erfolgreich war, zumal sich ansonsten keine Hinterlassenschaften der Phryger in Derinkuyu finden lassen. Die Stadt fiel später an die Byzantiner, die die Stadt offensichtlich noch erweiterten, bis im 6. Jahrhundert n. Chr. die Araber in dieses Gebiet eindrangen und Derinkuyu mehrmals überfielen. Danach hat Derinkuyu seine Bedeutung verloren.

Allerdings ist hiermit immer noch nicht der Grund für die Existenz der unterirdischen Kirchen geklärt, denn weder Hethiter noch Phryger haben sich ursprünglich auf das Christentum berufen. Eine Vermutung besagt, dass die Kirchenräume erst zu einem viel späteren Zeitpunkt entstanden, was zwar nicht ausgeschlossen, aber aufgrund der Anlage der Gänge, die die Kirchenräume umgeben, unwahrscheinlich ist.

Sand in den Gängen und Rinder auf den Weiden

Derinkuyu und viele andere unterirdische Städte der Region blieben vor allem deshalb über einen längeren Zeitraum unentdeckt, weil einige Schächte und Gänge anscheinend absichtlich mit Sand und Steinen zugeschüttet wurden, nachdem man die Stadt aufgegeben hatte. Weshalb das geschah, konnte bislang nicht geklärt werden, zumal keinerlei Aufzeichnungen existie-

Die oberirdische Stadt Uçhisar weist einige Parallelen zu den unterirdischen Städten auf – auch hier konnten einzelne Wohnräume mit großen Steinen verschlossen werden.

Die Hethiter

Die Hethiter stammten nach heutigem Kenntnisstand aus dem Kaukasus, von wo aus sie im 3. Jahrtausend v. Chr. nach Anatolien, dem heutigen asiatischen Teil der Türkei, einwanderten und sich mit den dort lebenden Hattiern vermischten. Aus bislang ungeklärten Gründen gelang es ihnen, die Herrschaft über das Land zu übernehmen und zu einem Großreich auszubauen, zu dem zeitweise sogar ein großer Teil des heutigen Syriens zählte. Fast ein Jahrtausend lang lebten die Hethiter als gleichberechtigte Macht neben den Ägyptern und den Babyloniern.

Der Untergang des hethitischen Großreichs wurde im frühen 12. Jahrhundert v. Chr. besiegelt, nachdem die meisten hethitischen Städte durch Brände oder Überfälle zerstört worden waren. Noch einige Jahrhunderte später lebten einige Stämme im Süden oder Osten des ehemaligen Großreichs, allerdings verliert sich ihre Spur. Man geht davon aus, dass die verbliebenen Gruppen unter assyrische Herrschaft fielen.

ren, obwohl man davon ausgehen kann, dass solch umfangreiche Arbeiten an einem derart großen Komplex unter normalen Umständen festgehalten werden.

Eine Vermutung besagt, dass die Stadt aufgegeben und zugeschüttet wurde, damit man auf festem Untergrund ohne Einsturzgefahr eine neue, oberirdische Stadt errichten konnte. Diese Idee wäre insofern nachvollziehbar, weil man, wie die unterirdischen Ställe beweisen, anscheinend immer noch auf oberirdische Aktivitäten angewiesen war, wenn man unterirdisch überleben wollte. Es ist davon auszugehen, dass unterirdisch Rinder gehalten wurden, die jedoch zum Grasen an die Oberfläche gebracht werden mussten. Dieser Aspekt führt allerdings wieder zu der Frage zurück, weshalb ein Volk die Mühe auf sich nahm und unter der Erde eine Stadt anlegte.

Somit ergeben sich folgende Fragen, die bislang noch nicht beantwortet werden konnten: die Frage nach dem Grund für den unterirdischen Bau, nach der Identität des Volkes, das diese Gänge und Stollen errichtete und schließlich die Frage, mit welchen Mitteln Gänge über fast 20 Etagen in die Erde getrieben und Steine abtransportiert wurden.

Auch oberhalb der Erdoberfläche existieren in Kappadokien Häuser oder einzelne Wohnungen, die in den Stein hineingearbeitet wurden.

Das Trümmerfeld Bogazköy, das etwa 200 km von Ankara entfernt liegt, ist identisch mit Hattusas, der ehemaligen Hauptstadt des Hethiterreichs.

Die Megalith-Tempel auf Malta

Ungefähr ebenso alt wie das irische Newgrange, allerdings weitaus umfangreicher sind die Tempelanlagen auf Malta. Noch heute sind sieben der bislang 23 nachgewiesenen Tempel erhalten, die etwa zwischen 7000 und 2500 v. Chr. entstanden sind. Die Tempel wurden ebenfalls aus Megalithen erbaut.

Steinerne Tempel

Auf welche Weise die damaligen Einwohner von Malta ihre Götter anbeteten, ist unbekannt – sieht man einmal von den Knochenfunden ab, die darauf hinweisen, dass in den Tempeln Tieropfer dargebracht wurden. Allerdings muss man bei der Untersuchung der Tempel davon ausgehen, dass die Religion eine wichtige Rolle in dieser Zivilisation gespielt hat, da die Anlagen mit großer Sorgfalt und Einfallsreichtum errichtet wurden – zum Beispiel weist ein Teil des Gantija-Tempels einen Grundriss auf, der mit einem Kleeblatt vergleichbar ist. Einige Berechnungen lassen darauf schließen, dass mehrere Generationen nacheinander am Bau eines Tempels beteiligt waren – bei manchen Anlagen legt man aufgrund der Dimensionen des Baus und des Gewichts von etwa 50 t pro Stein eine Bauzeit von etwa 500 Jahren zugrunde.

Hinterlassenschaften eines unbekannten Volkes

Die Steintempel auf Malta sind Zeichen einer Hochkultur, die allerdings bis heute viele Rätsel aufgibt. Neben den Gebäuden, vereinzelten unterirdischen Grab- oder Tempelanlagen und

Auch an der Anlage des Tempels „Hagar Qim" („Stehender Stein") zeigen sich die ungewöhnlichen oberen Felsformationen, die wahrscheinlich Geister oder Dämonen darstellen sollten.

Bei vielen Ausgrabungen und Untersuchungen fand man Darstellungen von Frauen in Form von Statuen oder Gravuren.

bar sind. Einer Theorie zufolge sollen diese Steine dazu gedient haben, bestimmte Kreaturen darzustellen wie etwa Geister oder Götter.

Darüber hinaus scheinen die Frauen eine wichtige Rolle in der Gesellschaft oder zumindest in der Religion gespielt zu haben – viele der erhaltenen Artefakte zeigen Frauenfiguren, allerdings wurden sie mit unnatürlich kleinen Köpfen, Händen und Füßen dargestellt. Diese Darstellungen führten zu der Vermutung, dass auf Malta einst einer Fruchtbarkeitsgöttin gehuldigt wurde. Andere sehen das häufige Vorkommen von Frauenfiguren in Tempeln eher als Zeichen für ein Matriarchat, also eine Gesellschaft, die von Frauen geführt wurde.

Es ist fraglich, ob man in Zukunft noch weitere Informationen über die längst vergangene Kultur beschaffen kann. Die salzhaltige Luft hat schon heute sehr viele Ruinen stark beschädigt, und es ist davon auszugehen, dass andere Relikte bereits früher diesem Umstand Rechnung tragen mussten. Dennoch hofft man vor allem auf weitere unterirdische Tempel, in denen sich Gegenstände befinden, die man für genauere Untersuchungen heranziehen kann.

einigen Kunstgegenständen scheint nichts von dieser Zivilisation erhalten geblieben zu sein. Es wurden bislang auch noch keine Hinweise entdeckt, die Aufschluss über die Herkunft und den späteren Verbleib dieser Kultur geben könnten. Dennoch lässt sich aus den erhaltenen Spuren schließen, dass es sich bei den Erbauern um Menschen mit außergewöhnlichen astronomischen Kenntnissen gehandelt hat, da die meisten der erhaltenen Tempel auf den Lauf der Gestirne ausgerichtet waren, sodass die Bauten zu bestimmten Tageszeiten eindrucksvoll beleuchtet wurden. Ein Steinfragment weist eine Musterung auf, die auf eine Sternenkarte schließen lässt.

An einzelnen Stellen der Tempel wurden in Steine oder Wände ungewöhnlich viele Löcher hineingearbeitet. Man geht davon aus, dass es sich hierbei um reines Schmuckwerk handelt. Allerdings könnte das Muster durch die Sterne oder durch Pflanzen inspiriert worden sein.

An einigen Tempeln erkennt man Steinformationen, die am oberen Ende ungewöhnlich unregelmäßig geformt und zerklüftet sind. In manchen Fällen wurden Blöcke derart auf- oder aneinander gesetzt, dass die Strukturen von Gesichtern erkenn-

Die Tempelanlagen befinden sich im Normalfall unter freiem Himmel, nur wenige Stellen wie dieser Tempeleingang wurden mit Steinen „überdacht".

Newgrange

Newgrange (irischer Name *An Liamh Greine* – „Höhle der Sonne") ist eine irische Grabanlage in der Grafschaft Meath, die in der Bronzezeit vor ungefähr 5000 Jahren errichtet wurde und damit älter ist als die Pyramiden von Gizeh oder sogar Stonehenge. Bei Newgrange handelt es sich um eine der frühesten Anlagen, bei der sich astronomisches Wissen einer prähistorischen Kultur nachweisen lässt.

Astrologische Kultstätte

Newgrange wurde aus Megalithen erbaut, also aus einzelnen, unbehauenen Steinblöcken. Diese bildeten einen Kreis von etwa 70 m Durchmesser. Man geht davon aus, dass allein die Errichtung dieses Steinkreises mindestens 20 Jahre gedauert hat, sofern eine große Anzahl Leute, man spricht von etwa 300 Mann, am Bau des Grabmals beteiligt war. Die Außenmauer wurde nach ihrer Fertigstellung mit Quarzit, also mittelkörnigem Gestein, bedeckt. Diese Quarzitschicht wurde im Laufe der Jahrtausende stark beschädigt. Kurz nach der Ausgrabung der Grabstätte wurde sie jedoch nachgebildet.

In Newgrange existiert ein etwa 17 m langer Gang, an dessen Ende sich ein schmaler, ca. 10 cm hoher Schacht befindet. Etwa eine Woche vor und eine Woche nach der Wintersonnenwende am 21. Dezember trifft dort das Sonnenlicht auf, wandert den Gang entlang und endet auf einem Steinblock, der mit Spiralen versehen ist. Aufgrund der Größe des Steins und der Knochen, die ursprünglich in Newgrange gefunden worden waren, vermutete man in diesem Steinblock lange Zeit einen Altar, auf dem Menschen geopfert wurden. Mittlerweile geht man allerdings davon aus, dass Tote außerhalb des Gebäudes verbrannt und ihre Überreste in Newgrange bestattet wurden.

Spiralen als Gottessymbol?

Auf vielen Steinen in Newgrange, die nicht unmittelbar zur Außenmauer gehören, sind Spiralen abgebildet. Die genaue Bedeutung ist unbekannt, allerdings geht man davon aus, dass es sich hierbei um das Symbol einer Gottheit handelt. Dies könnte einerseits das häufige Auftreten erklären, andererseits würde dies aber auch der wandernden Sonne, die auf einem spiralverzierten Stein ihren Lauf beendet, eine neue Bedeutung geben, unter der Voraussetzung, dass das Volk, das Newgrange einst errichtet hat, ebenso wie viele andere Zivilisationen die Sonne als eigenständige Gottheit verehrte. Diese Vermutung ist nahe liegend, da die Anlage sich am Lauf der Sonne orientiert, sodass man astronomisches Wissen voraussetzen kann. Es exis-

Durch den 17 m langen Gang zur Grabkammer wandert zur Wintersonnenwende der Strahl der Sonne.

Megalithen

Megalith-Anordnungen entstanden hauptsächlich während der Jungsteinzeit und der Bronzezeit, also etwa im Zeitraum zwischen 5000 und 1000 v. Chr. Neben vereinzelten Steinen sind vor allem Grundstrukturen wie Stonehenge (s. S. 40ff.) oder vollständige Bauten erhalten geblieben. Megalith-Anordnungen finden sich hauptsächlich in Europa, allerdings ist das Phänomen nicht auf diesen Kontinent beschränkt. Auch im Norden Afrikas, in Südamerika, auf den Osterinseln (s. S. 56f.) und in einigen asiatischen Ländern wurden Megalith-Anordnungen gefunden. Aus welchem Grund diese Anordnungen und Bauten gerade während dieser Zeit auf der ganzen Welt entstanden, ist derzeit noch unbekannt.

Von 1962 bis 1975 wurde die Anlage von Archäologen teilrekonstruiert. Vor allem Beschädigungen an der Außenwand wurden repariert.

tieren zwar andere Grabmale aus derselben Zeit in Schottland und Irland, darunter auch solche, die architektonisch höher einzuschätzen sind als Newgrange, allerdings wurde nur hier die ganze Anlage anscheinend so exakt auf die Sonne und ihre Wanderbewegungen hin ausgerichtet, dass das Phänomen des entlanglaufenden Sonnenstrahls ermöglicht wurde. Somit muss die Sonne eine ganz besondere Bedeutung für die Erbauer gehabt haben – zum Beispiel den Rang einer Gottheit.

Bei den Untersuchungen von Newgrange war man in erster Linie auf Vermutungen angewiesen, nachdem das Alter der Grabstätte festgestellt worden war, denn über eine mögliche Kultur, die für den Bau dieses Gebäudes verantwortlich gewesen sein könnte, ist aus dieser Zeit nichts bekannt. Weder innerhalb der Grabstätte noch an anderen Stellen fanden sich ausreichend viele brauchbare Spuren über Art und Verbleib dieser Zivilisation.

Heutzutage ist Newgrange für Touristen freigegeben. Der Weg der Sonne bei Wintersonnenwende wird für die Zuschauer künstlich nachgestellt.

Viele Steine in Newgrange wurden mit spiralförmigen Gravuren versehen. Man vermutet, dass es sich hierbei um das Symbol einer Gottheit handelt, der diese Anlage geweiht ist.

Die Megalithanlage von Stonehenge in Salisbury, England, wurde in der Jungsteinzeit begründet.

Stonehenge

Die in Salisbury in der Grafschaft Wiltshire, England, gelegene Megalithanlage Stonehenge gibt der Wissenschaft seit ewigen Zeiten Rätsel auf. Begründet wurde sie in der Jungsteinzeit, und wahrscheinlich stand sie in ständiger Benutzung bis weit in die Bronzezeit. Vermutlich hat die Anlage der Sonnen- und Mondbeobachtung gedient. Die Errichtung einer solchen Anlage setzt allerdings astronomische Kenntnisse voraus, wie sie eigentlich zu jener Zeit und auch sehr viel später noch nicht existiert haben können. Woher hatten ihre Erbauer also diese Kenntnisse?

Die „hängenden Steine“ von Stonehenge

Der Name Stonehenge vom Altenglischen *stanhen gist* bedeutet soviel wie „hängende Steine“. Bei Stonehenge handelt es sich um eine von mehreren Steinkreisen umgebene Grabanlage. Der äußere Steinkreis besteht aus einer Reihe von bis zu 4 m hohen Pfeilersteinen, die durch waagerecht liegende Decksteine verbunden werden. Im Inneren stehen in Hufeisenform zehn Blöcke, die paarweise mit Decksteinen verbunden sind. Dazwischen befinden sich weitere Strukturen aus kleineren Steinen sowie Löcher im Boden.

Stonehenge wurde in Bauabschnitten errichtet, die sich über einen Zeitraum von etwa anderthalb tausend Jahren erstrecken, sie lassen sich grob in drei Phasen einteilen: Die Frühphase mit einem kreisrunden Erdwall und einem Graben wird etwa auf 3100 v. Chr. datiert; die auffällige Mega-

Kulturepochen

Paläolithikum – Altsteinzeit, 2 Mio. Jahre–10. Jahrtausend v. Chr.
Mesolithikum – Mittelsteinzeit, etwas 8.–5. Jahrtausend v. Chr.
Neolithikum – Jungsteinzeit, 6500–4000 v. Chr.*
Kupferzeit – 4. Jahrtausend–18. Jahrhundert v. Chr.
Bronzezeit – 18. Jahrhundert–8. Jahrhundert v. Chr.

*Die Zeitabschnitte gehen nicht gradlinig ineinander über, weil es an verschiedenen Orten unterschiedliche Entwicklungen gegeben hat.

Carnmenyn in Wales ist der Hügel und Steinbruch, wo die gewaltigen Steine geschlagen wurden, die in Stonehenge stehen. Sie wurden aus einer Entfernung von etwa 300 km heran geschafft.

lithstruktur wurde in der zweiten Phase etwa zwischen 2500 und 2000 v. Chr. errichtet; etwa um 1700 v. Chr. grub man zwei weitere Ringe mit Löchern außerhalb des Steinkreises. Die Kreise aus je 30 Löchern wurden nie mit Steinen besetzt und füllten sich im Laufe der Zeit wieder, zeitweise wurden sie auch als Gräber benutzt.

Stonehenge in der Geschichtsschreibung

Der walisische Geschichtsschreiber Nennius schrieb im 9. Jahrhundert zum ersten Mal über Stonehenge. Er sagt, es sei als Denkmal für 400 Adlige errichtet worden, die 472 nahe Hengist erschlagen worden seien. 1615 vermutete der englische Baumeister Inigo Jones, es handle sich um einen dem heidnischen Gott Cnelus geweihten römischen Tempel. Spätere Historiker meinten, er sei von den Dänen gebaut worden. Bis ins späte 19. Jahrhundert schrieb man Stonehenge den Sachsen zu. Der Verdienst des Religionswissenschaftlers William Stukeley (1687–1765) war es, 1740 zum ersten Mal eine korrekte Zeichnung der Stätte anzufertigen, womit die astronomische bzw. kalendarische Bedeutung der Positionierung der Steine aufgezeigt werden konnte. Um 1900 wurde schließlich gezeigt, dass Stonehenge bis in die Bronzezeit hinein genutzt wurde.

Heute rückt man die Bedeutung des Monuments in die Nähe ritueller Handlungen und erklärt die Stätte mit der Existenz übernatürlicher Kräfte. Grund dafür sind die zahlreichen Gräber und die Position der Anlage zwischen einer Vielzahl anderer Sakralbauten in der Umgebung.

Der Transport der Steinblöcke

Nicht nur der Sinn von Stonehenge gibt Wissenschaftlern aus aller Welt Rätsel auf, auch und vor allem die Herkunft der verwendeten Steine ist rätselhaft. Nur die Herkunft der Quader des inneren Steinkreises konnte bis dato geklärt werden, sie sollen aus einem kleinen Steinbruch im Südwesten von Wales stammen, was bedeutet, dass sie aus einer Entfernung von etwa 300 km herangeschafft worden sind. Wie sollte das bei damaligen Transportbedingungen möglich gewesen sein? Im Rahmen eines Experiments wurde im Jahr 2001 versucht, einen Stein in der Größe der in Stonehenge verwendeten entlang des angenommenen Wegs von Wales nach Stonehenge zu transportieren. Freiwillige zogen ihn auf einem hölzernen Schlitten über Land. Dies gelang tatsächlich, denn es gibt Methoden, wie die gewaltigen Blöcke mit Seilen und Hölzern bewegt werden können. Danach aber verlud man den Block auf die Nachbildung eines Schiffs, wie es damals Verwendung gefunden haben könnte – es versank bei hohem Seegang mit dem Stein. Der englische Archäologe Aubrey Burl vertrat alternativ die Theorie, die Steine könnten über Gletscher zu ihrem Bestimmungsort transportiert worden sein.

Mit brennenden Fackeln trafen sich in Stonehenge moderne Druiden zur Feier der Sommersonnenwende. Heute ist der Bereich des Monuments für Veranstaltungen gesperrt.

Der Bau von Stonehenge

Archäologen haben berechnet, wie viele Menschen und wie viel Arbeitskraft für die Errichtung von Stonehenge nötig waren. Man errechnete mehrere Millionen Stunden, wobei man die einzelnen Phasen berücksichtigte. Die erste hat etwa 11 000 Stunden Arbeit benötigt, die zweite 360 000 und die einzelnen Abschnitte der dritten Phase zusammengenommen um 1,7 Mio. Stunden. Für die Bearbeitung der Steine setzt man etwa 20 Mio. Stunden an, bedenkt man vor allem die verwendeten Werkzeuge. Der Wunsch, diese Stätte zu errichten, muss demnach enorm groß gewesen sein. Ihr Bau machte eine perfekte Organisation erforderlich. Auch müssen die Erbauer reich gewesen ein, denn sie hatten viele tausend Arbeiter zu ernähren, die gleichzeitig nicht zur Beschaffung von Nahrung fähig waren. Wer war in der Lage, all das zu organisieren?

Die astronomische Ausrichtung des Monuments

Die Steine von Stonehenge sind nach den Positionen der Sonnenwende und der Tagundnachtgleiche angeordnet, wodurch die wichtigen jahreszeitlichen Wendepunkte voraussagbar waren. Hatten Priesterkönige einst dieses Wissen zum Wohl ihrer landwirtschaftlich arbeitenden Bevölkerung genutzt? Immerhin waren Aussaat und Ernte von diesen Daten abhängig. Um die astronomischen Werte zu bestimmen, wäre es unabdingbar gewesen, über das nötige Wissen auf diesem Gebiet zu verfügen. Und für Stonehenge hätte es bedeutet, dass es ein vorzeitliches Observatorium gewesen wäre. Tatsache ist, dass Art und Bedeutung der Nutzung der Stätte immer noch vollkommen unklar sind. Allerdings ist es unwahrscheinlich, dass die Konstellation der Steine zufällig ist. Dazu ist sie zu exakt. Der nördlichste Aufstiegsspunkt der Sonne ist abhängig von der geographischen Breite, diese muss für Stonehenge genau errechnet oder durch Beobachtung erbracht worden sein, sie beträgt 51° 11'. Die exakte Bestimmung war für die Positionierung der Steine von äußerster Wichtigkeit, nur so konnten die anderen Funktionen genau festgelegt werden. Dieser Erklärung nach wäre Stonehenge eine Art Kalender zur Vorhersage der Jahreszeiten gewesen.

Stonehenge in der Mythologie

Im mythologischen Bereich wird Stonehenge oft mit der Artussage in Verbindung gebracht. Der Erzbischof des walisi-

Wie war Transport der gewaltigen Blöcke zu damaligen Zeiten möglich? 2001 zog man in einem Experiment einen Steinblock auf einem hölzernen Schlitten mit Seilen und Rundhölzern über den Weg von Wales nach Salisbury. Es dauerte Monate, bis der Stein ankam.

Der englische Jugendstilkünstler Aubrey Beardsley schuf 1893 in der Serie „Artus' Tod" diese Grafik mit dem keltischen Magier Merlin und der Dame des Sees. Manche Forscher glauben, Merlin habe den Bau von Stonehenge veranlasst.

schen Orts von St. Asaph, Geoffrey von Monmouth, schrieb, der Druide Merlin habe die Umsiedlung Stonehenges von Irland nach hier geleitet. Auf der Grünen Insel habe das Monument auf Mount Killaraus gestanden und sei von Giganten erbaut worden, die die Steinblöcke aus Afrika dorthin verbracht hätten.

Im 17. Jahrhundert schrieb der englische Gelehrte John Aubrey, die Steinkreise seien Tempel der Druiden, und Stonehenge sei von ihnen erbaut und benutzt worden. Diese Annahme ist inzwischen jedoch widerlegt, denn zur Zeit der Druiden stand das Monument bereits 2000 Jahre lang.

Auch ist die Wahl des Orts für den Bau der Stätte interessant. In der Nähe zahlreicher Megalithen in England und Wales beobachtete man Lichtphänomene, Erdlichter. Dienten sie für Weissagungen oder als Tore zur Unterwelt? Professor Michael Peringer aus Ontario, Kanada, schrieb, Erdlichter seien starke elektromagnetische Felder, die eine bewusstseinsverändernde Wirkung haben können. Ist Stonehenge also ein Kultort in jeder Hinsicht?

Megalithgrab
Hierbei handelt es sich um eine Grabform der Jungsteinzeit und der frühen Bronzezeit im Mittelmeerraum sowie an der Atlantikküste Westeuropas. Man unterscheidet zwischen Dolmen, die aus mindestens fünf gewaltigen Trägersteinen und einem Deckstein bestehen, und Ganggräbern, Kammern mit kürzeren oder längeren Gängen. Megalithgräber wurden oft für Kollektivbestattungen verwendet.

Ein Kran hebt den letzten Querstein in die korrekte Position, aus der er im Jahr 1797 zu Boden stürzte. Mit seiner Positionierung ist der Steinkreis von Stonehenge wieder in seiner ursprünglichen Form.

Die Anlage von Avebury besteht aus einem großen äußeren Kreis aus dem Jahr 2500 v. Chr., er hat einen Umfang von etwa 1200 und einen Durchmesser von 427 m.

Die Steinkreise von Avebury

Die Steinkreise von Avebury in der Grafschaft Wiltshire, England, gehören zu den größten und ältesten auf den Britischen Inseln. In ihrer Bedeutung sind sie in einem Zug mit Stonehenge und Silbury Hill zu nennen.

Die Anlage von Avebury

Den sie umgebenden Wall mit eingeschlossen, nimmt Avebury etwas 15 ha Fläche ein. Die Anlage selbst besteht aus einem großen äußeren Kreis aus dem Jahr 2500 v. Chr., er hat einen Umfang von etwa 1200 m und einen Durchmesser von 427 m. 98 aufrechte Steinblöcke fanden sich ursprünglich auf einem 6 m hohen Erdwall, heute sind davon noch 27 Stück erhalten. In Kreisinnern befinden sich zwei weitere Kreise. Der kleinere Nordkreis von 2600 v. Chr. besitzt einen Durchmesser von 98 m, von seinen ursprünglich 27 Steinen sind noch vier erhalten. Der Südkreis aus derselben Zeit mit einem Durchmesser von 104 m hatte ehemals 29 Steine – fünf stehen heute noch.

Anders jedoch als bei Stonehenge stammen die Sandsteine aus nahe gelegenen Vorkommen und konnten daher leichter transportiert werden. Sie sind 2,1 bis 5,5 m hoch und wiegen bis zu 40 t. Damit sie nicht umstürzen konnten, verankerte man sie in einer Tiefe von 15 bis 60 cm im Boden. Der Obelisk, der größte Stein der Stätte, soll 5,5 m hoch gewesen sein, er wurde im 18. Jahrhundert umgestürzt und zerstört. Vom großen äußeren Kreis entfernen sich zwei Steinalleen aus Steinblöcken.

Bis in das 14. Jahrhundert muss das Monument relativ unbeschadet geblieben sein, erst danach begann auf Anordnung der Kirche die Zerstörung der „heidnischen“ Kultstätte.

Während des 17. und 18. Jahrhunderts wurden Steine entfernt, um Platz für den Ackerbau zu schaffen, oder sie wurden für den Bau von Häusern verwendet – kein unbekanntes Phänomen, durch das viele Denkmäler im Laufe der Geschichte Schaden genommen haben. So wurden z. B. das römische Kolosseum oder die römische Stadtmauer von Tarragona, Spanien, für denselben Zweck zerlegt.

Die Sandsteine stammen aus nahegelegenen Hügeln , sie sind 2,1 bis 5,5 m hoch und wiegen bis 40 t. Um nicht zu stürzen, verankerte man sie in einer Tiefe von 15 bis 60 cm im Boden.

Die Entdeckung und Interpretation der Steinkreise

Im Jahr 1648 erkannte der Altertumsforscher John Aubrey die großen Steine auf den Feldern und im Dorf als prähistorische Steinkreise. Wie schon bei Stonehenge schrieb er sie den Druiden zu. Auch der Gelehrte William Stukeley beschrieb den Steinkreis um 1720 als Heiligtum von Druiden. 1930 wurden durch den National Trust zahlreiche Steine wieder errichtet. Von den ursprünglich 154 Megalithen sind heute allerdings nur noch 36 erhalten – ehemals waren es zusammen mit den Steinalleen etwa 600.

William Stukeley bemerkte als Erster, dass der Grundriss von Avebury dem einer Schlange entspricht, die sich durch einen Kreis windet und auf diese Weise ein traditionelles alchemistisches Symbol darstellt. Kopf und Schwanz der riesigen Schlange werden durch die beiden 17 m breiten Alleen aus stehenden Steinen gezeichnet, die sich etwa 2,5 km in die Landschaft winden. Eine der beiden Alleen, die West Kennet Avenue, endet an einem weiteren Steinkreis, dem Sanctuary, Heiligtum.

Immer wieder sind Erdlichter in der Nähe beobachtet worden, auch finden sich oft Kornkreise in den umliegenden Feldern.

Avebury, ein heidnischer Fruchtbarkeitstempel

Der Autor Terence Meaden bietet eine Interpretation für die beiden inneren Steinkreise: Avebury sei ein Heiligtum für Mond und Sonne gewesen, die durch die beiden Kreise symbolisiert wurden. Der Mond stehe für das weibliche Geschlecht oder die Erdgöttin Tara, die Sonne für das männliche Prinzip, den Himmelsvater Taran. Erdgöttin und Himmelsgott verschmelzen zur Zeit der Mittsommernacht als Zeichen der Erneuerung der Welt. Meaden argumentiert, dass im Zusammenhang mit Fruchtbarkeitsritualen und -religionen der Kreis als Symbol für das weibliche Prinzip stehe, so, wie stehende schlanke Steine das männliche Prinzip darstellten. Insofern wäre Avebury ein heidnischer Fruchtbarkeitstempel gewesen.

Die Namen von Erdgöttin und Himmelsgott

Tara war ein indoeuropäischer Name für die Erdgöttin – sie hieß Tara in Indien, für die Etrusker war sie *Turan*, *Terah* für die Hebräer, *Terra Mater* in Rom.

Das männliche Äquivalent war Taran, der Donner- und Regen-Fruchtbarkeitsgott. Für die Hethiter hieß er *Taru* und *Tarai* für die Andamaner. In Skandinavien wurde er *Thor* genannt, in Germanien *Thunar* oder *Donar* (der Donnerstag ist des Gottes Donar Tag), die Angelsachsen sagten *Thunaer* (engl. *Thursday*, Thors Tag) zu ihm. Die Kelten schließlich nannten ihn *Taran* in Wales und *Torann* in Irland.

Silbury Hill

Die ursprüngliche Bedeutung von Silbury Hill, das vor über 4500 Jahren angelegt wurde, ist unbekannt. Theorien vermuten ein Sonnenobservatorium oder eine Erdskulptur für die Erdgöttin. Geomanten erkennen das kraftvolle Energiefeld, das den geheimnisvollen Ort umgibt.

Die Anlage von Silbury Hill

Im Süden von Avebury liegt der gewaltige, künstlich angelegte, etwa 40 m hohe Hügel Silbury Hill mit seiner abgeflachten Spitze, bestehend aus 339 600 m³ aufgeschütteter Erde. Er wurde in drei Phasen angelegt, deren erste um 2660 v. Chr. begann, in der zweiten baute man eine Spirale aus Kreide, die sich in sechs Stufen vom Grund bis zur Spitze windet, und anschließend, in der letzten Phase, wurde diese Spirale mit Kies und Erde bedeckt, um so dem Hügel seine charakteristische Kegelform zu geben.

Das keltische Schnitterinnenfest

Einer Legende nach handelt es sich hier um das Grab des vergessenen Königs Sil, in anderen Geschichten ist es das eines Ritters mit goldener Rüstung und einem massiv goldenen Pferd. Auch erzählt man sich, der Teufel wollte einen Sack Erde über die Stadt Marlborough kippen, doch die mächtigen Priester des nahen Avebury zwangen ihn, den Sack hier zu leeren.

Der Gelehrte William Stukeley schrieb, 1723 seien an der Spitze Grabungen durchgeführt worden, und man habe Knochen und antikes Zaumzeug gefunden. In den Jahren 1776, 1849 und 1967 unternahm man weitere Grabungen – nie konnten Gräber oder Hinweise auf den Sinn des Hügels entdeckt werden. Der Archäologe Richard Atkinson konnte Dank der Radiokarbonmethode (Altersbestimmung von organischen Stoffen durch Feststellen des radioaktiven Kohlenstoffgehalts) den exakten Beginn des Baus bestimmen:

Einige Forscher halten Silbury Hill für ein Sonnenobservatorium oder eine Erdskulptur für die Erdgöttin. Geomanten erkennen das kraftvolle Energiefeld, das den geheimnisvollen Ort umgibt.

Auf der Ley-Linie von Avebury und Silbury Hill liegt das berühmte Hügelgrab West Kennet Long Barrow. Erste Ausgrabungen erfolgten 1859, 1955–56 wurde die Grabanlage vollkommen freigelegt.

die Nacht vom 31. Juli zum 1. August des Jahres 2660 v. Chr., zur Zeit des keltischen Lugnasadh-Fests (auch Schnitterinnenfest genannt), eines schamanischen Rituals für Frauen in der Natur.

Erdskulptur oder Treffpunkt von UFOs

Immer wieder gibt es neue Theorien über den Sinn von Silbury. Der Forscher Michael Dames vermutet, es handle sich wie bei dem Tor von Glastonbury um eine Erdskulptur der schwangeren Erdmutter Tara.

Eine andere Theorie interpretiert Silbury durch den Schatten, den der Hügel auf die Ebene wirft, als perfektes Sonnenobservatorium.

Geomanten haben erkannt, dass Silbury auf einer Ley-Linie in perfekter Harmonie mit der jungsteinzeitlichen Grabanlage West Kennet Long Barrow und dem Obelisken von Avebury liegt. Es ist derselbe Meridian, der durch Glastonbury, die Kirche von Avebury, Stonehenge und den Steinkreis von Winterbourne Abbas läuft. Die römische Straße zwischen Marlborough und Bath läuft genau auf Silbury zu und umgeht den Hügel dann. Man kann daraus schließen, dass den römischen Straßenbauern diese Linie bekannt war, als sie ihre Straße planten. Der Autor John Michell schreibt dazu: „Bedenkt man, dass in China ähnliche Hügel wie der in Silbury auf dem *lung-mei* angelegt wurden, dem Drachenpfad, hat man guten Grund zu vermuten, dass Silbury von vor-keltischen Druiden auf der Drachenlinie mithilfe des geomantischen Kompasses angelegt wurde. Es steht zu vermuten, dass die chinesische *lung-mei* sich über den gesamtem Globus erstreckt.“ (1)

Heilende Kräfte des Energiefelds um Silbury

Man sagt dem Energiefeld von Silbury neben anderen Eigenschaften heilende Kräfte nach. Wünschelrutengänger haben festgestellt, dass die Ley-Linie, auf der der Hügel liegt, feminine Eigenschaften hat, und immer wieder sind Erdlichter in der Nähe beobachtet worden. Auch finden sich oft Kornkreise in den umliegenden Feldern. Es liegt nahe, dass UFO-Forscher hier außerirdische Aktivitäten sehen.

Bis alle Geheimnisse von Silbury und den benachbarten Stätten gelüftet sind, werden Jahre vergehen, erst seit den 1980er-Jahren forschen wissenschaftliche und spirituelle Disziplinen gemeinsam, Archäologie und Intuition bemühen sich zusammen darum, die Rätsel des geheimnisvollen Orts zu lösen.

Der künstlich angelegte Hügel Silbury Hill ist etwa 40 m hoch und besteht aus 339 600 m^3 aufgeschütteter Erde.

Glastonbury – ein himmlischer, heiliger Ort auf Erden

Wie ein gewaltiges urzeitliches Tier erhebt sich aus der Ebene von Somerset ein 160 m hoher Hügel, der Glastonbury Tor. Auf ihm stehen die Ruinen einer sagenumwobenen Kirche, und er markiert gleichzeitig einen der geheimnisvollsten Orte Englands. War der Tor das Zentrum von Fruchtbarkeitsriten, die auf der Legende der Erdgöttin basierten? Oder handelt es sich um die sagenhafte Insel Avalon mit dem Grab König Artus'?

Avalon, der Ort der Toten

Um den Hügel von Glastenbury *Tor* (Tor ist ein Wort keltischen Ursprungs und mit „Hügel" oder „Berg" zu übersetzen) verläuft, ähnlich wie bei Silbury Hill, ein Terrassensystem, verwittert und von den Naturgewalten abgetragen, doch immer noch gut zu erkennen. Seit jeher hat man diese Wege für ein riesiges Labyrinth gehalten, das einem alten magischen Muster folgt. Stimmt dies, so wurde es vor 4000 oder 5000 Jahren als eine der rituellen Stätten angelegt, als die auch Stonehenge gilt. Vor 2000 Jahren umspülte das Meer den Fuß des Tors, schloss den Hügel ein und machte ihn bei Flut zur Insel. Das Meer zog sich zurück und wurde zu einem gewaltigen See. Zu dieser Zeit nannte man den Tor Ynys-witrin, Glasinsel. Aus der keltischen Legende stammt auch der Name Avalon, benannt nach dem Halbgott Avalloc oder Avallach, der die Unterwelt regiert. Keltischer Überlieferung nach war Avalon ein verzauberter – aber ein heidnischer Ort. Darum ist es nicht unwesentlich, dass die Kirche auf dem Hügel nach dem Erzengel Michael benannt ist, dem Krieger gegen die Kräfte der Dunkelheit. Avalon, wo sich Meer und Land trafen, war der Ort der Toten, hier wechselten sie von der einen in die andere Welt.

Wie ein urzeitliches Tier erhebt sich der Glastonbury Tor mit den Ruinen der legendären Kirche des Hl. Michael.

Die Ruinen des Klosters von Glastonbury erheben sich auf heiligem Boden, denn Joseph von Arimathia soll hier die erste Kapelle errichtet haben.

Die Geschichte der Abtei

Somerset wurde im 7. Jahrhundert von den zum Christentum bekehrten Sachsen unter ihrem König Ine von Wessex, einer der wichtigsten Figuren in der Geschichte der Abtei, erobert. Er soll eine steinerne Kirche errichtet haben, deren Fundamente der westliche Teil des Kirchenschiffs sind. Im 10. Jahrhundert wurde diese Kirche vom Abt von Glastonbury, St. Dunstan, der 960 Erzbischof von Canterbury wurde, vergrößert. 1066 eroberten die Normannen England, und Turstin, der erste normannische Abt, ließ die Abtei vom Friedhof bis zur sächsischen Kirche vergrößern. Schon 1086 war Glastonbury das reichste Kloster des Landes, doch knapp 100 Jahre später, 1084, wurde die Abtei mit vielen wertvollen Schätzen vom Feuer zerstört. Erst am Weihnachtstag 1213 weihte man die neue Kirche ein. Bis weit ins 14. Jahrhundert war Glastonbury dann das zweitreichste Kloster Englands, nach Westminster Abbey, und sein Abt ein mächtiger Mann. Unter der Herrschaft Heinrichs VIII. gab es 1536 mehr als 800 Klöster in England – als Rom ihm die Scheidung von Katharina von Aragón verweigerte, machte er sich mit der Suprematsakte zum Oberhaupt einer neuen anglikanischen Kirche. Die Klöster wurden aufgelöst, Mönche und Nonnen vertrieben, die Schätze fielen der Krone zu, Glastonbury verfiel.

Das Grab König Artus'

Eines der großen Geheimnisse von Glastonbury ist die Frage, ob Artus hier begraben liegt. Schon 1190 versicherten Mönche, seine sterblichen Überreste zusammen mit denen seiner Frau Ginevra in einem Grab unter der Abtei gefunden zu haben. Auf dem aus einem Baumstamm geschnitzten Sarg standen auf einem bleiernen Kreuz die lateinischen Worte: *Hic iacet sepultus inclitus rex arturius in insula avalonia* („Hier liegt König Artur auf der Insel Avalon begraben"). 1278 wurden die Knochen beim Besuch von König Edward I. in das schwarze Marmorgrab vor dem Hauptaltar in der Abtei überführt. Dort sollen sie bis zur Zerstörung des Klosters 1536 verblieben sein. Seitdem fehlt jede Spur von ihnen, ein legendärer schwarzer Ritter mit glühend roten Augen soll die Abtei heimgesucht und alle Spuren des sagenhaften Königs getilgt haben.

Der offizielle Name des Festivals von Glastonbury, das seit 1970 auf Worthy Farm in Pilton, in unmittelbarer Nähe der Ruinen zelebriert wird, ist das „Festival of Contemporary Performing Arts".

Die Ruinen der Abtei von Glastonbury stehen auf geheiligtem Boden und waren zu ihrer Zeit eins der größten Heiligtümer Englands.

Der Heilige Gral

Am Fuß des Hügels gibt es einen alten Brunnen, dessen Wasser wie der Schlag eines Herzens klingen und dunkelrot sind durch das Eisenoxid des ihn umgebenden Felsens – darum nennt man ihn auch Blutbrunnen. Der Legende nach wurde dieser Brunnen von Druiden erbaut, um darin das Gefäß des letzten Abendmahls, den Gral, zu verbergen, den Josef von Arimathia nach England gebracht hatte, nachdem er darin das Blut Jesu bei der Kreuzigung gesammelt hatte. In den Legenden von Glastonbury und Somerset erzählt man sich, Jesus habe als Junge zusammen mit seinem Onkel Josef von Arimathia hier in Glastonbury die erste Kirche aus Flechtwerk errichtet. Darum sei Josef hierher zurückgekehrt, um den Gral an dieser Stelle zu verbergen. Josef soll den Kelch unterhalb des Tors vergraben haben, unweit des Eingangs zur Unterwelt. Dort entsprang kurz darauf eine Quelle, Chalice Well, der Kelchbrunnen, ihr Wasser soll ewige Jugend verleihen. Es war der Gral, der Artus und die Ritter der Tafelrunde nach Avalon brachte.

Die Tor-Göttin

Die Autorin Kathy Jones vermutet im Tor eine Ritualstätte für die Erdgöttin, ja, der Tor selbst sei wie eine gewaltige Skulptur zu ihren Ehren angelegt worden. Die Erd- und Fruchtbarkeitsgöttin hat viele Namen – Rhiannon, Venus, Aphrodite, Morgen- und Abendstern. Der Tor sei ein hohler Hügel, ausgehöhlt von Grotten, in denen Trolle und Elfen zur Ehre der Göttin leben. Der Tor ist angelegt wie ein siebenlagiges Labyrinth, wie es auch in Kreta auf Münzen abgebildet wurde, wie es auf den Felsen von Tintagel in Cornwall zu sehen ist. Es ist auch das Symbol der Erdmutter der nordamerikanischen

Hopi-Indianer. Eine Abbildung der Fruchtbarkeitsgöttin findet sich in dem Dolmen Luffang-en-Crach in Carnac. Der Eingang zum Labyrinth soll sich am westlichen Ende des Tors befinden und sich von dort über den Hügel bis zum Herzen der Göttin ziehen.

Der Tempel der Sterne von Glastonbury

In einem Umkreis von 16 km befindet sich der Zodiak von Glastonbury, ein in den natürlichen Gegebenheiten wie Wäldern, Flüssen, Bächen, Pfaden, Orten und Ebenen angelegter „Naturpark" der Steinkreiszeichen. Dieser gewaltige Naturtempel der Sterne ist eine Verbindung von Astrologie, Artussage und New Age. Für sein Erkennen braucht es viel Fantasie, denn der Park basiert mehr auf geographischen Namen und Legenden als auf historischen Tatsachen: Artus war Schütze, Ginevra Jungfrau, Merlin Steinbock, Lanzelot Löwe, Glastonbury liegt im Wassermann, der durch einen Phönix gezeigt wird – Neues ersteigt aus Altem – der Brunnen des Kelchs ist der Schnabel des Vogels, der Stier sein Kopf und das Kloster die Festung des Grals. Die Bildhauerin Katherine Maltwood entdeckte die Sternkreiszeichen 1929 in der Natur, die Kunstprofessorin Mary Caine filmte sie vom Flugzeug aus und legte die erste Karte an. Sie behauptet, die Zeichen setzten sich überdies zu einem gewaltigen Gesicht des Messias zusammen.

Glastonbury – ein verzauberter Ort, dessen Energie spürbar ist. Der Historiker William de Malmesbury (ca. 1080–ca. 1143) schrieb im 12. Jahrhundert, Glastonbury „ist ein himmlischer, heiliger Ort auf Erden".

Der Brunnen des Kelchs. Der Legende nach bauten ihn Druiden und später verbarg man in seinen roten Wassern den Gral.

Ein in der Erde angelegtes Labyrinth, das Julians Bower im englischen Humberside. Labyrinthe sind in fast allen Kulturen Symbole der Läuterung.

Labyrinthe – Symbole der Seele

Unübersichtlich angelegte, sich kreuzende und verschlingende Wege oder Gänge, in denen der Besucher den Ausgang finden muss – seit jeher gelten Labyrinthe in fast allen Kulturen der Welt als Wege der Läuterung. Die sieben Stufen oder Ringe der meisten Labyrinthe sind vergleichbar mit den sieben Chakras (Hauptenergiezentren des Menschen) oder sie werden als verschiedene körperliche, mentale, psychologische oder spirituelle Stadien betrachtet, die sich auf dem Weg einstellen. Eine finstere Bedeutung erlangten Labyrinthe mit der Errichtung von Knossos, dem dreidimensionalen Labyrinth, wo Halbgott/Mann/Tier Minotaurus verborgen wurde. Damit, so Kathy Jones, endete die fruchtbare weibliche Symbolkraft der Labyrinthe als Weg der Selbstfindung, um durch ein bedrohliches, dem Patriarchat eigenes System abgelöst zu werden. Das Labyrinth steht für das festgelegte Muster unseres Schicksals – wir können es nicht ändern, es nur jeweils anders begehen und damit leben.

Carnac – Megalithenalleen

Gegen 3000 v. Chr. errichtete ein unbekanntes Volk mächtige Steinblöcke, wie man sie von den Orkney-Inseln bis zum Jordanland an vielen Küsten antrifft. In der Bretagne finden sich die meisten, und die geheimnisvollsten stehen in Carnac. Diese endlosen Megalithalleen, die einem untergegangenen Volk einst heilig waren, üben eine magische Wirkung auf den Betrachter aus.

Prähistorisches Monument mit über 3000 Megalithen

In der Nähe von Carnac an der französischen Nordatlantikküste stehen als prähistorisches Monument über 3000 Steinkolosse von bis zu 4 m Höhe in Reihen von über 3 km mit einer ursprünglichen Ausdehnung von 8 km. Die Steinreihen, Steinkreise und Grabanlagen stammen aus der Zeit zwischen dem 3. Jahrtausend und 1800 v. Chr. Die Menhire (bretonisch *ar-men-hir*, „langer Stein") wurden aus Granit geschlagen und stehen einzeln, in den genannten Alleen oder formieren sich zu Großsteingräbern.

Nachfolgende Generationen ritzten ihre Symbole in die heiligen Steine eines verschwunden Volks.

Als sicher kann gelten, dass weder Römer noch Gallier oder Kelten die Steine aufgestellt haben. Es handelt sich um ein unbekanntes Volk, das gegen Ende der Jungsteinzeit mit unglaublichem Aufwand dieses Monument errichtete. Wir wissen nicht, wer sie waren, aber durch ihr Werk sind sie unsterblich geworden. Forscher vermuten, dass es sich bei den Urhebern um Seefahrer handelte, denn die Steine stehen fast alle in Seenähe.

Der Men-er-H'roek bei Locmariaquer

In der Nähe der Lang- und Ganggräber aus Trägersteinen und Decksteinen sind oft einzelne große Menhire zu sehen, deren größter eine Höhe von etwa 20 m hatte und 350 t wog – der Men-er-H'roek bei Locmariaquer. Er war hoch wie ein sechsstöckiges Haus. Wie seine Erbauer ihn behauen und an diesen Ort verbringen und aufrichten konnten, wird immer ein Geheimnis bleiben. Zum Vergleich: 1556 brauchten 800 Männer mit 70 Pferden nahezu ein Jahr, um auf dem Petersplatz in Rom den Obelisken aufzurichten, der „nur" die Hälfte wog.

Die Erbauer von Carnac müssen eine hoch entwickelte Sozialstruktur gehabt haben, denn die Steine sind Zeugen hoher technischer und organisatorischer Leistung. Der Menhir von Locmariaquer wurde um 1700 vom Blitz getroffen und liegt deshalb heute zerbrochen auf der Erde. Über Jahrtausende war er für Seefahrer eine Landmarke.

Observatorium oder Fruchtbarkeitssymbole?

Bis in die Neuzeit hinein wurden die Steine von den Bretonen als Kultobjekte verehrt, in früheren Epochen hatten sie religiösen Zwecken gedient. Die römischen Armeen sahen sie auf ihren Zügen und versahen ihre Oberflächen mit eingemeißelten Götterbildern, Christen fügten dem im Mittelalter Kreuze und christliche Symbole hinzu.

Zahllose Legenden weben sich um die Steine von Carnac. So soll der heilige Cornelius, der im Jahr 235 den Märtyrertod starb, vor den Römern in die Bretagne geflohen sein. Der Kaiser schickte Cornelius seine Legionäre hinterher, doch mithilfe von Gebeten verwandelte der Nachfolger Petri die Armee in Steine.

Eine Frage bleibt bestehen: Wozu dienten diese enormen Reihen und Kreise? Weshalb wurden sie seinerzeit aufgestellt? Manche Forscher sind der Ansicht, es seien Friedhöfe, andere meinen, die Steine seien zu astronomischen Zwecken errichtet worden.

Fest steht, dass die Steine ihren Erschaffern heilig waren, und bis heute halten sich in der Bevölkerung heidnische und druidische Bräuche lebendig. So gelten einigen die Steine als fruchtbringend, Paare, die sich Kinder wünschen, vereinen sich darum nachts im magischen Bannkreis der Menhire. Vom Menhir von Saint Cado glaubt man, er mache Frauen fruchtbar. Unzählige wunderbare oder schreckliche Sagen weben sich um die Steine von Carnac. Aber es müssen Sagen bleiben, denn die Wahrheit über die Steine ist im Dunkel der Geschichte untergegangen.

Einige Forscher halten Carnac für einen gewaltigen Friedhof, Ganggräber wie dieses finden sich an vielen Stellen. Andere Forscher wiesen nach, dass die Gräber durchaus jüngeren Datums sind als die Menhire.

Über 3000 Steinkolosse von bis zu 4 m Höhe stehen als prähistorisches Monument in Reihen von über 3 km.

Die Externsteine im Teutoburger Wald

Die Externsteine sind eine Felsengruppe, die wie ein urzeitliches Relikt mitten in einer sonst steinfreien Landschaft steht. Allein als Naturdenkmal sind sie beeindruckend. Vor allem aber sind sie menschliche Spuren mittelalterlicher, möglicherweise auch vorgeschichtlicher Benutzung, die das Rätsel dieser bizarren Steine ausmachen.

Naturdenkmal und Kulturdenkmal

Mit fast 40 m Höhe bieten die bizarren Felsen ein Naturschauspiel, sind aber auch ein geheimnisvolles Kulturdenkmal. Immer wieder erklärt man die Steine zur steinzeitlichen Kultstätte. Nach einer Inschrift weihte der Bischof von Paderborn im 12. Jahrhundert eine Grotte im westlichen Felsen zur Kirche. Links neben dem Eingang befindet sich Deutschlands ältestes erhaltenes Steinbild, eine Reliefdarstellung der Kreuzabnahme Jesu. Dies sind die einzigen belegten Daten. Durch New Age und Esoterik wurde den Externsteinen erneut große Aufmerksamkeit zuteil und sie wurden zum Anziehungspunkt für neuzeitliche Hexen, Druiden, keltische Glaubensgemeinschaften und Esoteriker.

Völkisch-rassistisches Interesse an germanischen Kultstätten

Besondere Aufmerksamkeit erhielt der Ort durch den Nationalsozialismus. Es ging damals um den Nachweis für eine Vorherrschaft der nordischen Hochkulturen vor denen des Mittelmeerraums. So glaubte der Laienarchäologe Wilhelm Teudt 1935, in den Externsteinen das sächsische Heiligtum Irminsul gefunden zu haben. In neuheidnischen und neofaschistischen Kreisen gilt Irminsul als Symbol des Widerstands der germanischen Religionen gegen die Christianisierung. Karl der Große soll die Kultstätte der Externsteine und damit Irminsul 722 während der Sachsenkriege zerstört haben.

Aus diesem Grund treffen sich hier auch neonazistische Gruppen, die mit Sonnenwendfeiern und der Verehrung germanischer Götter wie Wotan und Freya das beleben wollen, was 1945 ins Grab gelegt wurde. Mit völkisch-rassistischen Parolen lebt hier auf, was wissenschaftlich nie belegt werden

Oben in der felsigen Spitze gibt es eine Kammer, zu der man nur über die gebogene Brücke gelangen kann. Lange Zeit wurde sie als Kapelle genutzt.

Auf den Externsteinen ist die Kreuzabnahme Jesu dargestellt. Es wird aber auch vermutet, es handle sich um ein Einweihungsbild des Templer-Ordens.

konnte. Viele Deutungen der Externsteine im Bereich (vor)germanischer Geschichte geraten deshalb unfreiwillig in die Nähe faschistischen Gedankenguts.

Steinzeitliche Funde

In unmittelbarer Nähe der Felsen fand man Steinspitzen und Abschläge aus der Altsteinzeit (um 10 000 v. Chr.). Das belegt allerdings nur, dass hier Menschen gelebt haben, es ist keinesfalls der Beweis für eine kultische Nutzung, wie man sie dem Ort gern zuschreibt. Bei keiner archäologischen Grabung wurden nennenswerte Stücke aus der Zeit vor dem 10. oder 11. Jahrhundert gefunden, die auf kultische Tätigkeit an den Felsen schließen lassen. Die Frage nach der Funktion der Externsteine in vorchristlicher Zeit bleibt im Dunkel. Die Liste der Theorien ist lang, sie reicht vom germanisch-naturreligiösen Observatorium über Kult-Kraftplatz germanischer Götter bis zur Orakelstätte, wie der Anthroposoph Rolf Speckner vermutet. Die Frage bleibt: Weisen die Felsen tatsächlich Spuren urgeschichtlicher Steinbearbeitung auf, wie der Steinmetz und Autor Ulrich Niedhorn nahe legt? Sämtliche Überlegungen bleiben Spekulationen.

Brandspuren in den Felsengrotten

Ulrich Niedhorn entdeckte vor einigen Jahren Brandspuren in den Felsengrotten. Diese Grotten wurden künstlich geschaffen, und die Brandspuren sind Zeichen menschlicher Nutzung, vielleicht sogar Hinweise auf ihre Anlegung durch Brandsprengung. Die Frage bleibt: Aus welcher Zeit stammen diese Brandspuren?

Das Lumineszenz-Verfahren ist heute die bislang einzige Möglichkeit, die Brandspuren zu datieren, mit ihm kann der Zeitpunkt der letzten Erhitzung von im Stein enthaltenen Quarz- und Felsspatkörnern bestimmt werden. Als weigere sich der Stein, sein Geheimnis preiszugeben, hat die Probe in diesem Fall allerdings keine Ergebnisse erbracht.

Rechts lehnt Nikodemus auf dem gebogenen Irminsul-Symbol, und unten ist die Weltschlange dargestellt. Sie ist das Zeichen von tellurischen Kräften (Erdkräften) in den Externsteinen – sie soll im Übrigen nicht vom selben Künstler stammen, sondern angelsächsischen Ursprungs sein.

Die Giganten der Osterinsel

Am Ostersonntag des Jahres 1722 landete ein Schiff unter dem niederländischen Seefahrer Jacob Roggeveen (1669–1729) auf einer unbekannten Insel. Die Einwohner verfügten nur über primitive Steinwerkzeuge und Waffen sowie wenige Kanus. Beeindruckt und beängstigt waren die Seeleute von über 1000 gewaltigen und geheimnisvollen Steinstatuen.

Volk der vielen Inseln – die Polynesier

Jacob Roggeveen taufte das Eiland der steinernen Kolosse Osterinsel. Mit dieser Entdeckung begann eine lange, erst Mitte des vorigen Jahrhunderts endende Leidensgeschichte für die Insulaner. Schon etwa 1000 v. Chr. gelangten von Neu Guinea aus Seeleute bis Fidji, von dort navigierten sie bis Samoa und Tahiti. 400 Jahre später machte sich das unstete Volk wieder auf den Weg und suchte nach weiteren Inseln „über den Winden", wie sie in ihren Legenden sagten. Mit gewaltigen Katamaranen unternahmen sie weite Reisen und wurden zum Volk der vielen Inseln, den Polynesiern.

Eine Version besagt, dass sich etwa im Jahr 380 Polynesier von Tuatomu aus auf die Suche nach neuem Land machten. Sie gelangten auf eine Insel, wo sie in ihren Clans über 1000 Jahre ohne Kontakt mit anderen Völkern lebten. Diese Welt nannten sie Rapa Nui, den Nabel der Welt.

Der norwegische Forscher Thor Heyerdahl vertritt dagegen die Ansicht, die ersten Bewohner wären vom südamerikanischen Festland aus dorthin gelangt, denn nur so sei ihre Fähigkeit zu erklären, Steine auf derart perfekte Weise zu behauen. Die Bewohner des Nabels der Welt wurden zu den besten Steinmetzen des gesamten Pazifikraums. Gleichzeitig ist

Rongorongo-Schrift
Rongorongo ist eine mit Lautzeichen versetzte Bilderschrift, die Menschen, Tiere, Körperteile und Geräte des täglichen Gebrauchs zeigt. Man ist der Ansicht, dass es sich um eine Art Gedächtnisstütze für die Ureinwohner der Osterinsel gehandelt hat. Sie zeigt Zentralbegriffe, um die Wörter und Sätze aus dem Gedächtnis zu ergänzen sind. Erhaltene Schrifttafeln finden sich in den Museen der Welt.

Die Skulpturen schauen nicht auf Meer hinaus, sondern wandten ihm den Rücken zu. Sie betrachten das Land und die Leute des Clans.

Geographische Lage
Die Osterinsel ist eine im Südostpazifik und zu Chile gehörende Insel südlich des südlichen Wendekreises bei 27 Grad südlicher Breite und 109 Grad westlicher Länge. Sie liegt isoliert 3700 km von der chilenischen Küste und 4000 km von Tahiti entfernt. 2002 lebten auf der Osterinsel 3791 Menschen.

die Osterinselkultur die einzige im Pazifik, die eine eigene Schrift entwickelt hat, die Rongorongo-Schrift.

Figur mit stilisiertem Kopf und langen Ohrläppchen

Schon um das Jahr 400 begann man auf der Insel, gewaltige Steinplattformen, die ahu, als Luftbeerdigungstätten zu bauen. Die Leichen wurden auf den ahus aufgebahrt, bis Vögel und Insekten im Verein mit dem Wind die Gebeine gereinigt hatten und nur noch das Skelett dort lag. Anschließend begrub man die Knochen im Inneren des ahu, feierte ein Fest zu Ehren des Toten und errichtete auf der Steinplattform gewaltige, aus dem weichen Stein des Vulkans Ranu Raraku gemeißelte Steinfiguren, die Reichtum und Macht des Clans spiegeln sollten. Nach ca. dem Jahr 1000 dominierte die Figur eines Manns mit stilisiertem Kopf und sehr langen Ohrläppchen, manchmal mit Dekorationen auf dem Körper, die Tätowierungen darstellen sollten. Die Skulpturen betrachteten das Land und die Leute des Clans. Größe und Dekor der Statuen wurden zum Prestigesymbol für deren Macht.

Der Niedergang der Bewohner der Osterinsel

Vielleicht fiel nach 1400 ein Feind in das Land ein, was allerdings nicht belegt ist. Fest steht jedoch, dass das Holz knapp wurde, Transport und Aufrichtung der Statuen sowie der immer prächtiger werdende Haus- und Schiffsbau verschlangen den Baumbestand. Ohne Bäume wurde das Leben kläglich, die Erde vertrocknete und wurde unfruchtbar. Kannibalismus setzte ein, man verzehrte Frauen und Kinder der Feinde. Die

Größe und Dekor der Statuen wurden zum Prestigesymbol für deren Macht. Bau und Transport der Statuen vernichteten den Baumbestand der Insel.

Die Figuren wurden aus Vulkangestein geschnitten, das Weiß ihrer Augen mit Muschelkalk gefärbt. Viele Statuen trugen zum Zeichen besonderer Würde ihres Clans Hüte aus Stein.

ahus wurden zerstört, die Statuen umgestoßen. Dann kamen die schlimmsten Feinde – landhungrige Europäer. Die Insel wurde von allen heimgesucht. Noch 1862 verschleppten Peruaner alle arbeitsfähigen Männer und Frauen als Sklaven in ihre Minen. Die wenigen, die zurückkehrten, brachten Seuchen ins Land. Zu dieser Zeit standen nur noch wenige Statuen, Christen zerstörten das „Heidenwerk“. 1877 hatte die Insel noch 110 Einwohner und 1888 wurde sie von Chile annektiert. Man hielt sie als gewaltige Viehweide für europäische Unternehmen und als Leprakolonie. Erst seit Ende der 1960er-Jahre gibt es demokratische Strukturen. Das Geheimnis der steinernen Kolosse jedoch lebt fort.

Rapanui
Rapanui nennt man heute die offizielle Sprache der Osterinsel. Etwa 200 bis 300 Sprecher dieser Sprache leben in Chile, auf Tahiti und in den USA.

Die australischen Ureinwohner, vor allem die Anangu, nennen den roten Felsen Ayers Rock, ihr größtes Heiligtum, Uluru.

Ayers Rock

Uluru nennen die australischen Ureinwohner, vor allem die Anangu, den roten Felsen, ihr größtes Heiligtum. Nach der mythologischen Überlieferung der Aborigines wurde Uluru in der Traumzeit von zwei Jungen geschaffen, die nach dem Regen im Matsch spielten. Es bleibt ein Geheimnis, wer die mythischen Wesen waren, die den Monolithen bevölkerten.

Uluru, „Sitz der Ahnen" und Heiligtum der Aborigines

1873 erforschte der Ingenieur William Gosse die nördlichen Territorien Australiens und stieß als erster Weißer auf den Monolithen. Er benannte ihn nach dem damaligen Premierminister Sir Henry Ayers. Mit dem Fund wurde fortgesetzt, was auf dem Kontinent seit seiner Entdeckung währte: Die Ausrottung und Vertreibung der Ureinwohner aus ihren Jagdgebieten, die Zerstörung ihrer heiligen Stätten. Das Leben wurde den Aborigines unerträglich gemacht, nud sie sind sind heute bis auf eine Zahl von 50 000 reduziert.

Uluru bedeutet in der Sprache der Anangu „Sitz der Ahnen". Außer zu zeremoniellen Anlässen ist es ihnen verboten, den Felsen zu betreten. Dennoch steigen seit der Entdeckung des Uluru als touristisches Ziel täglich hunderte von Schaulustigen auf das Heiligtum mit hinauf, viele stürzen ab, erleiden Hitzeschocks oder verletzen sich auf eine andere Art. Ein Krankenhaus mit eigenem Hubschrauber wurde eingerichtet, um vor Ort helfen zu können. Die Aborigines sind dazu verdammt, tatenlos zuzusehen.

Kreuzungspunkt der Pfade der Traumzeit

Der Uluru ist der zweitgrößte Monolith der Erde, er besteht aus Sedimentgestein, genauer gesagt Arkosesandstein. Sein Umfang beträgt 9,4 km, seine Breite 2,4 km und die Länge 3,6 km. Mit einer Höhe von 348 m nimmt er eine Fläche von 3,3 km^2 ein. Man schätzt sein Alter auf 600 Mio. Jahre. Durch Erosion verliert der Fels kleine Teile von seiner Gesamtoberfläche, da die Abtragung aber gleichmäßig ist, behält er seine ursprüngliche Form.

Für die Ureinwohner ist jede Falte, jeder Vorsprung, jede noch so kleine Erhebung des Felsens von Bedeutung. Die Feuchtigkeitsflecken an seinen Wänden sind die Blutflecken der giftigen Schlangenmänner, die in der berühmten Schlacht der Traumzeit geschlagen wurden.

Jede Höhle am Fuß des Uluru hat eine bestimmte Bedeutung und ist mit Ritualen verbunden. Entsprechend sind sie mit einer Vielzahl von Zeichnungen versehen, die teilweise älter als 3000 Jahre sind. Bis heute ist es nicht gelungen, die Darstellungen, die Begebenheiten aus der Traumzeit zeigen, zu enträtseln. Die Traumzeit umfasst die Schöpfungsgeschichte und Mythologie der Aborigines, sie wird nicht schriftlich, sondern nur mündlich überliefert. Die Ureinwohner sind von der Ausrottung bedroht, ebenso ihre geheimen Riten und Überlieferungen.

Die Rache der Geister

Uluru umgibt ein magisches Energiefeld, immer wieder berichten Besucher begeistert davon. Gleichzeitig spricht man von einer Rache der Geister der Aborigines an den weißen Eindringlingen – so werden die unzähligen Abstürze und Verletzungen begründet. Eine Frau erhielt Todesdrohungen, weil sie sich einem für Frauen tabuisierten Punkt genähert hatte. Wohl der berühmteste Fall jedoch ist der von Baby Azaria. Die Familie Chamberlain verlor an dem Berg ihr zwei Monate altes Baby. Die Chamberlains sagten aus, dass es von Dingos, wilden Hunden, aus dem Zelt geraubt und gefressen worden sei. Lindy Chamberlain wurde dennoch des Kindesmords angeklagt und zu lebenslänglicher Haft verurteilt, bis man sechs Jahre später die blutige Babyjacke an einem Ort der Dingos fand und sie freisprach. Natürlich ließ der Fall die Mythologie aufleben, die den Tod des Babys in die Nähe von Totemtieren aus der Traumzeit rückte, und wieder war von Rache an den Eindringlingen die Rede.

Versteckte Wasserströme fließen durch und unter Uluru, die meisten von ihnen kennen nur die Aborigines.

Die Aborigines nennen die weißen Touristen „Ameisen", denn sie hangeln sich an einem Stahlseil nach oben, wie eine Ameisenstraße.

Taishan – Der Heilige Berg

„Nicht weit von dem Geburtsort des Konfuzius entfernt ist der heilige Berg Taishan, der chinesische Olymp. Aus den ältesten Zeiten der chinesischen Geschichte ragt er inmitten eines umfangreichen Gebirgsmassivs auf. Er legt sich breit in majestätischer Ruhe in die Gegend, an seinem Fuß treffen sich die Wasseradern von verschiedenen Richtungen. Um seinen Gipfel brauen die Wolken. Weithin spendet er Regen und Sonnenschein.“ (2)

Gebetsstelle mit Schriftzeichen entlang des Wegs zum Himmel. Hier werden noch heute symbolische Geldnoten als Opfer verbrannt, um den Reichtum und Wohlstand zu garantieren.

Harmonie von Himmel und Erde

Im Tal des gelben Flusses, in der Provinz Shandong, der Wiege der chinesischen Kultur, erhebt sich der Taishan mit einer Höhe von 1524 m als dritthöchster in einem Massiv, das als die Fünf Heiligen Berge bekannt ist. Ist er auch nicht der höchste, er gilt als größtes Heiligtum Chinas, Zentrum des taoistischen Glaubens. Zu Beginn der chinesischen Kultur markierte er die Grenze zwischen dem Bekannten und dem Unbekannten, denn in Shandong wohnten Magiere, so will es die Überlieferung, die das ewige Leben studierten und in engem Kontakt mit den Unsterblichen standen. Die chinesischen Kaiser opferten seit 2000 v. Chr. am Tai Shan, insgesamt 72 Kaiser pilgerten hierher, um Opfer an den Himmel und an die Erde zu brin-

Ein Pilger trägt seine Bündel auf den Schultern nach oben über die Himmelstreppe.

gen. Taishan war jedoch nie wirklich mit den Lehren des Konfuzius und damit mit den Staatslehren der chinesischen Krone verbunden, hier regierte der Magier, der Alchemist, der Rebell.

Eingehüllt in dichte Wolken liegt das Massiv der Fünf Heiligen Berge. In den Urzeiten der chinesischen Kultur galten die Berge als die Grenze zwischen dem Bekannten und dem Unbekannten.

Die Religion der Rebellion

Der Rebell war Lao-Tse, Gründer des Taoismus, Autor des Tao Te-king, des Buchs des Weges und der Tugend. Man weiß nicht viel über diesen mystischen Meister, der hier 604 v. Chr. als Zeitgenosse des Konfuzius geboren wurde. Er lehrte den Weg des geringsten Widerstands, Harmonie mit der Natur, nicht den Kampf dagegen. Der Taoismus ist gleichzeitig die strengste und die mondänste Religion, geboren in einer Ära ständiger Kriege predigte Lao-Tse Frieden, Harmonie und Verständnis der inneren und äußeren Welt. Alle Konfrontationen seien Folgen der Unfähigkeit, im Einklang mit der wahren Natur der Wirklichkeit zu leben, dem Tao.

Taoisten lehnen eine Unterscheidung zwischen Überlegenheit und Unterlegenheit in der menschlichen und tierischen Welt ab, ziehen die Beobachtung vor, die Erzeugung von Harmonie allen Seins. Als Folge entwickelten sie sich zu Meistern der Alchemie und der Vorhersage der Zukunft. Der Taoismus betrachtet die Erde als lebenden Organismus, voll vitaler Energie, also schuf er die Lehre von Wind und Wasser, das Feng Shui, um zu bestimmen, welche Orte und welche Ausrichtung der Gebäude die besten Eigenschaften in sich vereinigen. Denn alle Zentren des Taoismus wurden danach ausgewählt, wie viel Vitalenergie sie beherbergten – Taishan, der geheimnisvollste und heiligste aller Orte vereinigt in sich die größte Energie.

Der Weg ist das Ziel

6293 Stufen führen vom untersten Tempel des Gipfels, der dem Berggott geweiht ist, hinauf zum Tempel des Jadekaisers und überwinden einen Höhenunterschied von 1350 m. Bevor man die Höhe erreicht, schreitet man durch das südliche Himmelstor. Yu Huang, der Jadekaiser, ist die höchste Gottheit des Taoismus, denn er ist der Herr der Gegenwart. Aber entlang des Wegs bis dort hinauf finden sich kleinere Tempel, Quellen, Zypressenhaine, Kaskaden und Seen, alles Orte der Einkehr, des Gebets, der Opfer. Früher pilgerten bis zu 10 000 Menschen täglich hinauf zum Heiligtum, aber nach taoistischer Lehre ist jeder der unzähligen Götter auf dem Weg zu finden und überall wird ihnen geopfert und für sie gebetet, denn der Weg ist das Ziel.

Chartres

Die frühgotische Kathedrale von Chartres gehört zu den größten und beeindruckendsten Bauwerken der Erde: 130 m lang, 46 m breit, über 36 m hoch, die Türme über 100 m hoch. 30 Jahre arbeitete man an einer Bilderbibel aus 173 gewaltigen Fenstern. Der Name des Architekten ist vergessen, er war ein Meister seines Fachs, verwendete keine tragenden Wände, sondern ließ die gesamte wundervolle Konstruktion auf Spitzbögen ruhen.

Das Wunder der Marienstatue

Chartres liegt nur 90 km von Paris entfernt in einer fruchtbaren Ebene am Fluss Eure, seit jeher ist diese Landschaft ein Agrarzentrum. In der Mitte des Orts erhebt sich ein Hügel, auf dessen Höhe seit über 1500 Jahren wie eine Glucke, die über die Kleinstadt wacht, eine Kirche steht. Aber schon aus der Zeit der Erbauer von Stonehenge findet sich hier ein Dolmen, von dem man annimmt, dass er einen der wichtigsten Energiepunkte der Erde markiert. In jedem Fall wurde er zusammen mit einem Brunnen seit jeher als Heiligtum verehrt.

Der Sage nach hat 100 Jahre vor Christi Geburt ein Druide orakelt, eine Jungfrau werde ein Kind gebären. Daraufhin habe man diesen Ort bereits in vorchristlicher Zeit der besagten Jungfrau gewidmet und man verehrte eine schwarze Madonna. Die keltischen Druiden schnitzten aus einem Birnbaumstamm eine kleine Marienstatue mit Kind. Sie nannten sie die Unterirdische Jungfrau, weil sie in einer Grotte aufbewahrt wurde.

Notre-Dame de Chartres, nach dem goldenen Maß in perfekter Harmonie gebaut.

Seit den Zeiten der Druiden, die hier über einem Dolmen eine Schule unterhielten, ist Chartres ein Ort des Marienkults.

Die ersten Christen fanden den Ort mit der Marienstatue im 3. Jahrhundert und gründeten eine erste Kirche, die dem Marienkult huldigte. Damit begann die Kirchengeschichte Chartres'. Was wir heute bewundern, ist das sechste Gotteshaus, Notre-Dame de Chartres, alle vorherigen zerstörte das Feuer. Der Herzog von Aquitania zündetet 743 die erste Kirche an, die Dänen verbrannten die zweite 858, die dritte und vierte Kirche fielen 962 und 1020 auch Flammen zum Opfer, die erste Kathedrale wurde 1194 Opfer einer Feuersbrunst. Eine geheimnisvolle Geschichte rankt sich um diesen letzten Brand, bei dem der ganze Ort loderte, nicht nur die Kathedrale. Alle Löschversuche scheiterten, die Chronisten schrieben, man habe den Feuerschein bis nach Paris sehen können. Nach Tagen waren Dorf und Kirche bis auf die Grundmauern zerstört. Doch in der Krypta fand man unter den Trümmern den Mantel Mariens, den der Enkel Karls des Großen 876 Chartres gestiftet hatte – die Reliquie war absolut unversehrt. Danach entstand wie Phönix aus der Asche in knapp 30 Jahren die neue Kathedrale, wie wir sie heute kennen.

Entspannung für den Geist, Anregung für den Verstand

Anfang des 12. Jahrhunderts begann in Europa die gotische Architektur zu blühen, von der niemand weiß, wo oder durch wen der erste Same gesäht wurde. Chartres ist das beeindruckendste Exemplar von mehr als 80 Kathedralen, die in dieser Zeit in Frankreich gebaut wurden. Hatten die Templer im Heiligen Land Geheimnisse entdeckt, die sie nun in Europa mithilfe der Zisterzienser in die Tat umsetzen konnten? Man vermutet, dass sie in Jerusalem den Reif Moses fanden, der nach göttlichem Maß Zahlen, Gewichte und Maße regierte. Die Zisterzienser entschlüsselten seine Geheimnisse und wendeten sie im Neubau der Kathedrale von Chartres zum ersten Mal an – ein Gebäude, nach göttlichem Maß geplant und gebaut. Alle Proportionen, Ausrichtungen, Anordnungen und Symbole sind so angelegt, dass sie den Geist entspannen und den Verstand anregen. Sämtliche Proportionen beziehen sich auf das Grundverhältnis des Goldenen Schnitts – 1,618 zu 1 –, der schon seit der Antike bekannt ist. Die Entfernungen zwischen den Säulen und die Längen der Schiffe, von Kreuzgang und Chor sind allesamt Ergebnisse der Multiplikation mit der Zahl des Golds. Wo der Altar steht, befindet sich in einer Tiefe von 37 m der Pegel des Brunnens und in gleicher Höhe nach oben befindet sich der höchste Punkt des gotischen Dachs. Ihre Stützbögen sind so perfekt proportioniert, dass es scheint, sie trügen keine Last.

Dieses Glasfenster aus dem 12. Jahrhundert entkam ebenso wie der Mantel Mariens, den der Enkel Karls des Große 876 der Kathedrale stiftete, den verheerenden Flammen.

In der langen Geschichte der Kathedrale wurde sie nach der Französischen Revolution zum Weindepot umfunktioniert. Vor der Zerstörung rettete sie Robespierre, er weihte sie dem „höchsten Wesen".

Notre-Dame

In Paris steht die Mutter der gotischen Kathedralen, Notre-Dame, Unsere (Liebe) Frau, wie man in Frankreich Maria nennt. Sie bildet das Zentrum von Paris und damit den Mittelpunkt von ganz Frankreich. Der kilomètre zéro (Kilometer Null), der Bezugspunkt für alle Entfernungsangaben, z. B. der nach Paris führenden Autobahnen, liegt auf dem Platz vor der Kathedrale. Hier krönte sich Napoléon Bonaparte am 2. Dezember 1804 in Anwesenheit von Papst Pius VII. selbst zum Kaiser der Franzosen und seine Frau Joséphine zur Kaiserin.

Bauwut im Frankreich des 12. Jahrhunderts

Den Namen Notre-Dame tragen im französischen Raum unzählige Kathedralen und Kirchen, darum nennt man dieses gotische Gotteshaus Notre-Dame de Paris. Sein Bau wurde 1163 unter Bischof Maurice de Sully begonnen, aber erst 1345 fertig gestellt. Während dieser 182 Jahre flossen alle entscheidenden Stilphasen der gotischen Baukunst, die meisten wurden von den anderen großen Kathedralen Frankreichs übernommen, in die Architektur von Notre-Dame ein. Aber der Ort war schon in der Vorgeschichte von besonderer Energie umgeben und also Kultstätte. Ein gallisch-römischer Tempel stand hier vor unserer Zeitrechnung, dem folgte eine frühchristliche Basilika, und anschließend errichtete man an dieser Stelle eine romanische Kirche. Als de Sully seine Kathedrale in Auftrag gab, ließ er die gerade zuvor restaurierte Basilika abreißen – ein Zeichen der Bauwut, die ganz Frankreich in jener Zeit erfasst hatte. Es war der Ausdruck des Wunschs nach der neuen, im Gegensatz zum schweren romanischen Stil geradezu schwerelos wirkenden Architektur der Gotik. Es war der Wunsch nach einer neuen Transzendenz, die die Templer nach Europa gebracht hatten.

Das Mittelschiff von Notre-Dame ist 130 m lang, 48 m breit und 35 m hoch, 9000 Personen finden in der Kirche Platz. Die nördliche Fensterrose mit 80 Darstellungen aus dem alten Testament ist sehr schön, nahezu alle Gläser sind aus dem 13. Jahrhundert.

Das Rätsel um den Marienkult

Wie bereits erwähnt, entstanden allein in Nordfrankreich in knapp 150 Jahren zahlreiche gotische Kathedralen: Notre-Dame de Paris war die erste, 1176 folgte Straßburg, Bourges 1185, Chartes 1194, Rouen 1200, Reims 1211, Amiens 1220 und Beauvais 1247, außerdem noch Bayeux, Laon, L'Epine und Evreux. Wenn man diese Orte auf einer Karte verbindet, zeigt sich das Sternbild Jungfrau. Wie schon bei Chartres erwähnt, beweist dies, dass die Verehrung einer gebärenden Jungfrau vorchristliche Wurzeln haben muss, denn all diese Stätten waren keltische Siedlungen, das beweisen die Dolmen und Kultstätten, die schon existierten, als Cäsars Legionen durch das Land marschierten, also vor der Geburt Jesu. Durch wen haben die gotischen Baumeister ihr Wissen erhalten? Die ältesten schriftlichen Zeugnisse über den keltischen Jungfrauenkult stammen erst aus dem 14. Jahrhundert, also aus einer Zeit, als die Kathedralen bereits errichtet waren.

Die heilige Geometrie der Gotik

Anfang des 14. Jahrhunderts wurde der Templerorden von Philipp dem Schönen aufgelöst, die Templer als Ketzer verbrannt. Mit ihnen verschwand der gotische Baustil so plötzlich, wie er 200 Jahre zuvor gekommen war. Man baute weiterhin Kirchen im gotischen Stil, hohe Gewölbe und Spitzbögen bestimmten das Bild, aber sie wurden zusehends überladen. Die heilige Geometrie der Gotik war untergegangen, so wie ihre Organisatoren verschwunden waren. Das geheime Wissen der Templer steht vermutlich in engem Zusammenhang mit der Bundeslade, die Salomon in seinem Tempel zu schützen gedachte. Die Templer, neun Adlige aus Frankreich und Flandern, waren ausgesandt worden, in zehn Jahren ihre Geheimnisse zu erforschen. Welche Macht gab die heilige Geometrie den Menschen, und welche Kräfte stecken in gotischen Kathedralen, die ja alle an Orten der Kraft gebaut wurden? Die gotische Kathedrale weckte Bewusstseinskräfte, die bis heute unbekannt bleiben.

Victor Hugo über Notre-Dame
„Jede Fläche, jeder Stein dieses ehrwürdigen Denkmals ist nicht nur ein Blatt in der Geschichte des Landes, sondern auch in der von Wissenschaft und Kunst." (3)

Die Fensterrose hat einen Durchmesser von 10 m und ist nach über 700 Jahren noch unversehrt.

Mysteriöse Erbschaften

Mindestens ebenso große Bedeutung wie den historischen Bauwerken kommt bei der Erforschung vergangener Kulturen den Artefakten zu, die sich innerhalb oder abseits der Gebäude finden lassen. Werkzeuge, Schriften, Kunst- oder Kultgegenstände geben uns die Möglichkeit, auf Kulturen zurückzublicken und die Lebensumstände und Hintergründe ihrer Zivilisation zu erforschen. Auf diese Weise ist es möglich, Rückschlüsse auf die eigene Kultur zu ziehen und Ursprünge von Riten oder Legenden aufzudecken.

Durch Untersuchungen solcher Hinterlassenschaften konnten bereits viele Fragen über die Vergangenheit geklärt werden, auch wenn gelegentlich eher Erstaunliches zutage trat. Es wurden Hinweise auf technologisches Wissen gefunden, das im Laufe der Jahrhunderte in Vergessenheit geraten war und erst vor vergleichsweise kurzer Zeit wiederentdeckt wurde. Natürlich tauchen auch immer wieder Nachahmungen oder Betrügereien auf, die dem Betrachter eine frühere Technologie vorgaukeln sollen. An dieser Stelle fällt eine Unterscheidung in Wahrheit oder Fälschung nicht immer leicht, zumal in einigen Fällen auch falsche Hinweise unter echte Hinterlassenschaften gemischt wurden. Darüber hinaus geschieht es natürlich, dass aus den Spuren falsche Schlüsse gezogen werden, dass Artefakten erst lange Zeit nach ihrer Entdeckung einem Bestimmungszweck zugeordnet werden können oder dass Missverständnisse zu einer falschen Bewertung des Relikts führen. Die Veröffentlichungen, die sich hierbei aus einzelnen Spekulationen ergaben, führten häufig in der Öffentlichkeit zu einem verzerrten Bild der Entdeckungen, das sich in einigen Fällen bis heute hält.

Auf den nächsten Seiten wird ein Überblick gegeben über einige bedeutende Hinterlassenschaften, die Ergebnisse ihrer Erforschung und den ihnen beigemessenen Stellenwert.

Die Steine aus dem peruanischen Ica zeigen Bilder von Menschen, Gegenständen und Tieren, die in dieser Konstellation nach heutigem Kenntnisstand unmöglich existiert haben können.

Geoglyphen

Beim Überfliegen der peruanischen Pampa, wie eine Ebene zwischen Anden und Pazifik von den Aymara-Indianern genannt wird, entdeckten einige Piloten 1927 Bilder, die anscheinend auf den Boden gezeichnet worden waren. Doch erst, als sie Beweisfotos von ihren Flügen mitbrachten, schenkte man ihnen Glauben. Bilder von Affen, Vögeln oder unerklärlichen geometrischen Formen erstrecken sich über ein Gebiet von mehreren Kilometern.

Die Linien im Stein

Vor Jahrtausenden wurde das dunkle Gestein aus den Anden auf die Ebene heruntergespült, wo es im Laufe der Zeit immer stärker oxidierte. Diese oberste dunkle Bodenschicht wurde vor etwa 2000 Jahren bei den Arbeiten an den Darstellungen abgetragen, sodass der ockerfarbene Untergrund wieder sichtbar wurde. Danach wurden die dunklen Steine zentimeterhoch an den Begrenzungslinien aufgeschüttet, um die Bildkonturen zu verstärken. Blickt man vom Boden aus über die Linien, fällt der farbliche Unterschied zwischen dem Untergrund und den Steinen ebenso wenig auf wie die Höhenunterschiede zwischen diesen beiden Schichten, zumal die aufgeschichteten Steine meistens nicht sonderlich hoch sind, aber für einen gewissen Blickschutz sorgen. Erst aus großer Höhe sind die Konturen klar erkennbar. So geschah es auch, dass Straßen an diesen Zeichen entlang oder sogar durch sie hindurch gebaut wurden, ohne dass man etwas von ihnen bemerkte.

Die Mathematikerin Maria Reiche widmete sich 50 Jahre lang der Erforschung der Nazca-Linien.

Eines der ungewöhnlichsten Merkmale der so genannten Nazca-Linien ist, dass einige von ihnen über mehrere hundert Meter schnurgerade verlaufen. „Schnurgerade" im doppeldeutigen Sinn, denn die deutsche Forscherin Maria Reiche (1903–1998), die seit 1946 die Linien untersuchte, ging davon aus, dass zunächst Entwürfe der Bilder in einem kleineren Maßstab entstanden sein müssen. Daraufhin habe man in der Pampa Fäden gespannt und maßstabsgerecht die Entwürfe in den Boden übertragen. Da man sich an den geraden Schnüren orientierte, sei es möglich gewesen, die Ausscharrungen entsprechend genau durchzuführen.

Skizzenbuch, Götterkult oder Wassermarkierungen?

Bislang ist ungeklärt, aus welchem Grund die Linien und ihre Bilder im Stein angelegt wurden. Die populärste Theorie besagt, dass sie als Landebahnen für Außerirdische oder Götter gedacht waren. Allerdings existiert auch die Sage, dass ein Gott die unfruchtbare Pampa entstehen ließ, nachdem ihn die dort lebenden Menschen verärgert hatten. Diese Sage lässt zwar nicht auf eine Landebahn schließen, wohl aber darauf, dass die Bilder als Versöhnungsgeschenk für diesen Gott errichtet wurden. Eine weitere Theorie geht davon aus, dass die dort lebenden Menschen ihr astronomisches Wissen in Form von Sternbildformationen im Boden festhielten. Diese Vermutung ist allerdings stark umstritten, da auch in anderen Zivilisationen ein ähnlicher Sternenkult nachweisbar ist, allerdings wurden dort in der Regel leicht handhabbare Sternenkarten erstellt. Eine Annahme bringt die Scharrbilder in Verbindung mit unterirdischen Wasserlöchern oder Flussverläufen, die mithilfe der oberirdischen Markierungen sichtbar gemacht werden sollten. Diese Vermutung könnte zwar auf die rein geometrischen Strukturen zutreffen, allerdings wird dadurch nicht erklärt, aus welchem Grund die darstellenden Bilder von Tieren und Menschen entstanden sind.

Abgesehen davon herrscht Unklarheit darüber, wer diese Scharrbilder erstellt hat. Da die Pampa unfruchtbar ist, liegt die Vermutung nahe, dass sich keine Kultur hier niederließ. Selbst der nächste Ort, Nazca, der den Linien in einigen Büchern seinen Namen gab, liegt etwa 20 km entfernt, weitere Hinweise auf sonstige Bauten existieren in der Pampa nicht. Auch die derzeit bekannten oder erforschten Indianer-Völker scheinen diesen Ort gemieden zu haben – die Spuren der indianischen Siedlungen verlieren sich in den Anden.

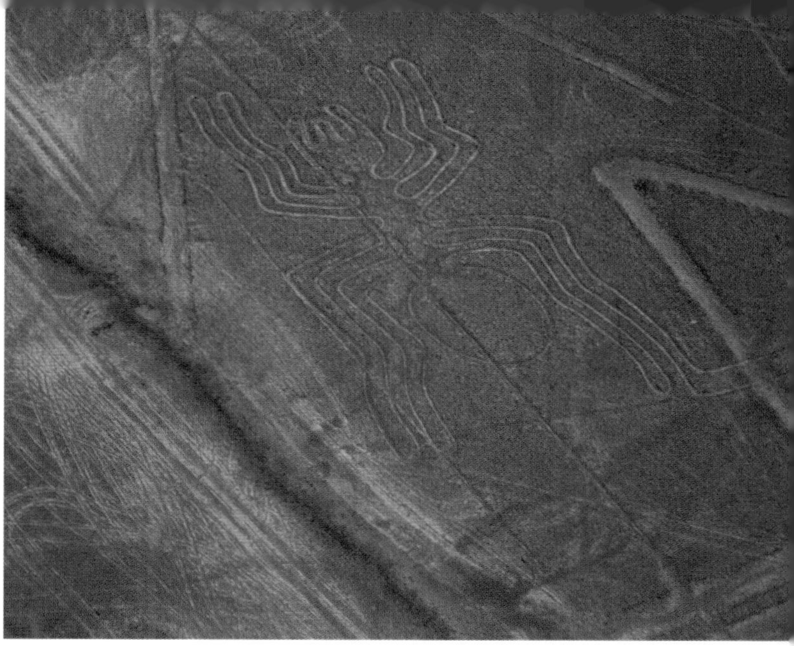

Die Spinne am Rande der Pampa de San José ist von weiteren Linien und Dreiecken umgeben.

Nicht alle der etwa 900 Geoglyphen lassen sich so klar identifizieren wie die Spinne oder andere Tier- und Menschdarstellungen. So lässt sich hier nur schwer sagen, ob es sich um eine symbolische Darstellung von Händen oder um einen Vogel handelt.

Das weisse Pferd ...

Doch nicht nur in Peru existieren derartige Scharrbilder. In Oxfordshire, Großbritannien, befindet sich das „Weiße Pferd“ auf einem nach ihm benannten Hügel in der Nähe von Uffington Castle. Bei dem Hügel handelt es sich um eine künstliche Erdaufschüttung aus der Eisenzeit. Das stilisierte Bild eines Pferds wurde so in den Hügel gescharrt, dass die weiße Kreide unter der Vegetation zum Vorschein kommt. Vom Boden aus ist das Bild ebenfalls nur schwer zu erkennen, da es eine Größe von etwa 110 m x 37 m besitzt und die Oberfläche des Hügels recht unregelmäßig ist. Aufgrund von Wind und Vegetation veränderte sich das Pferd im Laufe der Zeit, verschwand sogar während des 18. Jahrhunderts fast vollständig. Seit dem 19. Jahrhundert wird die Darstellung jedoch von Englands führender Denkmalpflegeorganisation English Heritage gesäubert. Seitdem wurde das „Weiße Pferd“ so populär, dass auf weiteren Hügeln Südenglands ebenfalls Pferdekonturen in den Boden gekratzt wurden.

Über das genaue Alter des „Weißen Pferds“ und seine Schöpfer ist nichts bekannt; bis in die 90er-Jahre des letzten Jahrhunderts wurde die Eisenzeit (ca. 800–50 v. Chr.) als mögliche Entstehungszeit vermutet, also dieselbe Epoche, aus der das nicht weit entfernte Uffington Castle stammt. Ein zum damaligen Zeitpunkt neu entwickeltes Datierungsverfahren lieferte jedoch Daten, die darauf schließen lassen, dass das Pferd in der Bronzezeit (ca. 3. Jahrtausend–1. Jahrtausend v. Chr.) entstanden sein muss. Dem widerspricht allerdings die regionale populäre Überlieferung von den angelsächsischen Invasoren, die im 5. Jahrhundert n. Chr. dieses Bild angefertigt haben sollen.

Nur an wenigen Stellen lassen sich die Schlangenkonturen der Hügel in Adams County so deutlich ausmachen wie hier.

... und die grünen Schlangen

Auch in Nordamerika finden sich vergleichbare Bilder, wenngleich hier eine andere Form gewählt wurde. Anders als in der peruanischen Pampa wurden hier nicht die Umrisslinien beiseite gescharrt, sondern künstliche Hügel in Tierform aufgeschüttet. Die meisten dieser Skulpturen hat man bislang in Wisconsin gefunden, aber auch in Iowa, Illinois und Georgia

Der „Kandelaber“ ist eines trotz seiner Höhe von 236 m eines der wenigen Bilder, die nicht nur von oben auszumachen sind – da er an der Pazifikküste liegt, ist er auch von einem Schiff aus erkennbar.

Auch das einfach dargestellte „Weiße Pferd" von Uffington lässt sich erst aus der Luft klar erkennen.

entdeckte man entsprechende aufgeschüttete Formationen. Auch hier kann man erst in größerer Höhe erkennen, welche Kreaturen in welcher Haltung dargestellt wurden (s. Kasten).

Es ist davon auszugehen, dass noch weitere solcher Hügelbilder existiert haben, die allerdings dem Städtebau zum Opfer gefallen sind. Dies wird durch die Aufzeichnungen des Kaufmanns William Pidgeon bestätigt, der als Amateur-Archäologe und Sammler indianischer Mythen 1858 von seinen Reisen und Forschungen berichtete. In seinen Notizen finden sich Skizzen von heute nicht mehr existierenden Tierhügeln und -prozessionen. Darüber hinaus enthalten seine Veröffentlichungen Informationen des indianischen Propheten De-coo-dah, der sich Pidgeon als Nachfahre des Volks vorstellte, das die Hügel errichtet hatte. Er sprach davon, dass diese Hügel und Wellen ursprünglich Buchstaben gewesen seien und eine Botschaft an die Nachkommen enthalten hätten. Auf die Form der Schlange angesprochen, die Pidgeon bei den Tierhügeln ungewöhnlich häufig festgestellt hatte, antwortete De-coo-dah mit Geschichten, in denen sich Mythen und astronomische Beschreibungen vermischten. Dies ließ Pidgeon darauf schließen, dass einige Bilder auch als Kalender oder Sternbilddarstellungen angelegt worden waren.

Ungeachtet dessen, dass viele Wissenschaftler diese Worte als Wichtigtuerei abtaten, begann man mit der Untersuchung der Hügel, mit Aufzeichnungen über ihre Standorte und sogar Grabungen, die ins Innere der Hügel führten, in der Hoffnung, etwas zu finden, das die Worte des Indianers bestätigen würde. Leider war dies nicht der Fall, sodass das Rätsel um die Tierhügel Nordamerikas trotz weiterer Funde und Veröffentlichungen noch immer ungelöst ist.

Darstellungen

Die Hügelbilder Nordamerikas zeigen in den meisten Fällen Schlangen, teilweise auch solche, die gerade dabei sind, ein Ei zu verschlingen. Weitere Erdarbeiten, hauptsächlich in Wisconsin, zeigen Vögel mit Menschenköpfen, zweiköpfige Menschen, aber auch die Umrisse eines hundeähnlichen Wesens. Darüber hinaus scheinen an einigen Stellen, so zum Beispiel in McGregor, Iowa, Tierparaden dargestellt zu sein, bei denen sich mehrere gleichartig geformte Hügel in gleichmäßigen Abständen hintereinander befinden.

Die Steine von Ica

Im Jahr 1961 wurden in der Nähe der peruanischen Stadt Ica Steine mit eingravierten Darstellungen gefunden, deren Alter aufgrund einer Analyse der Steinbeschichtung auf über 10 000 Jahre geschätzt wurde. Dem widersprechen allerdings die abgebildeten Gegenstände und Lebewesen, die nach den bisherigen Erkenntnissen der Wissenschaft unmöglich in dieser Konstellation existiert haben können.

Herztransplantationen, Teleskope und Weltkarten

1974 berichtete der französische Grenzwissenschaftsautor Robert Charroux von der Sammlung des Dr. Javier Cabrera, der bereits zu diesem Zeitpunkt weit über 11 000 Steine zusammengetragen hatte. Darüber hinaus befanden sich weitere Artefakte wie Ton- oder Steinfiguren im Besitz des Arztes. Dr. Cabrera behauptete, die Stücke seiner Sammlung gingen auf untergegangene Kulturen zurück. Vor allem auf den Steinen glaubte er, Beweise für die Existenz einer prähistorischen Kultur gefunden zu haben. Die darauf eingravierten Bilder zeigen Menschen, die anscheinend mit einem Teleskop den Himmel betrachten oder mithilfe von Geräten eine Herzoperation durchführen, wobei das Herz anatomisch korrekt dargestellt ist. Wieder andere Steine zeigen, wie Menschen Jagd auf Dinosaurier machen, oder sogar nahezu vollständige Weltkarten. Robert Charroux äußerte in seinen Veröffentlichungen die Vermutung, dass diese Steine die Bibliothek von Atlantis darstellten und tatsächlich mehrere Millionen Jahre alt sein müssten. Zumindest was das Alter betrifft, war Dr. Cabrera anscheinend derselben Ansicht. Er errichtete ein eigenes Museum, in dem er seine Sammlung ausstellte, und gab wissensdurstigen Journalisten und Wissenschaftlern bereitwillig Auskunft über seine Theorien.

Die Werkstatt des Indios

1977 griff Erich von Däniken die Schilderungen von Charroux auf und stellte seinerseits Nachforschungen an. Er berichtete in seinen Ausführungen von Diskussionen mit Dr. Cabrera, den er als „eigenwillig" beschrieb, und deutete an, dass dieser keine Gegenargumente gelten ließe. Dies wurde deutlich, als von Däniken ihn mit einigen Steinen konfrontierte, die denen aus der Sammlung ähnlich sahen, allerdings von einem Indio verkauft wurden, der sie selbst hergestellt hatte. Dr. Cabrera wich keinen Augenblick von seiner Meinung ab, dass die Steine auf eine uralte Kultur zurückzuführen seien.

Der Indio, der für Dr. Cabrera die Ica-Steine gefertigt haben will, zeigte der BBC seine Methode: Steine wurden mit Schuhcreme geschwärzt und anschließend in Eseldung gebrannt. Entstanden tatsächlich alle Steine der Sammlung auf diese Weise?

Alleine der Umstand, dass sich auch Bilder mit christlichen Symbolen zeigten, ließ viele Wissenschaftler an Dr. Cabreras Aussagen zweifeln. Hinzu kommt, dass es sich bei Steinen um keinen organischen Stoff handelt, was die Datierung stark erschwert – zumal das Alter der Bilder nicht zwangsläufig mit dem Alter der Steine gleichzusetzen sein muss.

Ende der 90er-Jahre fand ein Fernsehteam einen Indio, der den Reportern zeigte, wie einfach man einen solchen Ica-Stein herstellen konnte. Er behauptete, einen Großteil von Dr. Cabreras Sammlung eigenhändig gefertigt zu haben. Dasselbe gelte nicht nur für die Steine, sondern auch für die Ton- und Steinfiguren. All dies sei im Auftrag des Arztes geschehen. Zwar protestierte Dr. Cabrera gegen die Unterstellungen, allerdings war es ihm nicht möglich, Gegenbeweise zu liefern. Stattdessen wurde bei weiteren Untersuchungen des Fernsehteams deutlich, dass zwar immer noch Steine mit vergleichbaren Gravuren in der Region der Stadt Ica gefunden wurden, allerdings zeigten diese Bilder keine ungewöhnlichen Gegenstände oder Handlungen. Die Reporter kamen zu dem Schluss, dass es sich bei den Ica-Steinen aus der Sammlung um Fälschungen handeln musste.

Dr. Javier Cabrera starb am 30. Dezember 2001. Seine Sammlung befindet sich noch immer in dem von ihm errichteten Museum. Nach den Ergebnissen des Fernsehteams ist es ruhiger um die Steine von Ica geworden, nur vereinzelt gibt es noch Wissenschaftler, die darauf hoffen, dass sich zumindest ein Teil der Sammlung als echt erweist, sodass man mithilfe dieser Artefakte Rückschlüsse auf frühere Kulturen ziehen kann. Von vielen werden die Steine und Tonfiguren jedoch als historisch wertlos angesehen.

Der französische Autor Robert Charroux war der erste, der in seinen Veröffentlichungen die Steine von Ica beschrieb.

Einige der Steine weisen Gravuren auf, die scheinbar Lebewesen, Gegenstände oder Tätigkeiten miteinander kombinieren, die zeitlich nicht zusammenpassen, wie zum Beispiel vorsintflutliche Menschen mit Teleskopen.

Die Eiserne Säule von Delhi

Eine der Hinterlassenschaften antiker Völker, die vor allem im 20. Jahrhundert an Popularität gewonnen hat, ist die so genannte „Eiserne Säule von Delhi", von der es heißt, dass derjenige zukünftig viel Glück haben soll, dem es gelingt, mit dem Rücken zur Säule seine Arme um das Denkmal zu schlingen und dabei auf Anhieb seine Finger zu treffen. Der Säule selbst wird nachgesagt, dass sie seit ihrer Entstehung vor mehreren tausend Jahren der Witterung trotzt und trotzdem bis heute keine Spur von Rost zeigt.

Die eiserne Säule – Beschreibung ...

Im Qutab-Minar-Komplex, benannt nach einer 73 m hohen Siegessäule, die im Jahr 1193 in Delhi errichtet wurde, befindet sich Indiens erste Moschee namens Quwwat-ul-Islam-Mashid („Moschee der Macht des Islam"). Die Grundsteinlegung des Gebäudes und die Errichtung der Siegessäule fallen etwa in dieselbe Zeit. Im Innenhof der Moschee befindet sich eine weitere, eiserne Säule von etwa 7 m Höhe. Dieser Pfeiler stand schon lange Zeit, ehe mit dem Bau des Komplexes begonnen wurde. Eine Inschrift in Sanskrit klärt darüber auf, dass die Säule ursprünglich an einem anderen Ort aufgestellt war, dann aber an diesen Punkt verlegt wurde.

Im Jahr 1969 veröffentlichte Erich von Däniken in einem seiner Bücher einen Bericht über die eiserne Säule. Demnach besteht sie aus zusammengeschweißten Teilen einer speziellen und heute völlig unbekannten Eisenlegierung, frei von Phosphor und Schwefel, sodass der Rost keine Angriffsfläche findet – und das seit 4000 Jahren.

... und Wirklichkeit

Fairerweise muss gesagt werden, dass Erich von Däniken einige Jahre später seinen Irrtum zugegeben hat. Dennoch war seine ursprüngliche Beschreibung anscheinend so populär, dass sie sich bis heute hält. Tatsächlich ist die Säule auch für Wissenschaftler interessant, dennoch müssen zunächst zwei Irrtümer von Dänikens ausgeräumt werden.

Zum einen stammt die Säule sehr wahrscheinlich aus dem 5. Jahrhundert n. Chr. Man geht davon aus, dass sie ursprünglich in oder neben einem Tempel im indischen Bihar errichtet wurde, der Vishnu geweiht war, dem indischen Gott der Erhaltung. Aufgrund ihrer ungewöhnlichen Spitze wird vermutet, dass sie ursprünglich zusätzlich von einer Figur oder Statue bekrönt wurde".

Die 7 m hohe Eiserne Säule befindet sich im Innenhof der Quwwat-ul-Islam-Mashid, der „Moschee der Macht des Islam"

Zum anderen wurde die Säule keineswegs aus verschiedenen Eisenteilen zusammengeschweißt, geschweige denn aus einer oder mehreren unbekannten Legierungen.

Allerdings liegt genau hier das Ungewöhnliche: Der Pfeiler wurde anscheinend in seiner kompletten Größe geschmiedet – bei einer Höhe von 7 m geht man von ca. 6 t Gewicht aus. Darüber hinaus wurde damals Eisen von so großer Reinheit (99,75 %) verwendet, dass sich trotz des feuchtheißen Klimas in Indien während der Monsunzeit tatsächlich keine Spur von Rost an der Säule befindet.

Nimmt man Europa als Maßstab, wären vergleichbare Arbeiten erst ca. 1500 Jahre später, gegen Ende des 19. Jahrhunderts, möglich gewesen, da man erst zu diesem Zeitpunkt die nötigen technischen Kenntnisse besaß, um eine solche Säule herzustellen. Bezüglich der chemischen Kenntnisse wäre die Herstellung heute noch immer fraglich. Zwar konnte man unter Laborbedingungen bereits im Jahr 1938 Eisen mit diesem Reinheitsgrad herstellen, allerdings ließe sich unter natürlichen Bedingungen nicht so in einer Schmiede arbeiten, dass der hohe Reinheitsgrad am Ende der Arbeiten noch gegeben wäre.

Wie es den Erbauern der Säule gelungen ist, Eisen von so hoher Reinheit zu gewinnen und dieses ohne wesentliche Qualitätsverluste zu verarbeiten, konnte bislang noch nicht geklärt werden.

Die Inschrift in Sanskrit belegt, dass die Säule ursprünglich an einer anderen Stelle gestanden hat.

Man geht davon aus, dass sich auf der Spitze der eisernen Säule ursprünglich eine Figur des Götterboten Garuda befand.

Die Runen von Glozel

Im Jahr 1924 stieß ein Bauer im französischen Glozel nahe Vichy beim Pflügen auf einige Steinbrocken, unter denen sich ein unterirdischer Raum befand. Sein Enkel förderte aus diesem Raum eine Tontafel zutage, auf der Schriftzeichen zu erkennen waren, die beide allerdings nicht entziffern konnten. Sie wandten sich mit ihrem Fund an einen Hobby-Archäologen in Vichy. Mit den darauf folgenden Schritten wurde eine wahre Fehde ausgelöst, die darin gipfelte, dass die eine Seite den Runen ein fantastisches Alter bescheinigte, während die andere Seite sie als plumpe Fälschungen bezeichnete.

Der Streit um die Runen

Es gibt unterschiedliche Versionen davon, wie der Arzt und Hobby-Archäologe Dr. Antonin Morlet mit dem angesehenen Archäologen Dr. Louis Capitan in Streit geriet. Als gesichert gilt, dass Morlet eine Ausgrabung organisierte, nachdem er die Runen zu Gesicht bekommen hatte. Tatsächlich fanden sich noch weitere beschriebene Tontafeln und Knochen in dem Raum, über die er bei nachträglichen Untersuchungen eine Abhandlung verfasste, die er an Dr. Capitan weiterleitete. Dieser antwortete enthusiastisch und kam kurze Zeit später nach Glozel, um eigene Untersuchungen vorzunehmen und die Ergebnisse der Öffentlichkeit zu präsentieren. Wahrscheinlich war Morlet mit dieser Vorgehensweise nicht einverstanden – jedenfalls wurde seine Abhandlung, in der er behauptete, die Schrifttafeln seien etwa im Jahr 8000 v. Chr. entstanden, kurz nach dem Eintreffen des Experten in Glozel veröffentlicht, unter den Namen des Arztes und des Bauern. In seinen nachfolgenden Veröffentlichungen attackierte Capitan die Ansichten des Hobby-Archäologen scharf, stellte dessen Kompetenz infrage und bezeichnete die Schrifttafeln als offensichtliche Fälschung. Er führte auch zahlreiche Argumente dafür an, dass im Jahr 8000 v. Chr. keine Zivilisation existiert habe, die eine Schrift beherrscht haben könne. Die Anordnung der Runen lasse überdies nicht den Schluss zu, dass es sich hierbei wirklich um eine Sprache handele, da keine Wort- oder Satzstrukturen erkennbar seien.

Der Streit um die Runen wurde in den folgenden Jahren fortgesetzt, weitere Experten wurden eingeschaltet, die sich jedoch ebenfalls nicht einheitlich für oder gegen die Echtheit der Funde aussprachen. Mit Beginn des Zweiten Weltkriegs wurde die Diskussion abrupt beendet, und die Runen gerieten in Vergessenheit.

Wiederentdeckung und Datierung

Erst Ende der 70er-Jahre des 20. Jahrhunderts entbrannte die Diskussion um die Echtheit der Runen erneut. Da die Technik mittlerweile Fortschritte gemacht hatte, war es möglich, das Alter der beschrifteten Tafeln und Knochen zu ermitteln. Der älteste Fund, eine Knochenplatte, weist ein Alter von etwa 17 000 Jahren auf, andere sind dagegen etwa 15 000 Jahre alt. Die Tontafeln entstanden wesentlich später – sie wurden etwa im Jahr 600 v. Chr. gebrannt. Es ist natürlich möglich, dass noch weitere Tontafeln existiert haben, die

Die zufällig gefundenen Runen von Glozel geben aufgrund ihrer willkürlich wirkenden Anordnung den Wissenschaftlern bis heute Rätsel auf.

allerdings aufgrund der geringeren Haltbarkeit in der Zwischenzeit zerfallen sind.

Die Entzifferung der Runen ist nach so langer Zeit nahezu unmöglich, zumal – wie bereits beschrieben – genauere Wort- oder Satzeinteilungen fehlen. Es wurden zwar Versuche unternommen, bei denen sich astronomische oder kultische Texte ergaben, allerdings sind auch diese Ergebnisse stark umstritten.

Die Haltung der Wissenschaft gegenüber den Funden von Glozel ist bis heute nicht einhellig; während einige Experten die Runen als echt ansehen, werden sie von anderen weiterhin als Fälschungen abgetan, in einigen Publikationen wird die Existenz der Funde sogar bestritten. In jedem Fall trug die Diskussion zum Aufbau und Erhalt des Mythos' um die Runen von Glozel bei.

Eine Theorie besagt, dass die Runen nicht aus derselben Zeit stammen wie die Gegenstände, auf denen sie sich befinden. So sollen keltische Pilger etwa im Jahr 700–100 v. Chr. die zufällig gefundenen Stücke beschriftet haben. Dennoch war es bis heute nicht möglich, die Schrift eindeutig zu entziffern.

Die in einem steinzeitlichen Dorf in China gefundenen Runen weisen große Parallelen zu denen auf, die in Glozel entdeckt wurden.

Weitere Runenfunde

Die Runen von Glozel galten lange Zeit als einzigartig, bis in China einige Tontafeln entdeckt wurden, auf denen sich fast oder sogar vollständig identische Schriftzeichen befanden. Die Tafeln wurden in den Überresten eines steinzeitlichen Dorf entdeckt, dessen Alter auf etwa 8000 Jahre geschätzt wurde. Auch in Australien sollen weitere Schriftzeichen gefunden worden sein, die große Parallelen zu den Runen von Glozel aufweisen.

Der Mechanismus von Antikythera

Im Jahr 1900 entdeckten einige Taucher vor der griechischen Insel Antikythera in etwa 40 m Tiefe zufällig ein Schiffswrack. Aus dem Rumpf konnten zahlreiche Dinge geborgen werden – unter Statuen und anderen Kunstgegenständen fand sich dort auch ein beschädigter Zahnradmechanismus, dessen Funktion von den Wissenschaftlern allerdings nicht sofort erkannt wurde. Erst in den 50er-Jahren erkannte man, dass es sich bei diesem Gerät anscheinend um einen frühen Analogcomputer handelte.

Das Planetarium mit Differenzialantrieb

Der Mechanismus besteht aus mehreren Bronzeringen, die durch Zahnräder miteinander verbunden sind. Auf den Ringen befinden sich Gravuren und Schriftzeichen, die auf ein astronomisches Gerät hindeuten. Diese Fakten wurden bereits 1902 von dem griechischen Archäologen Spyridon Stais festgehalten. Allerdings war der Mechanismus in vier Teile zerbrochen, als er von den Tauchern geborgen wurde, weshalb ihm anscheinend keine große Aufmerksamkeit gewidmet wurde. Aufgrund der Spuren, die man am Wrack fand, ist davon auszugehen, dass das Schiff etwa im Jahr 82 v. Chr. gesunken ist. Man geht davon aus, dass der Mechanismus ungefähr aus dieser Zeit stammt.

In den 50er-Jahren beschäftigte sich Derek de Solla Price, Professor der Wissenschaftsgeschichte an der Yale University, mit dem Mechanismus. Bereits 1955 entstand seine erste Abhandlung darüber; der Artikel, der den Mechanismus allgemein bekannt machte, erschien allerdings erst 1959. Darin beschrieb Price den Aufbau des Geräts, folgerte aus einigen Spuren, dass sich die Konstruktion ursprünglich in einem Holzrahmen befunden haben sollte, und kam zu dem Ergebnis, dass der Mechanismus dazu verwendet worden war, astronomische Berechnungen vorzunehmen. Dieses war auf See notwendig, um die Position des Schiffs zu bestimmen und somit navigieren zu können. Tatsächlich war man mit dem Gerät in der Lage, die Bewegung der damals bekannten Planeten ebenso zu berechnen wie besondere Daten im Jahresverlauf, beispielsweise so die Tagundnachtgleiche. Auch Mondphasen konnten durch das Einstellen der Zahnräder bestimmt werden – und das sogar auf Jahre im Voraus.

Das alles wurde allerdings nur möglich, weil der Mechanismus mit einem Ausgleichsgetriebe ausgestattet war, das in seiner heutigen Form im Jahr 1828 zum Patent angemeldet wurde. Ein früherer, allerdings anscheinend nie umgesetzter Entwurf eines Differenzialgetriebes stammt von Leonardo da Vinci (1452–1519).

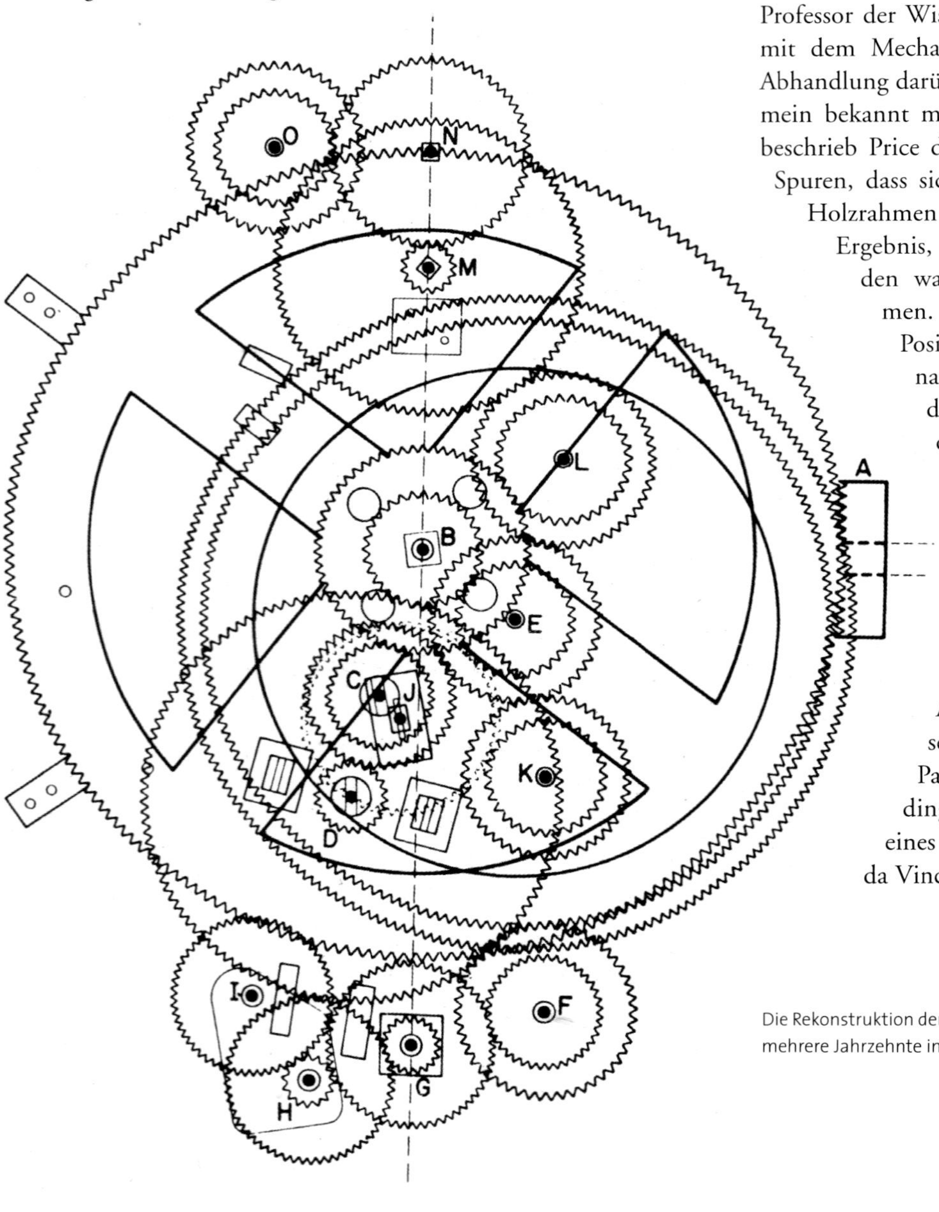

Die Rekonstruktion der Funktionsweise des Mechanismus' von Antikythera nahm mehrere Jahrzehnte in Anspruch.

Die Teile, die man aus dem Schiffswrack bergen konnte, werden heute im Archäologischen Nationalmuseum in Athen ausgestellt.

Komplexe Strukturen

Ab den 70er-Jahren waren die Untersuchungen über den Mechanismus so weit fortgeschritten, dass einzelne Wissenschaftler versuchten, die Konstruktion nachzubauen. Doch erst nach weiteren Röntgenanalysen gelang es Mitte der 90er-Jahre, eine vollständige, funktionierende Kopie herzustellen. Ein weiteres Exemplar, das auf den Ergebnissen der Untersuchungen beruht, entstand im Jahr 2002.

Der komplexe Zahnradmechanismus, der im Grunde wie ein mechanisches Rechenwerk funktioniert, war für die damalige Zeit wahrscheinlich einmalig. Zwar besaßen bereits die Griechen umfangreiche Erfahrungen auf dem Gebiet der Astronomie und der Mathematik, auch die Araber konnten ähnliche Kenntnisse vorweisen, wobei sie auch in der Lage wandten Mechanismen gefunden werden, auch taucht das Planetarium in keiner Beschreibung auf, was seine Herkunft noch unergründlicher macht. Aus diesem Grund ist bis heute ungeklärt, wer den Mechanismus gebaut hat. Auch der genaue Verwendungszweck liegt noch im Unklaren, denn für ein Instrument, das man bei der Schifffahrt einsetzen kann, liefert es im Grunde zu viele Informationen.

Differenzialgetriebe

Ein Ausgleichs- oder Differenzialgetriebe ist eine Konstruktion, die es ermöglicht, die Geschwindigkeit, mit der sich eine Achse dreht, nach bestimmten Gesetzmäßigkeiten zu regulieren. Dieser Mechanismus wird häufig bei Achsfahrzeugen eingesetzt, da in einer Kurve das rechte und das linke Rad eines Wagens eine unterschiedlich lange Strecke zurücklegen müssen. Wären beide starr mit einer Achse verbunden, würden sie gleichmäßig angetrieben werden, was eine Lenkung deutlich erschwert. Das Differenzialgetriebe sorgt auf mechanischem Weg für den notwendigen Ausgleich.

Bis heute konnten keine weiteren vergleichbaren Mechanismen gefunden werden. Es ist darüber hinaus ein Rätsel, wieso die damaligen Kenntnisse nicht weiterhin genutzt wurden.

Antike Technologie

Bei Ausgrabungen oder der Untersuchung von Zeichnungen geschieht es hin und wieder, dass Formen auftreten, die bewusst oder unbewusst mit bestimmten Ereignissen oder Gegenständen in Verbindung gebracht werden. Mitunter konnte man auf diese Weise tatsächlich Anzeichen für eine frühere Technologie entdecken; in den meisten Fällen handelte es sich jedoch um falsche Spuren, bei denen die Fantasie den Betrachtern einen Streich spielte.

Die Hieroglyphen von Abydos

Bei Untersuchungen des Sethos-Tempels im ägyptischen Abydos stieß man unmittelbar über einer Säule auf ungewöhnliche Hieroglyphen. Die Symbole waren so geformt, dass viele Betrachter darin ein U-Boot, einen Panzer, ein Kanonenboot und einen Hubschrauber auszumachen glaubten. Tatsächlich wiesen die Hieroglyphen eine große Ähnlichkeit mit den beschriebenen Fahrzeugen auf. Da diese vier Zeichen im Verbund auftauchten, machten die Hieroglyphen kurze Zeit nach ihrer Entdeckung im Jahr 1990 Schlagzeilen. Die Inschriften wurden als Beleg dafür herangezogen, dass bei der Entstehung des Tempels, etwa im Jahr 3000 v. Chr., eine solche Technologie bereits verbreitet gewesen sein musste.

Die Ernüchterung folgte nur kurze Zeit später, als sich herausstellte, dass man die Hieroglyphen, die sich links und rechts dieser Zeichen befanden, problemlos übersetzen konnte. Dies fiel allerdings an dieser Stelle zunächst schwer, bis man einzelne Teile der Symbole abdeckte. Tatsächlich scheint es so zu sein, dass man an der Stelle, an der sich die Hieroglyphen befinden, eine Korrektur vorgenommen hat, indem man bereits existierende Zeichen mit Gips oder einem anderen Material ausfüllte und mit neuen Hieroglyphen überschrieb. Als dieses Material sich im Laufe der Zeit zersetzte, wurden die alten unter den neuen Schriftzeichen wieder sichtbar, sodass Hubschrauber, Kampfboot, Panzer und U-Boot letzten Endes auf einen Zufall zurückzuführen sind, vielleicht noch begünstigt durch handwerklich schlechte Arbeit beim Anfertigen der Hieroglyphen.

Dennoch werden diese Hieroglyphen noch immer von verschienen Gruppierungen als Argument für eine frühe hoch technisierte Kultur in Ägypten angeführt. An dieser Stelle wird man allerdings vergeblich nach einer antiken Technologie suchen.

Die Hieroglyphen von Abydos zeigen anscheinend einen Hubschrauber (oben links), einen Panzer (oben rechts) und ein U-Boot (Mitte rechts).

Der Segelflieger von Sakkara

Im Jahr 1898 wurde in einem Grab bei der ägyptischen Stadt Sakkara ein Holzmodell gefunden, dessen Entstehung bei späteren Untersuchungen auf das Jahr 200 v. Chr. datiert wurde. Zusammen mit einigen Vogelfiguren katalogisiert, beachtete man es vorerst nicht weiter. Erst 1969 wurde es von dem Archäologen Professor Kahlil Messiha (1924–1999) wiederentdeckt. Dieser leitete umgehend weitere Untersuchungen in die Wege, da ihn die Form des Modells stark an ein modernes Segelflugzeug erinnerte, wenngleich ein Teil des Hecks abgebrochen war.

Tatsächlich ergaben Untersuchungen, dass das Modell vor seiner Beschädigung flugtauglich gewesen sein musste. Die Frage, ob dieser Segelflieger als Modell für ein größeres, reales Segelflugzeug gedient haben konnte, war allerdings nicht zu beantworten.

Ungewöhnlicherweise geriet der „Segelflieger von Sakkara“ kurze Zeit später wieder ins Zentrum des wissenschaftlichen Interesses, als eine Sammlung von goldenen Stücken aus Kolumbien ausgestellt wurde und sich flugzeugähnliche Gebilde unter den Schmuckstücken befanden. Zwar waren diese aufgrund ihres Gewichts und ihrer Konstruktionsweise nicht in der Lage zu fliegen, allerdings waren einige Details eingearbeitet, die darauf schließen ließen, dass man sich auch in der Zeit zwischen 500 und 800 n. Chr. in Südamerika mit dem Phänomen des Fliegens befasst hatte. Ob es allerdings weiterführende Experimente gab, konnte bislang nicht geklärt werden.

Der Segelflieger von Sakkara (oder auch „Taube“) wird heute in Kairo ausgestellt. Theorien gehen davon aus, dass er entweder als Modell für einen echten Flieger oder als einfache Windfahne diente.

Auch einige goldene Schmuckgegenstände aus Kolumbien, die zwischen 500 und 800 n. Chr. gefertigt wurden, weisen Ähnlichkeiten mit modernen Flugzeugen auf.

Der Jaguar von Panama

Auch bei der Figur, die im Jahr 1920 in Panama gefunden wurde, war man zunächst der Ansicht, dass es sich um einen alltäglichen Gegenstand handeln könnte, nämlich um das etwas unglücklich geratene Modell eines Jaguars. Allerdings wurde bereits kurze Zeit später die Vermutung geäußert, dass es sich hier um den Entwurf einer Maschine handeln könnte.

Die Figur wirkt unnatürlich flach und kantig, der Schwanz des Jaguars scheint dagegen sehr kräftig zu sein und weist an seinem Ende zwei große Räder auf, an denen Einkerbungen erkennbar sind. Die Krallen des Jaguars sind ungewöhnlich krumm geformt, sie laufen nach unten hin spitz zu, allerdings scheinen sie am oberen Ende noch miteinander verbunden zu sein. Alles das sorgte dafür, dass man erwog, es könne sich bei dem „Jaguar" eventuell um das Modell eines Baggers handeln könnte, dessen Schaufeln, dargestellt durch Beine und Krallen, mithilfe eines Kettenantriebs, denkbar durch die zahnradähnlichen Räder am Ende des kräftigen Schwanzes, zur Bewegung großer Erdmassen gedient haben.

Wenn unterschiedliche Metalle (in diesem Fall Kupfer und Eisen) in eine saure Lösung gestellt werden, entsteht eine elektrische Spannung. Im Fall der Batterie von Bagdad wurde wahrscheinlich diese saure Lösung (z. B. Essig) in den Zylinder gefüllt, wodurch der Elektronenaustausch vonstatten gehen konnte.

Je mehr dieser einfachen Batterien man parallel betreibt, umso größer ist die Stromstärke, die sich mit ihnen erzeugen lässt. Inwieweit der Strom genutzt werden konnte, ist allerdings fraglich, da die Energieausbeute nur minimal ist und mit modernen Batterien nicht verglichen werden kann.

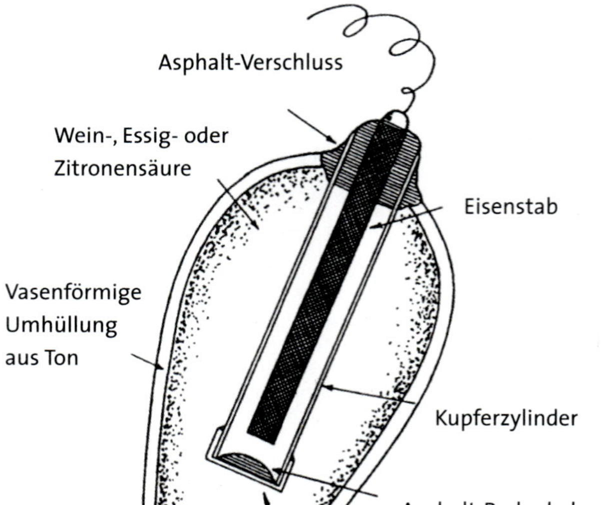

Eine derartige Technologie würde, nach Meinung einiger Experten, den Bau einzelner Städte wie etwa Machu Picchu, die „verlorene Stadt" in den peruanischen Anden, erst ermöglicht haben. Skeptiker dieser Theorie verweisen allerdings darauf, dass man dieselbe Arbeit durchaus auch mit Muskelkraft hätte bewältigen können, und führen an, dass man beim Bau eines Baggers weitere Technologien und Fertigkeiten zur Verfügung gehabt haben müsste, wie etwa zum Schmelzen von Eisen oder dem Bauen von Maschinenteilen. Da man bislang allerdings keinen Fund vorweisen könne, von dem die Existenz dieses Wissens ableitbar wäre, fehle es dieser Theorie an Substanz.

Die Batterie von Bagdad

Im Jahr 1936 wurde bei Ausgrabungen am Hügel Khujat Rabu'a, südlich von Bagdad, ein Tongefäß entdeckt, in dem sich ein Kupferblech-Zylinder befand, in dem wiederum ein Eisenstab steckte. Der österreichische Archäologe Dr. Wilhelm König schloss aus dieser Zusammenstellung, dass früheren Kulturen die Elektrizität bereits bekannt war.

Einige Jahre später wurden Experimente mit einer Rekonstruktion durchgeführt, die tatsächlich Erfolg hatten. Füllte man in den Zylinder eine Flüssigkeit wie Essig- oder Zitronensäure, entstand zwischen dem Zylinder und dem Eisenstab eine Spannung von ca. 1,5 bis 2 V.

Man brachte diesen Fund mit einem Phänomen in Verbindung, das hierdurch erklärbar wurde: Im Gebiet um Bagdad hatte man Figuren gefunden, die nur dünn mit Gold überzogen waren. Bei weiteren Funden ähnlicher Art war festgestellt worden, dass derartige Figuren normalerweise mithilfe einer Hammer- oder Feuervergoldung behandelt worden waren. Im Fall der Goldfiguren von Bagdad waren allerdings keine Hammerschläge nachweisbar gewesen. Setzte man nun voraus, dass die Galvanotechnik, also die Beschichtung eines Stoffs mit elektrochemischen Mitteln, bereits damals eingesetzt wurde, also etwa zwischen 250 v. Chr. und 225 n. Chr., wäre dieses Problem gelöst gewesen. Tatsächlich stellte sich bei weiteren Nachforschungen heraus, dass bereits einige vergleichbare Tontöpfe gefunden worden waren, und auch später noch wurden weitere ähnliche Behälter entdeckt. Auch fanden sich in Form von Beschreibungen Beweise dafür, dass statische Elektrizität bereits zum damaligen Zeitpunkt bekannt war, auch wenn sie nicht auf chemischem Weg hervorgerufen wurde, sondern durch das Reiben von Bernstein, der daraufhin leichte Partikel wie etwa Staub oder Haare anzog.

Grundsätzlich wäre also der Einsatz einer Batterie möglich gewesen – ob dies allerdings tatsächlich der Fall war, ist bis heute umstritten.

Die goldene Figur wurde zunächst als Jaguar klassifiziert. Erst später wurde die Vermutung geäußert, dass es sich um eine Art Bagger handeln könnte, mit dem auf mechanische Weise große Erdmengen bewegt werden konnten.

Kristallschädel

Nur wenige Artefakte haben in der Öffentlichkeit so heftige Diskussionen ausgelöst wie die so genannten „Kristallschädel", totenkopfförmige Skulpturen aus Bergkristall oder Gesichtsmasken aus Quarz. Über Jahrzehnte hinweg gab es immer wieder Spekulationen und angebliche Untersuchungsergebnisse sowohl von esoterischer als auch von wissenschaftlicher Seite.

Ein Bergkristallschädel zum Geburtstag?

Als im Jahr 1927 die damals erst 17-jährige Maya-Forscherin Anna Mitchell-Hedges bei ihren Grabungen in den Ruinen von Lubaantun (Honduras) in der Nähe eines Altars auf ein ungewöhnliches Objekt stieß, war dessen Schädelform nur undeutlich zu erkennen, da der Unterkiefer des Bergkristall-Totenkopfs noch fehlte. Dieser wurde erst drei Monate später in einigen Metern Entfernung entdeckt. Schnell stellte sich heraus, dass es sich bei dem Fund um ein besonderes Stück handelte. Bergkristall kommt in der Natur zwar sehr häufig vor, allerdings erfordert seine Bearbeitung aufgrund des hohen Härtegrads und seines Aufbaus besondere Werkzeuge und Fertigkeiten, insbesondere dann, wenn man – wie im Fall des Lubaantun-Schädels – eine große Realitätsnähe erreichen will (s. auch Kasten).

Bereits kurz nach Bekanntwerden des Funds stellten sich die ersten Kritiker ein, die die Geschichte als inszeniert bezeichneten, da Anna Mitchell-Hedges an jenem Tag Geburtstag hatte. Dem Archäologen Frederick A. Mitchell-Hedges wurde unterstellt, den Schädel als Geschenk für seine Tochter vorher nahe dem Altar vergraben zu haben. Tatsächlich sei der Schädel erst kurze Zeit zuvor mithilfe moderner Maschinen hergestellt worden. Jüngere Untersuchungen scheinen diese Behauptung zu untermauern, da man unter dem Elektronenmikroskop Spuren an der Figur fand, wie sie nur von neuzeitlichen Geräten stammen können. Andererseits blieb es nicht bei diesem einen Kristallschädel – in der Zwischenzeit wurden noch weitere Kristallschädel gefunden, die mit ähnlicher Sorgfalt gefertigt worden sind.

F. A. Mitchell-Hedges vermutete, dass Generationen von Menschen über 150 Jahre einen Felskristall so lange bearbeitet haben, bis dieser perfekte Schädel entstand. Darüber hinaus sprach er von dem Schädel als Verkörperung des Bösen, der von den Priestern der Maya als Machtinstrument verwendet wurde.

Der Kristallschädel wurde bei Ausgrabungsarbeiten in der Urwaldregion Lubaantum – hier eine neuzeitliche Mayasiedlung vor Ort – im heutigen Belize gefunden.

Original, Fälschung oder Atlantis-Erbe?

Aus nicht nachvollziehbaren Gründen wurde meistens nur die Echtheit des ersten gefundenen Schädels angezweifelt – viele Wissenschaftler bezeichneten ihn nach ihren Untersuchungen als moderne Fälschung, die wahrscheinlich in Europa gefertigt worden sei. Esoterische Gruppen behaupteten dagegen, dass es sich bei diesem Kristallschädel um ein Werkstück aus Atlantis handele, das an die Mayas weitergegeben worden war. Die Verbindung mit prähistorischem Wissen oder sogar Ritualen hatte schon Anna Mitchell-Hedges selbst hergestellt, indem sie das Alter des Schädels auf 3600 Jahre schätzte – mit dieser Annahme legte sie das Entstehungsdatum der Figur auf eine Zeit fest, in der die Maya-Kultur noch nicht existierte. Sie kam zu diesem Schluss aufgrund der Erdschichten, in denen sie den Schädel gefunden hatte und deren Alter auf geologische Weise bestimmbar waren – da es sich bei Bergkristall um einen nicht-organischen Stoff handelt, können nur wenige andere Methoden der Altersbestimmung herangezogen werden.

Anderen Archäologen zufolge, die aufgrund des untadeligen Rufs Mitchell-Hedges' nicht von einer Fälschung ausgehen, entstand die Figur erst sehr viel später – einige sprechen davon, dass der Schädel erst 1500 Jahre alt sei, andere verlegen das Entstehungsdatum ins 15. Jahrhundert – allerdings erklären diese Altersangaben ebenfalls nicht, wie die Figur entstanden sein kann, denn auch in Europa war das Wissen über Kristall erst im 17. Jahrhundert so weit fortgeschritten, dass man Bergkristall theoretisch hätte bearbeiten können – häufig mangelte es jedoch noch an passendem Werkzeug.

Bis heute ist ungeklärt, wie die Schädel überhaupt entstanden sind und welches Volk für diese Arbeiten verantwortlich gewesen sein könnte.

Kristallbearbeitung

Kristallbearbeitung ist vor allem deshalb ein heikles Thema, weil der Ausgangsstoff sehr empfindlich ist. Wird der strukturelle Aufbau bei der Bearbeitung nicht richtig beachtet, kann es passieren, dass der Kristall splittert oder bricht. Darüber hinaus besteht die Möglichkeit, dass sich ein Bruch ins Innere des Kristalls fortsetzt, sodass sich Risse durch das Material ziehen. Die Grundstruktur eines Bergkristalls kann man nur durch ein starkes Vergrößerungsglas anhand der Lichtbrechungen innerhalb des Kristalls erkennen.

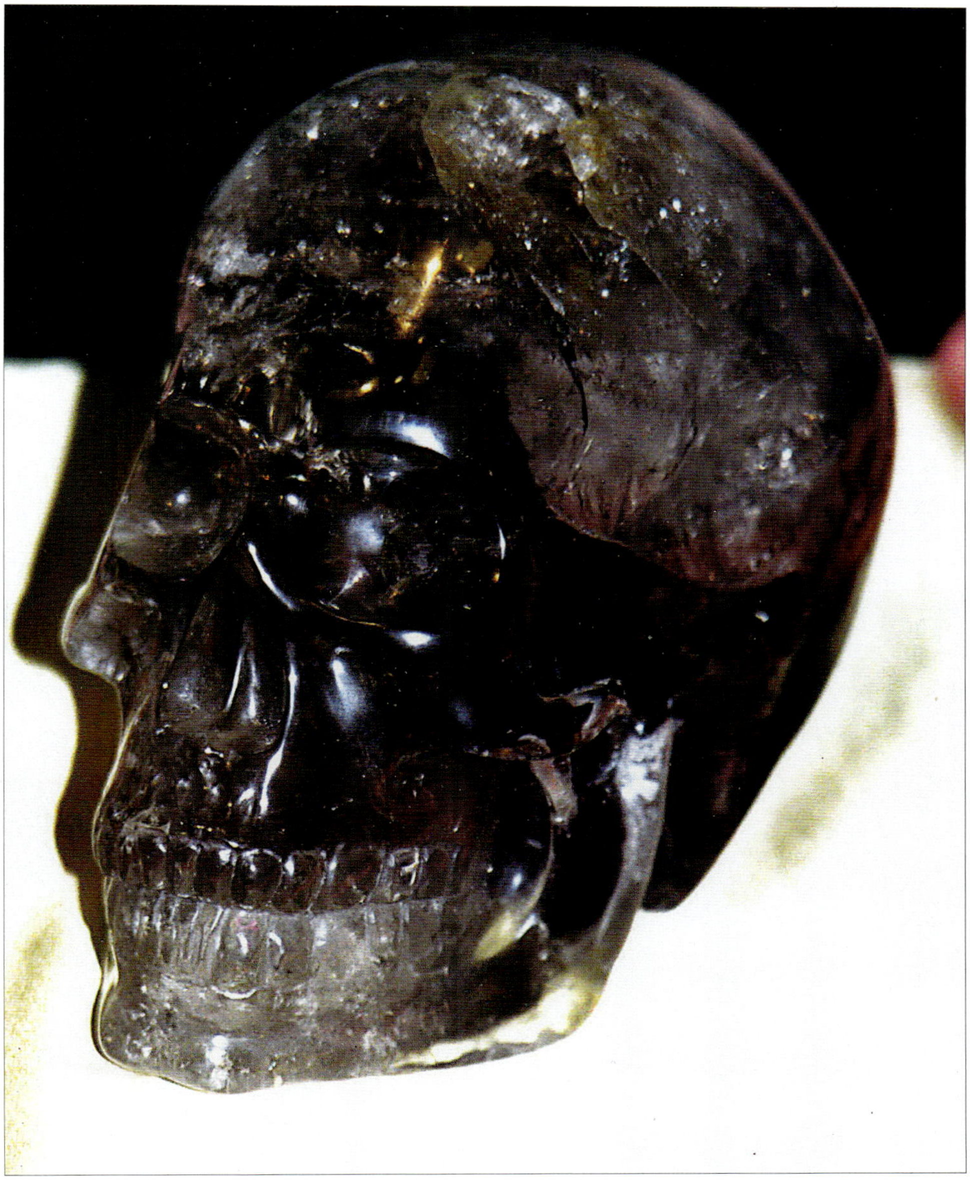

Im Gegensatz zu dem „Mitchell-Hedges"-Schädel weist der Rauchquarzschädel „E.T.", der 1908 in Guatemala entdeckt wurde, keine Spuren von modernen Bearbeitungsmethoden auf. Sein Alter wird auf mindestens 500 Jahre geschätzt.

Die Steinkugeln von Costa Rica

In Costa Rica gibt es hunderte großer Steinkugeln, die keine Einheitlichkeit in Größe oder Gewicht aufweisen, allerdings alle perfekte Rundungen zeigen. Nachdem vor allem zur Zeit der Kolonialisierung viele der Kugeln durch Rodung oder militärische Übungen beschädigt oder zerstört wurden – von der mutwilligen Zerstörung auf der Suche nach Gold einmal abgesehen –, schmücken viele der Kugeln inzwischen private Vorgärten. Der Forschung geben sie bis heute Rätsel auf.

Rätselhafte Kugeln

Woher die Steinkugeln stammen, konnte bisher nicht geklärt werden. Zwar finden sich im Staatsmuseum von San José verschiedene Exemplare, und in unregelmäßigen Abständen werden Ausgrabungen unternommen, bei denen weitere Steinkugeln zutage gefördert werden, die im Schlamm eines Flussdeltas oder Dschungelbodens ganz oder nur teilweise verborgen liegen. Die Informationen jedoch, die man bislang über diese Kugeln besitzt, sind eher spärlich.

Man weiß, dass die schwerste bisher gefundene Kugel etwa 16 t wog. Jede der Kugeln ist in ihrem Umfang perfekt rund, ihr Durchmesser an jeder Stelle gleich. Viele Kugeln weisen eine sehr glatte Oberfläche auf, die wahrscheinlich durch Polieren mit einem Sand-Wasser-Gemisch erreicht wurde. Fraglich ist dennoch, wie es auch bei den größeren, tonnenschweren Kugeln zu dieser ebenmäßigen Rundung kommen konnte. Neben dem notwendigen Wissen über Geometrie muss auch eine Technik existiert haben, die diese Fertigung erst ermöglichte. Ohne mechanische Hilfsmittel ist die Herstellung einer solchen Kugel praktisch unmöglich – erschwerend kommt hinzu, dass die Kugeln aus einem Granit bestehen, der an der Stelle, an der bislang die meisten Kugeln gefunden wurden, nicht existiert. Ungefähr 50 km flussaufwärts existiert allerdings ein Steinbruch mit dem bewussten Granit.

Astrologische Symbole oder Vollkommenheit Gottes?

An den Fundorten der Kugeln haben früher vielfach Indianer gelebt, allerdings konnte bislang kein Stamm gefunden werden, dessen Legenden von den Schöpfern dieser Kugeln berichten. Auch wollte anscheinend niemand seine Vorfahren für die Herstellung verantwortlich machen oder auf andere Weise zur Klärung des Rätsels beitragen. Es gilt jedoch als gesichert,

Eine der Steinkugeln wurde vor dem Archäologischen Museum in Costa Rica platziert. Obwohl die Bedeutung der Kugeln nicht bekannt ist, wurden viele Vorgärten auf ähnliche Art und Weise geschmückt.

Auch im Braulio Carrillo-Nationalpark, etwa 20 km nördlich von San José, wurden Steinkugeln gefunden. Dies ergab sich vor allem durch Goldsucher, die aufgrund des gelben Wassers annahmen, an dieser Stelle fündig zu werden. Tatsächlich kommt die gelbe Farbe durch Mineralien zustande, die von einem nahe gelegenen Vulkan stammen.

dass die Kugeln eine besondere Bedeutung für die Indianer hatten – man fand kleinere Kugeln als Grabbeigaben. In einigen Anordnungen der kleinen Gegenstücke glaubte man, astronomische Konstellationen wie Sternbilder zu entdecken, allerdings konnte diese Erkenntnis nicht auf die größeren Kugeln übertragen werden, da diese im Laufe der Jahrhunderte den Naturgewalten und Fremdeinwirkungen ausgesetzt waren, sodass man die ursprüngliche Anordnung der Steine in den meisten Fällen nicht mehr erkennen konnte. Die wenigen Ausnahmen, in denen die Ausrichtung der Kugeln noch erkennbar war, scheinen die Vermutung der astronomischen oder astrologischen Bedeutung zudem nicht zu bestätigen – die Kugeln waren in langen Geraden, Wellenlinien oder Dreiecksmustern aufgestellt worden. Darüber hinaus widerspricht die Darstellung von Himmelskörpern als Kugeln der Überzeugung der südamerikanischen Inkas und Mayas, die Himmelskörper wie etwa die Sonne in Scheibenform darstellten. Somit wäre die notwendige Voraussetzung für diese Theorie, dass in Costa Rica eine vollkommen eigenständige Kultur beheimatet war, was von vielen Wissenschaftlern als unwahrscheinlich angesehen wird.

Eine andere Theorie besagt, dass die Perfektion, mit der die Schöpfer ihre Kugeln gefertigt haben, als eine Art Gottesdienst zu verstehen ist – die Kugeln als Ergebnis dieser Arbeit seien also als Symbol einer göttlichen Vollkommenheit zu sehen. Dies wäre auch gleichzeitig eine Erklärung dafür, dass sich ansonsten nur wenige Anzeichen auf einen früheren Gottesglauben finden lassen. Ob diese Theorie allerdings den Tatsachen entspricht, wird vermutlich niemals mit Gewissheit zu klären sein.

Die Überlieferungen Costa Ricas liefern keinen Hinweis darauf, welches Volk aus welchem Grund die Steinkugeln gefertigt hat.

Die Karte des Piri Reis

Piri Reis (ca. 1465–ca. 1554), eigentlich Muhiddin Piri Ibn Haji Memmed, war Admiral der osmanischen Flotte und als solcher vertraut mit See- und Landkarten. Dass man zur damaligen Zeit häufig selbst zum Stift griff, um Gebiete genauer zu kartographieren, war nichts Ungewöhnliches. Auch die Tatsache, dass er sich vor seinen Reisen mit anderen Karten aus der Zielgegend vertraut machte und versuchte, aus ihr eine eigene Karte zusammenzusetzen, birgt nichts Geheimnisvolles. Allerdings zeigt eine seiner erhaltenen Karten Gebiete, die man zu seiner Zeit überhaupt nicht kennen konnte.

Das Topkapi-Serail war über Jahrhunderte der Regierungs- und Wohnsitz der Sultane des Osmanischen Reich. Hier wurde die Karte des Piri Reis zufällig gefunden.

Auf der Karte durch Amerika

Piri Reis datierte seine Karte auf das islamische Jahr 919, was dem christlichen Jahr 1513 entspricht. Es handelt sich bei dieser Karte wahrscheinlich um die erste Weltkarte, die er anfertigte. Dabei berief er sich auf altes Kartenmaterial, stückelte die Gemeinsamkeiten zusammen und ergänzte sie um eigene Aufzeichnungen, die er seit etwa 1481 auf eigenen Seefahrten gesammelt hatte. Er selbst war bis zu diesem Zeitpunkt hauptsächlich im Mittelmeerraum unterwegs gewesen. Welche Karten er als Quellen für seine Weltkarte verwendet hat, ist nicht bekannt, allerdings bezieht er sich in schriftlichen Kommentaren auf portugiesisches Kartenmaterial.

Auf besagter Weltkarte von 1513 erscheint neben Europa, Asien und einem Großteil der afrikanischen Küstenlinien auch der amerikanische Kontinent. Damit entspricht die Karte dem damals aktuellen Stand, denn nur wenige Jahre zuvor hatte man erkannt, dass durch Christoph Kolumbus 21 Jahre zuvor nicht den Westweg nach Indien, sondern ein neuer Kontinent entdeckt worden war. Zwar ist der nordamerikanische Teil der Karte äußerst fehlerhaft, ebenso auch die Einteilung der Karibik – mehrere Breitengrade wurden ausgelassen und Küstenlinien falsch zusammengefügt –, dafür sind die östlichen südamerikanischen Küstenlinien gut erkennbar. Der Teil der Weltkarte, der die westlichen Küstenlinien Südamerikas darstellt, ist nicht erhalten geblieben, doch allein schon die Ostküste gibt Rätsel auf – da die Spanier und Portugiesen erst Jahrzehnte später auf ihren Eroberungen und Erkundungen Kartenmaterial von Südamerika und dessen Küste anfertigten, stellt sich die Frage, welchen Ursprung die Karten hatten, die Piri Reis als Vorlage für seine Arbeit gedient haben.

Die Entdeckung der Antarktis

Die Landmasse der Antarktis liegt unter einer Eisdecke von bis zu 4500 m Dicke verborgen. Die Beschreibungen des Kontinents „Terra Australis", der Berechnungen des griechischen Mathematikers Ptolemäus zufolge eine Art Gegengewicht zu der Landmasse der nördlichen Halbkugel darstellen musste, sorgten dafür, dass der britische Seefahrer James Cook im Jahr 1772 aufbrach, um diesen Kontinent zu suchen. Tatsächlich erreichte er im Jahr 1773 die Antarktis, konnte allerdings aufgrund von Nebel und Eis kein Land sehen. Erst der Seefahrer Fabian von Bellingshausen entdeckte 1819 die Landmasse der Antarktis, die er im darauffolgenden Jahr auch umrundete. Eine Kartographie der Antarktis fand erst bei den amerikanischen Operationen „Deep Freeze" Mitte der 50er-Jahre des letzten Jahrhunderts statt.

Auf der Karte durch die Antarktis?

Als die Piri-Reis-Karte 1929 bei Aufräumarbeiten im Topkapi-Palast in Istanbul wiederentdeckt und kurz danach wissenschaftlich untersucht wurde, löste diese Frage heftige Diskussionen aus. Man kam jedoch überein, dass die Karte erst zu einem späteren Zeitpunkt entstanden sein konnte, um die Mitte des 16. Jahrhunderts, als die südamerikanische Küste bereits kartographiert worden war. Eine weitere Theorie besagte, dass sich Piri Reis bei der Anfertigung der Karte auf Wissen gestützt hatte, das von den Chinesen oder nordischen Seefahrern an Portugiesen weitergegeben worden sei.

Ende 1959 geriet die Karte erneut ins Blickfeld der Wissenschaft, als Charles Hapgood, Professor für Geschichte am Keene State College, New Hampshire, USA, bei einer genaueren Überprüfung antarktische Küstenlinien südlich von Afrika und Südamerika entdeckte. Das Ungewöhnliche war daran, dass die Linien mit dem realen Küstenverlauf größtenteils übereinstimmen, obwohl dieser seit etwa 4000 v. Chr. vom ewigen Eis der Antarktis überlagert wird und der antarktische Kontinent überdies erst 1819 entdeckt wurde.

Piri Reis zeichnete nicht nur die Küstenverläufe Südamerikas und der Antarktis sehr genau, sondern berücksichtigte ebenfalls Flüsse und Anhöhen auf dem Kontinent, der noch lange Zeit unerforscht bleiben sollte.

Es stellt sich also die Frage, ob zu Piri Reis' Zeiten tatsächlich Kartenmaterial existiert hat, das etwa 6000 Jahre alt war, oder ob sich dieses Wissen über Jahrtausende hinweg erhalten hat. Wenn Letzteres der Fall sein sollte, bliebe noch die Frage zu klären, woher dieses Wissen stammte, denn eine Zivilisation, die etwa 4000 v. Chr. in der Lage gewesen wäre, bis in die Antarktis vorzudringen, ist derzeit nicht bekannt.

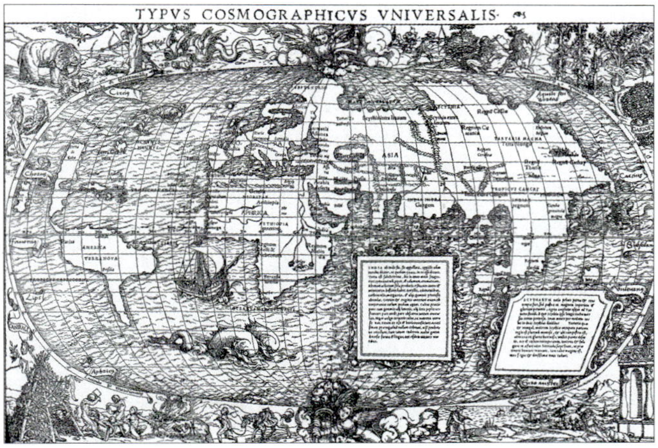

Auf Weltkarten, die ungefähr zum selben Zeitpunkt wie die Piri-Reis-Karte entstanden (hier ein Beispiel aus dem Jahr 1537), fehlt der antarktische Kontinent. Die sehr fehlerhafte Darstellung Nordamerikas und der Karibik ist jedoch in beiden Fällen gleich.

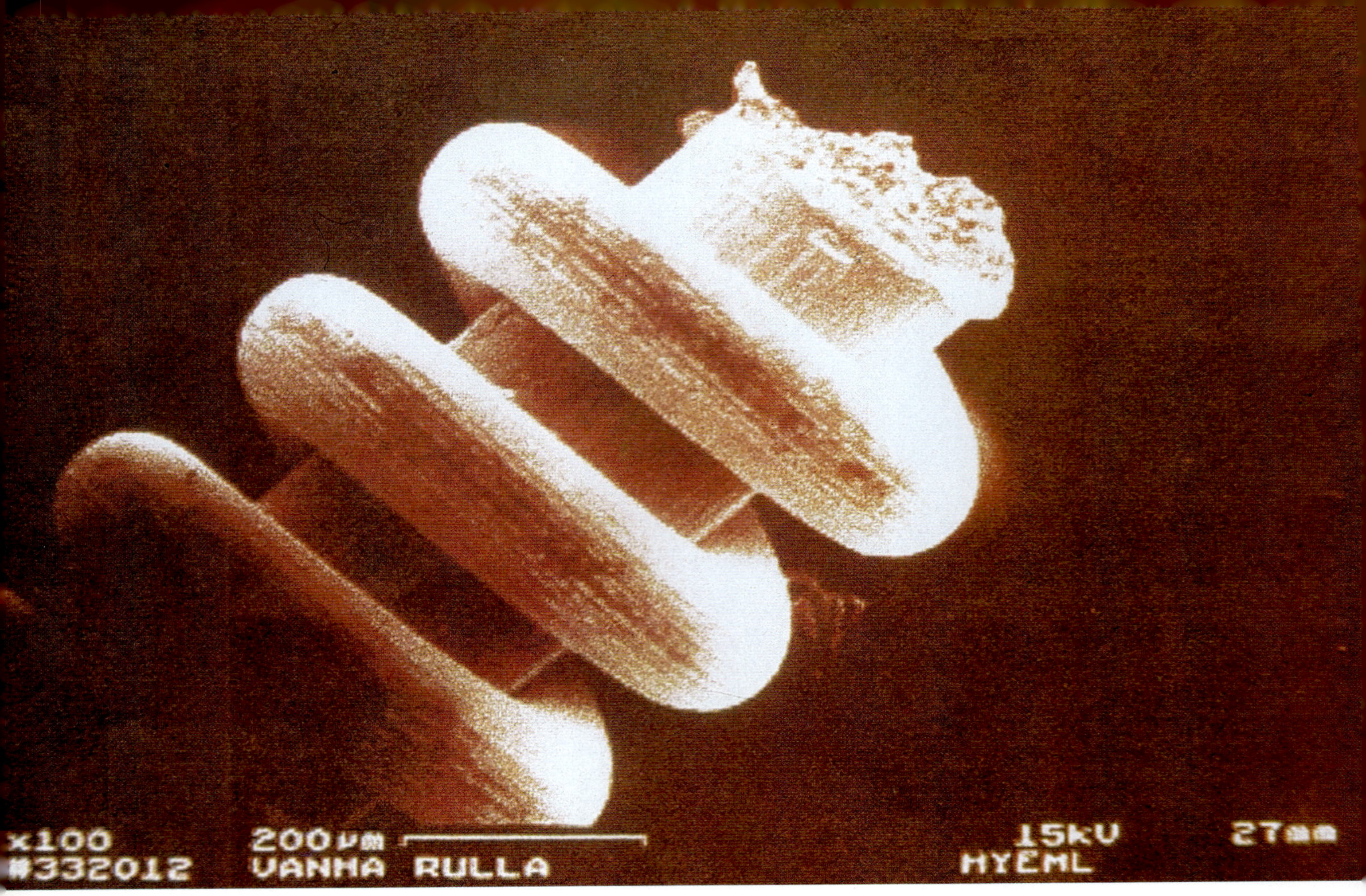

Die Nanospiralen sind mit dem bloßen Auge nicht erkennbar. Erst unter dem Mikroskop zeigt sich die Regelmäßigkeit der Sktrukturen.

Nanospiralen

Im Jahr 1992 nahmen russische Geologen im Uralgebirge Gesteinsuntersuchungen vor. Dabei fanden sie mikroskopisch kleine Spiralen, deren Entstehung bis heute nicht geklärt werden konnte, zumal das verwendete Material mindestens 100 000 Jahre alt sein muss. Selbst ernannte „Ufologen" betrachten diese Strukturen als ausschlaggebenden Beweis dafür, dass die Menschen früherer Zeiten in Kontakt mit außerirdischen Wesen gestanden haben.

Science Fiction?

Theorien und angebliche Beweise über Besuche außerirdischer Wesen auf der Erde wurden im 19. und 20. Jahrhundert häufiger geäußert – angefangen mit den Schilderungen von fantastischen Reisen, z. B. vom französischen Schriftsteller Jules Verne in der zweiten Hälfte des 19. Jahrhunderts, über die Science-Fiction-Geschichten und Utopien von H. G. Wells Anfang des 20. Jahrhunderts bis hin zum Einzug dieses Themas in den (grenz-)wissenschaftlichen Bereich Ende der 40er-Jahre. Dort fand es rasch offene Ohren – zu jedem Phänomen, das im Verlauf dieses Kapitels vorgestellt wurde, existieren auch

Einsatz von Nanotechnologie heute

Die Nanotechnologie wird heutzutage in der Medizin eingesetzt, z. B. beim so genannten „Lab on a chip", das ein Miniaturlabor auf einer kreditkartengroßen Fläche unterbringt. Darüber hinaus wird sie im Bereich der Elektronik verwendet, v. a. beim Bau von Computerprozessoren. Weitere Einsatzmöglichkeiten zeigen sich bei Autolacken, bei denen nanotechnische Strukturen für eine Selbstreinigung von Oberflächen sorgen. Im Bereich der Forschung ermöglichte die Nanotechnologie maßgeblich die Entwicklung neuer, präziserer Mikroskope.

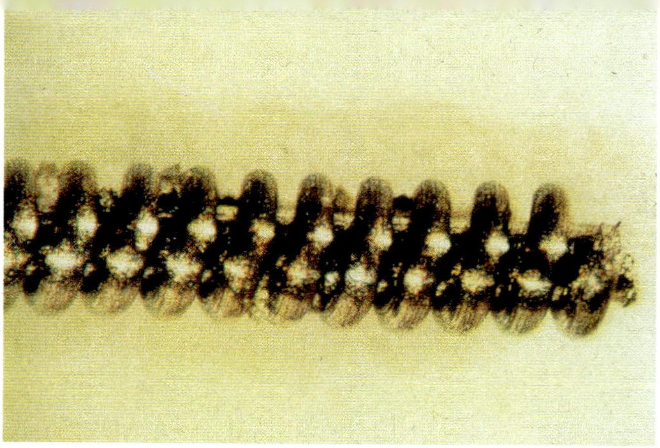

Die Nanospiralen bestehen aus Kupfer, Wolfram oder Molybdän. Die letzten beiden Metalle werden unter anderem in der Elektronik und der Raketentechnik verwendet.

Abhandlungen darüber, dass die jeweilige Hinterlassenschaft nur mithilfe außerirdischen Lebens zustande gekommen sein könne.

Im Hinblick auf diese Entwicklung war der Fund im Uralgebirge für die Anhänger der Theorie außerirdischer Besucher eine Sensation: Bei Routine-Untersuchungen wurden Spiralstrukturen entdeckt, die so klein sind, dass das menschliche Auge sie fast gar nicht wahrnehmen kann. Erst unter dem Elektronenmikroskop ist die Regelmäßigkeit der Strukturen zu erkennen – Spiralen zwischen 3 cm und 0,003 mm Größe, zum größten Teil aus Wolfram gefertigt, mit glatter Oberfläche, teilweise mit Löchern versehen, ihre Kerne bestehen aus Wolfram oder Molybdän. Bei weiteren Fundstücken entdeckte man auch Spiralen aus Kupfer. Die Proportionen der Spiralen sind so ebenmäßig, dass die Strukturen nur auf künstlichem Weg zustande gekommen sein können. Die Angaben über das Alter der Fundstücke schwanken zwischen 100 000 und 300 000 Jahren, was die Frage aufwirft, ob Menschen zu diesen Zeiten überhaupt in der Lage gewesen sein können, eine derartige Fertigung vorzunehmen – in unserer heutigen Zeit stellen solche Produkte kein Problem mehr dar, allerdings kann der Mensch erst etwa seit den 70er-Jahren des letzten Jahrhunderts auf eine solche Technik zurückgreifen.

Außerirdische Technik oder Fälschung?

Legt man die Theorie von Dr. Valerie Ouvarov aus St. Petersburg zugrunde, handelt es sich bei einem Großteil der Strukturen um Teile, die einst für eine große Empfangs- und Sendeantenne verwendet wurden. Wäre dies der Fall, müsste man außerirdische Intelligenzen als bewiesen ansehen, denn dass unsere Vorfahren vor 100 000 Jahren in der Lage gewesen sein sollen, solche Strukturen zu fertigen, steht für die Wissenschaft außer Frage – immerhin wäre das die Zeit gewesen, in der der Neandertaler noch nicht ausgestorben war.

Nach den ersten Berichten über die Nanospiralen traten auch Skeptiker auf den Plan, die behaupteten, die Untersuchungsergebnisse seien durch falsche Messungen zustande gekommen oder ihrerseits Fälschungen. Diese Meinung ist heute noch sehr populär, wenn auch einige Jahre später in weiteren Gebieten, wie etwa an den Flüssen Koshim und Balbanju, weitere Strukturen gefunden und an anderer Stelle untersucht wurden. Die Untersuchungen brachten dieselben Ergebnisse.

Die Nanospiralen des Uralgebirges scheinen tatsächlich die These von außerirdischen Intelligenzen zu stützen, allerdings sind sie nicht der Beweis dafür, dass Außerirdische in der Vergangenheit die Erde tatsächlich besucht haben, so fantastisch einige „Ufologen" sich diese Zeit auch ausmalen mögen. Ob es wirklich möglich ist, anhand der bis jetzt bekannten Objekte die nichtirdische Herkunft abzuleiten, ist zweifelhaft. Zu diesem Zweck benötigt man weitere Funde.

Die glatten Oberflächen und die ungewöhnlich gleichmäßigen Formungen der Nanospiralen lassen darauf schließen, dass sie auf künstlichem Wege hergestellt wurden.

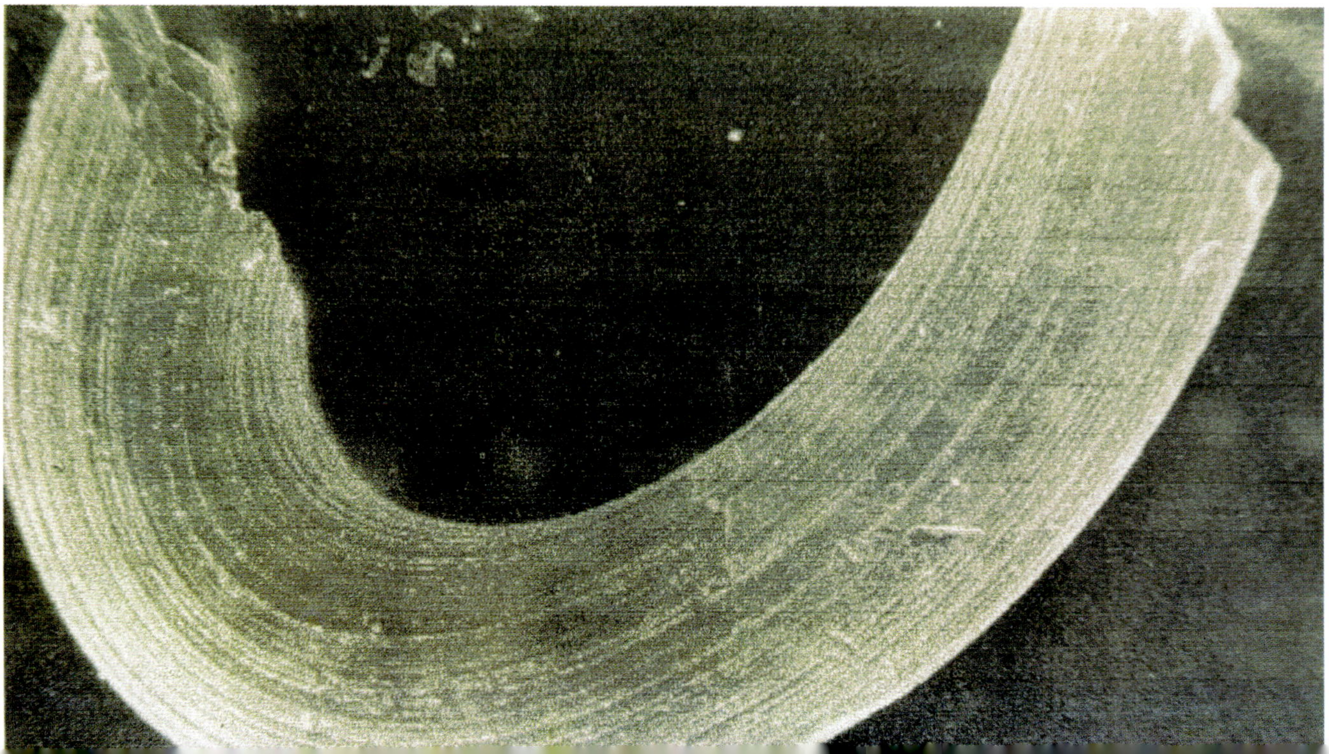

MYTHOS ODER
WIRKLICHKEIT?

Legendäre Welten, Gegenstände und Menschen

Es existieren unzählige Geschichten, die von Generation zu Generation weitergegeben werden und von denen man längst nicht mehr mit Bestimmtheit sagen kann, ob sie auf Tatsachen oder Erfindungen beruhen. In einigen Fällen wird die Frage, ob es sich um Dichtung oder Wahrheit handelt, noch zusätzlich erschwert – durch einen wahren Kern, der jedoch mit fantastischen oder historisch belegbaren Ereignissen angereichert wurde, die man im Laufe der Zeit fiktiven Personen zuschrieb.

Das Interesse an längst vergangenen Zeiten führte dazu, dass sich Wissenschaft und Forschung gerade im historischen Bereich mit Legenden auseinander setzten. Es wurden wissenschaftliche Vergleiche mit den Überlieferungen verschiedener Völker angestrebt, um herauszufinden, welche Ereignisse tatsächlich stattgefunden haben könnten. Während einige Überlieferungen heutzutage als historische Tatsachen erwiesen sind, konnten andere als Fantastereien enttarnt werden. Bei einer dritten Gruppe dagegen haben sich Realität und Fiktion so sehr miteinander vermischt, dass eine einwandfreie Trennung nicht mehr möglich ist. Auf den nachfolgenden Seiten finden sich daher Legenden von Orten, Gegenständen und Personen sowie die Ergebnisse wissenschaftlicher Untersuchungen, mit denen man versucht hat, Dichtung und Wahrheit voneinander zu trennen, um mehr über die Erde, ihre Völker und deren Geschichte(n) in Erfahrung zu bringen.

Der Heilige Gral zählt zu den geheimnisvollen Reliquien, um die sich zahllose Theorien und Legenden ranken.

Plato mit seinem Schüler Aristoteles, der gleichzeitig der erste Kritiker der Atlantis-Geschichte war.

Atlantis

Der griechische Philosoph und Staatsmann Plato (427–347 v. Chr.) schrieb in seinen Dialogen „Timaios“ und „Kritias“ eine Geschichte nieder, die sich tatsächlich ereignet haben soll: Eine Zivilisation verschwand mitsamt ihrem Kontinent im Meer. Obwohl keine weiteren antiken Quellen bekannt sind und diese Erzählung bereits früh auf Kritik stieß, zählt Atlantis heute zu den bekanntesten und meistdiskutierten Mythen der Welt.

Die Berichte Platos

Vor 12 000 Jahren, so erzählt Plato, habe westlich der „Säulen des Herakles“, der Straße von Gibraltar, ein reicher und mächtiger Staat gelegen, der Atlantis genannt wurde. Von dort aus sei es den Bewohnern dieser Insel möglich gewesen, weite Teile Europas und Afrikas zu beherrschen. Ihr Streben nach Macht führte allerdings zu einem Krieg mit den Athenern, die bei Plato als außerordentlich mutig und gewandt geschildert werden. Während die übrigen Griechen sich offensichtlich aus Angst vor dem übermächtigen Gegner zurückgezogen hätten, sei es den Athenern gelungen, ihre Feinde zu besiegen und die Sklaven des atlantischen Volks zu befreien. Später, etwa vor 9000 Jahren, sei es allerdings durch den Zorn des griechischen Göttervaters Zeus zu gewaltigen Erdbeben und Überschwemmungen gekommen. Sämtliche kriegsfähigen Athener seien in der Erde versunken, während Atlantis im Meer unterging.

So weit die Schilderung Platos. Diese ginge, so behauptet er, auf den attischen Gelehrten und Staatsmann Solon (639–559 v. Chr.) zurück, der zwischen 571 und 561 v. Chr. Ägypten und die umliegenden Staaten bereist habe. In Sais, der Hauptstadt von Niederägypten, sei Solon die Geschichte von einem Tempelschreiber erzählt worden. Auf welche Quellen die Ägypter zurückgreifen konnten, deren Kultur erst 5000 Jahre nach dem angeblichen Untergang von Atlantis entstand, wird nicht geklärt.

Plato erzählt die Geschichte vom tapferen Kampf der Athener nicht ohne Absicht – immerhin handelt es sich bei den beiden Dialogen um Diskussionen über den Idealstaat. Dies ist auch am Aufbau der Werke festzustellen: Im ersten Dialog, „Timaios", beschreibt er die griechische Frühgeschichte, ehe er zum Kampf zwischen Athen und Atlantis übergeht. Die eigentlichen Details über Atlantis liefert der zweite Dialog. Ein dritter war offensichtlich noch von ihm geplant, wurde allerdings nicht mehr umgesetzt.

Erste Zweifel

Die von Plato erzählte Geschichte wurde, obwohl sie Athen im besten Licht darstellt, bereits von einigen seiner Zeitgenossen, unter anderem auch von seinem Schüler Aristoteles, offen kritisiert. Ihm wurde vorgeworfen, mit erfundenen Mitteln und auf reißerische Art Aufmerksamkeit zu erregen, um seine Lehren des athenischen Idealstaats unter das Volk zu bringen. Es ist möglich, dass der dritte Dialog über Atlantis aus diesen Gründen nicht mehr entstand. Tatsächlich entfernt sich Plato in seiner zweiten Schrift sehr weit von seinem Ansatz, den athenischen Idealstaat zu beschreiben. Es werden unter anderem die Tier- und Pflanzenwelt der Insel sowie die architektonischen Besonderheiten von Atlantis beschrieben, das im Zentrum von drei kreisförmigen Kanälen gelegen haben soll. Der politische Ansatz der Dialoge war zu spätestens diesem Zeitpunkt nicht mehr gegeben, zumal das idealisierte Ur-Athen der ersten Schrift hier nur noch am Rande erwähnt wird. Es ist möglich, dass dieser Umstand dazu führte, dass Plato seinen Dialog abbrach. Vielleicht auch, weil er Gefahr lief, bei weiteren detaillierten Beschreibungen nach seinen Quellen gefragt zu werden. Plato ist der Einzige, von dem Schilderungen über Atlantis bekannt sind. Ob es jemals weitere Schriften über Atlantis gegeben hat, ist fraglich.

Atlas, auf ewig verdammt, den Himmel auf seinen Schultern zu tragen, hatte eine Tochter, die der Sage nach auf einer westlichen Insel lebte; von ihr erhielt Atlantis seinen Namen.

Nach der Wiederentdeckung während der Renaissance entstanden auch Karten, die versuchten, Atlantis an einen geographischen Ort zu verlegen.

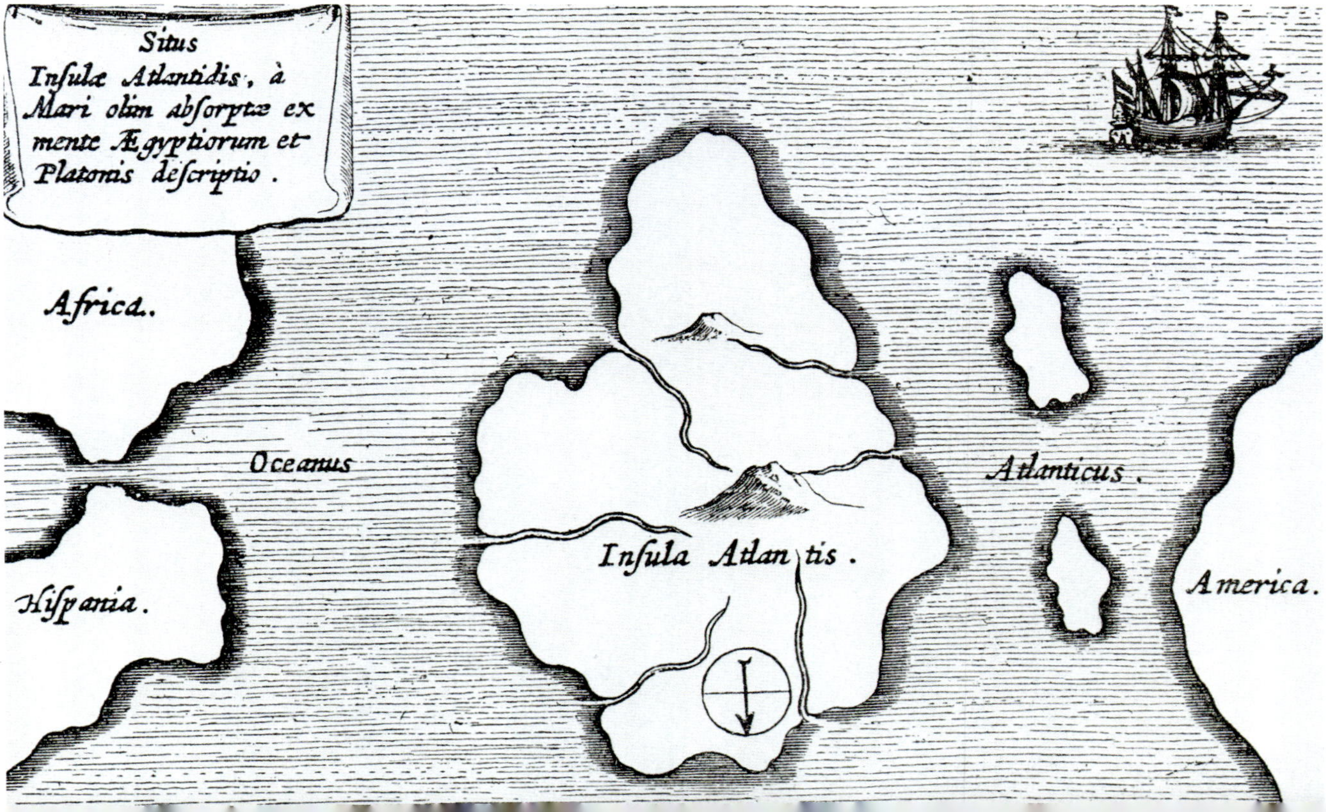

Atlantis versinkt

Der griechische Philosoph Krantor (3. Jahrhundert v. Chr.) setzte sich kritisch mit der Geschichte Atlantis' auseinander. In einem seiner Werke schildert er seinen Fund des Atlantis-Berichts auf Stelen im ägyptischen Sais. Da er allerdings von Inschriften auf Säulen spricht, während Plato anscheinend Schriftrollen als Quelle zur Verfügung gestanden hatten, ergibt sich ein Widerspruch, der in der Folgezeit für weitere Diskussionen um Atlantis sorgte. Bis etwa ins 6. Jahrhundert n. Chr. finden sich Hinweise darauf, dass die Existenz dieses Kontinents von namhaften Philosophen und Gelehrten wiederholt diskutiert wurde, danach wurde Atlantis als Erfindung Platos abgetan und die Geschichte geriet langsam in Vergessenheit.

Die Wiederentdeckung von Atlantis

Erst 900 Jahre später, während der Renaissance, wurde der Atlantis-Mythos wiederentdeckt und in verschiedenen Schriften diskutiert. Ähnlich wie in der Antike fanden sich Verfechter, die davon überzeugt waren, dass Atlantis tatsächlich existiert hat, aber auch Gelehrte, die die einstige Existenz dieses Kontinents als reine Erfindung abtaten. Trotz des wieder aufgekeimten Interesses in Gelehrtenkreisen erreichte die Legende die Allgemeinheit zu diesem Zeitpunkt allerdings noch nicht.

Erst Ende des 19. Jahrhunderts wurde Atlantis einem größeren Publikum bekannt, als der amerikanische Wissenschaftler und Schriftsteller Ignatius Donnelly (1831–1901) sein Buch „Atlantis: the antediluvian world" (dt. Titel: „Atlantis: die Welt vor der Sintflut") veröffentlichte, in dem er sich in erster Linie auf Mythen und Legenden anderer Völker berief. Hierbei zeigte sich, dass die Geschichte von einem untergegangenen Kontinent weit verbreitet ist. Die Beschrei-

Auf Paradise Island, Bahamas, wurde ein Unterwasser-Komplex angelegt, der den Zuschauern die verschiedenen Vorstellungen von Atlantis vor Augen führen soll.

bungen der verlorenen Kultur wiesen zwar große Unterschiede auf, allerdings wurde nur selten negativ über den Kontinent gesprochen. Donnelly kam daraufhin zu dem Schluss, dass in Atlantis geradezu paradiesische Verhältnisse geherrscht haben müssen und sehr wahrscheinlich sowohl die Alte als auch die Neue Welt von Atlantis aus kolonialisiert worden seien. Die These der antiken „Superzivilisation" fand in den aufstrebenden esoterischen Kreisen begeisterte Aufnahme und wurde in der Folgezeit wiederholt aufgegriffen, diskutiert, teilweise sogar verfeinert bzw. weiterentwickelt, wobei nicht nur dem Kontinent Altantis, sondern auch dessen Bewohnern immer häufiger auch übermenschliche Eigenschaften zugesprochen wurden.

Neue Thesen über Atlantis

Obwohl bereits vor Donnelly einige Bücher über Atlantis veröffentlicht worden waren, löste sein Werk nicht nur bei den esoterischen Gruppen großes Interesse aus. Da er konkret die im mittleren Atlantik liegenden Azoren mit Atlantis gleichgesetzt hatte, begannen daraufhin auch archäologische Untersuchungen, die das öffentliche Interesse an dem versunkenen Kontinent noch vergrößerten. Bereits 1909 wurde in einem Artikel des Archäologen K. T. Frost in der britischen „The Times" die These aufgestellt, dass Atlantis eine Zivilisation gewesen sei, die ihre Basis auf der Mittelmeerinsel Kreta hatte. Diese und Donnellys Azoren-Theorie sind bis heute die beiden am häufigsten diskutierten. Im Lauf des 20. Jahrhunderts wurden immer wieder neue Vermutungen über die ehemalige Lage von Atlantis geäußert, doch in den meisten Fällen sorgten Verweise auf Platos Beschreibungen oder entsprechende archäologische Untersuchungen dafür, dass man sie wieder verwerfen musste.

Natürlich sind die kritischen Stimmen nicht verstummt. Die Veröffentlichungen, die die Existenz eines untergegangenen Kontinents anzweifeln, stehen denen von Atlantis-Befürwortern in nichts nach. Dennoch wurde bis heute weder glaubhaft widerlegt noch bewiesen, dass Atlantis tatsächlich existiert hat. Beide Gruppen sind sich jedoch in dem Punkt einig, dass weitere Hinweise nur über die Archäologie gefunden werden können. Die 7000 Wörter des Plato und alle Schriften, die auf seinen Beschreibungen basieren, reichen als Beweis nicht aus.

Auch die griechische Insel Kreta steht im Verdacht, ursprünglich Atlantis gewesen zu sein.

Im Jahr 1967 wurden minoische Ruinen auf der griechischen Insel Santorini (im Altertum: Thera) gefunden, die als Hinweise auf Atlantis gedeutet wurden.

Die Kontinente Lemuria und Mu

Zwei weitere legendäre Kontinente, die mit dem wiedererwachten Interesse an Atlantis erneut ins Blickfeld der Öffentlichkeit gerieten, sind Lemuria und Mu.

Der Weg der Lemuren

Lemuria war nach der Vorstellung des britischen Zoologen Philip Sclater (1829–1913) ein Landstück, das vor Jahrhunderten die Insel Madagaskar mit Indien verband. Sclater kam zu dieser Überzeugung, weil nur in diesen beiden Regionen Lemuren vorzufinden sind. Da in den restlichen Gebieten, die zwischen Ostafrika und Vorderindien liegen, keine Halbaffen leben, schloss Sclater daraus, dass es eine direkte Verbindung zwischen beiden Kontinenten gegeben haben muss, die diese ungewöhnliche Ausbreitung der Lemuren begünstigte.

Sclaters Theorie wurde nur wenige Jahre nach ihrer Entstehung zu Beginn des 20. Jahrhunderts widerlegt, nachdem sich keine archäologischen Beweise für ein zusätzliches Landstück finden ließen. Seine Beobachtung wurde jedoch als Beweis für die Theorie der Plattentektonik herangezogen.

Die Widerlegung von Sclaters Theorie hielt einige esoterische Gruppen jedoch nicht davon ab, in mehreren Veröffentlichungen Lemuria atlantische Eigenschaften zuzuschreiben und einen eigenen Kult um den legendären Kontinent zu betreiben. Auch wenn die Theorie der Plattentektonik nicht mit absoluter Sicherheit bewiesen ist, kann man Lemuria dennoch ins Reich der Legenden verweisen.

Diego de Landa

Diego de Landa (1524–1579) war etwa 30 Jahre lang Bischof von Yucatán. Er kam als Missionar nach Mittelamerika, um die Mayas zum Christentum zu bekehren. Durch sein gnadenloses Vorgehen gilt er heute als der Mann, der maßgeblich zur Vernichtung der Mayas und ihrer Kultur beigetragen hat. In seinen späteren Rechtfertigungsschriften fertigte er unter anderem das so genannte „Landa-Alphabet" an, das als Übersetzungshilfe der Maya-Schrift dienen sollte. Wie sich später herausstellte, war dieses Alphabet jedoch unbrauchbar; allerdings konnten durch einige Beschreibungen Landas Rückschlüsse auf die Kultur der Mayas gezogen werden.

Mu – die Quelle ägyptischer Kultur …

Mu soll ein Kontinent gewesen sein, der – anders als Atlantis – im Pazifik versunken ist. Diese Behauptung stellte 1926 der britische Archäologe James Churchward auf. Er beschrieb in seinen Ausführungen ein Land mit einer weit überlegenen Kultur, die vor 50 000 Jahren bei einem Vulkanausbruch mitsamt ihrem Kontinent vernichtet wurde. Er war nicht der Erste, der von Mu berichtete, denn bereits 1864 hatte der französische Abbé Charles-Etienne Brasseur de Bourbourg seine Theorie über diesen versunkenen Kontinent veröffentlicht. Als Quellentexte benannte er den von ihm übersetzten „Codex Troano", den ersten Teil des Codex „Tro-Cortesianus", eines der drei Bücher, die von der einst umfassenden Maya-Literatur noch erhalten sind. Wenige Jahre nach Brasseurs Veröffentlichung reiste der französische Fotograf und Amateur-

Aufgrund der ungewöhnlichen Verbreitung der Lemuren kam Philip Sclater zu dem Schluss, dass es eine Verbindung zwischen Indien und Madagaskar gegeben haben muss.

Archäologe Augustus Le Plongeon zu den Maya-Ruinen auf der Halbinsel Yucatán, um Ausgrabungen vorzunehmen. Er fertigte eine eigene Übersetzung des „Codex Troano“ an, die maßgeblich von Brasseur und seinen eigenen Interpretationen der Wandgemälde in der Ruinenstadt Chichen-Itzá beeinflusst war. Es entstand ein anschaulicher Bericht über das Leben auf Mu, der darin gipfelte, dass die Prinzessin des Kontinents vor dem Untergang floh und als Göttin Isis zur Begründerin der ägyptischen Kultur wurde, wodurch sich nach Le Plongeon die Ähnlichkeit der Schriften der Ägypter und der Mayas erklären ließe. Le Plongeon behauptet in seinen 1896 veröffentlichten Ausführungen, bei seinen Ausgrabungen auf eine Steinurne mit den Überresten eines der Prinzen von Mu gestoßen zu sein.

... ODER NUR EIN ÜBERSETZUNGSFEHLER?

Als Brasseur seine Übersetzung des „Codex Troano“ anfertigte, nahm er das so genannte Landa-Alphabet, benannt nach dem Bischof von Yucatán Diego de Landa, zu Hilfe. Wie seine Fassung des „Codex Troano“ entstand, ist heute nicht mehr feststellbar. Allerdings ist sicher, dass mit dem Landa-Alphabet keine sinnvollen Übersetzungen möglich sind und Brasseur bei seiner Arbeit überdies nicht sehr genau vorging. Obwohl auch heute die Maya-Schrift noch nicht vollständig entschlüsselt ist, kann man mit Sicherheit sagen, dass sich der „Codex Troano“ mit Astrologie beschäftigt, nicht mit dem Untergang eines Kontinents.

In der Ruinenstadt Chichen-Itzá glaubte Le Plongeon, dem Rätsel des Kontinents Mu auf die Spur zu kommen.

Le Plongeon zog Schlüsse, die in der Fachwelt als Spinnereien abgetan wurden. Die Behauptung, die ägyptischen Hieroglyphen seien auf die Schrift der Mayas zurückzuführen, erwies sich als haltlos, da zwischen beiden kein erkennbarer Zusammenhang besteht.

James Churchward sorgte schließlich durch zweifelhafte Schlussfolgerungen und mangelhafte Quellennachweise selbst dafür, dass seine Behauptungen bereits kurz nach ihrer Veröffentlichung zu den Akten gelegt wurden.

Obwohl sich die Theorie dieses versunkenen Kontinents als nicht haltbar erwies, hat sie immer noch ihre Anhänger.

Über Form und Größe der versunkenen Kontinente wurde oft diskutiert, über die Lage im Indischen bzw. Pazifischen Ozean herrscht dagegen Einigkeit.

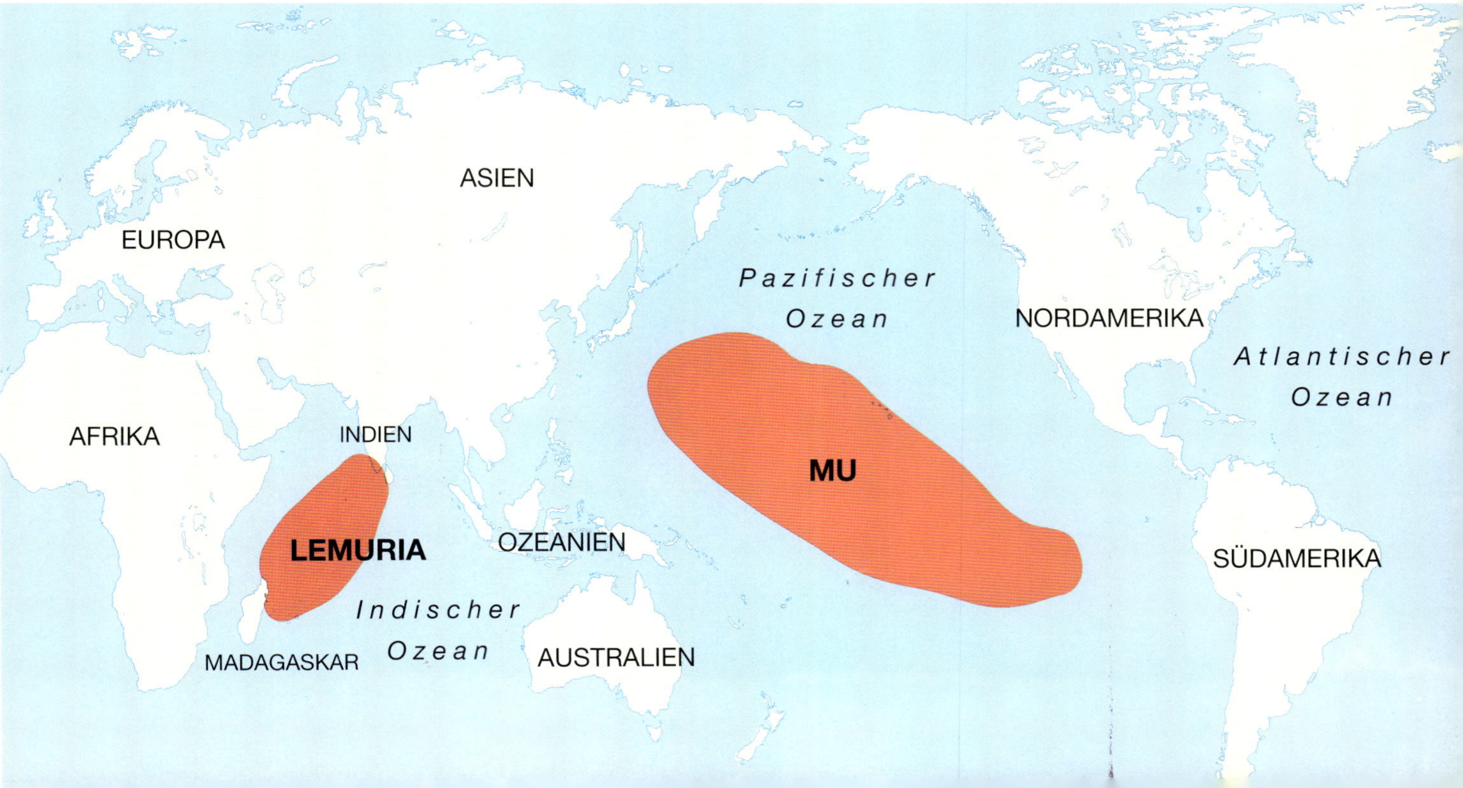

Legendäre Goldstädte

Atlantis und Mu werden heute mit untergegangenen Kulturen gleichgesetzt. Ganz anders sieht es jedoch mit Ländern aus, die Goldländer oder -orte beschreiben. Vorrangig auf dem afrikanischen und amerikanischen Kontinent sollen sich Städte oder sogar ganze Länder befinden, in denen Gold in großen Mengen vorkommt. Viele Abenteurer und Eroberer unternahmen jahrhundertelang Expeditionen, um Eldorado, Cibola, Quivira, Ophir, Piru, Punt und weitere Orte zu entdecken, meistens jedoch ohne greifbare Ergebnisse.

Vorgeschichte

Die Spanische Krone war zu Beginn des 16. Jahrhunderts hoch verschuldet. Im Jahr 1492 hatte die Kapitulation des maurischen Königreichs Granada nach vielen Jahren die „Reconquista“, die Rückeroberung Kastiliens (= Spaniens), beendet. Der spanische König Ferdinand II. vertrieb oder tötete sämtliche Nicht-Katholiken, was mit großen wirtschaftlichen Schäden einherging. Da der Kriegsapparat und die spanische Armada allerdings noch vorhanden waren und Unmengen von Geld verbrauchten, mussten neue Geldquellen aufgetan werden. Der von seiner ersten Fahrt zurückkehrende Christoph Kolumbus (1451–1506) brachte eine Lösung, indem er dem spanischen Königspaar seine Hoffnungen auf ein Goldland eröffnete. Auch wenn Kolumbus von seinen weiteren Fahrten Gold mitbrachte und selbst einiges davon behalten durfte, war es bei weitem nicht genug, um den spanischen König zufrieden zu stellen.

In dieser Hinsicht war der spanische Eroberer Hernán Cortés (s. S. 104) erfolgreicher – die umfangreichen Schätze, die er seinem König schickte, wuchsen in den Erzählungen des spanischen Volks ins Legendäre und bildeten die Basis für die

Unter Coronados Führung drangen die Goldsuchenden vom heutigen Mexiko aus weit in den Norden Amerikas vor und beanspruchten die jeweiligen Ländereien für die spanische Krone.

Geschichte der „Sieben goldenen Städte von Cibola". Als weitere Goldschätze Spanien erreichten, dieses Mal vermutlich nicht nur von Cortés, sondern auch von Francisco Pizarro (s. S. 105), wurde sogar noch ein Goldland, Quivira, hinzugedichtet, das man bei weiteren Streifzügen in Richtung Osten entdeckt haben wollte.

Hernando Cortés förderte mit den von ihm eroberten Schätzen in Europa die Legenden von riesigen Reichtümern und goldenen Städten.

Cibola und Quivira

Die Suche nach der Goldstadt Cibola und dem Goldland Quivira ist eng verbunden mit der Geschichte des spanischen Eroberers Francisco Vásquez de Coronado (1510–1554), der dem Ruf seines Freunds Antonio de Mendoza, dem Vizekönig der spanischen Kolonie „Neu-Spanien", folgte und nach Mittelamerika auswanderte. Dort wurde er 1539 mit der Aufgabe betraut, die beiden legendären Stätten zu finden und für Neu-Spanien in Besitz zu nehmen.

Die Expedition durch Nordamerika nahm drei Jahre in Anspruch und führte Coronado und seine Leute von Mexiko ausgehend durch die heutigen Staaten Arizona, New Mexico, Oklahoma und Texas. Als man 1541 die „Sieben Städte von Gold" noch immer nicht gefunden hatte, änderte Coronado seinen Plan und begab sich in Richtung Osten, um direkt das Goldland zu finden. Sie stießen bis nach Kansas vor, allerdings ohne Quivira zu finden, ehe sie 1542 entmutigt aufgaben und nach Mexiko zurückkehrten.

Zwar trafen sie nicht mit leeren Händen dort ein, da sie auf ihrem Weg die Pueblo-Indianerstämme Tiwa, Zuni und Hopi besiegt hatten, darüber hinaus hatte Coronado ein beträchtliches neues Gebiet für die spanische Krone in Anspruch genommen, allerdings fiel er in Ungnade, da er den gewünschten Erfolg nicht vorweisen konnte.

Heute gilt als gesichert, dass beide Sagen nicht in der Neuen Welt entstanden, sondern auf die überzogenen Vorstellungen in Spanien zurückzuführen sind. Coronado und alle, die in seine Fußstapfen traten, jagten einem Hirngespinst der Alten Welt nach. Dennoch war die Verlockung des Goldes offensichtlich so groß, dass diese Sagen noch mehrere Jahrhunderte Bestand hatten und immer weiter ausgeschmückt wurden. Eine Abwandlung des Quivira-Stoffs wurde kurze Zeit danach zu einer eigenen Legende – Eldorado.

Francisco Vásquez de Coronado wurde vom spanischen Vizekönig der spanischen Kolonie „Neu-Spanien" als Entdecker losgeschickt. Den Indianern gegenüber zeigte er sich meistens großzügig, weil er hoffte, von ihnen etwas über Cibola oder Quivira zu erfahren.

Die erste Suche nach Eldorado

Anders als die Legenden von Cibola und Quivira hat die Sage von Eldorado („der Goldene") ihren Ursprung im heutigen Ecuador. Dort berichtete man von einem Volk in Südamerika, den Muisca-Indianern, die bei Amtsantritt eines neuen Oberhaupts dem Sonnengott ein rituelles Opfer darbrachten. Der Körper des neuen Herrschers wurde mit Goldstaub überzogen, anschließend ruderte er mit vier Begleitern in die Mitte des Bergsees von Guatavita, wo er mitgebrachte Kostbarkeiten aus Gold und Edelsteinen ins Wasser warf. Anschließend sprang er selbst in den See, wo der Goldstaub von seinem Körper abgewaschen wurde. Der Herrscher schwamm daraufhin ans Ufer, während der Staub zu den übrigen Schätzen auf den Grund des Sees sank.

Als die spanischen Chronisten Mitte des 16. Jahrhunderts diese Legende niederschrieben, war das Schicksal der Muisca-Indianer und vieler ihrer südamerikanischen Artgenossen bereits besiegelt, obwohl sie erst wenige Jahre zuvor (1536) entdeckt worden waren. Mit der Schilderung eines offensichtlich nicht mehr praktizierten Brauchs hatten gefangene Muisca die Spanier auf Eldorado aufmerksam gemacht, und der spanische Eroberer Francisco de Orellana (1490–1546) hatte keine Mühe, Geldgeber für eine Expedition zu finden, die den Rio Negro entlangführen sollte.

Zwischen 1541 und 1542 erforschte er den Süden Amerikas und erreichte sogar den Amazonas. Auch wenn seine Suche nicht von Erfolg gekrönt wurde, berichtete er von großen Städten und weitläufigen Anbaugebieten, die auf großen Reichtum schließen ließen. Als Mitte des 17. Jahrhunderts Missionare auf Orellanas Route nach Südamerika vordrangen, fanden sie jedoch nur einige Jäger in einfachen Unterkünften. Orellana ging als Lügner in die Geschichte ein und mit ihm im Verlauf der folgenden Jahrzehnte auch die Eldorado-Legende.

Hernán Cortés

Hernán Cortés (1485–1547) war ein spanischer Entdecker, der innerhalb weniger Jahre mit einigen hundert Soldaten Mexico eroberte. Bei seinen Feldzügen lieferte er sich Kämpfe mit mehreren Indianerstämmen, um an deren Gold zu gelangen. Durch ihn erfolgte die Zerstörung des Aztekenreichs.

Das Goldfloß gilt als sicherer Hinweis dafür, dass Eldorado tatsächlich existierte.

Der kolumbianische See Guatavita gilt als das Gewässer, in dem die Muisca-Indianer große Mengen Gold versenkten. Allerdings förderten Tauchgänge bislang nur wenig Gold zutage, sodass davon auszugehen ist, dass es sich hierbei nicht um Eldorado handelt.

Neue Erkenntnisse

Im 20. Jahrhundert entdeckten Wissenschaftler Spuren, die Eldorado in einem anderen Licht erscheinen lassen. Einerseits wurde 1969 in einer Höhle bei einer alten Muisca-Siedlung das so genannte „Goldfloß von Eldorado" gefunden, ein 18 cm langes Floß aus Gold mit Figuren, die die von den Muisca-Indianern beschriebene Zeremonie auf dem See Guatavita darstellen. Andererseits untersuchten Wissenschaftler der University of Pennsylvania den Urwaldboden am Rio Negro und fanden dabei Linien und Muster, die ein weitläufiges Gelände und tausende von freistehenden, mit Wald bewachsenen Erderhebungen überziehen. Eine genauere Untersuchung der niedrigen Hügel zeigte, dass anscheinend ein Kanalsystem angelegt worden war, durch das Wasser auf Felder geleitet werden konnte. Darüber hinaus fand man Tonscherben und weitere Spuren, die zeigten, dass hier früher Menschen gelebt haben mussten.

Im weiteren Verlauf der Expedition war es zwar nicht möglich, Eldorado zu finden, allerdings wurde man auf *terra preta* aufmerksam, die dunkle Erde, die mehrere tausend Hektar dieser Region bedeckt. Eine Analyse ergab, dass es sich bei dieser Erde nicht um gewöhnlichen Mutterboden handelte, sondern um ein Gemisch aus Sandboden, Muschelkalk und Holzkohle. Durch diese sehr ungewöhnliche Mischung erreichten die Muisca-Indianer, dass Nährstoffe nicht aus dem Boden geschwemmt werden konnten. Die dunkle Erde ist um ein Vielfaches ergiebiger als andere bekannte Nährstoffzusätze. Wissenschaftler gehen davon aus, dass es sich bei dieser Erde um den wahren Schatz von Eldorado handelt und das Gold der Muisca-Indianer nicht auf Goldminen, sondern auf Handel mit anderen Indianervölkern zurückzuführen war.

Ungeklärt ist jedoch, aus welchem Grund die Kultur der Indianer innerhalb von 100 Jahren nach der Durchreise von Orellana verschwand. Vermutungen besagen, dass die weißen Eroberer eine Epidemie eingeschleppt hatten, die den Indianern zum Verhängnis wurde. Allerdings existieren für diese Theorie ebenso wenig Beweise wie für die Existenz des Goldsees Guatavita.

Francisco Pizarro

Francisco Pizarro (1475–1541), ebenfalls ein spanischer Entdecker, war einer der Konkurrenten Cortés', der sich allerdings auf den südamerikanischen Raum verlegte. Pizarro ist für den Untergang des Inka-Reichs verantwortlich.

Am Rio Negro stieß Orellana auf eine blühende Indianer-Zivilisation, die allerdings nur 100 Jahre später verschwunden war.

Avalon

Während sich an der Suche nach Atlantis, Lemuria und Mu auch wiederholt Wissenschaftler beteiligt haben, liegt die Sachlage bei Avalon etwas anders, da man bereits anhand der Beschreibung des Orts erkennen kann, dass diese Welt ausschließlich in den Legenden erbaut worden ist.

Avalon und die Anderswelt

Avalon (oder auch *Avalun* oder *Ynis Avalach*; übersetzt in etwa: „Insel der Äpfel") ist ein Ort, der laut Artussage in der Anderswelt liegt. Eine genaue Beschreibung dieser Welt ist nicht möglich, da die Schildungen je nach Autor stark voneinander abweichen. Es steht allerdings fest, dass es sich bei der Anderswelt um einen mystischen und unwirklichen Ort handelt, vergleichbar mit einem Traum, in dem man dennoch bewusst handeln kann, wobei die getroffenen Entscheidungen sich auch auf die Realität auswirken können. Orte der Anderswelt sind meistens mit real existierenden Orten verknüpft, so auch Avalon, das sich in der Grafschaft Somerset an der Stelle befinden soll, an der heute die Ruinen des Klosters Glastonbury Abbey (s. S. 48ff.) stehen. Dieses Gebäude geht einer Legende zufolge auf Joseph von Arimathia oder einen seiner Angehörigen zurück, mit denen auch der Heilige Gral aus Israel nach England bzw. Wales gekommen sein soll.

Der Weg nach Avalon

Zu Avalon hatte nach der Legende nur ein kleiner Personenkreis Zutritt: Neben dem weiblichen Oberhaupt Morgan Le Fay und ihren acht Schwestern sind hier die Bewohner des Jungfrauenhauses, die Dienerinnen und Merlin, der mitunter auch mit dem Barden Taliesin von Britannien gleichgesetzt wird, zu nennen. Darüber hinaus gab es nur noch einige wenige Auserwählte, die nach Avalon gelangen konnten.

Die Legende beschreibt zwei Wege nach Avalon. Einerseits fuhr eine Barke über das Wasser, wobei man wissen musste, wie man diese Barke und ihre Besatzung rufen konnte. Der andere, nur den Bewohnern Avalons bekannte Weg führte über Land, wird allerdings nicht genauer beschrieben. Einigen Menschen soll es gelungen sein, versehentlich über diesen geheimen Weg nach Avalon zu geraten. Voraussetzung für das Erreichen von Avalon war jedoch stets der Nebel. Bei klarem Wetter erreichte man niemals Avalon, sondern stets nur Glastonbury Abbey. In einigen Fällen wird erzählt, dass die Insel unter dem Wasserspiegel verborgen sein soll, wobei der Nebel das Tor zwischen der trockenen Ober- und der feuchten Unterwelt darstellt.

Avalon gilt als friedliche Insel der Heilung, auf der bislang weder Regen, Hagel noch Schnee gefallen sein sollen. Morgan

Joseph von Arimathia

Joseph von Arimathia soll einer Legende zufolge das Blut Jesu Christi mit einer Schale, möglicherweise dem Gral, aufgefangen haben, als dieser am Kreuz starb. Nach Jesus Auferstehung wurde er des Leichenraubs bezichtigt und zu 40 Jahren Gefängnis verurteilt. Jesus erschien ihm in seiner Zelle und bestimmte ihn zum Hüter des Grals. Nach der Entlassung aus dem Gefängnis verließ Joseph Israel.

Nur bei Nebel konnte auch derjenige nach Avalon gelangen, der sich über das Wasser der Halbinsel von Glastonbury näherte.

Le Fay und ihren Schwestern wird eine gewisse Heilkunst nachgesagt, weshalb in einigen Erzählungen auch Verwundete von ihnen mithilfe des Fährmanns Barinthus auf den geheimen Wegen für eine kurze Zeit nach Avalon geholt wurden. Auch Artus erreichte die Insel auf diese Weise. Gemäß der Artussage wurde der tödlich verwundete – in anderen Quellen der tote – König nach seiner letzten Schlacht, der Schlacht von Camlann, von drei Priesterinnen der Anderswelt auf die Insel gebracht und dort auf ein goldenes Bett gelegt. Über sein weiteres Schicksal ist nichts bekannt. Dennoch hielt sich lange Zeit der Glaube, dass der König eines Tages von dort – geheilt oder von den Toten auferstanden – zurückkehren würde. So glaubte man auch von Kaiser Friedrich I. „Barbarossa" (ca. 1122–1190), der genesene König Artus zu sein.

Aufgrund der unpräzisen Wegbeschreibung und den Eigenschaften, die Avalon von einigen Erzählern zugesprochen wurden – wobei dieser Ort nicht in allen Versionen der Artussage erwähnt wird – ist davon auszugehen, dass es sich um ein reines Fantasieprodukt handelt.

Nach seiner letzten Schlacht wurde der sterbende Artus mit einem Schiff nach Avalon gebracht.

Glastonbury Tor (*twr*, keltisch für „Berg" oder „Erde"), nicht weit von Glastonbury Abbey entfernt, soll ebenfalls einer der Zugänge nach Avalon gewesen sein.

König Artus

Avalon mag zwar eine Erfindung sein, mit der sich seriöse Wissenschaftler nur wenig beschäftigt haben – ganz anders sieht es jedoch mit König Artus selbst aus, der angeblich gegen die Angeln und Sachsen gekämpft haben soll, ehe er die Ritter der Tafelrunde um sich scharte.

König Artus wurde oft als der ideale Ritter und König dargestellt.

Die Artussage

Wie bereits an anderer Stelle erwähnt, existieren unterschiedliche Versionen der Artusssage, die sehr häufig in Details voneinander abweichen. Dennoch gibt es auch Übereinstimmungen.

So sei Artus der Sohn von Uther Pendragon und Igraine gewesen. Er habe bereits früh den Thron von England und Wales bestiegen, den meisten Quellen zufolge mit 15 Jahren. Als Feldherr verteidigte er sein Reich gegen die Angeln und Sachsen und führte erfolgreiche Eroberungskriege gegen Irland, Island, Norwegen und Gallien. In der späteren Schlacht von Saussy stellte er sich erfolgreich gegen die Römer. Auf seinem Siegeszug durch Rom erreichte ihn die Nachricht, dass sein Neffe Mordred während seiner Abwesenheit das Königreich übernommen habe. Artus kehrte daraufhin in seine Heimat zurück, um einen Krieg gegen seinen Neffen zu führen. Diesen gewann er zwar, musste den Sieg allerdings mit dem Tod oder – anderen Quellen zufolge – mit einer schweren Verletzung bezahlen.

Im Verlauf der Sage werden in ausführlichen Schilderungen stets fantastische Elemente eingeflochten, wie etwa die Geschichte der Bezwingung des Riesen von Mont St. Michel oder der Überführung nach Avalon im Anschluss an Artus' letzter Schlacht.

Entwicklung der Artussage

Es ist davon auszugehen, dass das britannische Volk in Artus einen König sah, wie es ihn haben wollte: weise, gerecht, tatendurstig, erfolgreich und gottesfürchtig – ein Herrscher, der sein Volk nicht im Stich lässt und sein Wort hält. Auch die Figuren um diesen König, wie etwa der mächtige Zauberer Merlin oder Artus' Halbschwester Morgan Le Fay, die Herrscherin von Avalon, schmücken dieses Bild weiter aus. Nicht anders geht es mit den edlen Rittern der Tafelrunde und ihren gemeinsam überstandenen Prüfungen, z. B. der Suche nach dem Heiligen Gral.

Vergleicht man die frühesten Quellen, in diesem Fall die „Historia Brittonum" aus dem 9. Jahrhundert und das Gedicht „Y Gododdin" des walisischen Dichters Aneirin (ca. 535–600) mit den Überlieferungen der Artussage in Frankreich aus dem 11. und 12. Jahrhundert, ergeben sich

bereits deutliche Unterschiede, die aufzeigen, wie sehr der Umfang der Sage seit dem Zeitpunkt der Geschehnisse im 6. Jahrhundert angewachsen ist. Vor allem ab dem 12. Jahrhundert wurden durch weitere Bearbeitung einiger Dichter so viele Märchen der Kelten und Waliser zu König Artus' Heldentaten hinzugefügt, dass der Eindruck entstand, bei Artus selbst handele es sich um eine Märchengestalt.

Hat König Artus gelebt?

Ausgehend von dem Ansatz, dass in der Artussage auch historisch belegbare Ereignisse verarbeitet wurden, begannen zahlreiche Wissenschaftler damit, nach einer Person zu suchen, die mit dem legendären König Artus identisch gewesen sein könnte oder deren Taten große Parallelen mit denen aufweisen, die König Artus zugeschrieben werden. Tatsächlich boten sich einige Möglichkeiten, wobei derzeit noch unklar ist, ob es unter den bisher ermittelten Rittern, Heerführern und Feldherren, die zwischen dem 2. und 6. Jahrhundert gelebt haben, Personen gab, die Anspruch auf die Königswürde hatten. Es ist allerdings davon auszugehen, dass der Königstitel ebenso auf eine Erfindung des Volks zurückzuführen ist wie die Tafelrunde, nach deren historischem Vorbild bislang erfolglos gesucht wird.

Die Artus-Sage bildete die Basis für unzählige künstlerische Bearbeitungen, bei denen jedoch nicht immer König Artus im Mittelpunkt stand. Viele Bilder, Texte, Musikstücke oder Filme beschäftigten sich ausschließlich mit Nebenfiguren.

Excalibur

Das Schwert von König Artus hieß Excalibur oder auch Caliburn. Es existieren mehrere Geschichten, wie es in den Besitz des Königs gekommen ist. So soll Artus in einer Variante das Schwert aus einem Stein gezogen haben, was einer Prophezeiung zufolge nur dem zukünftigen König der Briten gelingen konnte. In anderen Fassungen erhält Artus Excalibur von der Herrin des Sees, nachdem sein erstes Schwert (das aus dem Stein) bei einem Kampf zerschlagen worden war. Nach Artus' Sieg über seinen Neffen Mordred wurde Excalibur in den See geworfen und damit der Herrin des Sees zurückgegeben.

Der Heilige Gral

Die Geschichte des Heiligen Grals ist eng mit der Artussage verbunden, da er in verschiedenen Fassungen als eine der Hauptaufgaben genannt wird, die Artus und seine Ritter zu lösen hatten. Ursprung, Aussehen, Wirkung und Verbleib des Grals sind allerdings trotz vieler Quellen bislang ungeklärt.

Die Bundeslade
In der so genannten Bundeslade wurden die beiden Steintafeln mit den Zehn Geboten aufbewahrt, mit denen Moses vom Berg Sinai stieg. Es soll sich hierbei laut Bibel um eine goldbeschichtete Kiste aus Akazienholz handeln, die mit zwei Tragebalken und einem Deckel versehen war, auf dem zwei goldene Cherubim, d. h. Engel, angebracht waren. Die Lade wurde bis etwa 587 n. Chr. im ersten Tempel von Jerusalem aufbewahrt, ehe dieser von Nebukadnezar II. geplündert wurde. Seitdem gilt sie als verschollen.

Die Geschichte des Grals

Die ältesten Quellen der Artussage weichen in zahlreichen Punkten voneinander ab. Ereignisse, die in einer Quelle detailliert beschrieben werden, finden in einer anderen Fassung gar keine Erwähnung oder werden auf vollkommen andere Art dargestellt. So wird auch die Suche nach dem Gral – falls überhaupt – derartig unterschiedlich beschrieben, dass nahezu keine Gemeinsamkeiten auszumachen sind. Während in einer Fassung ein einzelner Held versucht, in den Besitz des Grals zu kommen, ist es einer anderen Quelle zufolge eine göttliche Mission, auf die Artus mehrere seiner Ritter ausschickt. In einigen Fällen greift Hofzauberer Merlin helfend ein, andere Quellen dagegen sehen die Suche als vom Schicksal geleitet an. Fast allen Schilderungen gemeinsam ist allerdings, dass der Gral von dem oder den Helden letztlich an einem Ort in der Anderswelt gefunden wird und mit seiner Hilfe der Hüter des Schatzes geheilt werden kann. Dieser ist je nach Erzählung verletzt oder krank bzw. liegt im Sterben, woraufhin der Held oder einer der Helden die Position des Gralshüters einnimmt.

Vom keltischen Kultobjekt zum Heiligen Gral

Es gilt mittlerweile als gesichert, dass die Gralslegende auf keltische Wurzeln zurückgeht. Chrétien de Troyes (ca. 1140–ca. 1190), der im 12. Jahrhundert die älteste bekannte Artussage verfasst hat, stützte sich bei seiner Erzählung nach

Einige Angehörige des Templerordens behaupteten, den Heiligen Gral in ihrem Besitz zu haben. Die Reliquie, die sie dafür ausgaben, ist bis heute erhalten geblieben.

Die Apokryphen
Apokryphen (griech. „verborgen") nennt man Schriften, die zwar einen historischen und christlichen Bezug zur Bibel haben, aus unterschiedlichen Gründen jedoch nicht oder nicht mehr Teil der Heiligen Schrift sind. Eine Erwähnung des Gefäßes, mit dem das Blut Christi aufgesammelt wurde, findet sich im so genannten „Nikodemus-Evangelium", das in dieser Form im 5. Jahrhundert entstanden ist, allerdings auch Teile aufweist, die auf Berichte und Fragmente des 2. Jahrhunderts zurückgehen. Das „Nikodemus-Evanglium" ist heute aufgrund seines späten Entstehungsdatums nicht mehr Teil der Bibel.

eigenen Angaben hauptsächlich auf ein Buch aus dem Besitz des Grafen von Flandern, in dem die Ereignisse niedergeschrieben waren. Es wird vermutet, dass er die Geschichten um Artus verändert hat, indem er eine andere Gewichtung vornahm oder mündliche Überlieferungen zusätzlich in seine Schriften einarbeitete. Da viele von Chrétien verarbeitete

Joseph von Arimathia soll derjenige gewesen sein, der das Blut des gekreuzigten Christus mit dem Gral auffing.

Sir Parcival ist in einigen Varianten der Artus-Sage derjenige, der den Heiligen Gral als Belohnung für Mut und Ritterlichkeit erhält.

Mythen offensichtlich von irischen Flüchtlingen und Abenteurern auf das Festland gebracht worden waren, liegt die Vermutung nahe, dass auch dem Gral eine solche Sage zugrunde liegt. Der Ursprung des Grals wird bei Chrétien nicht genannt. Erst Robert de Boron, der kurz nach und offensichtlich unabhängig von Chrétien eine weitere Fassung der Artussage verfasst hat, gab dem Gral einen christlichen Hintergrund und stellte eine Verbindung zu apokryphen Schriften (s. Kasten) her.

Wirkung und Form des Grals

Bereits seit vielen Jahrhunderten gibt es Gralssucher oder -forscher, die versuchen, mehr über dieses Objekt in Erfahrung zu bringen. Dies hängt vor allem damit zusammen, dass man dem Gral besondere Eigenschaften zuschreibt, die von der Speisung des Besitzers über das Heilen von Krankheiten bis hin zur Herrschaft über ein großes Reich und Verleihung des ewigen Lebens reichen. Allerdings wird die äußere Form des Grals uneinheitlich beschrieben – während bei Chrétien der Gral eine Art Obstschale ist, scheint er bei Robert de Boron ein Trinkgefäß zu sein, der Dichter Wolfram von Eschenbach dagegen beschreibt ihn als Stein oder zumindest als steinernes Gefäß. Weit verbreitet ist ebenfalls die Ansicht, dass der Gral mit der Bundeslade (s. Kasten linke Seite) gleichzusetzen sei.

Aufgrund der sehr unklaren Beschreibung und nicht zuletzt durch die vielen gegensätzlichen Mythen und Legenden, die vor allem im 12. und 13. Jahrhundert entstanden sind, ist davon auszugehen, dass man die Spur des Grals, sofern er tatsächlich existiert, nicht mehr aufnehmen kann. Der Fund des Heiligen Grals wird demnach eher dem Zufall überlassen sein.

Religiöse Wunder und Rätsel

Berichte von religiösen Wundern und Rätseln sind in großer Anzahl überliefert. Dies ist vor allem dadurch zu erklären, dass sie von Mönchen in antiken Handschriften festgehalten und später von Priestern und Predigern an die Gemeinde weitergegeben wurden. Es lässt sich nicht mehr feststellen, inwieweit die frühen Überlieferungen von der Kirche selbst als historische Tatsachen angesehen wurden – in vielen Fällen dürften die Geschichten als Gleichnisse aufgefasst worden sein, die dazu dienten, eine bestimmte Botschaft zu vermitteln.

Seit dem Mittelalter wurden auch neu auftretende Fälle von Rätseln und Wundern sowohl von kirchlicher als auch von weltlicher Seite genau dokumentiert, was ursprünglich auf die zunehmende Entfremdung zwischen Kirche und Krone zurückzuführen war. Beide Parteien versuchten, Machtansprüche geltend zu machen – scheinbar unerklärliche Phänomene wurden für beide Seiten zu willkommenen Hilfsmitteln, um ihren angeblich gottgewollten Status zu untermauern. Im Zeitalter der Renaissance, als die meisten göttlichen Symbole und Zeichen ihre politische Aussagekraft eingebüßt hatten, erwachte das bis heute anhaltende wissenschaftliche Interesse an Wundern und Rätseln, sodass vielfach eine genauere Untersuchung stattfand.

Die nachfolgenden Abschnitte beschäftigen sich mit religiösen Rätseln und Wundern aus verschiedenen Epochen, von der Zeit der Entstehung des Alten Testaments der Bibel bis zu Phänomenen, die man erst im 19. oder 20. Jahrhundert bewusst zur Kenntnis genommen hat. Dabei steht wie schon im vorherigen Kapitel die Frage im Vordergrund, welche Position die Wissenschaft den Mysterien gegenüber einnimmt.

Das Grabtuch von Turin, angeblich der Stoff, in dem Jesus bestattet wurde, ist noch heute Gegenstand zahlreicher kontroverser Diskussionen.

Laut Bibel war die Sintflut eine weltweite Überschwemmung, die die gesamte Menschheit auslöschte, ausgenommen Noah, seine Familie und die Tiere, die sich an Bord der Arche befanden.

Die Sintflut

Im siebten Kapitel der Genesis wird beschrieben, wie Gott es 40 Tage und 40 Nächte lang regnen ließ, um die Erde zu überschwemmen und die in Sünde lebenden Menschen zu vernichten. Nur Noah hörte Gottes Warnung und konnte sich durch den Bau einer Arche vor der Sintflut retten.

Berichte der Sintflut

Aktuellen Untersuchungen zufolge wurde der biblische Bericht von der Sintflut im 7. oder 6. Jahrhundert v. Chr. verfasst. Als Quelle dürften Berichte aus dem babylonisch-assyrischen Raum gedient haben. Doch nicht nur dort finden sich Erzählungen von einer großen Flut. Mittlerweile wurden von Wissenschaftlern mehr als 250 Flutberichte aus aller Welt zusammengetragen.

Es ist allerdings anzumerken, dass es unter diesen Erzählungen auch solche gibt, die eine große Eigenständigkeit aufweisen und sich nur bedingt mit der biblischen Sintflut in Einklang bringen lassen. Ebenso muss man gewisse Unstimmigkeiten bei einem biblisch-historischen Vergleich in Kauf nehmen. Die vom irischen Theologen James Usher (1581–1656) im 17. Jahrhundert vorgenommenen Berechnungen, nach denen die Sintflut im Jahr 2501 v. Chr. stattgefunden hat, sind mit

Bis heute konnte nicht einwandfrei geklärt werden, ob eine Arche, wie sie in der Bibel beschrieben wird, tatsächlich existiert haben kann.

Sicherheit falsch, was sich allein schon durch Funde der Reste der königlichen Bibliothek in Ninive nachweisen lässt. Die Bibliothek enthielt das so genannte „Gilgamesch-Epos" (s. Kasten), das ebenfalls auf die Sintflut verweist, und dies, obwohl die Bibliothek aus der Zeit um 2600 v. Chr. stammt.

Spuren der Sintflut

In wissenschaftlichen Kreisen ist man sich einig, dass eine erdumfassende Sintflut unmöglich stattgefunden haben kann. Viele lehnen die Vorstellung von großflächigen Überschwemmungen ebenso ab wie die Beschreibungen der Bibel. Die angegebene Regendauer wird gleichermaßen infrage gestellt wie der Landungsort der Arche, der in der Bibel mit „Ararat" angegeben wird. Die weit verbreitete Meinung war und ist, dass es sich hierbei um einen Berg in Armenien handelt, wobei außer Acht gelassen wird, dass jener Berg zu biblischen Zeiten einen anderen Namen trug. Bei Vergleichen mit den genaueren babylonischen Texten wurde man auf eine kleine Hochfläche im Mündungsgebiet von Euphrat und Tigris aufmerksam, die ebenfalls Ararat genannt wird. Seit Jahrhunderten zieht es immer wieder Abenteurer in beide Richtungen, und bei Ausgrabungen in den jeweiligen Regionen wurden bereits angeblich Teile der Arche gefunden, z. B. Teile des Schiffrumpfs in der Region Ararat, oder zumindest Hinweise darauf, wie etwa die Ankersteine am Berg Ararat, die eine russische Gruppe im Oktober 2003 ausgemacht haben will. Allerdings hielt bislang kein angebliches Beweisstück einer genaueren Überprüfung stand.

Da eine weltweite Sintflut, wie bereits gesagt, nicht möglich gewesen ist, gehen einzelne Wissenschaftler davon aus, dass es sich

Der Gilgamesch-Epos

Das Gilgamesch-Epos ist auf zwölf Steintafeln festgehalten worden, die größtenteils erhalten sind. Die Erzählung handelt von dem sagenhaften König Gilgamesch, der etwa von 2750 bis 2600 v. Chr. gelebt haben soll. Zu zwei Dritteln Gott, zu einem Drittel Mensch, soll dieser König versucht haben, sich zu den Göttern aufzuschwingen. Zu diesem Zweck reiste er zu dem Weisen Utnapitschtim, der das Geheimnis der Unsterblichkeit kennen soll, nachdem es diesem mithilfe des Ozeangottes Enki gelungen war, eine Flut unvorstellbaren Ausmaßes zu überleben. Utnapitschtim baute eine Arche und überlebte so als einziger Mensch die Sintflut.

bei der biblischen Sintflut um eine Überschwemmung gehandelt hat, bei der weite Landesteile für einen längeren Zeitraum unter Wasser standen. Der britische Archäologe Charles Leonard Woolley (1880–1960) fand bereits in den 20er-Jahren des letzten Jahrhunderts Hinweise darauf, dass sich in Mesopotamien eine solche Katastrophe ereignet hat. Doch erst 1993 bzw. 2000 wurden Beweise dafür gefunden, dass solche Naturkatastrophen tatsächlich geschehen sind. Nach den ersten Funden des russischen Forschungsschiffs „Aquanaut" 1993, bei dem im Schwarzen Meer in großer Tiefe Reste von Süßwasserpflanzen gefunden wurden, untersuchte „Titanic"-Entdecker Robert D. Ballard im Jahr 2000 den Grund des Schwarzen Meeres. Dabei stieß er auf Überreste einer menschlichen Siedlung, die genaueren Untersuchungen zufolge etwa 5600 v. Chr. Opfer einer Naturkatastrophe geworden war. Ob es sich hierbei allerdings um die biblische Sintflut gehandelt hat, ist bislang noch unklar.

Laut Bibel landete Noahs Arche auf dem Berg Ararat. Auch wenn der Berg zu biblischen Zeiten diesen Namen noch nicht trug, wurden einige Anzeichen auf die Arche in seiner Nähe gefunden.

Qumran – Die Schriftrollen vom Toten Meer

Im Jahr 1947 wurden im Westjordanland in der Nähe der Ruinen von Qumran (bzw. Khirbet Qumran) in elf Höhlen Tonkrüge entdeckt, die mit Schriftrollen gefüllt waren. Nach ersten Untersuchungen ordnete man die Schriften den Essenern (s. Kasten rechte Seite) zu. Bei einer späteren Überprüfung der Untersuchungsergebnisse traten jedoch immer mehr Fragen auf, die sich bis heute nur unzureichend beantworten lassen.

Die geplünderte Bibliothek

Zwischen dem Fund eines Tonkrugs durch einen Beduinenjungen und der ersten gründlichen Analyse der darin enthaltenen Schriftrollen verging mehr als ein halbes Jahr. Während dieser Zeit versuchte der Junge zunächst, die ledernen Rollen zu verkaufen. Anschließend erschwerte der ägyptisch-israelische Krieg (1947–1949) eine Analyse der Textdokumente durch Fachkräfte der Jerusalemer Universität. Nachdem im Januar 1948 eines der Manuskripte als das Buch des Propheten Jesaja aus dem Alten Testament identifiziert worden war, wurde umgehend die Suche nach der Höhle in die Wege geleitet. Als man schließlich fündig wurde, musste man jedoch feststellen, dass die Höhle mittlerweile geplündert worden war. Die gefundenen Überreste lassen vermuten, dass zwischen 200 und 250 Schriftrollen einst in der Höhle gelagert worden waren. In zehn benachbarten Höhlen wurden schließlich noch weitere Manuskripte und Fragmente gefunden. Aufgrund des biblischen Inhalts der ersten untersuchten Schriftrollen und der in unmittelbarer Nähe liegenden Klosterruine von Qumran, die von dem römischen Gelehrten Plinius (24–69 n. Chr.) als Sitz einer Siedlung der Essener bezeichnet wurde, stellte man eine Verbindung zwischen den Schriftstücken und den Essenern her.

Die Schriftrolle, auf denen sich das Buch des Propheten Jesaja befindet, stammt aus dem 1. oder 2. Jahrhundert v. Chr.

Verwirrende Erkenntnisse

Heute ist bekannt, dass die etwa 800 Texte von ungefähr 500 verschiedenen Schreibern stammen. Die Schiftrollen wurden in Hebräisch, Aramäisch, Griechisch oder Nabatäisch verfasst und stammten aus dem Zeitraum zwischen dem 3. Jahrhundert v. Chr. und dem 1. Jahrhundert n. Chr. Diese Untersuchungsergebnisse waren Auslöser für eine genauere Prüfung der Ruinen von Qumran und damit auch für die bis heute andauernde Diskussion. Allein die ungewöhnlich hohe Anzahl der beteiligten Schreiber und das Alter einzelner Schriftrollen warfen Fragen über den Umfang der Klosteranlage auf. Bei Ausgrabungen nahe den Ruinen stieß man vereinzelt auf römische Münzen, mit deren Hilfe man die Zerstörung des Klosters auf die Zeit des jüdischen Aufstands (66–67 n. Chr.) datieren konnte. Man fand in der Klosteranlage einen Versammlungsraum, der mit hunderten von Tonschüsseln und -töpfen gefüllt war, eine Getreidemühle, eine Töpferei sowie einige Zisternen, die man mit den rituellen Waschungen der Essener in Verbindung brachte. Auch ein Essensraum und das Skriptorium, also der Raum, in dem Schriftstücke verfasst oder vervielfältigt wurden, konnten in den Ruinen des Klosters ausgemacht werden. Allerdings wurden keine Anzeichen von Wohnräumen oder anderen privaren Zimmern gefunden, was darauf schließen lässt, dass die Einwohner sich zum Schlafen in die nahen Höhlen zurückzogen.

Viele der Funde lassen sich nicht mit der Vorstellung einer asketisch und zurückgezogen lebenden Glaubensgemeinschaft in Einklang bringen. Tatsächlich wurden Stimmen laut, die aus den Entdeckungen schlossen, dass es sich bei Qumran tatsächlich um eine Keramikwerkstatt gehandelt haben könnte oder sogar um ein Dorf. Die ungewöhnliche Vielzahl der Sprachen und Schriften veranlasste andere Wissenschaftler zu der Vermutung, dass in Qumran beauftragte Abschriften der Schriftrollen angefertigt wurden. Eine weitere Theorie besagt, dass Höhlen und Klosterruinen in keinem direkten Zusammenhang stehen.

Die Essener

Die Essener (von aramäisch „Die Frommen") bildeten von etwa 150 v. Chr. bis 100 n. Chr. eine religiöse jüdische Gruppierung, die man als Vorläufer der späteren Mönchsorden betrachten könnte. Sie lebten isoliert von den anderen Mitgliedern des jüdischen Glaubens, forderten neben Enthaltsamkeit auch die Besitzlosigkeit des Einzelnen zugunsten der Gruppe und zeichneten sich durch strenge Regelungen aus, was Hierarchie und Tagesablauf anging. Es ist davon auszugehen, dass es sich bei den Essenern nicht um eine einheitliche Gruppe gehandelt hat, sondern um einzelne Untergruppen mit unterschiedlichen Auslegungsarten des Glaubens.

In dieser Höhle im Westjordanland wurden die Schriftrollen vom Toten Meer gefunden.

Die Schriftrollen von Qumran gelten heute als einer der wertvollsten historischen Manuskriptfunde, doch ihre Geschichte liegt nach wie vor im Dunkeln, und es ist mittlerweile unwahrscheinlich geworden, dass man aus den noch nicht entschlüsselten Schriften etwas über deren Vergangenheit erfahren kann.

Auszüge aus den Funden werden auch heute noch in einem speziell errichteten Museum in Jerusalem ausgestellt.

Die Heiligen Drei Könige und der Stern von Bethlehem

Die Heiligen Drei Könige Caspar, Melchior und Balthasar wurden von einem Stern nach Bethlehem geleitet, um dort den neuen König willkommen zu heißen. Als Geschenke überbrachten sie Weihrauch, Myrrhe und Gold.

Die Heiligen Drei Könige

In der Bibel wird die Geschichte von den Heiligen Drei Königen ausschließlich im Matthäus-Evangelium erzählt. Ein Vergleich der populären Vorstellung mit der entsprechenden Passage in der Bibel zeigt, dass weder Namen, Rang noch Anzahl der Besucher dort aufgeführt sind. Matthäus spricht an dieser Stelle von „Weisen", „Magiern" oder „Sterndeutern" und führt die Geschenke auf, die Jesus dargebracht werden. Alles andere kann nicht durch die Bibel belegt werden. Ebenso wenig finden sich Hinweise darauf, dass diese Weisen tatsächlich in einem regulären Verfahren von der katholischen Kirche zu Heiligen erhoben wurden.

Was ist ein Komet?
Kometen sind Ansammlungen von Staubpartikeln, Gasen und Eis, die wie Planeten die Sonne umrunden, wobei die gefrorenen Bestandteile allerdings umso schneller verdampfen, je näher der Komet der Sonne kommt. Dies führt zu dem typischen Schweif.

Wahrscheinlich war die Anzahl der Geschenke ausschlaggebend für die Anzahl der Weisen. Die Namen erschienen jedoch erst im Jahr 500 n. Chr. in einer auf Armenisch abgefassten Kindheitsgeschichte Jesu, die die Ankömmlinge zu den Königen Gaspar von Indien, Balthasar von Arabien und Melkon von Persien werden ließ.

Berücksichtigt man, dass Matthäus mehr als alle anderen Evangelisten Wert auf Symbole gelegt hat, ist davon auszugehen, dass die Weisen als literarische Figuren zu betrachten sind, die die Bedeutung Jesu unterstreichen sollten.

Bei den Gebeinen, die über Palästina, Byzanz und Mailand 1164 unter nicht restlos geklärten Umständen nach Köln gelangten, handelt es sich allen Behauptungen zum Trotz mit ziemlicher Sicherheit nicht um die Knochen der Sterndeuter. Man geht davon aus, dass die Knochen in einer politisch unsicheren Zeit dazu benutzt wurden, die Position des Kaisers Friedrich I. Barbarossa zu stärken, mit der Begründung, dass es Könige waren, die zuerst das Christkind anbeteten und dass weltliche Herrscher daher im Rang über den Kirchenfürsten zu stehen hätten.

Der Stern von Bethlehem

Da die Weisen nur bei Matthäus erwähnt werden, ist auch der Stern von Bethlehem eine Erscheinung, die man in anderen Evangelien vergeblich sucht. Hier liegt ebenfalls die Vermutung nahe, dass ein Symbol verwendet wurde, um gewissermaßen von oben herab ein Zeichen zu setzen.

Allerdings gibt es Untersuchungen, in denen versucht wird, den Stern von Bethlehem auf ein astronomisches Phänomen zurückzuführen.

Die Weisen überreichten als Geschenke Gold, Weihrauch und Myrrhe. Aufgrund dieser drei Gaben schloss man später darauf, dass es sich um drei Personen gehandelt haben musste.

Eine der ältesten Theorien, geäußert von Origenes im 3. Jahrhundert, besagt, dass der Stern ein Komet (s. Kasten linke Seite) gewesen sei. Das klingt zwar glaubhaft, zumal es zur Zeit von Christi Geburt von der Erde aus sichtbare Kometen gab, allerdings konnte mittlerweile nachgewiesen werden, dass bereits wenige Jahre zuvor Kometen am Himmel gestanden hatten, die noch deutlicher zu erkennen gewesen waren.

Andere Theorien gehen davon aus, dass eine Supernova, also eine Sternenexplosion, für den plötzlich auftauchenden Stern von Bethlehem verantwortlich gewesen ist. Da allerdings mit heutigen Mitteln keine Überreste einer solchen Explosion im All gefunden werden konnten, ist diese Annahme wahrscheinlich hinfällig.

Die dritte Möglichkeit wäre eine Konjunktion (s. Kasten). Für diese Theorie spricht, dass es in der Zeit von Christi Geburt häufig zu Konjunktionen gekommen ist. Andererseits ist – ähnlich wie bei der Kometentheorie – ungeklärt, weshalb gerade jene Konjunktion so ungewöhnlich war. Darüber hinaus hat man bei Berechnungen festgestellt, dass die Konjunktion nicht perfekt war – man hätte mit ein wenig Anstrengung durchaus die einzelnen Planeten erkennen können, womit der Eindruck eines neuen Sterns zerstört gewesen wäre.

Somit bleibt vorerst nur, sich auf ein Wunder zu berufen – oder die oben erwähnte Deutung eines Symbols zuzulassen.

Es ist nicht nachvollziehbar, ob tatsächlich Könige einem Stern nach Bethlehem folgten.

Begegnungen zweier Planeten
Unter einer Konjunktion versteht man die scheinbare Begegnung zweier Planeten, d. h., von der Erde aus wirkt es so, als ob zwei Planeten dicht beieinander oder hintereinander am Himmel stünden. Da somit die Fläche, von der Sonnenstrahlen reflektiert werden, scheinbar größer wird, ist eine solche Konstellation heller und auffälliger als jeder Planet für sich genommen.

Auch von dem Kometen Hale-Bopp vermutete man zeitweise, dass es sich hierbei um den Stern von Bethlehem gehandelt haben könnte.

Das Grabtuch von Turin

Beim Grabtuch von Turin soll es sich um das Tuch handeln, in dem man den Leichnam Jesu Christi bestattet hat und das man am dritten Tag nach der Kreuzigung im leeren Grab vorfand. Seit dem Auftauchen des Grabtuchs versuchen die Menschen, Beweise für die Echtheit der Reliquie zu finden oder aber sie als Fälschung zu entlarven.

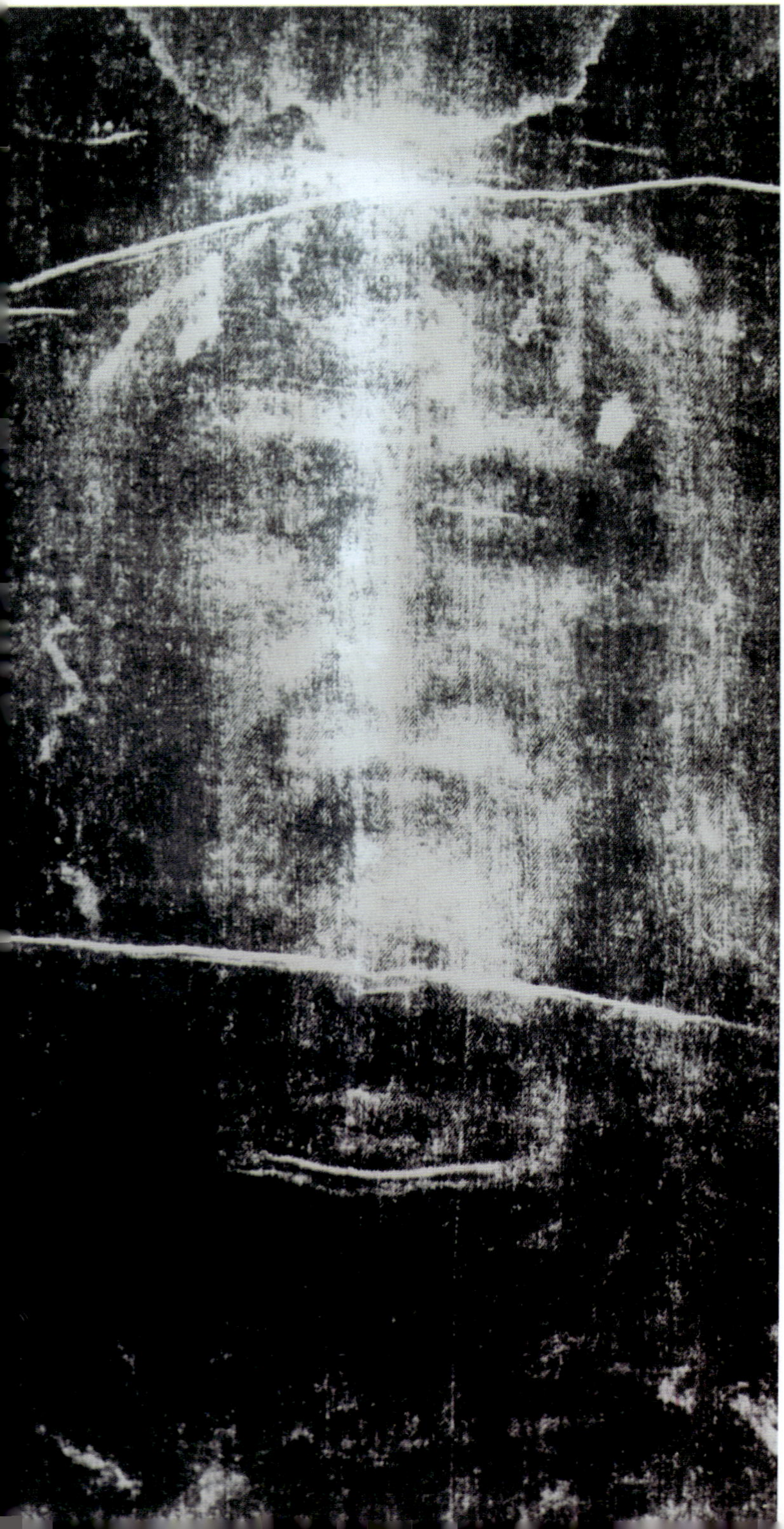

Die erste Ausstellung

Am 19. September 1356 fiel der französische Ritter Geoffroy de Charny in einer der bedeutendsten Schlachten des Hundertjährigen Kriegs zwischen Frankreich und England in Maupertius bei Poitiers. Seine Witwe, Jeanne de Vergy, musste daraufhin für den Unterhalt der kurz zuvor fertig gestellten Stiftskirche in Lirey bei Troyes aufkommen, die ihr Mann im Auftrag des Königs erbaut hatte. Daher organisierte sie 1357 in eben dieser Kirche eine öffentliche Ausstellung, bei der ein Stück Leinwand von 4,36 m Länge und ca. 1,10 m Breite präsentiert wurde, auf der undeutlich die Körperformen eines nackten Mannes zu erkennen waren. Blutspuren zufolge wies er Wunden an Kopf, Händen, Füßen und Brust auf. Bei diesem Ausstellungsstück, so behauptete Jeanne de Vergy, handle es sich um das Tuch, in dem Jesus Christus bestattet worden war.

Schon kurz nach Eröffnung der Ausstellung sorgte der Bischof von Troyes für die Entfernung des Grabtuchs, da bereits Gerüchte in Umlauf waren, die das Ausstellungsstück als Fälschung bezeichneten, und Jeanne de Vergy keine genauen Angaben darüber machen konnte, wie das Grabtuch in den Besitz ihres Mannes gelangt war.

Der Weg nach Turin

Erst 32 Jahre später kam es wieder zu einer Ausstellung des Tuchs, diesmal organisiert von Geoffroys Sohn und unterstützt durch den Gegenpapst Clemens VII. In den nachfolgenden Jahren, der Zeit der Spaltung der Römisch-Katholischen Kirche, die durch ständige Auseinandersetzungen zwischen Rom und Avignon geprägt war, spielte das Grabtuch eine immer wichtigere kirchenpolitische Rolle. Clemens VII. benutzte die Reliquie als Druckmittel und erklärte sie gar zum Beweis dafür, dass er allein das Recht habe, sich Papst zu nennen. Nach dem Konzil von Konstanz 1417, das zu einer Wiedervereinigung der Römisch-Katholischen Kirchengruppen führte, verlor das Grabtuch schließlich seine kirchenpolitische Bedeutung.

Die ersten modernen Untersuchungen des Grabtuchs wurden anhand der Negativabzüge der Fotografien von Secondo Pia vorgenommen.

Es wurde zunächst weiterhin in der Stiftskirche in Lirey aufbewahrt, später aber auch in anderen europäischen Städten ausgestellt. Schließlich gelangte es in den Besitz des Herzogs Ludwig von Savoyen, der es in der herzoglichen Schlosskapelle in Chambéry aufbewahrte. Dort wurde das Leichentuch im Dezember 1532 durch ein Feuer beschädigt: Das Silber der Kiste, in der die Reliquie aufbewahrt wurde, schmolz und hinterließ Löcher sowie Brandspuren im Stoff.

1578 überführte Ludwigs Erbe, Herzog Emmanuel Philibert, das Tuch nach Turin, wo es bis heute aufbewahrt wird, auch wenn sich die Besitzverhältnisse mittlerweile geändert haben: Das Grabtuch wurde 1983 dem Heiligen Stuhl vererbt. Öffentlich ausgestellt wird es zurzeit nicht.

Wissenschaft und Glaube

Jahrhundertelang hatte man über die Echtheit des Turiner Grabtuchs nur theologisch diskutiert, 1898 gelangte die Leinwand schließlich auch in den Blickpunkt der Wissenschaft. Auslöser dafür war Secondo Pia, Bürgermeister von Asti und Hobbyfotograf, der während einer mehrtägigen Ausstellung Aufnahmen des Grabtuchs machte. Beim Entwickeln der Bilder bemerkte er, dass der Körper des Mannes auf den Negativen viel deutlicher zu erkennen war als auf den Positiven. Viele Untersuchungen wurden in den nachfolgenden Jahrzehnten anhand dieser Negativabzüge der Fotografien vorgenommen.

Man versuchte auf unterschiedliche Arten, Informationen über das Leichentuch und seine Geschichte zu erhalten. So untersuchte der Schweizer Botaniker Max Frei die Pflanzenpollen, die sich auf dem Stoff angesammelt hatten, und kam zu dem Ergebnis, dass einige der Pollen nur aus der Gegend um Jerusalem stammen können.

Der Gegenpapst Clemens VII. (1523–1543) erklärte das Grabtuch zum Beweis dafür, dass er allein das Recht habe, sich Papst zu nennen.

Auf dem Grabtuch sind sowohl Vorder- als auch Rückseite des Körpers erkennbar. Dies erklärt sich durch die Art und Weise, wie der Tote in das Tuch gewickelt wurde, ehe man ihn bestattete.

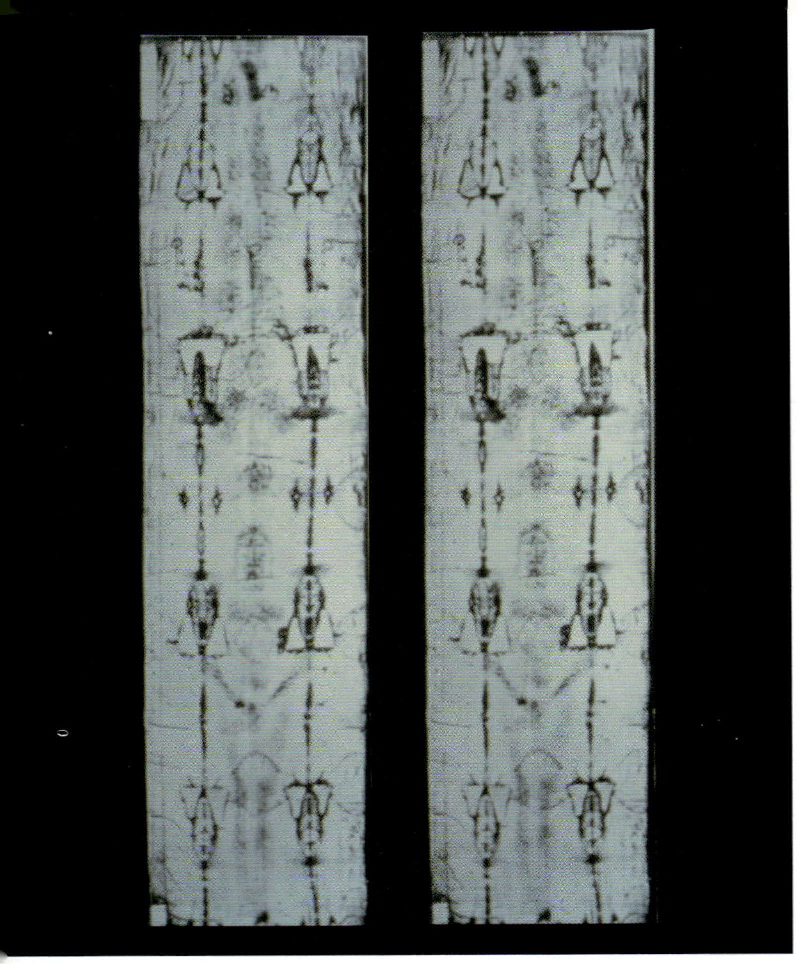

> **Lignin-Vanillin-Zerfall**
> Lignin ist ein fester, farbloser Stoff, der in der pflanzlichen Zellwand eingelagert wird und der die Verholzung der Zelle bewirkt. Die Untersuchung des Lignin-Vanillin-Zerfalls basiert darauf, dass das im verwobenen Flachs enthaltene Lignin im Laufe der Zeit durch chemische Prozesse zerfällt. Als Abfallprodukt bleibt Vanillin zurück. Je größer der Anteil des Vanillins gegenüber dem Lignin ist, desto älter wird der Stoff datiert. Entscheidender Nachteil dieser Methode ist, dass der Zerfall des Lignins abhängig ist von der Umgebungstemperatur, der der Stoff im Laufe der Zeit ausgesetzt war. So können sich große Schwankungen bei der Angabe des Alters ergeben.

Wissenschaftliche Untersuchungen

Gerichtsmedizinische Untersuchungen in den 30er-Jahren des 20. Jahrhunderts belegten, dass das Leichentuch einen am Kreuz gestorbenen Menschen zeigt, dem vor seinem Tod tiefe

Das Grabtuch selbst wurde im Laufe der Zeit durch fehlerhafte Lagerung oder Feuer mehrfach beschädigt. Die Ausbesserungen oder restlichen Spuren der Beschädigungen sind heute deutlicher zu erkennen als der schemenhaft abgebildete Körper des Toten.

Auf dem Grabtuch sind deutlich die Wunden erkennbar, die bei der Kreuzigung durch Nägel oder einen Speer hervorgerufen wurden.

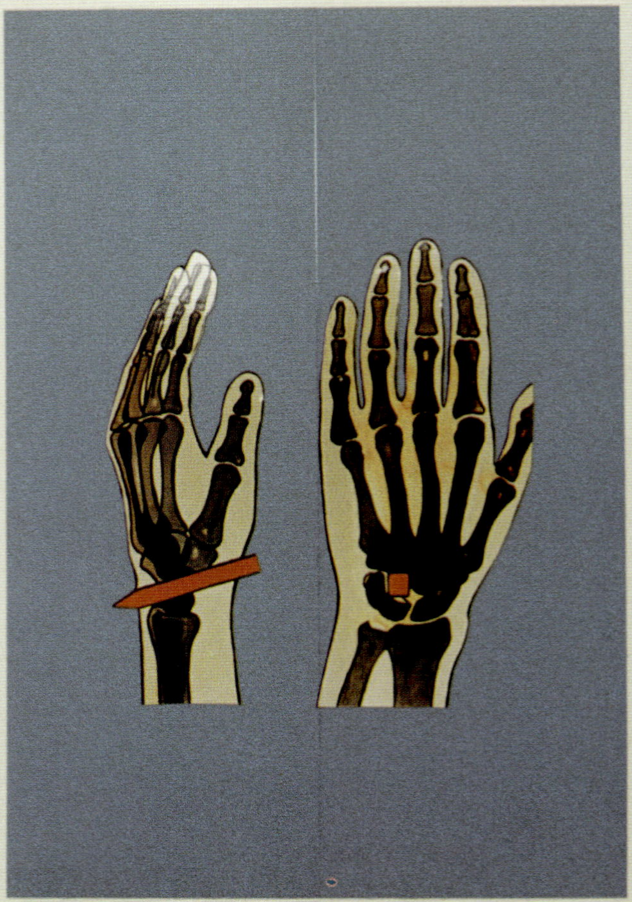

Das Grabtuch überstand ein Feuer in der Turnier Kathedrale am 12. April 1997 nur unbeschadet, weil ein Feuerwehrmann es in letzter Minute rettete.

Wunden mit einem peitschenähnlichen Folterwerkzeug beigebracht worden waren. Er hatte eine Dornenhaube getragen, und sein Tod war durch einen Lanzenstoß in die Seite überprüft worden. Diese Erkenntnisse ergaben sich aus den Blutspuren, die auf dem Tuch vorhanden waren.

Großes Medieninteresse rief die 1988 vorgenommene Radiokarbondatierung (s. Kasten) hervor, bei der Teile des Leichentuchs in Laboratorien in Oxford, Zürich und Arizona untersucht wurden. Damals wurde die Entstehungszeit des Tuchs auf den Zeitraum von 1260 bis 1390 eingegrenzt, wodurch aufgrund des zu geringen Alters der wissenschaftliche Beweis erbracht zu sein schien, dass es sich bei dem Tuch um eine Fälschung handelte. Allerdings kritisierten die Authentizitätsbefürworter des Grabtuchs bereits kurze Zeit später die wissenschaftliche Vorgehensweise der Forscher, einige unterstellten ihnen sogar Betrug, wie etwa den heimlichen Austausch der Tuchproben.

Bei einer der aktuelleren Untersuchungen wurde der Lignin-Vanillin-Zerfall (s. Kasten linke Seite) als Datierungsmethode herangezogen. Man kam zu dem Ergebnis, dass das Tuch zwischen 1300 und 3000 Jahre alt sein muss. Damit wurde zwar die Fehlerhaftigkeit der Radiokarbondatierung wahrscheinlich, konkrete Ergebnisse konnten aber trotzdem nicht gewonnen werden.

Erklärungsversuche

Nach wie vor ungeklärt ist die Frage, wie das Bild auf der Leinwand entstehen konnte. Zwar wurden mehrere naturwissenschaftliche Theorien geäußert, doch keine hielt bislang einer Überprüfung stand.

Behauptungen aus der Zeit des Mittelalters, die besagen, das Bild auf dem Grabtuch sei ein Gemälde, konnten entkräftet werden, da sich keinerlei Farbpartikel auf dem Tuch finden ließen. Andere Vermutungen, das Abbild könne aufgrund einer chemischen Reaktion zustande gekommen sein, die auf die Ausdünstungen der Aloe zurückzuführen seien, mit der man den Körper vor der Grablegung einbalsamiert hatte, erwiesen sich ebenfalls als haltlos. Die Ausdünstungen hinterließen zwar auch bei den durchgeführten Experimenten ein Bild, allerdings war es längst nicht so kontrastreich wie beim Grabtuch von Turin, da sich die Dämpfe zu stark verteilten.

Abgesehen von der Entstehungsweise des Abbilds wird darüber spekuliert, wie das Grabtuch über 1300 Jahre lang verborgen bleiben konnte und wie es überhaupt von Palästina nach Frankreich gelangt ist – ganz zu schweigen natürlich von der Frage, ob der Mann, dessen angebliches Grabtuch seit 650 Jahren die Gemüter erregt, tatsächlich Jesus Christus ist.

Radiokarbondatierung

Bei der Radiokarbondatierung (C14-Methode) wird das Zahlenverhältnis von Kohlenstoff-Isotopen ermittelt. Zu Lebzeiten nimmt der Körper eines Lebewesens aus der Umgebung radioaktive C14-Isotope auf; nach dem Tod eines Lebewesens verringert sich deren Anteil nach bestimmten Gesetzmäßigkeiten. Mittels der C14-Methode lassen sich organische Stoffe auf bis zu 40 000 Jahre zurückdatieren.

Die Gottesmutter von Guadeloupe

Am 9. Dezember 1531 soll die Mutter Gottes dem Bauern Juan Diego in Guadeloupe erschienen sein und ihn mit der Aufgabe betraut haben, eine Kirche zu errichten. Als sich der Erzbischof weigerte, dieser Forderung nachzukommen, erschien auf Diegos Umhang ein Abbild der Mutter Gottes. Diese Reliquie wird bis heute an dem Ort ausgestellt, an dem Maria dem Bauern einst erschienen ist.

Auch heute noch wird das Bild der Gottesmutter jährlich von etwa 20 Mio. Pilgern aus aller Welt besucht.

Die Erscheinung

Die Legende berichtet, dass Juan Diego auf dem Weg nach Tlatilolco zu einer Messe war, als er vom Himmel her Gesang vernahm. Die Stimme der Jungfrau Maria sprach aus einer Wolke zu ihm und schickte ihn zum Bischof von Mexiko, um dort ein Gotteshaus für die Stelle zu fordern, an der die Begegnung der beiden stattfand. Als Juan Diego in Mexiko vor den Erzbischof trat, glaubte ihm dieser allerdings nicht und schickte den Bauern wieder nach Hause.

Am nächsten Morgen kam Juan Diego erneut zu dieser Stelle, und wieder forderte die Stimme der Mutter Gottes ihn auf, ihren Auftrag auszuführen, in ihrem Namen vor den Bischof von Mexiko zu treten, damit dieser eine Kirche an jener Stelle errichten lasse. Aber auch dieses Mal schickte der Bischof den Bauern nach Hause. Als Juan Diego an die Stelle kam, an der er bereits zweimal der Stimme begegnet war, erzählte er ihr, dass der Bischof ihm ohne Beweise keinen Glauben schenken würde.

Als Diego zu Hause ankam, fand er seinen Onkel schwer krank vor. Der Dorfarzt war nicht in der Lage zu helfen, also bat der Onkel seinen Neffen, nach Mexiko zu gehen, um dort einen Geistlichen zu holen. Auf seinem Weg in die Stadt begegnete er einer Frau, deren Stimme er als die der Mutter Gottes erkannte. Sie versprach ihm, dass sein Onkel bereits geheilt sei, und schickte ihn aus, um an der Stelle Blumen zu pflücken, an der sie zuvor mit ihm gesprochen hatte. Diego gehorchte und sammelte die Pflanzen in seinem Umhang. Als er zurückkam, schickte sie ihn erneut nach Mexiko, mit dem Hinweis darauf, den mit Blumen gefüllten Umhang erst dann zu öffnen, wenn er vor dem Bischof stünde.

Dort angekommen, zeigte sich, dass sich auf Diegos Umhang unter den Blumen ein Bild der Mutter Gottes befand. Der Bischof erklärte sich sofort bereit, an der von Diego genannten Stelle eine Kapelle und später eine Kirche errichten zu lassen. Das Bild der Mutter Gottes befindet sich seither an diesem Ort, zunächst in der Kapelle, ab 1709 in der errichteten Wallfahrtsbasilika und ab 1976 in einer neuen, benachbarten Basilika, die erbaut wurde, als sich an der alten statische Probleme einstellten.

Rätsel und Untersuchungen

Das Bild ist trotz seines Alters immer noch klar erkennbar, obwohl es sich auf Agavenfasern befindet, die sich unter normalen Umständen innerhalb von Jahrzehnten zersetzen. Während der letzten Jahrhunderte war die Reliquie ungünstigen Bedingungen ausgesetzt – ausgestellt in einer fensterlosen Kapelle, unmittelbar hinter brennenden Kerzen, mit Weihrauch eingehüllt, von Gläubigen berührt, teilweise sogar umarmt, geküsst oder in Kontakt mit Wunden gebracht. Einzelne Fasern wurden aus dem Umhang gezogen, im Jahr 1791 lief unbeabsichtigt Salpetersäure über das Bild. 1921 versuchten Feinde der Kirche, das Bild mitsamt seinem mittlerweile angebrachten Schutzglas in die Luft zu sprengen – dennoch wurde es nie ernstlich beschädigt.

Das Bild wurde vor allem im 20. Jahrhundert intensiv untersucht. Es stellte sich heraus, dass das Bild nicht durch Pinselstriche entstanden sein konnte – nur an den Stellen, die später von Menschen überarbeitet wurden, wie etwa den Händen, sind deutliche Spuren zu erkennen, wobei diese Eingriffe eher der Witterung der Zeit zu unterliegen scheinen als das ursprüngliche Bild. Bei der Untersuchung der Augen der Gottesmutter zeigte sich, dass sich mehrere Personen darin spiegeln. Allein dieser Umstand gibt den Forschern neue Rätsel auf, einerseits, weil die Größe der Figuren ein fast mikroskopisches Maß einnimmt, andererseits, weil die Regeln der Optik bei der Darstellung beachtet wurden, obwohl diese in der Malerei erst viel später eingesetzt wurden.

Die Rätsel um die Gottesmutter von Guadeloupe sind bislang noch ungeklärt. Überzeugende Theorien über die Entstehungsweise des Bild gibt es bislang nicht. Das Bild wird noch immer jährlich von Millionen von Pilgern besucht, die nach wie vor fest an ein Wunder glauben.

Wie das Abbild der Mutter Gottes auf Juan Diegos Umhang kam, konnte bis heute nicht geklärt werden.

Papst Johannes Paul II. besuchte viermal den Ort, an dem die Mutter Gottes Diego erschienen war, und erklärte mehrfach seinen Glauben in diese Marienerscheinung.

Der Heilige Sarg von Arles-sur-Tech

In der Kirche der kleinen Ortschaft Arles-sur-Tech befindet sich ein geschlossener Steinsarg, in dem zeitweise die Überreste zweier Heiliger aufbewahrt worden sein sollen. Angeblich füllt er sich täglich auf unerklärliche Weise mit ein bis zwei Litern Wasser heiligen Ursprungs, das Heilkräfte besitzen soll.

Das Wasser aus dem Heiligengrab

Nachweislich seit dem späten 16. Jahrhundert finden sich Berichte über den *Sainte Tombe d'Arles-sur-Tech*, den „Heiligen Sarg von Arles-sur-Tech“, Languedoc-Roussillon, Frankreich. Er stammt vermutlich aus dem 4. oder 5. Jahrhundert und soll ab dem 10. Jahrhundert zumindest zeitweise die Reliquien der Heiligen Abdon und Sennen (s. Kasten S. 128) enthalten haben. Durch sie erhalte das Wasser, das auf angeblich unerklärliche Weise den Steinsarg immer wieder füllt, eine erstaunliche Heilkraft, der sogar einige Todkranke ihr Leben zu verdanken hätten.

Der Sarg steht außerhalb der Kirche hinter einem Metallgitter in einem unbeleuchteten Hof am unteren Ende einer Mauer. Über ihm ist ein weißes Kreuz angebracht. Die Luft im Hof ist trotz der Lage nach Norden, die kein direktes Sonnenlicht zulässt, durch die Winde, die über die südliche Mauer wehen, warm und feucht.

Der „Heilige Sarg“ wurde aus einem Marmorblock geschnitten und steht auf zwei massiven Sockeln von etwa

Der Sarg aus Marmor steht auf zwei massiven Sockeln von etwa 20 cm Höhe. Er ist 1,90 m lang, 65 cm hoch und 50 cm breit; der prismenförmige Deckel hat eine Höhe von 30 cm und ebenso wie der Sarkopahg eine Wanddicke von 10 cm.

20 cm Höhe. Er ist 1,90 m lang, 65 cm hoch und 50 cm breit, der prismenförmige Deckel hat eine Höhe von 30 cm und ebenso wie der Sarkophag eine Wanddicke von 10 cm. Der Deckel schließt allerdings nicht überall bündig mit dem Sarg ab, sodass einige fingerbreite Lücken vorhanden sind. An einer der Seitenwände befindet sich ein zusätzliches Loch, in das bei Bedarf eine Saugpumpe eingeführt werden kann. So kann der Pfarrer der Kirche Wasser abfüllen, um es den Besuchern des Heiligengrabs zu übergeben.

Die erste Untersuchung

Überlieferungen von heiligen Stätten gibt es zuhauf, und immer wieder versuchen Wissenschaftler, die Ursachen für derartige Phänomene zu erforschen. Im Fall des „Heiligen Sargs" wurden zwei wissenschaftliche Untersuchungen vorgenommen, deren Ergebnisse mit der Übernatürlichkeit der Wasservermehrung aufräumten.

Die erste Untersuchung fand im Jahr 1961 statt. Drei Wissenschaftler führten zweieinhalb Monate lang vor Ort Experimente durch, da die Wetterbedingungen der Region

Die Wetterbedingungen in den Pyrenäen sind wichtiger Teil der Untersuchungen des Heiligen Sargs: Die warmen Mittelmeerwinde wehen die feuchte Meeresluft ins Landesinnere. Da die Berge allerdings das Weiterziehen der Wolken erschweren und das mediterrane Klima häuf g Niederschläge verhindert, herrscht eine hohe Luftfeuchtigkeit.

Über dem Sarkophag befindet sich ein weißes Kreuz, das aufgrund der örtlichen Witterung ebenfalls bereits starke Schäden aufweist.

einen wichtigen Teil der Untersuchungen bildeten. Den Wissenschaftlern kam ein besonderer Umstand zu Hilfe: Es regnete zwei Monate lang nicht. Da der Sarg zeitweise mit Kitt und einer Nylonhülle präpariert worden war, konnte man schnell feststellen, dass sich keineswegs jeden Tag ein bis zwei Liter Wasser im Sarg bildeten. Der Wasserstand blieb unverändert – abgesehen von den Absenkungen durch die Entnahmen des Pfarrers.

Erst als später der Regen wieder einsetzte, stieg auch das Wasser wieder an, allerdings sehr langsam. Offensichtlich benötigte das Wasser mehrere Tage, um in den Sarg zu gelangen.

Eine genauere Untersuchung der Oberfläche des Sargdeckels ergab, dass sich in ihm Vertiefungen von 1–2 mm Durchmesser befinden. Regnet es, füllen sich diese Vertiefungen mit Wasser und leeren sich anschließend innerhalb von 45 Sekunden wieder. Weitere Beobachtungen, die man auf der Unterseite des Sargdeckels machte, ließen darauf schließen, dass das Wasser durch den steinernen Deckel in den Sarg sickern kann.

Der Marmorstein, aus dem das Grab selbst gearbeitet ist, weist eine geringere Durchlässigkeit auf als der Deckel, sodass sich das Wasser im Grab sammelt. Nach Erkenntnis der Wissenschaftler befördert der Regen außerdem Staubpartikel durch den porösen Deckel, die sich im Inneren des Sargs ablagern und eventuell vorhandene Risse und Löcher zusätzlich abdichten. So kann das Wasser zwar in den Sarg eindringen, aber nicht wieder abfließen.

Abdon und Sennen

Abdon und Sennen sind die Namen zweier Märtyrer, die aus Persien stammten und entweder unter Kaiser Decius oder Kaiser Valerian im 3. oder 4. Jahrhundert zum Tod durch Gladiatoren verurteilt wurden. Ihre Gebeine wurden 826 nach San Marco in Rom überführt, wo sie auch heute noch verehrt werden. Die Märtyrer sind die Schutzheiligen der Stadt Arles-sur-Tech, doch ob sich ihre sterblichen Überreste jemals in dem Sarg befunden haben, der bis heute als „Heiliger Sarg" verehrt wird, ist fraglich.

Auch die Taubildung trägt zur Förderung des Phänomens der Wasservermehrung bei. Die Tautropfen, die durch den Sargdeckel ins Innere dringen, beeinflussen zwar die Wassermenge kaum, man sprach ihnen aber eine reinigende Wirkung zu: Durch die regelmäßige Reinigung verringert sich die Wahrscheinlichkeit, dass die Vertiefungen im Deckel verstopfen.

Eine weitere Rolle spielen laut Bericht der Wissenschaftler die Spalten zwischen Sarkophag und Deckel, da sich durch die Temperaturunterschiede im Sarginnern Kondenswasser bildet. Sie sind damit der Grund für das gelegentliche „Überlaufen" des Wassers, das auch bei den Experimenten beobachtet werden konnte. Es beschränkte sich allerdings auf wenige Tropfen, die an der der Außenseite des Sargs herabliefen. Da der Sarg an dieser Seite Unregelmäßigkeiten in der Oberfläche aufweist, schloss man, dass es sich beim „überlaufenden" Wasser um Kondenswasser handeln muss, das statt ins Innere des Sargs nach außen geleitet wird.

Die wissenschaftliche Erklärung für das Phänomen der Wasservermehrung war somit bereits 1961 erbracht worden.

Parapsychologen kontra Wissenschaftler – Die zweite Untersuchung

Ein Bericht über den „Sainte Tombe d'Arles-sur-Tech", der 1992 im französischen Fernsehen zu sehen war, löste eine neue Diskussion über das Phänomen aus. Parapsychologen veröffentlichten Artikel, in denen sie behaupteten, dass der Sarg durch ein Vordach vom Regen abgeschirmt werde – was allerdings definitiv nicht der Wahrheit entspricht. Darüber hinaus zogen sie in ihren Veröffentlichungen die Untersuchungsmethoden der Wissenschaftler ins Lächerliche – allem voran das einfache Schülerlineal, das 1961 zum Ablesen des Wasserstands gedient hatte. Naturwissenschaftler konterten, dass die Untersuchungsergebnisse von 1961 durchaus glaubwürdig seien und dass auch mit einem Schülerlineal wissenschaftlich exaktes Arbeiten möglich sei. Da die Diskussion damit jedoch nicht beendet werden konnte, führte eine weitere Forschergruppe in den Jahren 1998 bis 2001 neue Experimente durch, diesmal ausgestattet mit modernen Messgeräten. Es gelang ihnen, die Ergebnisse aus dem Jahr 1961 größtenteils zu bestätigen und in einigen Bereichen sogar zu konkretisieren. Die einzige größere Abweichung ergab sich bezüglich der Anteile von Tau- und Kondenswasser am Gesamtwasserstand: Er war mit zehn Prozent deutlich höher als von der ersten Forschergruppe angenommen.

Die Veröffentlichung der neuen Erkenntnisse führte dazu, dass die Diskussion um den „Heiligen Sarg" zwischen Parapsychologen und Wissenschaftlern beendet wurde. An der Aufschrift auf dem Schild vor dem Heiligengrab und der Beschreibung des Phänomens in diversen Reiseführern, die die Wasservermehrung immer noch als „rätselhaft" bezeichnen, änderten die Ergebnisse jedoch bis heute nichts.

Bei den ersten Untersuchungen wurden die Messungen des Wasserstands mit einem einfachen Schülerlineal vorgenommen.

Entgegen vieler gegenteiliger Behauptungen befindet sich der Sarg nicht unter einem Vordach, sondern unter freiem Himmel im Innenhof der Kirche.

Leuchtende Menschen

Viele Heiligendarstellungen zeichnen sich dadurch aus, dass der besondere Status eines bestimmten Menschen durch eine Aura dargestellt wird, sei es durch einen Nimbus, also einen den Kopf umgebenden Heiligenschein, oder durch eine Aureole bzw. Mandorla, d. h. durch die Darstellung eines Lichts, das den gesamten Körper des Heiligen umfasst. Auch der Begriff der „Erleuchtung" ging in den allgemeinen Sprachgebrauch ein. Seit einigen Jahrzehnten werden allerdings Phänomene untersucht, bei denen Menschen tatsächlich ein Licht ausstrahlen.

Der Fall Anna Monaro

Die Asthmatikerin Anna Monaro wurde im Jahr 1934 in medizinischen Kreisen zu einer Berühmtheit. Verschiedene Ärzte hatten die Frau untersucht, allerdings war es keinem von ihnen gelungen herauszufinden, aus welchem Grund während nächtlicher Asthmaanfälle mehrere Sekunden lang von ihrer Brust ein Licht ausging, das mal blau, mal rot, mal grün schimmerte. Zwar bezichtigte man die Frau und auch die Ärzte zunächst des Betrugs, doch weitere Gutachten und sogar Filmaufnahmen bewiesen schließlich, dass es sich keinesfalls um Halluzinationen oder Manipulation handelte.

Zwar gab es einige Erklärungsversuche, allerdings führten Überprüfungen der verschiedenen Theorien zu keinem zufriedenstellenden Ergebnis. Während ein Psychologe von unbestimmten elektrischen und magnetischen Organismen im Körper der Frau ausging, sprach sich ein praktischer Arzt für eine hohe Konzentration von Sulfiden im Blut aus, bedingt durch den geschwächten Zustand der Frau. Diese Sulfide seien durch ultraviolette Strahlung zum Leuchten gebracht worden. Diese Theorie wurde lange Zeit diskutiert, allerdings wurde sie letzten Endes von vielen Ärzten verworfen, mit dem Argument, dass das Leuchten ausschließlich von der Brust der Frau ausgegangen sei, während sich die entsprechenden Sulfide im ganzen Körper befinden müssten.

Das Leuchten der Kranken und Heiligen

Ab den 1940er-Jahren begann man damit, Informationen über menschliche Leuchtkraft zusammenzutragen. Dabei kristallisierte sich heraus, dass hauptsächlich zwei Menschengruppen von diesem Phänomen betroffen sind: Kranke und streng Gläubige.

Es fanden sich Berichte über hell leuchtende Wunden oder Tote, die ein schwaches Schimmern abgaben. Auch die Existenz leuchtender menschlicher Körperflüssigkeiten wie Schweiß oder Urin sind bereits medizinisch verbürgt. Es sind nahezu keine Fälle bekannt, in denen gesunde Menschen von

Wie viele Götter anderer Religionen wurde auch der Azteken-Gott Quetzalcoatl häufig so dargestellt, als sei er von Flammen umgeben.

Gehen die Heiligenscheine, die sich auf vielen Bildern befinden, ursprünglich auf tatsächlich leuchtende Menschen zurück?

diesem Leuchten betroffen gewesen wären, mit einer Einschränkung:

Es gibt Menschen, denen nachgesagt wird, eine besondere, bisweilen sichtbare Aura zu haben: streng Gläubige bzw. Heilige. Es finden sich – abseits von Heiligengemälden und -legenden – Augenzeugenberichte, in denen behauptet wird, dass von einigen Menschen, die zu einem späteren Zeitpunkt selig oder heilig gesprochen wurden, ein Licht in Form von Strahlen ausging, das ihre Kleidung durchdringen oder sogar Räume erhellen konnte.

Mitunter scheint das Leuchten auch mit anderen ungewöhnlichen Fähigkeiten einhergegangen zu sein. Pater Herbert Thurston schrieb in seinem Buch „The physical phenomena of mysicium“ (1952) über den seligen Bernardino Realino (1530–1616) und den Theologen Pater Francisco Suarez (1548–1619). Beide lebten im 17. Jahrhundert, und unabhängig voneinander wird von ihnen berichtet, dass sie neben dem Leuchten auch über die Fähigkeit der Levitation (s. S. 200f.), des freien Schwebens, verfügt hätten.

Papst Benedikt XIV. (1675–1758) verfasste eine Abhandlung über Seligsprechungen und Heiligsprechungen, worin er auch auf das menschliche „Feuer“ Bezug nahm.

„Elektrische" Menschen erzeugen in ihrem Körper so viel Spannung, dass eine Glühbirne in ihrer Hand zu leuchten beginnt.

Unter Strom

Etwa zeitgleich mit der Untersuchung der menschlichen Leuchtkraft rückte ein weiteres Phänomen ins Blickfeld der Wissenschaft: die menschliche Elektrizität und der menschliche Magnetismus.

Als Auslöserin hierfür gilt Frau Antoine Timmer, die 1938 nach New York reiste, um an einem Wettbewerb teilzunehmen, bei dem es darum ging, ein parapsychologisches Phänomen zu präsentieren, das durch keinen Trick nachgeahmt werden konnte. Vor der Jury, der unter anderem der angesehene Bühnenmagier Joseph Dunninger angehörte, präsentierte sie ihr Können, indem sie Löffel und andere kleine Gegenstände nur leicht berührte und diese umgehend an ihren Händen haften blieben. Zwar erhielt Frau Timmer keinen Preis, da Dunninger behauptete, dieselbe Wirkung mit einem Faden erzeugen zu können, allerdings war das Interesse an diesem Phänomen geweckt.

In der Folgezeit, als elektrische Geräte immer beliebter wurden, vermehrten sich Berichte über Menschen, die durch Berührung oder allein schon mit ihrer Anwesenheit elektrische Ausfälle oder Kurzschlüsse verursachen konnten. Ab den 50er-Jahren finden sich Zeitungsberichte und Filmaufnahmen von Menschen wie Brian Williams aus Cardiff, der 1952 Schlagzeilen machte, weil er mit seinen Händen eine Glühbirne zum Leuchten bringen konnte, oder Brian Clemens, scherzhaft „Flash Gordon" genannt, über den der Daily Mirror 1967 berichtete, dass er elektrisch aufgeladen sei, sodass er sich jedes Mal an Metallgegenständen entladen müsse, ehe er einen anderen Menschen berührte.

Auch in der Vergangenheit wurde man fündig, allerdings reichten die Entdeckungen zeitlich nicht sehr weit zurück, was man damit zu erklären versuchte, dass die menschliche Elektrizität mangels elektrischer Geräte früher unentdeckt geblieben war.

Elektrizität und Leuchten

In der Vergangenheit mögen keine elektrischen Geräte existiert haben, elektrisch aufgeladene Menschen dürften sich dennoch entladen haben. An dieser Stelle werden beide Phänomene, das der menschlichen Elektrizität und das der menschlichen Leuchtkraft, zusammengeführt. Berichte von Funken schlagenden Menschen, die ebenfalls überliefert sind, lassen mitunter beide Schlüsse zu – es könnte sich um ein plötzlich auftretendes Leuchten oder um eine elektrische Entladung gehandelt haben.

Hinzu kommt, dass beide Phänomene weitere Gemeinsamkeiten aufweisen: Eine Krankheit kann dazu führen, dass diese Fähigkeit erst dann bei einem Menschen auftritt bzw. sich sogar noch verstärkt.

Dr. Julius Ransom, Chefarzt eines staatlichen Gefängnisses in New York, berichtete von 34 Gefängnisinsassen, die aufgrund einer Lebensmittelvergiftung von ihm behandelt wurden. Während der Genesungszeit knüllte einer der Gefangenen ein Blatt Papier zusammen, um es wegzuwerfen. Es blieb an seiner Handfläche haften. Untersuchungen ergaben, dass sowohl dieser als auch andere Gefangene statisch so stark aufgeladen waren, dass sie sogar Kompassnadeln ablenken oder frei hängende Blechstreifen zum Schwingen bringen konnten. Dieses Phänomen verschwand wieder nach der Genesung der Männer.

Sowohl die menschliche Leuchtkraft als auch Elektrizität und Magnetismus konnten bislang wissenschaftlich nicht zufrieden stellend erklärt werden. Zwar haben verschiedene Wissenschaftler auf Parallelen in der Natur hingewiesen (Zitteraale bzw. Glühwürmchen), allerdings geht man davon aus, dass diese Phänomene beim Menschen auf andere Ursachen zurückzuführen sind, da im menschlichen Körper die notwendigen Voraussetzungen für vergleichbare Prozesse nicht gegeben sind. Erschwerend kommt hinzu, dass diese Fähigkeiten nur selten auftreten, in einigen Fällen ist sogar nachgewiesen worden, dass Magnetismus oder Elektrizität nur über einen bestimmten Zeitraum vorhanden war, in einem anderen Fall zeigte sich, dass anscheinend der Gemütszustand beim Einsatz dieser Talente ebenfalls eine große Rolle zu spielen scheint. Für die Wissenschaft bleibt dieses Gebiet ein spannendes Feld im doppelten Sinn.

Der Physiker François Arago wurde bei der Untersuchung der elektrisch geladenen Angelique Cottin hinzugezogen, hielt das Phänomen zwar für Betrug, konnte jedoch nichts nachweisen.

Der amerikanische Bühnenmagier Joseph Dunninger war Mitinitiator eines Wettbewerbs, bei dem ein nachweislich elektrischer Mensch seine Kunststücke vollführte.

Stigmata

Als man Jesus Christus kreuzigte, wurden seine Füße und Hände mit Nägeln durchschlagen. Zudem setzte man ihm eine Dornenkrone auf, und nach seinem Tod wurde seine Seite mit einer Lanze durchbohrt. In den nachfolgenden Jahrhunderten fanden sich wiederholt Berichte von lebenden Menschen, die ohne äußere Einwirkung Wundmale aufwiesen, die sich mit einem oder mehreren der Wundmale Christi deckten.

Christliche Stiche

Stigmata (von griech. *stigma* = „Stich, Punkt, Zeichen") können in mehreren Formen auftreten. Während einige höchstens als Blutergüsse oder Hautverfärbungen sichtbar sind, kann es in anderen Fällen zu Schmerzen an den betreffenden Stellen kommen. Am häufigsten wird jedoch von offenen Wunden berichtet, die teilweise nur über einen kurzen Zeitraum auftreten, in anderen Fällen dagegen nicht mehr

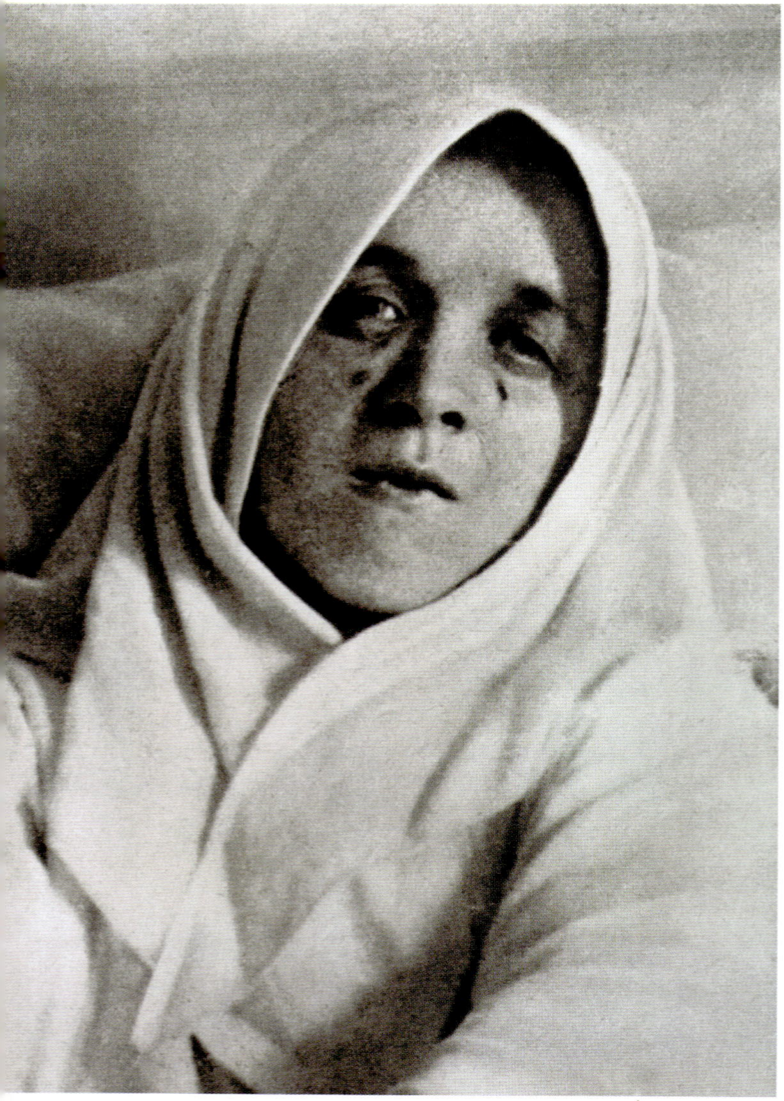

Bei Therese Neumann (1898–1962) zeigten sich die Wunden Christi erstmals im Jahr 1926, was zu einem Besucherandrang führte.

Die katholische Kirche hat anerkannt, dass der heilige Franz von Assisi Träger der Stigmata war.

verheilen, wobei diese Wunden auch nicht eitern oder sich entzünden. Das Phänomen der Stigmatisation scheint fast ausschließlich auf römische Katholiken beschränkt zu sein, wobei der Anteil weiblicher Personen deutlich überwiegt.

Träger der Wunden

Bislang wurden 80 Personen, die von Stigmatisation betroffen waren, heilig gesprochen. Die Kirche sieht in den Stigmata allein keinen Grund dafür, dass die betreffende Person heilig sein soll, daher erfolgt die Heiligsprechung nach anderen Gesichtspunkten. Vor allem unsichere historische Quellen sorgen immer wieder für Zweifel, was die Echtheit der beschriebenen Stigmata betrifft. In einigen Fällen geht man davon aus, dass die personengebundene Beschreibung der Stigmata darauf zurückzuführen ist, dass diese Person mit Jesus in Verbindung gebracht werden soll. Eine der ersten Personen, die von den „Zeichen Christi" sprach, ist der Apostel Paulus in seinem Brief an die Galater. Jedoch gilt als zweifelhaft, ob es sich hierbei tatsächlich um Stigmata handelt, selbst wenn das später in der einen oder anderen Quelle behauptet wurde. Als gesichert gilt dagegen, dass Franz von Assisi (ca. 1181–1226) ein Fall von Stigmatisation war.

Erklärungsversuche

Eine Theorie besagt, dass Menschen ihren Körper durch ihren Geist beeinflussen können. Es existieren Berichte von Personen, die in Extremsituationen übermenschliche Taten vollbringen konnten, wie etwa das Anheben zentnerschwerer Gegenstände. Da Stigmata überwiegend bei Katholiken auftreten, liegt natürlich die Vermutung nahe, dass diese Menschen so tief gläubig sind, dass ihr Körper eigenständig diese Wunden bildet. Dem stehen allerdings einige wenige Nicht-Christen entgegen, die ebenfalls von der Stigmatisation betroffen sind.

Als weitere Möglichkeit wurde in Betracht gezogen, dass die betroffenen Personen unter einer besonderen Form der Hysterie, also einer Überemotion, leiden, die unterschiedliche Symptome hervorrufen kann, so auch Unterhautblutungen. Man hat versucht, diese Theorie durch Hypnosesitzungen zu stützen. Tatsächlich entstanden bei den Versuchspersonen dunkle Flecken an den Stellen, an denen sie die Wunden Christi vermuteten.

Echte Wunden?

Auch zum Thema der Stigmata existieren von Betrügern Berichte unterschiedlicher Ausprägung. Während einige nur davon berichteten, einmal die Wunden Christi getragen zu haben, gehen andere so weit, sich die Wundmale selbst zuzufügen, um spätere Narben als Beweis anzuführen. Am extremsten sind die Fälle, in denen Personen die selbst beigebrachten Wunden über einen längeren Zeitraum offen halten, wobei selbst gesundheitliche Schäden in Kauf genommen werden.

Selbst wenn das Phänomen nicht häufig auftritt, sind auch aus jüngster Zeit Beispiele für Stigmatisation bekannt und wissenschaftlich dokumentiert worden. Eine erschöpfende wissenschaftliche Erklärung für dieses Phänomen steht allerdings noch aus.

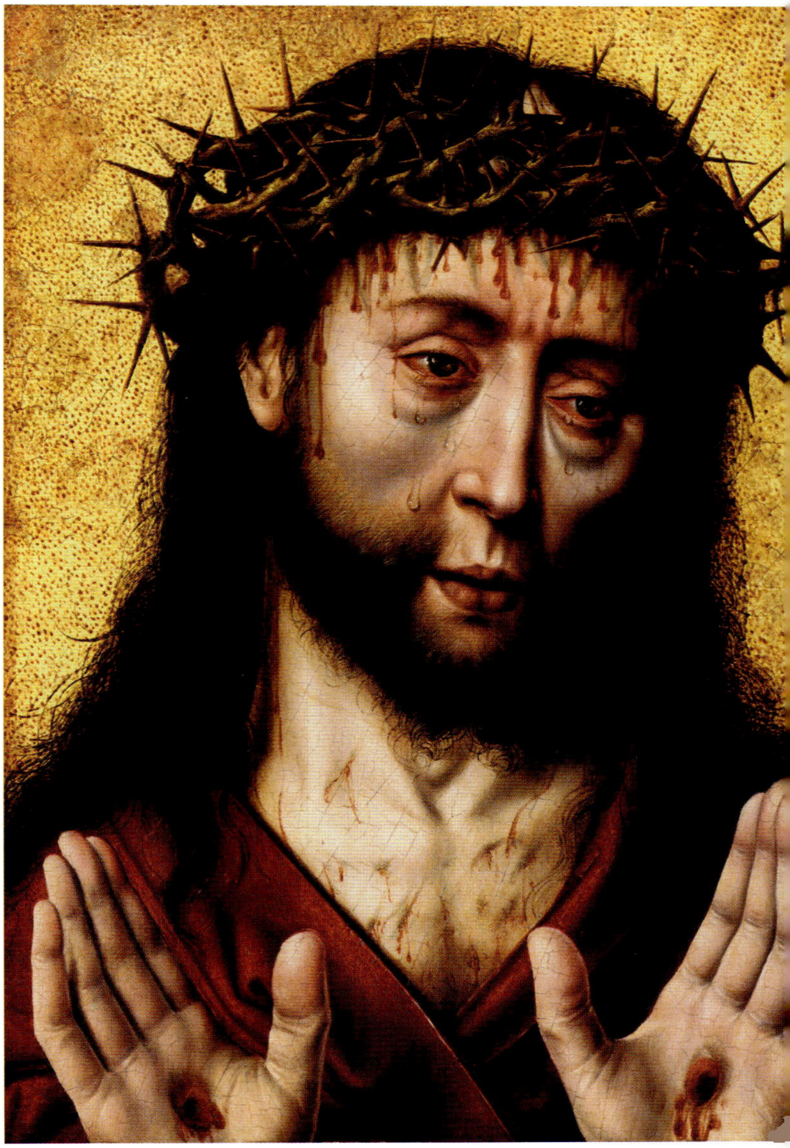

Die Stigmata zeigen sich an Händen und Füßen, teilweise auch auf der Stirn (Dornenkrone) oder an der Seite (Durchbohrung nach dem Tod).

Marienerscheinungen ereignen sich hauptsächlich vor katholischen Zeugen. Orthodoxe Christen oder Nicht-Gläubige haben allerdings ebenfalls dieses Phänomen geschildert.

Marienerscheinungen

In den letzten 200 Jahren häufen sich auf der ganzen Welt die Erscheinungen der Gottesmutter Maria, die als Heilsbringerin und Prophetin zu den Menschen spricht. Für Gläubige sind die Marienerscheinungen Wunder, für Zweifler sind sie Scharlatanerie.

Was ist eine Marienerscheinung?

Bei einer Marienerscheinung tritt die Jungfrau Maria mit einem so genannten Seher in Kontakt und hinterlässt Prophezeiungen, Zuspruch, Warnungen oder sogar apokalyptische Voraussagen. Häufig wird den Sehern allerdings aufgetragen, den Inhalt der Botschaften nicht öffentlich zu machen: Es werden geheime Gebete und Nachrichten mitgeteilt, die die Empfänger entweder erst kurz vor ihrem Tod weitergeben dürfen oder die sie gar mit ins Grab nehmen sollen.

Die Seher sind üblicherweise einfache, gläubige Menschen, häufig Kinder. Sie können Maria meist sowohl sehen als auch hören. Oft wird berichtet, ihr Erscheinen sei von Rosenduft,

Prüfung durch die Kirche
Marienerscheinungen werden wie alle übersinnlichen Phänomene von der katholischen Kirche meist durch einen Bischof auf ihre Authentizität hin überprüft, können aber auch von anderen Instanzen innerhalb der Kirche geprüft werden. Man hat drei Formeln der Beurteilung eingeführt:

- *constat de supernaturalite* – Bestätigung des Übernatürlichen
- *constat de non supernaturalite* – Widerlegung des Übernatürlichen
- *non constat de supernaturalite* – es ist nicht bestätigt, ob es sich um Übernatürliches handelt

Die beiden ersten Beurteilungen sind endgültig, die dritte kann aufgrund neuer Erkenntnisse geändert werden.

Im Fall der Marienerscheinungen wurde neben zahlreichen Widerlegungen u. a. das Auftreten der Jungfrau in Lourdes (s. S. 138f.), Fatima und Guadeloupe bestätigt (s. S. 124f.). Noch nicht bestätigt sind die Erscheinungen in Medjugorje/Kroatien und in Sievernich/Deutschland, wo die Mutter Gottes jeden ersten oder zweiten Montag des Monats einer Seherin erscheinen und Aufforderungen zum Gebet, zur Buße, zu Frieden und Nächstenliebe sowie zur Papsttreue aussprechen soll.

In Fatima erschien Maria 1917 mehrmals drei Hirtenkindern und forderte sie auf zu beten und Opfer für die Sünder zu bringen. Der Ort ist ein berühmter Wallfahrtsort geworden.

Musik und gleißendem Licht begleitet. Andere Gläubige, die zum Zeitpunkt der Erscheinung anwesend sind, nehmen weniger wahr als die Seher, etwa nur das Licht oder nur ihre Gestalt.

Bekannt sind vor allem solche Erscheinungen, bei denen Maria nach vorheriger Ankündigung mehrmals am gleichen Ort erscheint. Die Orte werden meist zu Wallfahrtsstätten, an denen die Kirche reiche Gotteshäuser errichtet.

Zweifel

Seit 1830 nehmen die Berichte von Marienerscheinungen zu, bei denen von ihr nicht mehr nur Glaubensfragen behandelt werden: Die Madonna warnt zunehmend vor falschen politischen Entwicklungen und verspricht denjenigen Hilfe, die glauben. Es ist auffällig, dass zunächst verstärkt von Marienerscheinungen in Frankreich berichtet wird, wo die Zeit der Aufklärung und besonders die Revolution von 1789 den Glauben früh schwächen. Generell kann man aber beobachten, dass Marias Auftreten sich in dem Maß zu häufen scheint, wie die Zeiten bewegter und „ungläubiger" werden.

Einige Skeptiker halten deshalb die Marienerscheinungen für reine Scharlatanerie – möglicherweise von der Kirche selbst initiiert. Bestätigt fühlen sie sich dadurch, dass Maria sich nicht direkt an diejenigen wendet, die sie eigentlich ansprechen will, sondern einfache Leute oder Kinder als Vermittler benutzt – Menschen also, die leichter zu beeindrucken und vielleicht auch einfacher zu täuschen sind.

Für solche Zweifel der Skeptiker gibt es aber ebenso wenig Beweise wie für die Annahme der Wissenschaftler, die Marienerscheinungen seien Sinnestäuschungen oder Halluzinationen. Die meisten Gläubigen werten Marias Auftreten als Wunder, obwohl die Kirche ihnen freistellt, an die Erscheinungen zu glauben oder sie wie die Wissenschaftler in Frage zu stellen.

Seit dem 24. Juni 1981 erscheint die Gottesmutter bis heute täglich in Medjugorje in Kroatien. Die Botschaft ist deutlich: Die Folgen des Glaubensabfalls und des Materialismus sind nicht mehr nur Krieg und Gewalt, sondern auch der moralische und geistige Verfall der Welt.

Die heilige Quelle von Lourdes

Der französische Wallfahrtsort Lourdes ist vor allem berühmt durch seine heilige Quelle, der besondere Heilkräfte nachgesagt werden. Von den weit mehr als 7000 Fällen von Heilungen, die im dortigen Medizinischen Büro seit Bestehen erfasst wurden, sind mittlerweile 66 Fälle von der Kirche als Wunder anerkannt worden.

Die Grotte von Massabielle

Die Geschichte der Heilquelle von Lourdes beginnt am 11. Februar 1858, als die 14-jährige Bernadette Soubirous bei einer Grotte in der Nähe des Flusses Gave du Pau mehrmals der Jungfrau Maria begegnet sein will. Die Quelle selbst soll bei einer dieser Begegnungen freigelegt worden sein. Kirchenvertreter standen dieser Quelle zunächst skeptisch gegenüber. Erst als Bernadette den nur wenige Jahre zuvor von Papst Pius IX. als Dogma erlassenen Begriff „unbefleckte Empfängnis" gebrauchte, der ihr von der Frau an der Grotte mitgeteilt worden war, schwand die Skepsis. Es wurde ein „heiliger Bezirk" in der Nähe der Grotte errichtet, bestehend aus mehreren sakralen Bauten sowie einem Prozessionsplatz.

Nachdem bekannt wurde, was sich bei der Grotte ereignet haben soll, pilgerten Gläubige aus aller Welt an diesen Ort. In anderen Ländern wurden im Laufe der folgenden Jahrzehnte in römisch-katholischen Kirchen oder auf Kirchhöfen ebenfalls so genannte „Lourdes-Grotten" erbaut, die sich architektonisch am französischen Original orientierten.

Bereits kurze Zeit später wurden die ersten Wunderheilungen gemeldet, woraufhin das Medizinische Büro in Lourdes eingerichtet wurde, das die einzelnen Fälle erfassen sollte.

Der heiligen Bernadette von Lourdes erschien 1858 die Mutter Gottes.

Das Wasser aus der Heiligen Quelle wird häufig von Besuchern abgefüllt und in ihrer Heimat an Kranke weitergegeben.

Papst Johannes Paul II. betete im August 2004 vor der Quelle von Lourdes. Er war im August 1983 der erste Papst, der diesen Ort besuchte.

Wunderheilungen

Dank der Arbeit dieses Medizinischen Büros lassen sich Statistiken erstellen, die besagen, dass hauptsächlich an Tuberkulose erkrankte Menschen nach einem Besuch der Quelle Linderung verspürten. Auch Heilungen von Erkrankungen der Innereien oder Gelenke sollen bereits vorgekommen sein. Die Quelle zeigt jedoch keine heilende Wirkung bei Krankheiten, die genetisch bedingt sind.

Das Wasser der Quelle war bereits häufig Gegenstand wissenschaftlicher Untersuchungen. Bis heute konnte allerdings kein wesentlicher Unterschied zu anderem Quellwasser festgestellt werden. Ein medizinischer oder sonstiger wissenschaftlicher Grund für die Heilungen liegt demnach nicht vor.

Aus wissenschaftlichen Reihen wurden die Quelle und ihr Ruf wiederholt stark kritisiert. Man konnte Fälle nachweisen, in denen eine Heilung von der Kirche als Wunder anerkannt wurde, während die Betroffenen kurze Zeit später an derselben Krankheit starben. Auch, wenn keine Stellungnahme der Kirche erfolgt ist, ist davon auszugehen, dass diese Kritik beherzigt wurde, da die Anzahl der Anerkennungen merklich zurückging und die Regelungen zur Anerkennung von Wunderheilungen in der Folge strenger ausgelegt wurden.

Bernadette Soubirous

Bernadette Soubirous (1844–1879) starb an einem Ostermittwoch im Alter von 35 Jahren an den Folgen von Asthma und Tuberkulose. Sie wurde etwa 800 km von Lourdes entfernt in Nevers an der Loire aufgebahrt. Papst Pius XI. sprach sie zunächst selig, später heilig. Ihr Körper, der heute noch gezeigt wird, weist nach über 125 Jahren allerdings noch keine Anzeichen der Verwesung auf. Viele sehen hierin ein Zeichen, das in unmittelbarem Zusammenhang mit der Quelle von Lourdes steht.

Erklärungsversuche

Woher die Quelle von Lourdes ihre angebliche Heilkraft bezieht, ist nicht bekannt. Ähnlich wie bei den Stigmatisationen geht man davon aus, dass die Kraft des Glaubens und des Geists eine so wesentliche Rolle spielt, dass der Körper neue Energien schöpft, die für ein Überwinden der Krankheit sorgen. Diese Theorie ist allerdings nach wie vor umstritten, zumal in einigen Fällen Spontanheilungen stattgefunden haben sollen, die in diesem Maß ohne medizinische Behandlung nicht möglich gewesen wären.

Das Johannes-Evangelium berichtet von der Heilung eines Menschen, der seit 38 Jahren gelähmt war.

Wunderheilungen

Bereits in der Bibel finden sich viele Geschichten, in denen Kranke auf verschiedene Arten geheilt werden. Trotzdem sind Menschen, die durch besondere Rituale Beschwerden lindern können, oder Heilungen herbeiführende Orte, Gegenstände oder Bauwerke auch in Kirchenkreisen seit Jahrhunderten stark umstritten.

Wunderheilungen in der Bibel

Berichte und Überlieferungen von Wunderheilungen finden sich bevorzugt im religiösen Bereich. Vor allem im Christentum spielt der Glaube an eine Heilung nicht durch ärztliche Hilfe, sondern durch göttliche Macht eine wichtige Rolle. Bereits im Alten Testament werden Wunderheilungen als Beweise für Gottes Wirken angesehen, mit deren Hilfe Propheten und andere Gläubige den Skeptikern gegenüber die Macht ihres Gottes beweisen. Diese Heilungen werden jedoch in den meisten Fällen von Gott direkt bewirkt, wie etwa im Fall von Hiskia, dem König von Juda, der von Jesaja erfahren hatte, dass sein Tod unmittelbar bevorstand. Nach einem Gebet zu Gott wurden ihm weitere 15 Jahre gewährt; wobei Jesaja erneut als Übermittler der Botschaft eingesetzt wurde.

Lazarus wurde durch ein Wort Jesu wieder zum Leben erweckt, nachdem man ihn bereits bestattet hatte.

Die Wunderheilungen im Neuen Testament werden dagegen ausschließlich von Jesus und den Aposteln bewirkt. In den vier Evangelien wird beschrieben, wie kranke oder behinderte Menschen durch eine Berührung oder nur durch Worte geheilt werden, mitunter erfolgt die Heilung sogar in Abwesenheit des Kranken, wie z. B. in der Geschichte vom Hauptmann, der um die Gesundheit seines Dieners bittet. Die Beschreibung der Auferweckung des toten Lazarus zeigt die Macht, die den Worten Christi beigemessen wurde. Nur in wenigen abweichenden Fällen werden zusätzliche Hilfsmittel eingesetzt, wie etwa ein Brei aus Staub und Speichel, durch den im Markus-Evangelium ein Blinder sein Augenlicht wiedererhält.

In der nachfolgenden Apostelgeschichte werden Petrus dieselben Fähigkeiten zugeschrieben: Die Heilung eines Gelähmten wird ebenso beschrieben wie die Auferweckung der toten Tabita. Auch Paulus bewirkt auf Malta durch Handauflegen, dass der an Fieber und Ruhr erkrankte Vater des einflussreichen Publius umgehend geheilt wird.

Wunderheilungen und Kirche

Wunderheilungen werden gerade von der katholischen Kirche sehr kritisch verfolgt. Nicht zuletzt deshalb, weil es in der Vergangenheit wiederholt Personen gegeben hat, die sich mit angeblichen Wunderheilungen Macht oder Reichtum verschaffen wollten. Aus diesem Zusammenhang heraus wurde ein Kriterienkatalog erstellt, der im Vatikan bis heute zur Definition einer Wunderheilung herangezogen wird.

Insbesondere bei der Bewertung von Heilungen, die mehrere Jahrhunderte zurückliegen, stößt dieser Katalog jedoch wiederholt an seine Grenzen, zumal Krankheitsverläufe lange Zeit nur sehr unbefriedigend dokumentiert wurden, da man gottesfürchtig das eigene Wohlergehen in Gottes Hände legte und das Scheitern einer Therapie auf eine „höhere Macht" zurückführte, während Heilungserfolge ebenfalls als „Gottes Wille" ausgelegt wurden. Aus diesem Grund finden sich bis ins frühe Mittelalter hinein keinerlei Erwähnungen von „Wunderheilungen". Erst mit der Weiterentwicklung der Medizin und neuen Erkenntnissen im Bereich der Anatomie konnten Symptome und Krankheitsverläufe besser eingeschätzt werden. Dies bildete die Grundlage zur Erkennung von Wunderheilungen. Gerade zu Beginn wurden jedoch so genannte „Wunderheilungen" in vielen Fällen von der Kirche entweder mit Gott oder mit dem Teufel in Verbindung gebracht – je nach Glaubenszugehörigkeit, angewandter Heilungsmethode oder gesellschaftlichem bzw. religiösem Stand des Heilers.

Jesus heilte einen Blinden mit einem Brei aus Speichel und Sand, den er ihm in die Augen schmierte.

Nicht immer ist ein Wunderheiler für eine Wunderheilung verantwortlich. Auch die Kraft des Gebets scheint mitunter Linderung zu bringen.

Moderne Wunderheiler

Aufgrund des Katalogs wurden die wenigsten Wunderheiler zu ihren Lebzeiten als solche von der Kirche anerkannt. In den meisten Fällen stand der Vatikan solchen Wunderheilungen sehr kritisch gegenüber, bezeichnete die ausführenden Personen sogar meistens als Quacksalber oder Scharlatane, selbst wenn sie aus den eigenen Reihen stammten. In einigen Fällen, wie etwa bei Papst Johannes Paul II. (1920–2005), kamen aus diesem Grund die Behauptungen über angeblich ausgeführte Wunderheilungen erst nach dem Tod der betreffenden Person ans Licht der Öffentlichkeit.

Ein moderner Wunderheiler, der die Vorurteile der Kirche deutlich zu spüren bekam, war der italienische Kapuzinermönch Padre Pio (1887–1968), der im Jahre 2002 heilig gesprochen wurde. Von den unzähligen Wunderheilungen, die man ihm nachsagt, wurde allerdings nur ein sehr geringer Teil von der katholischen Kirche anerkannt. Padre Pio war ebenfalls Träger der Stigmata, also der Wundmale Christi, was allerdings vom Vatikan derzeit noch bezweifelt wird.

Vergleichbaren Vorwürfen sieht sich auch die irische Nonne Briege McKenna ausgesetzt, der ein besonderes „Heilungscharisma" nachgesagt wird. Sie selbst habe lange unter rheumatischer Arthritis gelitten, ehe sie auf wundersame Weise geheilt wurde. Seitdem versucht sie, durch Gebete die Heilkraft Christi an andere Menschen weiterzuleiten.

Auch der nigerianische Pastor Charles Ndifon reist seit Jahren um die Welt, um den Glauben an Gott zu vermitteln. Er betrachtet es ebenfalls als seine Aufgabe, den Menschen zu helfen und denjenigen, die sich oder die Welt bereits aufgegeben haben, durch das Wort Gottes neue Hoffnung zu bringen. Bei seinen Auftritten in der Öffentlichkeit soll es zu unzähligen medizinisch nachweisbaren Heilungen gekommen sein.

Der italienische Padre Pio trug nicht nur die Wundmale Christi, sondern war auch für seine Heilungen und Prophezeiungen bekannt. Er soll Karel Wojtya sowohl seine Ernennung zum Papst als auch das Attentat vorausgesagt haben, das 1981 auf ihn begangen wurde.

Wunderheilungen ohne Wunderheiler?

Wunderheilungen sind allerdings nicht immer von einem Wunderheiler abhängig, wie das nachfolgende Beispiel zeigt:

1975 infizierte sich die britische Ärztin Dr. med. Jennifer Fendick mit Meningokokken-Bakterien. Als sie eines Morgens ins Krankenhaus eingeliefert wurde, lautete die Diagnose „Waterhouse-Friderichsen-Syndrom", ein schlagartig einsetzendes Leiden, das ohne sofortige Behandlung innerhalb weniger Stunden zum Tod führt. Bereits in den ersten Phasen des Krankheitsverlaufs wird der Körper so stark geschädigt, dass eine Heilung nicht mehr möglich ist.

Vier Heilgruppen einer Religionsgemeinschaft begannen um 8:30 Uhr, für Dr. Fendick zu beten, nachdem sie von einem Angehörigen der Ärztin über den Stand der Dinge informiert worden waren. Jede einzelne dieser Gruppen war kilometerweit von der Frau entfernt, Dr. Fendick konnte von dieser Aktivität nichts wissen, da sie zu diesem Zeitpunkt bereits im Koma lag. Dennoch setzte fast im selben Moment die Heilung ein: Eine kurz zuvor diagnostizierte Lungenentzündung verschwand innerhalb von 48 Stunden, in Dr. Fendicks linkem Auge hatte ein Augenarzt Blutungen diagnostiziert, die zu einem Ausfall des Gesichtsfelds geführt hätten, doch nachdem die Ärztin vier Tage später aus dem Koma erwachte, hatte sie diesbezüglich keine Beschwerden. Auch die Nieren, die sich bereits in der ersten Phase zersetzt hatten, regenerierten wieder vollständig, sodass man nach ihrer Entlassung aus dem Krankenhaus keine Zeichen einer Krankheit mehr an Dr. Fendick feststellen konnte.

Eine erschöpfende medizinische Erklärung konnte nicht geliefert werden, weiterführende Untersuchungen erbrachten keine Ergebnisse.

Ob man die Heilungen mit dem Placebo-Effekt erklärt oder sie als tatsächliches Wunder ansieht – eine Sache gilt als gesichert: Wunderheilungen sind stets mit einem festen Glauben verbunden.

Eine an Parkinson erkrankte Ordensschwester wurde nach einem Besuch von Papst Johannes Paul II. angeblich über Nacht gesund.

Weinende Ikonen und Statuen

Es wird von Statuen und Ikonen berichtet, die aus scheinbar unerklärlichen Gründen Wasser, Blut, Harz, Öl, Honig, Myrrhe oder andere Substanzen weinen. Vor allem seit den 80er-Jahren des letzten Jahrhunderts häufen sich Meldungen von derartigen Phänomenen. Einige Menschen sind davon überzeugt, dass es sich hierbei um göttliche Zeichen handelt.

Tränenflut aus Statuen

Es ist nahezu unmöglich, eine Übersicht über die weltweite Anzahl der weinenden Heiligenbilder zu erstellen. Derzeit sind allein aus Italien etwa 200 Fälle bekannt, in denen Heiligenbilder plötzlich Flüssigkeiten abgaben, meist in Form von Tränen, seltener in Form von „blutenden" oder „schwitzenden" Extremitäten. Mitunter geben diese Bilder allerdings auch aus unerkennbarer Quelle Flüssigkeit ab, wobei diese unter der Statue oder Ikone herausfließt. Die Statuen und Bilder wurden nicht alle aus demselben Material gefertigt – man findet Berichte über Statuen aus Stein, Porzellan oder Metall sowie Ikonen auf Holz oder Leinwand.

Die Menge der austretenden Flüssigkeit ist ebenfalls unterschiedlich groß. Während aus einigen Statuen und Bildern seit Auftreten des Phänomens ununterbrochen Flüssigkeit austritt, sind in den meisten Fällen die Tränen nur in einem bestimmten Zeitraum oder in unregelmäßigen Abständen aufgetreten. Da den austretenden Flüssigkeiten häufig eine heilende Wirkung nachgesagt wird, finden sich Jahr für Jahr an den öffentlich zugänglichen und regelmäßig weinenden Figuren mehrere tausend Pilger ein.

Die Statue von „La Macarena" in Sevilla wurde mit Tränen und einem Lächeln dargestellt. Echte Tränen hat die „weinende Statue" allerdings nie vergossen.

Königin Niobe wollte aufgrund ihrer vielen Kinder mit den Göttern in Konkurrenz treten, woraufhin diese für den Tod aller Kinder sorgten. Aus Gram verwandelte sich Niobe in Stein.

Die Geschichte der weinenden Statuen

Weinende Statuen sind in Überlieferungen und Märchen keine Seltenheit. Häufig handelt es sich in diesen Fällen allerdings um Menschen, die in Stein verwandelt wurden. Eine der ältesten Geschichten einer weinenden Statue stammt aus den „Metamorphosen" von Ovid (ca. 43 v. Chr.–17 n. Chr.). Ovid berichtet hier von Niobe, der Gattin des Königs von Theben, die mit ihren Lästerungen den Zorn der Götter auf sich zog. Zur Strafe töteten die Götter ihre 14 Kinder, und Niobe wurde zu einer steinernen Statue, die aus Gram in ihrer steinernen Form weinte.

Es ist nicht bekannt, ob Ovid für diese Dichtung auf eine Quelle zurückgriff, allerdings haben seine „Metamorphosen" ihren Ursprung häufig in griechischen oder römischen Überlieferungen. Es wird daher vermutet, dass bereits im Altertum dieses Phänomen beobachtet und eine Erklärung dafür gesucht wurde.

Betrug oder Wunder?

Es ist mittlerweile bekannt, dass nicht alle weinenden Statuen und Ikonen unerklärbare Geheimnisse sind. Vor allem die Popularität und die rasch zunehmende Anzahl seit den 1980er-Jahren erwecken oft den Anschein, dass nicht alles mit rechten Dingen zugeht. Tatsächlich wurden bereits einige der so genannten „Blutreliquien" als Fälschungen entlarvt. Über eingearbeitete Rohre oder mithilfe eines porösen Steins gelang es einigen Besitzern, Statuen oder Ikonen zum Weinen zu bringen. Auch mit bestimmten Chemikalien, die unmittelbar auf die Bilder aufgetragen werden, lässt sich ein ähnlicher Effekt erzeugen.

Andererseits gibt es auch Fälle, in denen man nur vermuten kann, dass es sich um einen Betrug handelt. Meistens wird Wissenschaftlern keine Genehmigung zur Untersuchung der Statuen oder der abgesonderten Stoffe erteilt, was die Aufklärung erschwert. Es existieren allerdings auch Statuen und Heiligenbilder, die bereits mit modernsten Methoden gründlich untersucht wurden und bei denen sich keine Manipulation feststellen ließ. Viele Wissenschaftler sind noch immer skeptisch, was das „Wunder" der weinenden Figuren angeht. Solange jedoch keine Gegenbeweise erbracht werden, muss jeder für sich entscheiden, ob hier wirklich ein göttliches Zeichen vorliegt.

Die weinende Madonna von Civitavecchia ist eine der kontroversen Statuen, bei der ein Betrug allerdings nicht nachgewiesen werden konnte. Die Statue wird an bestimmten Feiertagen der Öffentlichkeit im Rahmen eines Gottesdienstes präsentiert, an den übrigen Tagen ist sie in einer Ausstellung zu sehen.

Engel

Engel (griech. *ángelos* = „Bote") sind Wesen, die von Gott ausgesandt werden, um bestimmte Aufgaben zu erfüllen. Darunter fällt das Überbringen von Botschaften an die Menschen, aber auch das Beschützen derselben. Es existieren viele Schilderungen, in denen Engel den Lauf mancher Dinge verändert haben, um die Menschen vor dem Tod zu schützen.

Die Bibel über die Engel

Die Schöpfung der Engel wird in der Bibel nicht beschrieben. Da sie bereits in der Genesis als Wächter des Paradieses eingesetzt werden, ist davon auszugehen, dass sie neben Gott bereits vor der Entstehung der Welt existierten. Sie greifen auch nicht aktiv in die Schöpfung ein, wodurch bereits deutlich wird, dass sie nicht als gottesgleich anzusehen sind. Im Allgemeinen bleibt die Bibel in ihren Engelsbeschreibungen bei dem passiven Bild – auch wenn die Engel mit Worten und Taten auf Menschen einwirken, besitzen sie nur eine Botenfunktion.

In der Hierarchie der Engel soll eine klare Aufgabentrennung bestehen. Während die, die Gott am nächsten sind, ihn preisen und huldigen, sind andere mit dem Schutz des Gartens Eden betraut. Nur die unteren Ränge wie Schutzengel oder auch Scharen treten mit den Menschen in Kontakt.

Begegnungen mit Engeln finden auf unterschiedliche Weise statt. Während die meisten Propheten Visionen von Engeln beschreiben, sind diese Wesen offensichtlich auch in der Lage, eine feste Gestalt anzunehmen, wie der Kampf Jakobs mit einem Engel zeigt (Genesis 28). Allerdings muss die Gestalt nicht gleichzusetzen sein mit einer menschlichen Form, denn Jesaja beschreibt das Bild eines Seraphim als Wesen mit sechs Flügeln, von denen zwei das Gesicht bedeckten und zwei weitere die Füße, während die verbleibenden zwei dem Fliegen dienten. Er beschreibt die Seraphim als Mischwesen aus Mensch und Schlange.

In der Bibel selbst werden mehrere Arten von Engeln genannt. Im 6. Jahrhundert n. Chr. ging man davon aus, dass es sich bei den unterschiedlichen Bezeichnungen um Ränge handele und legte daher – abseits der Bibel – die Rangfolge und die Aufgaben der einzelnen Engel innerhalb einer Hierarchie fest. Diese Einteilung wurde im Laufe der Zeit leicht verändert und weist mitunter von Religion zu Religion Unterschiede auf, wie etwa die Anzahl der Ränge. Im Juden- und Christentum existieren neun Ränge, die vermutlich auf das Prinzip der Dreifaltigkeit zurückzuführen sind, bei der Vater, Sohn und Heiliger Geist jeweils über drei Ränge von Engeln verfügen können. Die oberen Ränge sind jedoch in allen gängigen Religionen gleich: Seraphim stehen über den Cherubim, gefolgt von den Thronoi. Erzengel und (Schutz-)Engel wurden auf die unterste Stufe der Hierarchie gestellt. Nach allgemeiner Auffassung geschah dies, damit sie dem Menschen am nächsten sein können. Dies bedeutet jedoch nicht, dass die Engel über den Menschen stehen. Tatsächlich ist es so, dass laut Bibel (1. Korinther 6,3) die Menschen am Ende über die Engel richten werden.

Dass Engel die Seele eines Sterbenden begleiten, wird von einer Aussage Jesu abgeleitet, nach der der arme Lazarus nach seinem Tod von einem Engel in Abrahams Schoß getragen wird, während die Seele des Reichen in einem Grab endet.

Es ist eine weit verbreitete Ansicht, dass es sich bei Satan um einen gefallenen Engel handelt, der verstoßen wurde, weil er sich gegen Gott gerichtet hatte. Sie ist allerdings – ebenso wie die Hierarchie der Engel – nicht durch die Bibel zu belegen.

Engel in der Kunst

Bereits im alten Ägypten wurden engelartige Wesen dargestellt. Hier besteht eine große Übereinstimmung mit den Beschreibungen in der Bibel, indem man Mischwesen darstellte, die meistens einen Tierkopf auf einem menschenähnlichen Körper trugen. In der griechischen Mythologie steht der Götterbote Hermes für die Rolle der Engel – auch er ist mit Flügeln ausgestattet, die sich jedoch – je nach Darstellung – am Hut oder an den Schuhen befinden. Das Christentum verzichtete im Mittelalter weitestgehend auf eine körperliche Darstellung von Engeln, man ging davon aus, dass Engel aus Licht bestünden. In der Renaissance wandelte sich die Vorstellung, es entstanden zunächst Bilder von nackten, geflügelten Jünglingen, die sich später in die Puttenbilder steigern sollten, bei denen kleine dicke Kinder mit Flügeln abgebildet wurden. Ab der Romantik des 18. Jahrhunderts ist keine einheitliche Engelvorstellung mehr auszumachen.

Im Olivengarten stand ein Engel Jesus als Tröster bei.

In der Bibel finden sich keine Engel, auf die die niedliche Darstellung der „Putten"-Engel passen würde, die zeitweise modern war.

Begegnungen mit Engeln

Berichte von Erfahrungen mit Engeln bzw. Götterboten finden sich auf der ganzen Welt, unabhängig von Herkunft und Religionszugehörigkeit.

Ursache für eine solche Begegnung scheint eine Situation zu sein, in der sich der Mensch in großer Gefahr befindet, sei es durch eine Krankheit oder durch den drohenden Tod. In vielen Fällen steht das Erscheinen des Engels in Verbindung mit der Abwendung einer Gefahr.

So existieren zahlreiche Berichte von Autofahrern, die durch ein ungewöhnliches Ereignis davon abgehalten wurden, ihre Fahrt wie geplant fortzusetzen, wodurch sie einem Unfall entgingen, bei dem sie zweifellos ihr Leben verloren hätten. Dieses Ereignis war in einigen Fällen eine Radiodurchsage, die dafür sorgte, dass der Fahrer seine Fahrt verlangsamte oder unterbrach, andere sahen eine winkende Gestalt am Straßenrand, die jedoch immer wieder verschwand. Zumindest ein Fall ist bekannt, bei dem der Engel sogar auf dem Beifahrersitz des fahrenden Autos erschienen sein soll. Die meisten Betroffenen erklärten, dass sie trotz der ungewöhnlichen Situation keine Angst verspürt hätten.

Weitere Beschreibungen von Begegnungen mit Engeln finden sich hauptsächlich bei Schwerkranken oder ihren Angehörigen. Die Kranken selbst berichten von traumähnlichen Begegnungen mit Engeln, die plötzlich im Raum erschienen. Ihren Angehörigen dagegen erscheinen Engel häufig in Form von Ärzten, angeblichen Freunden der Kranken oder hilfsbereiten Menschen, wobei diese meistens verschwinden, nachdem sie sich als Engel zu erkennen gegeben haben.

Der Schweizer Tiefenpsychologe Carl Gustav Jung (1875–1961) beschrieb Engelerscheinungen als unterbewusste Energiekomplexe, die sich stabilisierend auf die Seele auswirken können.

Lucia ist eines der drei Kinder, denen in Fátima die Mutter Gottes erschienen ist. Nur wenige wissen, dass den Marienerscheinungen sechs Engelserscheinungen vorausgingen.

In einigen Fällen scheinen Engel auch aufzutauchen, um ein Unglück durch einen anderen Menschen zu verhindern oder um Trost zu spenden. So gibt es Berichte von Menschen, die aus Albträumen erwachten und vor ihrem Bett einen Engel gesehen haben wollen. Meistens handelte es sich bei diesen Albträumen um Vorzeichen auf Ereignisse, die später tatsächlich eintraten, wie etwa der Absturz eines Flugzeugs, das eigentlich ein Bekannter nehmen wollte, oder der Suizidversuch eines Verwandten. Über den Engel hat der Betroffene hier die Möglichkeit einzuschreiten. In einem anderen Fall berichtete ein Kind von einem Traum, in dem zwei Engel sein Zimmer betraten, etwas vom Boden aufhoben und dann durch die Zimmerdecke wieder verschwanden. In derselben Nacht verstarb eines seiner Geschwister.

Wissenschaft und Engel

Aus naturwissenschaftlicher Sicht ist die Erforschung des Engel-Phänomens nahezu unmöglich. Nach den Begegnungen mit Engeln waren die beschriebenen Gestalten oder Menschen spurlos verschwunden, und es fanden sich praktisch keinerlei Hinweise auf ihre Anwesenheit. Zwar existieren einige Fotos, die Menschen von Engeln oder guten Geistern gemacht haben wollen, allerdings ist die Echtheit dieser Bilder stark umstritten, zumal die Bilder in den meisten Fällen keine klaren Aufschlüsse geben, da die Fotos unscharf sind oder überhaupt niemanden an der Stelle zeigen, an der sich angeblich der Engel aufgehalten hat, oder die abgebildeten Engel zu stark an künstliche Darstellungen angelehnt sind.

Eines der wesentlichen Probleme der Wissenschaftler besteht darin, dass Begegnungen mit Engeln nicht auf eine Stufe zu stellen sind mit Halluzinationen, wie es in der Vergangenheit bereits versucht worden ist. Wenn Betroffene von Begegnungen mit Engeln sprachen, konnte meistens ein ernst zu nehmender oder sogar lebensbedrohlicher Hintergrund nachgewiesen werden, was bei Halluzinationen eindeutig nicht der Fall ist.

Es ist unwahrscheinlich, dass die Existenz von Engeln jemals wissenschaftlich nachgewiesen werden kann, da sie selbst nicht an ihren Körper gebunden sind und Nachweise für Übersinnliches nicht existieren. Daher wird die Frage, ob es Engel gibt oder nicht, für die meisten Menschen eine Glaubensfrage bleiben.

Obwohl Erzengel in den Darstellungen häufig mit Waffen gezeigt werden, liegt ihre Hauptaufgabe laut Bibel darin, den Willen Gottes zu verkünden.

Alchemie, Magie und Flüche

Bei einem abstrakten Vergleich zwischen Religionen und Okkultismus zeigen sich neben grundlegenden Unterschieden einige Gemeinsamkeiten, z. B. der Glaube an übernatürliche Kräfte, geregelte Vorgehensweisen bei Ritualen, mit denen bestimmte Ziele verfolgt werden, oder die Hoffnung auf eine Verbesserung der individuellen Situation. Auch in der Entwicklung weisen beide Parallelen auf, zumal viele Religionen zunächst als okkult aufgefasst wurden, sofern man die ursprüngliche Bedeutung des Wortes „okkult" (lat. *occultus* = „verborgen", „geheim") zugrunde legt, die darauf verweist, dass die Verbindungen häufig nicht öffentlich waren.

Der Hauptunterschied zwischen Religion und Okkultismus liegt in der Form des Auftretens von übernatürlicher Kraft. Während sich Religionen stets einer oder mehreren Gottheiten zuwenden, die Veränderungen bewirken sollen, entsteht im okkulten Bereich jene Kraft in den meisten Fällen durch den eigenen Willen des Menschen oder das vollzogene Ritual an sich. Zwar finden sich auch hier übernatürliche Mächte, allerdings kann sich der Magier mithilfe seines Geists über sie stellen, eine korrekte Vorgehensweise während des Rituals einmal vorausgesetzt.

In vielen Bereichen verwischten im Laufe der Zeit die Grenzen zwischen Okkultem und Religiösem. Mitunter sorgten falsche Darstellungen erst in der Moderne dafür, dass Taten und Überlieferungen, die ursprünglich religiösen Charakter hatten, heute als okkult angesehen werden. Auf den nachfolgenden Seiten werden Beispiele dafür genannt. Darüber hinaus finden sich Beschreibungen von Phänomenen, die von den Menschen aufgrund ihres bedrohlich wirkenden Charakters als „Teufelswerk" bezeichnet wurden, und von modernen Erfindungen, denen ebenfalls ein okkulter Bezug nachgesagt wird.

Der Vampir Graf Dracula (hier dargestellt von Christopher Lee) wird durch das christliche Kreuz bezwungen.

Labore von Alchemisten galten nicht als „Hexenküchen"; Alchemisten fassten ihren Beruf so auf, dass sie versuchten, Gottes Schöpfung besser zu verstehen, weshalb sie auch von der Inquisition lange Zeit unbehelligt blieben.

Die Alchemie und der Stein der Weisen

Der „Stein der Weisen" ist eine Substanz der Alchemie, mit deren Hilfe man angeblich jedes Metall in Gold verwandeln kann. Da man mit den bisherigen Mitteln eine derartige Verwandlung leider nicht bewerkstelligen konnte, begab man sich vor mehreren Jahrhunderten auf die Suche nach dem Stoff, der dies vollbringen konnte.

Geschichte der Alchimie

„Alchemie" umfasste ursprünglich die Bereiche Chemie, Magie, Sterndeutung und Theologie. Im fernöstlichen China entwickelte sich eine eigenständige Form, die unter anderem auch der Kräuterkunde besondere Aufmerksamkeit widmete. Ob die westliche und die fernöstliche Alchemie auf dieselben Quellen zurückgehen, ist heutzutage nicht mehr zu ermitteln.

Wahrscheinlich bildete sich die europäische Alchemie aus Mythen sowie religiösen und rituellen Handlungen der Vorzeit heraus. Einer Legende zufolge liegt die Wiege der Alchemie in Ägypten, wo die Gottheit Thot als „Hermes Trismegistos" (der „Dreimal größte Hermes") Kunst und Wissenschaft begründete. Historisch lässt sich die Alchemie Europas bis ins Griechenland des 5. Jahrhunderts v. Chr. zurückverfolgen. Bereits damals wurden von Alchemisten Theorien geäußert, die

Paracelsus' (1493–1541) Heilerfolge waren auf seine völlig neuartigen Untersuchungs- und Behandlungsmethoden zurückzuführen.

erst über ein Jahrtausend später an Bedeutung gewinnen sollten – so etwa die ersten grundlegenden medizinischen Erkenntnisse und die Reduzierung von Beobachtungen auf einzelne Elemente durch Empedokles oder die Atomtheorie von Demokrit. Als weiterer bedeutender Alchemist tat sich im 3. Jahrhundert n. Chr. Zosimos von Panopolis hervor, der in einem seiner 28 alchemistischen Bücher einen Weg beschreibt, um mithilfe einer Quecksilber-Tinktur Silber in Gold zu verwandeln.

Von Griechenland ausgehend, breiteten sich die Lehren zunächst im islamischen Kulturkreis aus.

Im 8. Jahrhundert n. Chr. hielt Geber alias Jabi ibn Hayyan in einer seiner Schriften fest, dass Experimente generell einer Methode zu folgen hätten. Er entwickelte die Grundmethoden der Chemie und lieferte die ersten Beschreibungen von Reaktionsmechanismen, weshalb er als einer der Väter der Chemie angesehen wird. Auch Geber berichtete von einer chemischen Verbindung, die Gold erzeugen könne, bei ihm setzte sie sich aus einer kleinen Menge reinem Schwefel und reinem Quecksilber zusammen.

Ab dem 12. Jahrhundert konnte die Alchemie auch in Europa Fuß fassen. Zwar war es den Alchemisten des Mittelalters oft nur möglich, im Verborgenen zu arbeiten, allerdings hatten viele von ihnen einen guten Ruf und wurden mit Forschungen, der Erstellung von Horoskopen oder medizinischen Arbeiten beauftragt, meistens von einem reichen oder einflussreichen Gönner.

Paracelsus – Ein Alchemist als Wegbereiter der modernen Medizin
Der Alchemist Paracelsus (eigentlich Theophrast Bombast von Hohenheim) eröffnete der Medizin mit seinen Erkenntnissen neue Möglichkeiten, indem er über die Schulmedizin seiner Zeit hinausdachte und der Beobachtung und Erfahrung eine größere Bedeutung einräumte. In seinen Schriften wurden Mensch und Krankheiten abstrakter betrachtet; nicht die Symptome standen bei ihm im Vordergrund, sondern die Ursache, die er auf biologische, chemische oder physikalische Vorgänge zurückführte. Zur Bekämpfung der Krankheitserreger, so Paracelsus, sei nicht nur notwendig, das Gegenmittel zu kennen, sondern auch die einzusetzende Menge, da es ansonsten zu unerwünschten Wechselwirkungen kommen konnte. Diese Erkenntnis machte Paracelsus zum Wegbereiter der modernen pharmazeutischen Chemie.

Nicolas Flamel

Einer der ersten Alchemisten, der sich in Europa einen Namen machen konnte, war der Franzose Nicolas Flamel (ca. 1330–1413), von dem gesagt wird, dass er über einen Engel in den Besitz eines Buchs gekommen sei, das das Geheimnis des Steins der Weisen enthalten habe. Auf diese Weise soll es Flamel gelungen sein, aus Silber Gold herzustellen. Den Gewinn spendete Flamel großzügig an Kirchen und Krankenhäuser, wobei er stets nur verlangte, auf den Außenmauern des Gebäudes verewigt zu werden. Einige Zeit nach dem Tod von Flamel und seiner Frau fand eine Exhumierung statt, wobei man feststellen musste, dass sich anstelle der sterblichen Überreste Baumstämme in den Gräbern befanden. Möglicherweise ist dieser Fund die Ursache dafür, dass man seither auch das ewige Leben mit dem Stein der Weisen in Verbindung bringt. Man will Flamel in den nachfolgenden 600 Jahren gelegentlich noch einmal lebend gesehen haben, was dafür sorgte, dass sein Mythos bis heute weiter bestehen konnte.

Nicolas Flamel gilt bis heute als einziger Alchemist, dem es gelungen ist, den Stein der Weisen zu finden.

Alchemisten waren keine „Forscher", die zurückgezogen experimentierten, sondern sie hatten durchaus auch Berufe wie Lehrer, Astrologen oder Ärzte, mit denen sie ihr Geld verdienten.

Ungewollte Entdeckungen

Flamel hatte mit seinen Spenden und Taten dafür gesorgt, dass in den folgenden Jahrzehnten intensiv nach dem Stein der Weisen gesucht wurde. Er war zwar nicht der erste, der danach gesucht hattte – Leute wie der Franziskanermönch Roger Bacon (ca. 1219–1294), Arnoldus Villanovus (ca. 1235–1312) oder der Mohammedaner-Missionar Raimundus Lullus (ca. 1235–1316) hatten bereits lange vor ihm die Wirkungsweise des Steins der Weisen geschildert. Allerdings war es Flamel augenscheinlich gelungen, Gold herzustellen und nicht nur darüber zu schreiben. Und so wurde weiter mit Metallen experimentiert.

Zwar gelang es den Alchemisten nicht, reines Gold herzustellen, sondern höchstens goldfarbene Metalle unedler Herkunft, allerdings kam es bei den Versuchen zu Endprodukten, die sich anderweitig verwenden ließen.

So wird dem Freiburger Franziskanermönch Berthold Schwarz nachgesagt, bei seinen Experimenten 1353 oder 1359 das Schwarzpulver entdeckt zu haben. Historisch betrachtet, ist diese Tatsache allerdings äußerst umstritten, da schon die Chinesen und Araber lange vor Schwarz' Entdeckung über Schwarzpulver verfügten und auch der bereits erwähnte Roger Bacon 1267 die Herstellung von Schießpulver beschrieben hatte. Es ist allerdings durchaus möglich, dass die tatsächliche Entdeckung dieses Stoffs auf die Alchemie zurückzuführen ist. Der Hamburger Alchemist Hennig Brand (1630–1692) entdeckte 1669 auf der Suche nach dem Stein der Weisen den Phosphor und damit das erste Element der Chemiegeschichte der Neuzeit. Dem Alchimisten Johann Friedrich Böttger (1682–1719) gelang in Zusammenarbeit mit dem Mathematiker Ehrenfried Walther von Thiernhaus (1651–1708) die Fertigung des Meißner Porzellans.

Darüber hinaus waren die Erkenntnisse, die die Alchemie als Wissenschaft sammelte, von großem Wert für andere, damals bereits existierende oder ihr nachfolgende Wissenschaften. Dies zeigen beispielsweise die Überlegungen des Alchemisten Paracelsus (1493–1541), die die Medizin in neue Bahnen lenkten, oder die Forschungen Isaac Newtons (1643–1727), der sich auch auf dem Gebiet der Physik, Philosophie, Mathematik und Astronomie hervortat.

Das Ende der Alchemie

Bis ins 19. Jahrhundert sind alchemistische Gesellschaften sicher nachweisbar. Im 20. Jahrhundert gab es zwar noch einige Anläufe, die Erkenntnisse der Alchemie für unterschiedliche Zwecke nutzbar zu machen, allerdings waren zu diesem Zeitpunkt die meisten wichtigen Erkenntnisse in andere Zweige der Wissenschaft übergegangen, wie etwa die Physik,

Sir Isaac Newton (1643–1727) verstand es, Alchemie und moderne Naturwissenschaften unter einen Hut zu bringen.

Der Mann im Mond – von einem venezianischen Alchemisten mit entsprechenden Symbolen beschrieben und gezeichnet.

Mathematik, Chemie, Biologie, Medizin, Theologie oder Philosophie. Grundlegende Entdeckungen in allen genannten Bereichen, z. B. der Aufbau eines Periodensystems der chemischen Elemente durch Dmitri Mendelejew (1834–1907) und Lothar Mayer (1830–1895) im Jahr 1869, hatten dazu geführt, dass viele Grundlagen der Alchemie hinfällig geworden waren. Vom heutigen Stand der Wissenschaft und Technik ausgehend, wirken viele Bemühungen oder Schlussfolgerungen der Alchemisten zumindest fragwürdig. Dies hat dazu geführt, dass nachträglich die meisten Alchemisten in einem schlechten Licht dargestellt wurden.

Der Begriff der Alchemie wird heutzutage gleichgesetzt mit unheimlichen Vorstellungen aus dem finsteren Mittelalter. Möglicherweise sorgten neben den Schilderungen von düsteren Experimenten auch die Berührungspunkte mit Religion, Magie und Astrologie dafür, dass die Menschen nach dem Zeitalter der Aufklärung immer größeren Abstand von dieser Ur-Wissenschaft suchten. Allerdings sollte man dabei nicht übersehen, dass viele Erkenntnisse anderen Naturwissenschaften zugute kamen, selbst wenn die Suche nach dem Stein der Weisen bislang erfolglos blieb.

Schwarze Schafe

Auch in der Vergangenheit gab es selbstverständlich Alchemisten, die durch Kurpfuschereien, Lügen oder Unfähigkeit ihrem Berufsstand großen Schaden zufügten, z. B. Alessandro Cagliostro (1743–1795), der mit Liebestränken, Jugendelexieren oder Schönheitsmixturen seinen Kunden das Geld aus der Tasche zog. Anderen Alchemisten wurde ein Pakt mit dem Teufel nachgesagt, wie etwa Johann Georg Faust (ca. 1480–1540). Eine dritte Gruppe sorgte mit sonderbaren oder unheimlichen Experimenten selbst für eine Beschädigung ihres guten Rufs, so auch Johann Konrad Dippel (1673–1734), der auf seiner Burg (Burg Frankenstein, Bergstraße) angeblich mit Leichen oder Leichenteilen arbeitete und eines Tages – anscheinend nach einem Versuch mit Nitroglyzerin – einen Turm der Burg in die Luft sprengte, wobei er fast ums Leben kam.

Die Voynich-Handschrift

Sowohl in Fachbüchern über Alchemie als auch in einigen naturwissenschaftlichen Werken finden sich Beschreibungen der so genannten „Voynich-Handschrift“. In diesem etwa 200 Seiten starken Buch sollen Geheimnisse festgehalten worden sein, und vielleicht bediente sich der Verfasser bei der Niederschrift der Texte einer Geheimschrift, weil er die Entdeckung des Inhalts und deren mögliche Folgen fürchtete.

Entdeckung und erste Untersuchungen

Im Jahr 1912 erwarb der Antiquar Wilfred Michael Voynich (1865–1913) ein Buch, in dem sich zahlreiche Zeichnungen und ein Text befanden, der in einer altmodisch wirkenden Schrift verfasst worden war. Bereits die Bilder weckten das Interesse des Antiquars, handelte es sich doch um ungewöhnliche Spiralformen, Pflanzen, Sternbilder, Frauengestalten, Schläuche und sonstige Gebilde. Auch der Text war grotesk strukturiert; in einigen Fällen wurde er sogar zum Bestandteil der Zeichnungen oder erstreckte sich in geometrischen Formen über eine Doppelseite. Allerdings war der Text in einer Geheimschrift verfasst – obwohl es offensichtliche Zeichenwiederholungen und Wort- bzw. Satzstrukturen gibt, war es Voynich unmöglich, die Worte zu entziffern. Er schloss daraus, dass der Text brisante Informationen enthalten müsse, wie etwa naturwissenschaftliche Entdeckungen oder Ergebnisse aus dem Bereich der Alchemie, die in der Zeit ihrer Entstehung für den Verfasser den Tod auf dem Scheiterhaufen bedeutet hätten. Weiterführende Recherchen Voynichs ließen darauf schließen, dass bereits im 17. Jahrhundert (vergebliche) Versuche unternommen worden waren, die Geheimschrift zu entziffern.

Der Franziskanermönch, Philosoph und Wissenschaftler Roger Bacon gilt als der Verfasser der Voynich-Handschrift.

Athanasius Kircher gehörte im 17. Jahrhundert zu denjenigen, die versuchten, die Voynich-Handschrift zu entziffern.

Entschlüsselung und Gegenbeweis

Voynich schickte Abschriften von einzelnen Seiten mit einem Bericht an Spezialisten, doch selbst Geheimdienste und angesehene Verschlüsselungsexperten waren nicht in der Lage, die Schrift zu übersetzen. Die Zeichnungen konnten zur Entschlüsselung ebenfalls nicht beitragen, da es nicht möglich war, die abgebildeten Pflanzen oder astronomischen Skizzen zu identifizieren.

Entsprechend groß war das Interesse der Fachwelt, als William R. Newbold, Professor für Philosophie an der Universität von Pennsylvania, 1921 seine Untersuchungsergebnisse verkündete. Er sei bei der Untersuchung des Texts auf mikroskopisch kleine Zeichen gestoßen, die Teil einer Kurzschrift seien. Beim Umstellen jener Buchstaben erhalte man einen lateinischen Text, in dem von Keimzellen und organischem Leben die Rede sei. Somit handele es sich um naturwissenschaftliche Ergebnisse, die vermutlich auf den Franziskanermönch Roger Bacon (ca. 1214–1294) zurückzuführen seien.

Nur zehn Jahre später, kurz nach Newbolds Tod, kam dessen früherer Kollege, Professor John Manly, bei einer Überprüfung der Untersuchungsberichte zu einem völlig anderen Ergebnis. Nach seiner Meinung handelte es sich bei der angeblichen Kurzschrift um Rückstände oder Risse im Pergament, und die Umstellung der Buchstaben habe Newbold nach einem undurchsichtigen System vorgenommen, sodass die Ergebnisse eher auf einem Zufall beruht hätten.

In den nachfolgenden Jahrzehnten gab es wiederholt Entschlüsselungsversuche, aber selbst mit modernen Computersystemen war es bislang noch nicht möglich, den Code des Voynich-Manuskripts zu knacken. Allerdings konnten mit ihrer Hilfe mittlerweile einige Zweifel ausgeräumt werden. Man weiß heute, dass an der Niederschrift des Manuskripts zwei Leute beteiligt waren, dass sich in der Handschrift keinerlei Korrekturen befinden, was darauf schliessen lässt, dass zunächst eine Vorlage erstellt wurde, und dass die Schrift sinnvolle sprachliche Strukturen aufweist – es handelt sich also nicht um eine willkürliche Aneinanderreihung von Symbolen, sondern um eine Sprache mit bestimmten Regelmäßigkeiten. Das deutet auf eine Verschlüsselung hin – oder auf eine erfundene bzw. fehlerhaft festgehaltene Sprache, womit allerdings die endgültige Entschlüsselung in Frage gestellt wäre.

Bis heute ist es niemandem gelungen, die Schriftzeichen und Bilder der Voynich-Handschrift zu deuten.

Das Necronomicon

Beim Necronomicon handelt es sich um ein vom amerikanischen Schriftsteller Howard Phillips (H. P.) Lovecraft beschriebenes Buch, das angeblich im Jahr 730 von dem verrückten Araber Abdul Alhazred (oder Abd Al'Azrad) verfasst wurde. Auf etwa 800 Seiten werden sowohl der Ursprung der „Großen Alten" erklärt als auch exakte Anleitungen zur Beschwörung von übernatürlichen Wesen gegeben.

Abdul Alhazred

H. P. Lovecraft (1890–1937) gilt noch heute als einer der einflussreichsten Autoren im Horrorbereich, nicht zuletzt durch den von ihm geschaffenen umfangreichen Cthulhu-Mythos. In einigen seiner Erzählungen rund um die „Großen Alten" nimmt er Bezug auf das Necronomicon.

Glaubt man Lovecraft, so verfasste der Araber Abdul Alhazred im Jahr 730 ein Buch unter dem Titel „Kitab al'Azif" („Vom Heulen der Wüstendämonen"), das von verschiedenen Gottheiten und vormenschlichen Rassen auf der Erde handelt. Beim Schreiben dieses Buchs soll Alhazred der Verstand verlassen haben. Seine Beschreibungen sollen auf eigene Entdeckungen während einer zehnjährigen Forschungsreise durch die arabische Wüste, Babylon und Ägypten zurückgehen. Dabei sei er auf eine namenlose Stadt gestoßen, in der sich Aufzeichnungen fanden, die historische Begebenheiten und Geheimnisse schilderten. Basierend auf diesen Erzählungen verfasste er sein Buch. Im Jahr 738 sei Alhazred in Damaskus von einem unsichtbaren Ungeheuer verschlungen worden.

Das Necronomicon wurde in arabischer Sprache verfasst, auch wenn Lovecraft an einigen Stellen von einem „griechischen Original" spricht. Der griechische Titel lässt unterschiedliche Deutungen zu, je nachdem, wie man die einzelnen Namensbestandteile definiert. So kann – laut Lovecraft – der Titel als „Buch der Toten Gesetze", „Abbild des Gesetzes der

Der Große Alte Cthulhu schläft in den Geschichten Lovecrafts auf einer Insel unter den Überresten einer längst untergegangenen Kultur.

Toten", „Gesetz der Toten Ebenbilder", „Buch der Toten Namen" oder „Buch von den Gesetzen der Toten" verstanden werden.

So weit ein grober Überblick über die fiktive Entstehung des Necronomicons.

Tatsächlich verbirgt sich hinter „Abdul Alhazred" H. P. Lovecraft selbst. Nach eigenen Angaben war dies ein fiktiver Name, den er sich gab, wenn er in seinen Tagträumen als Araber auftrat. Der Ursprung des Namens liegt in dem englischen Wort *hazard* (= Gefahr).

Cthulhu

Der Cthulhu-Mythos aus der Feder Lovecrafts ist eine lose zusammenhängende Reihe von Kurzgeschichten, in denen – meist von neugierigen Menschen – Zusammenhänge aufgedeckt werden, die von den „Großen Alten" handeln, einer übermächtigen, nichtmenschlichen galaktischen Rasse, deren Herkunft nicht bestimmt wird. Eines dieser Wesen ist Cthulhu, der vor Millionen von Jahren auf die Erde kam, hier eine Stadt errichtete, die allerdings aufgrund einer Plattenverschiebung wieder von der Erde verschwand. Seitdem befindet sich Cthulhu unter der Erdoberfläche in Tiefschlaf.

Lovecraft beschrieb die Großen Alten als Wesen mit Flügeln, die den Menschen einen grauenvollen Anblick boten und mit übernatürlichen Kräften ausgestattet waren.

Der Autor H. P. Lovecraft war zu Lebzeiten kaum bekannt. Erst nach seinem Tod wurden seine in vielen Zeitschriften verstreuten Werke von seinen Freunden gesammelt und in geordneter Form veröffentlicht.

Während einige der „Großen Alten" der Menschheit neutral gegenüberstehen, scheint Cthulhu zu denjenigen zu gehören, die die Menschheit versklaven wollen.

Der Cthulhu-Mythos wurde bereits zu Lovecrafts Lebzeiten von anderen Schriftstellern kontinuierlich erweitert.

Der Inhalt des Necronomicons

Lovecraft hat in vielen seiner Geschichten, besonders in denen, die dem Cthulhu-Mythos gewidmet sind, Beschreibungen des Necronomicons und seines Inhalts geliefert. Das Necronomicon enthalte vor allem detaillierte Angaben zur Beschwörung der Großen Alten, wobei Lovecraft häufig indirekt darauf hinweist, dass diese Beschwörung nicht zum Ziel hat, die Großen Alten zu beherrschen, sondern ihnen Wege zu öffnen, über die sie zur Erde gelangen können. Da diese Rasse allerdings unsterblich zu sein scheint und Naturgesetzen unterworfen ist, die für die Menschen außerhalb des Begreiflichen liegen, würde eine solche Beschwörung in der Versklavung oder sogar Vernichtung der Welt enden.

Das Necronomicon enthält darüber hinaus Informationen über die Entwicklung der Großen Alten, ihre Zivilisation sowie einzelne, längst vergessene Kulte und deren Riten.

Die Großen Alten wurden, nachdem sie in Schlaf gefallen waren, wiederholt von den nachfolgenden Kulturen beschworen und verehrt.

Das echte Necronomicon?

Seit Lovecrafts Veröffentlichungen finden sich auf dem Büchermarkt mehr oder weniger offen die verschiedensten Ausgaben eines so genannten „Necronomicons". In einem Fall wurde das Buch werbeträchtig auf acht Einzelbände aufgeteilt, um zu verhindern, dass der Leser dem Wahnsinn verfällt.

Es ist fraglich, ob die Necronomica, die auf dem Markt existieren, außer dem Namen und einigen Anspielungen auf das Werk H. P. Lovecrafts etwas mit dem Buch zu tun haben, das angeblich dem Mythos um die Großen Alten zugrunde liegt. Vielmehr geht man davon aus, dass die Bücher in dieser Form erst entstanden, nachdem der Name „Necronomicon" durch das Werk H. P. Lovecrafts einer breiteren Öffentlichkeit bekannt geworden war.

Wie oben bereits erwähnt, existieren Gerüchte, wonach Lovecraft selbst ein „Necronomicon" schrieb. Obwohl es nicht unmöglich ist, wird das jedoch von vielen Lovecraft-Kennern ausgeschlossen, einerseits, weil die meisten Necronomica, die auf dem Markt existieren, stilistisch nicht zum Werk des Schriftstellers passen würden, andererseits, weil Lovecraft so viel schrieb und eine so intensive Korrespondenz mit seinen Freunden pflegte, dass ihm dazu nur wenig Zeit geblieben wäre, abgesehen von dem Umstand, dass sich in keinem seiner Briefe ein Hinweis auf dieses Buch findet.

Wahnsinnige Übersetzer
Eine weitere Behauptung, die mit dem Necronomicon einhergeht, ist die, dass sämtliche Übersetzer, die mit dem Buch zu tun hatten, über kurz oder lang dem Wahnsinn verfielen. Die derzeit auf dem Markt erhältlichen Ausgaben machen nicht den Eindruck, als könnten sie etwas Vergleichbares bewirken. Darüber hinaus sind keine ärztlichen Unterlagen bekannt, die auf solche Fälle schließen lassen, sodass hier ebenfalls von einer Legende auszugehen ist.

Lord Edward Dunsany, selbst einer der Pioniere der fantastischen Literatur, widmete sich auch der Förderung von jungen Talenten wie Lovecraft.

Das Gerücht, zwei oder mehrere Studenten hätten in den 1970er-Jahren aus Geldnot anhand von Lovecrafts Beschreibungen ein eigenständiges Necronomicon verfasst, hält sich heute noch. Zwar ist diese These nicht widerlegt, allerdings gibt es auch Ausgaben, die aus den 1960er-Jahren (und aus früherer Zeit) stammen.

Ein weiteres Gerücht in Verbindung mit dem Necronomicon verweist auf das British Museum in London, wo eine Ausgabe in einem Kellerraum versteckt aufbewahrt wird, die man allerdings auf Anfrage angeblich einsehen kann. Im Gegensatz dazu besagt ein anderes Gerücht, dass das Necronomicon im Vatikan unter Verschluss gehalten wird, nachdem zu viele Leute versucht hätten, Dämonen und Geister anhand der vorgegebenen Rituale zu beschwören.

Unabhängig davon, ob ein Necronomicon heute existiert, muss die Frage angegangen werden, ob Lovecraft zu seinen Lebzeiten auf ein solches Buch Zugriff gehabt haben könnte. Das scheint nach allgemeiner Auffassung zwar nicht der Fall gewesen zu sein, allerdings mangelte es dem Schriftsteller nicht an passendem Quellenmaterial. Es steht fest, dass sich Lovecraft, der nur zeitweise eine Schule besuchte, sein umfassendes Wissen größtenteils über die Bibliothek seines Großvaters aneignete, in der sich auch einige okkulte Bücher befanden. Nach seinen ersten Veröffentlichungen im fantastischen Bereich kam es zudem zur Übersendung von Büchern und Schriften, die sich mit alten Kulten auseinander setzten. Auch Lovecrafts Förderer, Lord Edward Dunsany, war an okkulten Geheimnissen interessiert, sodass sich auf diesem Weg ebenfalls eine Austauschmöglichkeit ergeben haben könnte.

Die Idee, ein unheimliches Buch wie das Necronomicon als wiederkehrendes Element in Kurzgeschichten einzubauen, geht nach Lovecrafts eigenen Angaben auf ein Buch aus Robert W. Chambers Kurzgeschichtenband „Der König in Gelb“ zurück, das jeden, der darin liest, um seinen Verstand bringt. Nimmt man diese Aussage als Grundlage, hat ein Buch namens „Necronomicon“ zu Lovecrafts Zeiten nicht existiert. Das schließt jedoch nicht aus, dass es okkulte Sammelwerke und Grimoires (s. S. 162) gab, die einen vergleichbaren Inhalt hatten.

Einigen Gerüchten zufolge wird das Original Necronomicon in einer unterirdischen Kammer des Vatikans aufbewahrt.

Rituelle Magie

Wie bereits beschrieben, zeigte das Necronomicon Wege der rituellen Magie auf. Schilderungen dieser Art finden sich in nahezu jeder Kultur, wenngleich sie nicht von allen als Magie bezeichnet werden, zumal der Übergang zwischen rituellen Handlungen und der Ausübung von Religion in vielen Fällen fließend ist. Im Wesentlichen umschreibt der Begriff Ritualmagie Ereignisse, die durch festgelegte Abläufe hervorgerufen werden.

Grimoires

Das von H. P. Lovecraft in seinen Werken mehrfach erwähnte Necronomicon weist sämtliche Eigenschaften eines Grimoires auf, ohne eigentlich zu dieser Gattung zu gehören, da es nur bedingt in den zeitlichen Rahmen passt. Grimoire (von altfranz. *gramaire* = „Anleitung") wird ein Buch genannt, das Anweisungen für magische Rituale sowie Beschreibungen von überirdischen Wesen enthält, wie etwa von Dämonen, Engeln oder Monstern. Grimoires entstanden hauptsächlich zwischen 1250 und 1750. Obwohl der Besitz eines solchen Buchs in Hexenprozessen jener Epochen nahezu immer mit dem sofortigen Todesurteil verbunden war, blieben die meisten Standard-Werke doch erhalten. Man führt diesen Umstand darauf zurück, dass die Grimoires als Beweismaterial in den sicheren Klosterbibliotheken verblieben.

Der Ablauf eines magischen Rituals

Die meisten Grimoires halten sich bei der Vorgehensweise an klare Strukturen. Vor einem Ritual muss sich der Magier zunächst körperlich und geistig vorbereiten. Dies erfolgt je nach Ritual durch Fasten, Bäder, Beten etc. Nach Auffassung der meisten Grimoires dient diese Reinigung dem besseren Fluss der Magie.

Im zweiten Schritt soll sich der Magier mit vorgeschriebenen Instrumenten versehen, wie etwa Kreide, Stab, Messer, Gewand etc. In den meisten Fällen erfordert das jeweilige Instrumentarium selbst eine gewisse Vorarbeit, wie etwa eine Gravur auf

Dr. Faust soll es gelungen sein, den Teufel zu beschwören. In einem Vertrag wurde festgelegt, dass der Teufel Faust 24 Jahre lang dienen sollte, nach deren Ablauf er die Seele des Magiers erhalten solle.

Magische Bücher enthielten nicht nur Rezepte zur Herstellung von Tränken und Salben, sondern vor allem genaue Anleitungen zur Beschwörung von Dämonen und Geistern.

dem Messer, einen speziell gefertigten Stab, eine detaillierte Musterung auf dem Gewand usw., wobei allerdings auch gesagt werden muss, dass ebenfalls häufig von einem „jungfräulichen" Instrumentarium die Rede ist, d. h., dass bereits verwendete Utensilien für einen weiteren Zauber nicht mehr benutzt werden sollen.

Im dritten Schritt entsteht der „magische Kreis", je nach Bedarf ein gemalter oder anders gearteter Kreis, der mit vorgegebenen magischen Symbolen und Schriftzeichen versehen wird. Dieser Kreis dient in aller Regel nicht der Beschwörung an sich, sondern vielmehr dem Schutz des Magiers vor den beschworenen Kreaturen.

Die nachfolgenden Schritte variieren je nach Art der Magie, allerdings ist das Grimoire oder zumindest die Liste der zu beschwörenden Wesen bzw. die jeweilige Rezeptur unumgänglich. Sollten Beschwörungen vorgenommen werden, wird auch meist auf ein weiteres Buch verwiesen, in das die beschworene Kreatur zur Bestätigung ihres Gehorsams ihr Zeichen setzen muss.

In der Regel wird darauf aufmerksam gemacht, dass bei Beschwörungen jeder Schritt gewissenhaft durchgeführt werden muss. Fehlerhafte Vorbereitungen können ein Gelingen der Beschwörung verhindern oder anderenfalls den Magier in größte Gefahr bringen. In den Schilderungen reichen die Folgen vom Wahnsinn bis zum Verlust von Körperteilen.

Der Unterschied zwischen weißer und schwarzer Magie

In Bezug auf die Art des Rituals existiert grundsätzlich kein Unterschied zwischen der so genannten schwarzen und weißen Magie. Vielmehr kommt es hier auf den Einsatz der Magie an. Wird ein Zauber zugunsten eines Menschen eingesetzt, eventuell auch mit dessen Einverständnis, spricht man von weißer Magie. Rituale dagegen, die unternommen werden, um anderen Menschen zu schaden, werden der schwarzen Magie zugeordnet. Eine Grenze zwischen diesen beiden Magieformen ist somit nur schwer zu bestimmen, wie die unterschiedlichen Einsatzmöglichkeiten von Liebes- oder Schlafzauber verdeutlichen.

Die Wirkung eines Rituals

Die Beschwörung von Geistern, Engeln, Dämonen und Monstern dient im Regelfall dem Ausbau der persönlichen Macht. Wird ein solches Wesen unterworfen, kann es seinen Fähigkeiten entsprechend vom Beschwörer eingesetzt werden, um den Menschen zu schaden bzw. zu nutzen. Die Hierarchie der Kreaturen spielt dabei eine wichtige Rolle und kann im entsprechenden Grimoire nachgelesen werden. Die Beschwörung eines niederen Dämons kann z. B. zur Folge haben, dass bei einem anderen Menschen Albträume verursacht werden. Ein ranghöherer Dämon ist eventuell in der Lage, Krankheiten hervorzurufen oder zu heilen usw. Allerdings ist das Beschwören höherer Kreaturen entsprechend mühsamer und erfordert intensivere Vorbereitungen, die in präzise festgelegten Opferzeremonien oder Selbstverstümmelungen des Magiers gipfeln können.

Ein fünfzackiger Stern („Pentagramm" oder „Drudenfuß") gilt als eines der magischsten Symbole und wird häufig bei der Erstellung eines magischen Kreises verwendet.

Puppenrituale

Es gibt allerdings auch verbreitete Rituale, die einfacherer Natur sind und den Magier keiner solchen Gefahr aussetzen. Für eine Form der Ritualmagie, die heute weitestgehend mit Voodoo in Verbindung gebracht wird, verwendete man Puppen aus Stoff, Wachs oder Ton. Rituale an diesen Figuren zielten meistens auf eine ganz bestimmte Person ab und hatten zum Ziel, diesem Menschen entweder zu schaden oder zumindest Macht über ihn zu erhalten. Um eine magische Wirkung zu erzielen, benötigte man in den meisten Fällen Haare, Nägel und Körpersekrete des Opfers. Diese brachte man mit der Puppe in Verbindung; wie dies geschah, war unterschiedlich geregelt – in einigen Fällen mussten die Zutaten in einer Tonfigur verbrannt werden, andere Bücher schreiben vor, dass diese Zutaten in den Ton gemischt werden mussten, aus dem die Figur erst entstehen sollte, andere Rituale verlangten das Einnähen in eine Stoffpuppe etc. Wurde diese Puppe nun auf eine bestimmte Weise behandelt, verband sich das Schicksal der Figur mit dem des Opfers. Band man zwei präparierte Puppen zusammen, stellte dies einen Liebeszauber zwischen den beiden Menschen dar. Beschädigte man Teile der Figur, wirkte sich das auch auf die entsprechenden Gliedmaßen des Opfers aus. Wurde die Puppe zerstört, verurteilte man die betreffende Person zum Tod.

Magische Rituale galten während des Mittelalters als Frevel gegenüber Gott, weshalb viele, die man bei magischen Ritualen ertappte oder beschuldigte, sie bei magischen Ritualen ertappt zu haben – auf dem Scheiterhaufen verbrannt wurden.

Traten die erhofften Folgen eines Rituals nicht ein, konnte es geschehen, dass der Beschwörer selbst um seine Gesundheit oder sein Leben in Sorge sein musste, da dann das Ritual auf ihn selbst zurückfiel.

Magische Rituale und ihre Folgen

Es gibt viele Ereignisse, die angeblich auf magische Rituale zurückgehen. Bestimmte Menschen wurden aus unerklärlichen Gründen krank, es ereigneten sich Unfälle oder Todesfälle, selbst unglückliche Ehen wurden auf das Scheitern eines Liebeszaubers zurückgeführt. Inwieweit diese Schicksalsschläge auf tatsächliche Rituale zurückzuführen sind, blieb bislang ungeklärt, vor allem deshalb, weil Ritualmagier, Zauberer und Hexen im Mittelalter mit dem sicheren Tod zu rechnen hatten, wenn man sie überführte.

Allerdings gibt es einige dokumentierte Fälle, die die Folgen von Ritualen beschrieben und neue Fragen aufwarfen. Pfarrer Arthur Bedford berichtete 1690 über die magischen Rituale von Thomas Parkes aus Bristol, der aus Übermut eine Beschwörung vornahm und sich plötzlich von Geistern umgeben sah. Bei einer Wiederholung des Experiments verlor er die Kontrolle und wurde mit Dämonen konfrontiert, die mächtiger waren als der Schutzkreis, den er um sich gezogen hatte. Pfarrer Bedford schien Parkes' Worten Glauben zu schenken.

Bezüglich der Puppenmagie existieren mehrere Beschreibungen, bei denen das Opfer tatsächlich gemäß den Beschädigungen der Puppe verletzt bzw. beeinträchtigt wurde. So berichtet ein amerikanischer Journalist von einem französischen Konzertpianisten, der nach einem Streit aus einer esoterischen Sekte ausgetreten war. Die Arme der Puppe, die man nach seinem Vorbild fertigte, spannte man in einen Schraubstock. Tatsächlich ließ die Fingerfertigkeit des Pianisten in den folgenden Tagen immer weiter nach, bis er sogar ein Konzert abbrechen musste. Der Journalist erwähnte allerdings auch, dass weitere Mitglieder der Sekte sich in der Zeit nach seinem Auftritt stets in der Nähe des Pianisten aufgehalten und sein Klavierspiel fortwährend kritisiert hätten. Hier haken Psychologen ein und behaupten, das Opfer sei mit den Methoden der Sekte vertraut gewesen und habe so fest an die Wirkung der Puppenmagie geglaubt, dass sein eigenes Unterbewusstsein die Lähmung der Hände hervorgerufen habe. Hätte der Pianist von der Rache der Sekte nichts gewusst, wären ihm die Folgen erspart geblieben.

Puppenmagie ist keinesfalls nur im Voodoo verbreitet – auch im mittelalterlichen europäischen Okkultismus war der Glauben an diese Rituale bereits weit verbreitet.

Voodoo

Voodoo ist eine Religion, die ursprünglich in Westafrika ausgeübt wurde. Durch Sklaverei wurde Voodoo auch in andere Erdteile getragen, wie etwa nach Asien (Indien) und Amerika (z. B. Haiti, Dominikanische Republik), wo sich die Anzahl der Gläubigen schnell vergrößern könnte. Die häufige Darstellung von Knochen und Schädeln sowie die wilden Tanzrituale förderten unter der weißen Bevölkerung schnell die Gerüchte, dass es sich bei Voodoo um schwarze Magie oder sogar um einen Totenkult handele, bei dem ebenfalls Menschenopfer an der Tagesordnung seien. Tatsächlich werden den Voodoo-Gottheiten Tieropfer dargebracht, allerdings nicht auf blutrünstige Art und Weise, sondern eher in Form einer öffentlichen Tötung des Tieres, das später zubereitet und verzehrt wird.

Als man 1980 eine der australischen „Teufelsmurmeln“ abtransportierte, prophezeite der Stammesälteste Mick Taylor Krankheit und Tod – tatsächlich erkrankten in der Folgezeit viele Kinder der Siedlung, er selbst starb kurz darauf im Alter von 50 Jahren.

Flüche

Eine der häufigsten Formen ritueller Magie findet sich im Fluch, dem Gegenteil des Segens. In der Regel wird hier einem Menschen Unglück gewünscht. Flüche wurden über Jahrtausende als Ursache eines Übels gesehen. Die Ausprägungen des Fluchs sind allerdings sehr unterschiedlich, ebenso wie Wirkungsdauer oder Gegenmittel.

Was ist ein Fluch?

Flüche als Unglückswünsche sind weit verbreitet, viele haben mittlerweile Einzug in den allgemeinen Sprachgebrauch gefunden oder gelten sogar als unverzichtbares Stilmittel. Das, was heute häufig als lapidar abgetan wird, hatte in den letzten Jahrtausenden eine völlig andere Bedeutung.

Flüche, egal ob bewusst oder unbewusst ausgesprochen, hatten gemäß mittelalterlichen Vorstellungen eine ernst zu nehmende Wirkung und konnten bisweilen schwere Folgen haben. Die Anwendung von Flüchen machte allerdings eine große Entwicklung durch – während in der Frühzeit nur Magiern und Hexen die Fähigkeit vorbehalten war, über einen Menschen einen Fluch verhängen zu können, glaubte man vor allem im Mittelalter daran, dass auch der Ausspruch eines gewöhnlichen Menschen bereits ausreichen würde, um den Teufel oder die Dämonen zu aktivieren, da diese ohnehin auf neue Seelen lauerten. Ein Fluch konnte Krankheit, Verstümmelung, Unglück oder Tod bedeuten.

Eine entsprechende Bedeutung und Anwendung erfahren Flüche auch in Überlieferungen wie etwa Märchen. Durch Flüche oder verfluchte Gegenstände verwandeln sich Menschen oder erleiden ein sonstiges Schicksal, wobei das Brechen eines Fluchs mitunter jahrelang dauern konnte. Die Märchen wurden als Symbole verwendet, um die Tragweite eines Fluchs begreiflich zu machen.

Anwendung und Wirkung eines Fluchs

Unter einem Fluch im okkulten Sinn versteht man nicht ein salopp dahingesagtes Wort, sondern ein magisches Ritual, das aus einem Spruch oder einer Formel, und aus einer bestimmten Handlung besteht, z. B. einer bestimmten Geste oder Weitergabe eines gewissen Gegenstands, die mit festgelegten Worten begleitet wird. In der Regel werden Gesten, die einen Fluch begleiten sollen, allerdings sehr allgemeingültig beschrieben. Das mag geschehen sein, um die Tatsache zu verbergen, dass gerade ein Fluch gesprochen wird. Andererseits kann es dadurch ebenso passieren, dass Flüche wirksam werden, die in einem unbeherrschten Augenblick ausgesprochen wurden.

Welche Vorbereitungen für die Verhängung eines Fluchs getroffen werden müssen, hängt ganz von der Absicht des

Fluchenden ab. Einige Flüche, die schwer wiegende Folgen haben können, benötigen intensivere Vorarbeiten oder ungewöhnliche Zutaten, andere dagegen wirken genau dann, wenn sie aus dem Stegreif angewandt werden. Auch die Nachwirkungen eines Fluchs sind abhängig von der Absicht, die damit verfolgt wird. In einigen Fällen muss sogar der Verfluchte aus dem Mund des Verfluchenden von diesem Fluch erfahren, ehe er wirksam wird.

Absichten, die mit Flüchen verfolgt werden, beschränken sich im Regelfall darauf, einer einzelnen Person, dem Verfluchten nämlich, zu schaden. Flüche sollen Krankheiten, Schicksalsschläge oder sogar eine Verwandlung hervorrufen, die Charaktereigenschaften, Absichten oder sogar das Gedächtnis eines Menschen sollen verändert werden, im Extremfall soll ein Fluch sogar zum Tod führen.

König Agamemnon von Mykene wurde das Opfer eines Fluchs, den Hermes über sein Geschlecht verhängt hatte.

Die amerikanische Schauspielerin Jayne Mansfield starb am 29. Juni 1967 bei einem Autounfall. Viele sind davon überzeugt, dass ihr Tod auf einen Fluch ihres ehemaligen Freundes Anton la Vey zurückzuführen ist, der Leiter der Kirche des Satans war.

Der böse Blick

Eine weit verbreitete Sonderform des Fluchs ist der so genannte „böse Blick". In diesem Fall ist kein besonderes Ritual vonnöten – die Person, die den bösen Blick hat, braucht diesen nur auf jemanden zu richten, woraufhin das Opfer umgehend verflucht ist. Was genau den bösen Blick ausmacht, wird nicht eindeutig geklärt, allerdings scheint der Betroffene häufig mit dieser Eigenschaft geboren worden zu sein. Demzufolge ist auch der Fluch in den meisten Fällen unwillentlich. Darüber hinaus gibt es Schilderungen, nach denen nicht jeder einzelne Blick der betroffenen Person als böse einzustufen ist. Es scheint nur besondere Situationen zu geben, wie etwa anlässlich eines Lobes oder des Neids, bei denen der böse Blick zutage tritt. Es scheint nicht möglich zu sein, etwas gegen ihn zu unternehmen, sobald man von ihm einmal getroffen wurde. So wird auch Papst Pius IX. der böse Blick nachgesagt, weil es schien, dass Menschen und Orte, die er kurz zuvor gesegnet hatte, ein ungewöhnliches Schicksal ereignete. Es existieren zwar verschiedene Anleitungen, wie man sich vor dem bösen Blick schützen konnte, etwa durch das Einreiben mit einer bestimmten Tinktur oder aber das Tragen einer Maske – diesem Umstand verdanken die Henker übrigens ihre Schutzkappe –, allerdings wurden all diese Mittel bereits angezweifelt. Woher der Glaube an den bösen Blick stammt, ist nicht restlos geklärt, allerdings vermutet man, dass der Ursprung dieses Fluchs auf dem afrikanischen Kontinent zu finden ist.

Antike Flüche

Da ein Fluch zwar menschlichen Ursprungs ist, allerdings auf magische, also übermenschliche Weise umgesetzt wird, ist die Wirkungform eines Fluchs nicht einheitlich. In einigen Fällen mag es sein, dass der Fluch nur einige Tage anhält, andere dagegen scheinen tausende von Jahren zu überdauern.

Ein Beispiel dieser Art ist der Fluch des Tutanchamun. Als der Brite Howard Carter (1874–1939) im Jahr 1922 im ägyptischen Tal der Könige das Grab des Tutanchamun fand, war die archäologische Sensation perfekt – die Anzahl von Schätzen in den Grabkammern war so groß wie bei keinem anderen Grab zuvor, selbst Mumie und Sarkophag waren unversehrt.

Einige Kulturen versuchen, die Wirkung des „bösen Blicks" abzuschwächen, indem sie die betroffenen Personen entsprechend zeichnen.

Auf dem Vulkan Mauna Loa auf Hawaii befindet sich nach Glaube der Eingeborenen der Sitz der Gottheit Pele, die man nicht durch das Mitnehmen von Steinen reizen dürfe. Viele Touristen berichteten bereits von vielen Schicksalsschlägen, die erst dann beendet waren, als der letzte Stein wieder nach Hawaii zurückgeschickt worden war.

Opfer des Pharao-Fluchs
Dem Fluch des Tutanchamun sollen bislang mindestens 16 Menschen zum Opfer gefallen sein, darunter nicht nur Expeditionsmitglieder wie Howard Carters Gönner Carnavon, sondern auch Besucher des Grabes wie der Literaturwissenschaftler Gardian La Fleur, der Millionär George Jay Gould oder der Konservator des New Yorker Metropolitan Museums Arthur C. Mace. Auch Familienmitglieder oder Bedienstete der Expeditionsteilnehmer waren vor dem Fluch nicht gefeit. So wurde Richard Bethel, der Sekretär Howard Carters, tot in seiner Wohnung aufgefunden, und auch die Umstände des Todes von Bethels Vater konnten bislang nicht geklärt werden. Der „Fluch" scheint bis heute wirksam zu sein, da 1992 ein Filmteam der BBC, das sich mit dem „Fluch des Pharao" beschäftigte, bei seiner Arbeit durch viele kleine Unfälle behindert wurde.

Wenige Wochen nach Öffnung der Grabkammer starb Carters Freund Lord Carnarvon an den Folgen eines Moskitostichs. Unruhe kam allerdings erst in den nächsten Jahren auf, in denen insgesamt zwölf Menschen starben, die mit der Freilegung des Grabs zu tun gehabt hatten. Journalisten schrieben vom „Fluch des Pharao" und von geheimnisvollen Einflüssen, denen die Teilnehmer der damaligen Expedition ausgesetzt gewesen waren. Es wurde darüber spekuliert, ob sich im Grab ein besonderer Pilz oder ein Bakterium befunden haben könnte, das eventuelle Plünderer töten sollte, auch von Giften und übersinnlichen Kräften war die Rede.

Howard Carter und seine Archäologen verurteilten diese Form des Sensationsjournalismus scharf und taten die Berichte als „albernes Geschwätz" ab. Für jeden einzelnen Todesfall gab es eine vernünftige Erklärung, man habe also für einen „Fluch des Pharao" gar keine Grundlage.

In der „Berliner Illustrierten" meldete sich einige Zeit später der britische Kriminalschriftsteller Edgar Wallace zu Wort, der davon sprach, dass an Mumien von götterbeleidigenden Pharaonen Unheil klebe. Auf reißerische Art versuchte er, die Todesfälle der einzelnen Expeditionsmitglieder in besonders rätselhaftem Licht erscheinen zu lassen und prangerte die angebliche Unvorsichtigkeit der Archäologen an. Howard Carter reagierte darauf allerdings erst gar nicht.

Obwohl der „Fluch des Pharao" immer noch gelegentlich in der Regenbogenpresse angesprochen wird, kann man doch nach zahlreichen Untersuchungen davon ausgehen, dass in der Grabkammer für Viren, Bakterien oder Pilze über Jahrtausende hinweg schlechte Überlebensbedingungen geherrscht haben. Angeblich unerklärliche Phänomene konnten natürlichen Ursachen zugeordnet werden. Der „Fluch des Pharao" scheint also tatsächlich nichts Anderes zu sein als die Erfindung einiger fantasiereicher Journalisten.

Wirksame Flüche?

Der „Fluch des Pharao" mag eine Erfindung der Presse gewesen sein, allerdings existieren auch viele Beschreibungen von Orten oder Gegenständen, die tatsächlich verflucht zu sein scheinen. Derartige Berichte von Flüchen werden in Spukgeschichten verarbeitet. Inwieweit diese Geschichten den Tatsachen entsprechen, kann allerdings nicht pauschal beantwortet werden, ebenso wenig wie die Frage nach Wirkungskreis und -dauer eines Fluchs.

Der Fluch des Tutanchamun soll verantwortlich für den Tod mehrerer Menschen sein, die an der Öffnung seines Grabes beteiligt gewesen waren.

Fischregen

„Es regnet Katzen und Hunde", lautet ein beliebter englischer Ausspruch, der sinnbildlich für starken Regenfall steht. Es finden sich jedoch bereits seit dem Altertum Berichte darüber, dass sich hinter diesen Worten weit mehr als ein Sprichwort verbirgt. Es werden besondere Formen von Regen geschildert, der plötzlich vom Himmel fällt – in den meisten dokumentierten Fällen handelt es sich dabei um Fische oder Amphibien.

Fische fallen vom Himmel

Fisch- oder Froschregen galten lange Zeit als Legende, obwohl aus verschiedenen Kulturkreisen immer wieder von diesem Phänomen berichtet wurde, meistens im Zusammenhang mit einem Gottesfluch oder einem schlechten Omen. Mittlerweile gibt es allerdings Fälle, die wissenschaftlich dokumentiert sind. So ist zum Beispiel belegt, dass am 9. Februar 1859 ein Regen von lebenden Stichlingen über dem walisischen Mountain Ash niederging. Dieses Ereignis war der Auslöser für genauere Untersuchungen der Tierregen.

Im Laufe der letzten Jahrzehnte wurden sowohl zahlreiche historische Fälle erfasst, die bis ins 2. Jahrhundert v. Chr. zurückreichen, aber auch Tierregen aktuelleren Datums dokumentiert. Es stellte sich heraus, dass sich dieses Phänomen nicht nur auf Fische oder Frösche beschränkt, sondern auch Berichte existieren, nach denen es Insekten, Schnecken, Vögel, Fleisch, Blut oder Steine regnete, wenn auch derartige Regenfälle ungleich seltener vorkamen.

Eine Theorie besagt, dass Flugzeuge die Ursache für Tierregen sind. Da sich allerdings bereits vor der Erfindung der Flugzeuge Tierregen ereigneten, erwies sich die Theorie als haltlos.

Erklärungsversuche

Eine Theorie jüngeren Datums erklärt, dass Fischregen auf Flugzeuge zurückzuführen sind, die über dem entsprechenden Gebiet ihre Ladung abwerfen. Obwohl sich diese Idee in einigen Kreisen großer Beliebtheit erfreut, kann sie widerlegt werden, indem man auf Berichte aus Zeiten verweist, in denen es noch keine Flugzeuge gab.

Die gängigste Theorie besagt, dass Fische und Frösche durch Wirbelstürme bzw. Wasserhosen aus bestimmten Gewässern in die Luft gerissen werden, um später an einem anderen Ort niederzufallen, wenn der Wirbelsturm nicht mehr die nötige Kraft hat, die Tiere weiterzutransportieren. Auf den ersten Blick ist diese Theorie tatsächlich geeignet, ein paar der Phänomene zu erklären, allerdings gibt es einige Faktoren, die dieser Annahme widersprechen. So finden sich viele Schilderungen, bei denen ausschließlich Tiere einer bestimmten Gattung vom Himmel fielen – wie etwa die Sardinen, die 2002 über Nordgriechenland niedergingen oder die Stichlinge von Mountain Ash. Stichlinge leben nicht in Schwärmen, daher müsste ein entsprechender Wirbelsturm über einem größeren Gebiet geherrscht und somit auch noch andere Arten von Fischen oder Amphibien mitgerissen haben, ebenso wie Steine, Pflanzen oder Erdbrocken. Darüber hinaus scheinen viele Tierregen auf ein sehr kleines Gebiet niederzugehen. In Mountain Ash fielen die Stichlinge innerhalb eines Bereichs von 73 m x 11 m, außerdem ist in den Zeugenaussagen von zwei Fischregen die Rede, zwischen denen eine Pause von zehn Minuten lag. Dies würde bedeuten, dass der Wirbelsturm eine Viertelstunde über derselben Stelle gestanden hätte, um die lebenden Fische in zwei Schüben abzugeben, was sicher nicht unmöglich ist, allerdings als großer Zufall zu deuten wäre. Als drittes Argument gegen die Wirbelsturm-Theorie spricht der unterschiedliche Zustand der Tiere. In zwei Fällen, die in Indien dokumentiert wurden, 1833 in Futtepoor und 1836 in Allahabad, waren die Fische nicht nur tot, sondern zusätzlich getrocknet. Aus Essen wird berichtet, dass 1896 eine vom Himmel fallende Karausche (Karpfenart) in Eis eingeschlossen war, während es im Fall von Mountain Ash lebende Fische regnete, denen anscheinend auch der Sturz nichts anhaben konnte.

Obwohl es also gute Ansätze gibt, lässt sich das Phänomen der Tierregen bis heute noch nicht restlos erklären.

Nach einer anderen, gängigen Theorie schleudern Tornados die Fische über weitere Strecken durch die Luft.

Mithilfe von künstlerischen Darstellungen und Erwähnungen in der Literatur konnte man belegen, dass sich Tierregen bereits vor Jahrhunderten ereigneten.

Die wandernden Steine von Death Valley

Im kalifornischen Death Valley existiert ein ausgetrockneter See, der Racetrack Playa genannt wird. Lange Zeit kursierten Gerüchte darüber, dass dieser Ort verflucht sei, da sich immer wieder Spuren fanden, die darauf hindeuteten, dass sich die schweren Steine am Boden des Sees bewegen.

Racetrack Playa

Bei Racetrack Playa handelt es sich um einen ausgetrockneten Salzsee von 4,5 km Länge und 2,2 km Breite, der sich nur bei Regen mit Wasser füllt, was aufgrund der geringen Niederschlagsmenge in Death Valley höchstens ein- oder zweimal pro Jahr geschieht. Auf der flachen Ebene des ausgetrockneten Sees befinden sich mehr als 160 größere Steine, die bis zu 320 kg schwer sind. Im Boden zeichnen sich Schleifspuren der Steine ab, die darauf schließen lassen, dass sich diese Steine mit großer Geschwindigkeit bewegen – Berechnungen sprachen von einem Meter pro Sekunde –, wobei es keinerlei Anzeichen dafür gibt, dass in diesen Fällen Fremdeinwirkung vorliegt. Bislang konnte noch kein Stein dabei beobachtet werden, wie er seinen Weg zurücklegt. In den 1990er-Jahren wurden allerdings die Steine kartographiert und ihr Weg im Abstand mehrerer Monate dokumentiert. Dabei stellte man bei dicht beieinander liegenden Steinen in vielen Fällen zumindest ähnliche Wegmuster fest, was darauf schließen lässt, dass die Ursache für die Bewegung der Steine identisch ist.

Erklärungsversuche

In der Vergangenheit wurde bereits mit verschiedenen Denkansätzen versucht, dieses Phänomen zu erklären.

Eine Möglichkeit für die Bewegung der Steine ist, dass es sich bei der Racetrack Playa um keine flache, sondern um eine abschüssige Ebene handelt, sodass sich die Steine darauf abwärts bewegen. Als weitere Theorie wurde vermutet, dass die Steine auf einen bestimmten Magnetismus reagieren. Beide Erklärungsversuche konnten mit demselben Argument widerlegt werden – die Spuren deuten darauf hin, dass einige Steine ihre Bewegungsrichtung abrupt änderten, bis zu einem Winkel von 90°. Dies wäre unter den angenommenen Bedingungen nur dann möglich, wenn sich der Neigungswinkel der Ebene bzw. der magnetische Punkt auf der Ebene plötzlich verändert hätte, was physikalisch nicht zu erklären ist.

Die Theorie, die in der Fachwelt auf die größte Resonanz stieß, geht davon aus, dass abgesehen von den wenigen Regenfällen aufgrund der großen Temperaturschwankungen im Death Valley täglich Tau oder sogar Eis entsteht, das sich auf der Oberfläche der Steine ablagert und in Verbindung mit dem feinen Wüstensand einen rutschigen Schmierfilm bildet. Wenn unter diesen Bedingungen starke Winde durch Racetrack Playa wehen, kann es dazu kommen, dass die Steine auf diesem Untergrund in Bewegung geraten. Beim anschließenden Trocknen des Bodens würde der Stein liegen bleiben, während ein Großteil des Sands, der sich bei dem Rutschvorgang vor dem Stein abgelagert hat, vom Wind beseitigt würde.

Der Death-Valley-Nationalpark liegt in der Mojave-Wüste in den US-Bundesstaaten Kalifornien und Nevada.

Der Boden von Racetrack Playa besteht aus getrocknetem Schlamm. Da sich die Oberfläche bei der starken Erhitzung unterschiedlich zusammenzieht, entsteht auf dem Boden ein mosaikartiges Muster.

Da allerdings bis heute, abgesehen von einigen Untersuchungen, die der Geologe Bob Sharp zwischen 1968 und 1974 durchgeführt hat, keine weiterführenden Maßnahmen ergriffen wurden, konnte die Theorie noch nicht durch Beobachtungen untermauert werden. Es wurde zwar bereits nachgewiesen, dass sich im Death Valley Eis und Tau bilden können, und auch heftige Windböen wurden in einzelnen Expeditionsberichten beschrieben, allerdings betrafen diese Beobachtungen Regionen, die weit vom Racetrack Playa entfernt sind. Es wäre notwendig, im Death Valley über einen längeren Zeitraum Untersuchungen durchzuführen. Ob sich allerdings ein Team findet, das aus Interesse an diesem Phänomen die Strapazen eines längeren Aufenthalts im Death Valley auf sich nimmt, ist derzeit fraglich.

Death Valley ist einer der heißesten und trockensten Orte weltweit. Am so genannten „Badwater" wurden 1913 Temperaturen von 56,7 °C gemessen.

Vampire

Wie bereits beschrieben, wurden Flüche als Erklärung für all jenes herangezogen, das sich abseits der Normalität bewegt. Wiederholten sich unerklärliche Ereignisse, lieferten sie den Nährboden für eigenständige Mythen und Legenden. Beispiele für dieses Phänomen sind Vampir, Werwolf und Zombie.

Vampire aus aller Welt

Geschichten über Vampire oder vampirähnliche Wesen finden sich auf der ganzen Welt. Wenn sie auch unterschiedliche Namen tragen – *Moroi* bei den Slawen, *Danag* auf den Philippinen, *Sundal Bolong* auf Java, *Strigas* im alten Rom oder *Kuang Shi* in China – und ihnen unterschiedliche Eigenschaften zugesprochen werden, handelt es sich doch jedes Mal um eine menschliche oder zumindest menschenähnliche Kreatur, die sich ausschließlich oder bevorzugt von menschlichem Blut ernährt. Der Glaube an Vampire ist so weit verbreitet und so vielfältig, dass man die Möglichkeit eines gemeinsamen Ursprungs ausschließen kann. Weit eher geht man davon aus, dass sich die einzelnen Geschichten unabhängig voneinander entwickelt haben, wobei die Geschichten auf Beobachtungen basieren, die man auf der ganzen Welt machen konnte.

Vampirfledermäuse saugen kein Blut, sondern beißen ihr Opfer und lecken das aus der Wunde tretende Blut.

Eigenschaften eines Vampirs

Sämtliche Vampirbeschreibungen aufzuzählen, würde den Rahmen eines eigenen Buchs sprengen, allerdings gibt es Gemeinsamkeiten, die man zusammenfassen kann. So ist nahezu allen „traditionellen" Vampiren gemeinsam, dass sie ihr Opfer durch einen Biss bzw. durch das Trinken des Bluts ebenfalls in einen Vampir verwandeln können. Die meisten Vampire werden als attraktiv und jung beschrieben, wobei man hier einschränkend hinzufügen muss, dass einige Vampire dies durch den Einsatz von Magie erreichen, die allerdings nicht jedem von ihnen gegeben ist. Die Möglichkeit, sich in ein Tier – bevorzugt eine Fledermaus oder einen Wolf – zu verwandeln, findet sich ebenfalls in sehr vielen Geschichten. Häufig wird ihnen auch Aggressivität in Verbindung mit übermenschlicher, körperlicher Kraft zugeschrieben. Vampire sind darüber hinaus häufig nachtaktive Wesen.

Skulptur der ungarischen „Blutgräfin" Elizabeth Báthory (1560–1614), deren grausame Rituale, bei denen mehr als 600 Frauen starben, die Menschen glauben ließ, sie sei ein Vampir.

Tollwut
Bei der Tollwut handelt es sich um eine Virusinfektion, die typischerweise durch den Biss eines kranken Tiers übertragen wird und eine Gehirnentzündung zur Folge hat. Während der Krankheit kommt es zu übermäßiger Aggressivität und Reizbarkeit, darüber hinaus reagieren die Erkrankten empfindlich auf Licht, Geräusche, Luftzug, teilweise auch auf Gerüche. Im weiteren Verlauf kommt es zu Angstzuständen, Unruhe, Aufregung oder Halluzinationen, aber auch zu Muskelzuckungen und Krämpfen, im letzten Stadium sogar zu Lähmungen.

Die Frage, ob ein Vampir ein lebender, eventuell besessener Mensch, ein wandelnder Toter oder ein Dämon ist, lässt sich nicht einhellig beantworten, ebenso wenig wie die Frage, wie man einen Vampir töten kann. In einigen Fällen ist dies gar nicht möglich, andere Vampire vergehen bei Kontakt mit dem Sonnenlicht, Feuer oder mit christlichen Symbolen, auch das Durchstoßen des Herzens mit einem Pfahl ist zuweilen eine wirksame Methode. Wasser und stark riechende Pflanzen wie etwa Knoblauch sollen auf Vampire eine abschreckende Wirkung haben.

Ursprung des Vampirglaubens

Der Glaube, dass scheinbar Tote aus ihren Gräbern steigen und sich von Blut ernähren, gründet sich wahrscheinlich auf Beobachtungen mehrerer Phänomene, die grundsätzlich nichts miteinander zu tun haben. Die Beschreibungen von Vampiren weisen viele Parallelen zum Krankheitsbild der Tollwut (s. Kasten) auf. Dem würde auch entsprechen, dass der Vampir mittels Biss sein Opfer verwandeln kann. Auch der Glaube, dass Vampire sich verwandeln können, basiert wahrscheinlich auf diesen Beobachtungen, da die Tollwut durch infizierte Tiere auf den Menschen übertragen werden kann.

Darüber hinaus wurden an Toten Veränderungen festgestellt, die unerklärlich schienen und abergläubische Menschen darauf brachten, dass die Toten Blut zu sich genommen hätten. Heute sind diese Vorgänge durch Fäulnisprozesse erklärbar.

Nur ein Mythos?

Blut als „Lebenssaft" nimmt fraglos eine wichtige Stellung in vielen Kulturen ein. Praktisch weltweit gab oder gibt es Rituale nicht nur religiöser Art, bei denen das Blut im Mittelpunkt steht. Es gilt auch heute noch als Symbol für Leben, Kraft, manchmal auch für Jugend, und so wurde es häufig als symbolische Opfergabe verwendet. Darüber hinaus finden sich auch Berichte, nach denen Menschen das Blut von Tieren oder anderen Menschen trinken, um deren Eigenschaften in sich aufzunehmen.

Fürst Vlad III. (Țepeș, „der Pfähler"), im 15. Jahrhundert Herrscher der Walachei, lieferte Bram Stoker die Vorlage für dessen Figur des Grafen Dracula.

Werwölfe

Unter dem Begriff „Werwolf“ werden Wesen zusammengefasst, die sowohl die Form eines Menschen als auch die eines Wolfs annehmen können. In den meisten Fällen werden den Werwölfen ähnliche Eigenschaften zugeschrieben wie den Vampiren.

Was ist ein Werwolf?

Basierend auf der Topographie des Vampirglaubens, lässt sich feststellen, dass Vampir und Werwolf mythologische Verwandte sind. Die Geschichten beider Wesen weisen große Parallelen auf, was Verbreitung und Ursprung angeht.

Tatsächlich finden sich auch Ähnlichkeiten bei der äußerlichen Beschreibung und einzelnen Charaktereigenschaften. Allerdings – auch hier eine Gemeinsamkeit – haben viele Kulturkreise unterschiedliche Vorstellungen von einem Werwolf. Bereits die äußere Form des Werwolfs wird in vielen Erzählungen unterschiedlich beschrieben: Hin und wieder scheint er ein Mischwesen aus Mensch und Wolf zu sein, das auf zwei Beinen läuft, in wesentlich häufigeren Fällen handelt es sich jedoch dem optischen Anschein nach um einen gewöhnlichen Wolf. Als dritte Abart werden Menschen beschrieben, die die Verhaltensweisen eines Wolfs angenommen, sich aber körperlich nicht verändert haben.

Lykanthropie

Die Frage, wie ein Werwolf entsteht bzw. was notwendig ist, um die Verwandlung auszulösen, lässt sich nicht eindeutig beantworten. Selbst in ein- und demselben Kulturkreis finden sich unterschiedliche, teilweise sogar gegensätzliche Beschreibungen.

Eine populäre Variante besagt, dass sich ein Mensch aufgrund einer Krankheit bzw. eines Fluchs in einen Werwolf verwandelt. Diese Krankheit wird „Lykanthropie“ genannt, nach Lykaon, dem König der Arkadier, der Gottvater Zeus so verärgerte, dass er von diesem in einen Wolf verwandelt wurde.

Es existieren noch weitere Möglichkeiten, ein Werwolf zu werden: Flüche, der Aufenthalt an verwunschenen Orten, Gewässern oder die Benutzung bestimmter Gegenstände, vorran-

Bis heute existiert keine einheitliche Beschreibung der Verwandlung von einem Menschen in einen Werwolf.

Werwolfprozesse
Parallel zu den Hexenprozessen existierten im Mittelalter auch Werwolfprozesse, in denen vermeintliche Werwölfe an den Pranger gestellt wurden. Die Angeklagten waren in diesem Fall jedoch nicht immer Menschen. So ist ein Fall aus dem Jahr 1685 nachgewiesen, bei dem man in Ansbach einen Wolf mit abgeschnittener Schnauze und in Menschenkleidung an den Galgen brachte.

gig Gürtel aus der Haut Gehenkter oder Tierfelle werden hier genannt.

Die Verwandlung in einen Werwolf wird meistens durch äußere Einflüsse ausgelöst. So sollen sich Menschen zum Beispiel unter dem Einfluss des Vollmonds verwandeln. In einigen Fällen genügt jedoch bereits das Untergehen der Sonne oder ein Reizen des betreffenden Menschen.

Nicht immer geschieht die Verwandlung unfreiwillig. Es sollen Gegenstände existieren, mit deren Hilfe man sich in einen Wolf und wieder zurückverwandeln kann. In einigen Geschichten ist auch von Wesen die Rede, die sich ohne Hilfsmittel aufgrund ihrer eigenen Entscheidung in Tiere verwandeln können. In solchen Fällen werden Werwölfe auch als gutherzig und weise dargestellt, die als Mittler zwischen Mensch- und Tierwelt stehen und beide Seiten gewissenhaft unterstützen.

Dem Vollmond werden bereits seit der Antike besondere Kräfte zugeschrieben; bei Werwölfen soll er die Verwandlung begünstigen oder sogar auslösen.

In unzähligen Filmproduktionen wurde der Werwolf meist als tragische Gestalt dargestellt, die sich gegen die Verwandlung nicht zur Wehr setzen konnte.

Gibt es Werwölfe?

Ähnlich wie beim Vampir kann man aus dem Verhalten der so genannten „Werwölfe“ psychische Krankheiten ableiten, hier ebenfalls hervorgerufen durch die Tollwut.

Der Werwolf-Mythos hat allerdings darüber hinaus die Besonderheit, dass Beschreibungen und sogar Bilder von Personen existieren, die den Anschein machen, dass Wolfsmenschen tatsächlich existiert haben. Dieses Phänomen beruht größtenteils auf Erbkrankheiten wie etwa der Hypertrichose, die zu einer übermäßigen Körperbehaarung führt. Eine andere Krankheit aus der Familie der Porphyrien stört die Produktion der weißen Blutkörperchen und führt neben einem starken Körperhaarwachstum zusätzlich zu einer Lichtempfindlichkeit, die auch die Haut in Mitleidenschaft zieht. Das zurückgehende Zahnfleisch sorgt zusätzlich für scheinbare Reißzähne.

Abgesehen davon übt der Werwolfmythos bis heute auf viele Personen eine so starke Faszination aus, dass sie sich mit diesen Wesen identifizieren. Es sind einige Fälle bekannt, in denen Menschen gewalttätige Verbrechen begangen haben mit der Entschuldigung, sie seien Werwölfe.

Zombies

Heutzutage fasst man unter dem Begriff „Zombie" Wesen zusammen, die entweder zum Leben erweckte Tote oder ihres Willens beraubte Lebende sind. Ihre Namen erhielten die Zombies von einem afrikanischen Totengeist (*Zumbi*), ihren Ursprung sollen die Zombies nach allgemeinem Glauben im afrikanischen bzw. amerikanischen Voodoo haben.

Voodoo-Zombies

Es ist grundsätzlich falsch, die Ursprünge des Zombieglaubens auf Afrika oder Mittelamerika zu begrenzen, denn tatsächlich existieren schon seit Jahrhunderten Überlieferungen von seelenlosen, wandelnden Toten, wenn man diese auch mit anderen Namen wie etwa Draugr oder Wiedergänger in Verbindung brachte. Vor allem im Bereich der Ritualmagie finden sich Hinweise darauf, dass Menschen danach gestrebt haben, sich des Willens anderer Personen zu bemächtigen oder Tote bzw. tote Gegenstände in Form von Golems zum Leben erwecken, um sie als willenlose Arbeitssklaven oder Machtinstrumente zu gebrauchen.

In Filmen werden Zombies meist als unmenschliche, entstellte Mordmaschinen dargestellt, die aus eigenem Antrieb töten.

Auch dem Zauber eines Voodoo-Priesters liegt rituelle Magie zugrunde. Den Anfang bildet ein Fluch, den ein *Houngan* (Priester), eine *Mambo* (Priesterin) oder ein *Bokor* (Schwarzmagier) über einen Menschen spricht, woraufhin dieser stirbt oder – anderen Quellen zufolge – in eine totenähnliche Starre verfällt. Tage später kann derjenige, der den Fluch ausgesprochen hat, den Toten mit einem bestimmten Ritual als Zombie von den Toten wieder auferstehen lassen und ihn nach seinem Willen steuern. Der Zombie selbst ist nicht mehr in der Lage, eigenständig zu handeln oder zu denken.

Golem

Ein Golem (von hebräisch „Ungeformtes") ist eine künstliche, meist menschenähnliche Kreatur, die von einem Menschen erschaffen wurde und dem Willen ihres Schöpfers unterworfen ist. Bei der Herstellung eines Golems wird meistens auf einen bestimmten Grundstoff zurückgegriffen, der natürlichen Ursprungs ist. Am häufigsten finden sich Beschreibungen von Golems aus Lehm oder Holz. Derjenige, der dieser Kreatur durch ein magisches Ritual Leben schenkt, hat Macht über den Golem und kann ihn nach seinem Belieben einsetzen.

Zombie-Pulver

In vielen Schilderungen ist von einem oder mehreren Pulvern die Rede, mit denen der Voodoo-Priester dafür sorgt, dass ein Zombie entsteht. Einigen Wissenschaftlern ist es gelungen, an eine Probe des von Voodoo-Priestern hergestellten und möglicherweise auch verwendeten Mittels zu kommen. Es handelte sich hierbei um eine Mischung aus pflanzlichen und tierischen Stoffen, wobei auch Kröten- und Kugelfischextrakte verarbeitet wurden. Das Mittel führt zu Halluzinationen und zu Lähmungen von Herz und Kreislauf – bei geschickter Dosierung verfällt das Opfer in einen todesähnlichen Zustand. Ob es noch weitere Mittel gibt, die eventuell dafür sorgen, dass der Scheintote seinen Willen verliert, konnte allerdings bislang noch nicht in Erfahrung gebracht werden.

Gibt es Zombies?

Zwar war in diesem Abschnitt bislang von einigen Schilderungen die Rede, allerdings muss gesagt werden, dass diese Berichte, abgesehen von den Untersuchungsergebnissen des Voodoo-Pulvers, fast ausschließlich auf den Angaben von Voodoo-Priestern oder deren Anhängern beruhen – der eigentliche Voodoo-Zauber scheint nur selten durchgeführt zu werden. Andererseits existieren gerade auf Haiti Erzählungen, die auch wissenschaftliches Interesse fanden.

So ging im Frühjahr 1918 eine Nachricht um die Welt, dass der Plantagenbesitzer Ti-Joseph du Colombier bei der Zuckerrohrernte einige zerlumpte und offensichtlich willenlose Männer einsetzte, die mit brutaler Gewalt zur Arbeit angetrieben wurden, wobei sie allerdings die Schläge nicht zu spüren schienen. Angeblich sollen in der Folgezeit viele Einwohner der nahen Stadt in einigen der Männer verstorbene Verwandte oder Bekannte erkannt haben.

Ein weiterer Fall ist aus dem Jahr 1980 belegt, bei dem der 18 Jahre zuvor verstorbene Narcisse Clairvius zerlumpt und apathisch auf dem Dorfmarkt an seiner entsetzten Schwester vorbeilief.

Beide Fälle zogen wissenschaftliche Untersuchungen nach sich und wenn man auch nicht allen Elementen der Geschichte zustimmen konnte, so kann man doch davon ausgehen, dass zumindest ein wahrer Kern in ihnen enthalten ist.

In den Gegenden, in denen Voodoo praktiziert wird, finden sich Devotionalien-Handlungen, die aus den verbreiteten Falschinformationen über diese Religion Profit schlagen.

Zombies werden als „lebende Tote" bezeichnet, weil sie sich auf der Schwelle zwischen Leben und Tod befinden; Darstellungen von aus dem Grab auferstandenen Toten sind im Voodoo praktisch nicht zu finden.

Exorzismus

Ein Exorzismus ist ebenfalls ein Ritual. Ob es sich hierbei um die Ausführung von Magie oder Religion handelt, kann nicht allgemeingültig beantwortet werden, da dies häufig von der Person abhängig gemacht wird, die dieses Ritual durchführt. Grundsätzlich versteht man unter „Exorzismus" das Austreiben eines Dämons oder Teufels aus Menschen, Tieren, Gegenständen oder Orten.

Im Kontakt mit dem Bösen

Benimmt sich ein Mensch oder ein Tier nicht normal, kann das auf einen Geist oder Dämon zurückzuführen sein, der sich im Körper der Kreatur eingenistet hat. Diese Vorstellung von „Besessenheit" ist älter und weiter verbreitet als das Christentum. In vielen Kulturkreisen wird von dieser Möglichkeit berichtet, die Vielfalt in der Mythologie ist in dieser Hinsicht sehr groß. Auch die Gegenmaßnahmen werden teilweise beschrieben: Ein entsprechend befähigter Mensch, je nach Überlieferung ein Schamane, Priester, Held, Häuptling etc., muss in Verbindung mit dem Geist treten, der sich der Kreatur bemächtigt hat, und ihn aus diesem Körper vertreiben. Diese Bannung wird je nach Kulturkreis in unterschiedlicher Form durchgeführt – neben dem Gebet finden sich auch intellektuelle Gespräche, also quasi das „Überreden" eines Dämons, den Körper zu verlassen, oder das Tanzen im Trancezustand, mit dem sich ein Schamane in die Lage versetzt, auf spiritueller Ebene mit dem unerwünschten

Der böse Geist muss dazu gezwungen werden, einen Körper zu verlassen – dies geschieht nach der Vorstellung einiger Naturvölker vor allem dann, wenn der Körper selbst durch Schläge und Beschwörungen geschwächt wird.

Vorstellung eines biblischen Exorzismus im 17. Jahrhundert: Der böse Geist verlässt den Körper eines Mannes.

Geist zu kämpfen. Es finden sich einige Parallelen zum magischen Ritual, vor allem dann, wenn es darum geht, Menschen oder Tieren zu helfen, die offensichtlich durch Hexerei oder Zauberei in diesen unnormalen Zustand versetzt wurden.

Anzeichen von Besessenheit

Das „nicht normale Verhalten" von Menschen und Tieren kann nicht allgemeingültig beschrieben werden. In Schriftform existieren nur wenige Hinweise darauf, welche Symptome auf Besessenheit schließen lassen. Gemeinhin gelten das Sprechen in einer fremden oder unverständlichen Sprache, die Angst vor religiösen Symbolen, Toben, Heulen, übermenschliche physische Kräfte, starke körperliche Veränderungen und das Reden mit verschiedenen Stimmen als Anzeichen für eine Besessenheit.

Auch von weiteren Phänomenen im näheren Umkreis des Opfers wird in Einzelfällen berichtet, etwa von telekinetischen Kräften, also der Fähigkeit, Gegenstände allein mit der Kraft des Geistes zu bewegen, starken Temperaturschwankungen oder unerklärlichen Geräuschen, die aus dem Nichts zu kommen scheinen.

Beschwörung des Dämons

Zwar beschreiben nur wenige Grimoires (s. S. 162) die Vorgehensweise eines Exorzisten, allerdings lässt sich aus vielen Beschreibungen schließen, dass ein Gegenzauber nur unter der Bedingung erfolgreich sein kann, dass es dem Exorzisten selbst gelingt, den krankheitserregenden Dämon zu beschwören und ihm zu befehlen, den Körper des Besessenen freizugeben. Auch wenn die Vorgehensweise von Fall zu Fall unterschiedlich geschildert wird, lässt sie sich doch auf ein grundsätzliches Konzept festlegen.

Zunächst soll der Exorzist den bösen Geist bedrohen. Dies soll zur Folge haben, dass der Dämon gereizt wird und sich infolgedessen unvorsichtig verhält. Sodann erfolgt die Frage nach dem Namen des Dämons. Dieser Vorgehensweise liegt die Vorstellung zugrunde, dass sämtliche Dämonen und Geister einer hierarchischen Struktur unterliegen. Außerhalb des Christentums würde ein magisches Ritual mit dem Opfer stattfinden, um den Dämon zu beschwören und ihn aus dem Körper zu vertreiben. Das Christentum nennt eine Besonderheit unbekannten Ursprungs, nachdem ein Exorzist bei Kenntnis des Namens Macht über den Dämon erhält. Sodann befiehlt der Exorzist dem bösen Geist, aus dem Körper der Kreatur zu fahren. In einem abschließenden Wort verbietet er dem Dämon, erneut Besitz von dieser Kreatur zu nehmen.

Die Dauer eines Exorzismus richtet sich nach der Stärke des Dämons einerseits, der des Exorzisten andererseits und der Energie des Opfers. Es sind Fälle belegt, bei denen der Besessene an Entkräftung oder durch zugefügte Wunden starb.

Der Mensch hat dem Zugriff eines Dämons meist nur wenig entgegenzusetzen. Der Dämon bemächtigt sich in erster Linie des Geistes.

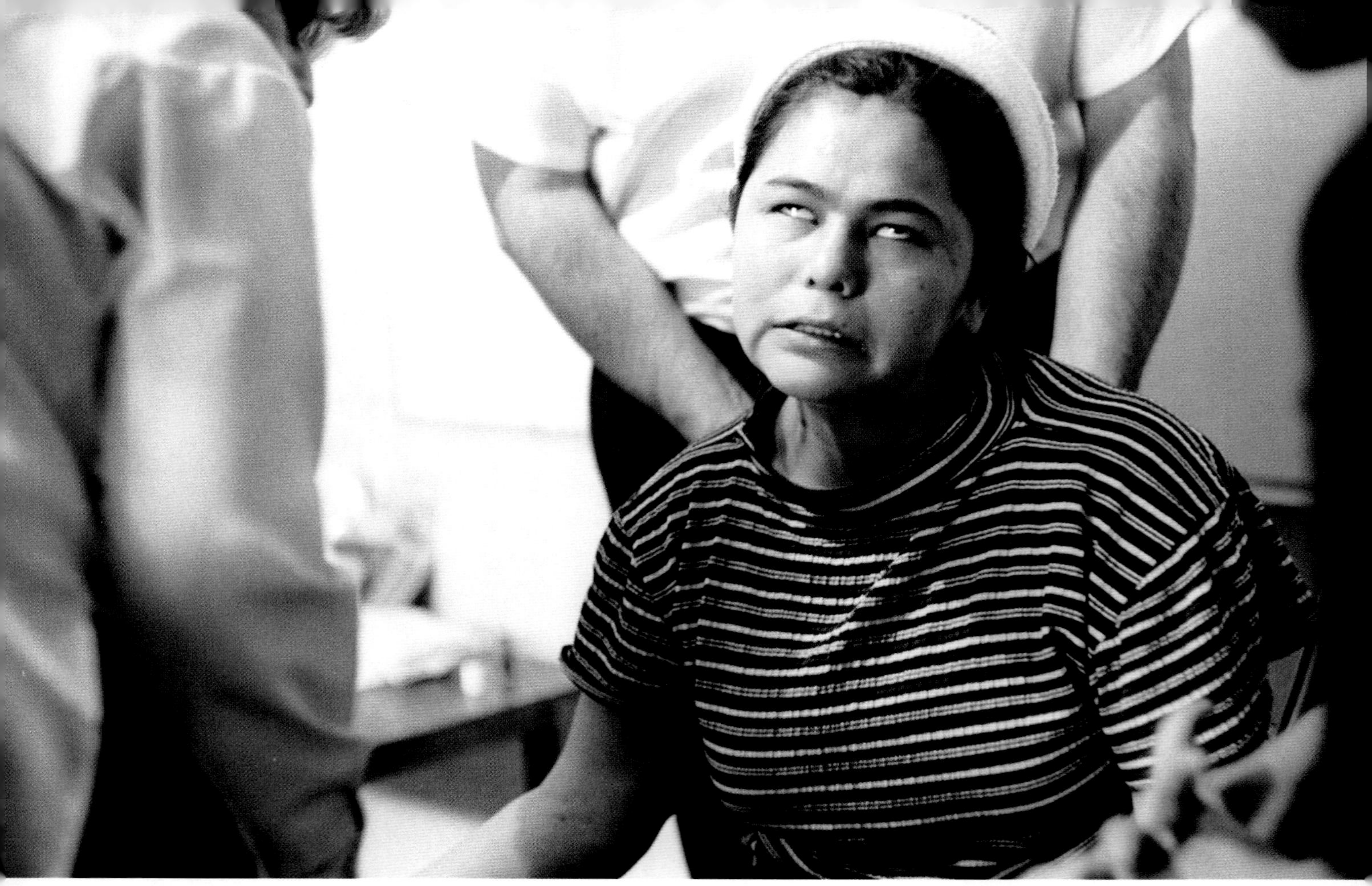

Exorzismus, durchgeführt am 27. Februar 2002 in Iztapalapa durch Pastor Hugo Alvarez von der Kirche des göttlichen Beschützers, Mexico City.

Exorzismus und Krankheiten

Es wurden mittelalterliche Schilderungen von Besessenheit mit medizinischen, vor allem psychologischen Erkenntnissen der letzten Jahrzehnte verglichen. Nahezu alle Beschreibungen konnten mit heute bekannten Krankheitsbildern in Verbindung gebracht werden, angefangen bei der Epilepsie, die bei einigen „Besessenen" Krämpfe oder Zuckungen auslöste, über Tics (wissenschaftlich: Tourette-Syndrom), die sich in unkontrollierten Lauten oder Muskelbewegungen zeigten, bis hin zur Schizophrenie oder Persönlichkeitsstörung, also psychischen Störungen, die zu zeitweilig ungewöhnlichem Verhalten führen konnten.

Zwar wurden im Zusammenhang mit Exorzismus in einigen Quellen noch zusätzliche Phänomene beschrieben, allerdings geht man in wissenschaftlichen Kreisen davon aus, dass Schilderungen wie ausgestoßener Rauch oder kurzfristig auftretende körperliche Missbildungen der Fantasie des Schreibers entspringen und eher symbolischen Charakter haben. „Besessenheit" wird daher von der Wissenschaft grundsätzlich nicht anerkannt, dementsprechend wird auch die Wirksamkeit eines Exorzismus angezweifelt.

Exorzismus und Kirche

Heutzutage unterscheidet die katholische Kirche den einfachen vom großen Exorzismus. Der einfache Exorzismus betrifft vor allem das Sakrament der Taufe, mit dem der Täufling von seinen Sünden befreit und somit dem Teufel entrissen wird. Der große Exorzismus kann von einem Priester erst nach Genehmigung seines Bischofs vorgenommen werden, wobei diese in der Regel erst dann erteilt wird, wenn mindestens ein Kundiger der Medizin seine Meinung zu diesem Fall geäußert hat. Mit dieser Vorgehensweise wollte man bereits im Mittelalter verhindern, dass kranke Leute einem Exorzismus unterzogen wurden. Krankheiten konnten zwar auf Flüche zurückgeführt werden, allerdings blieben sie selbst in diesem Fall heilbar, sodass ein Arzt sich um den Kranken kümmern musste. Bei Besessenheit war der Mediziner jedoch machtlos. Die Kirche bewilligte auch im Mittelalter erst dann einen Exorzismus, wenn alle anderen Mittel und Wege sich als nutzlos erwiesen hatten. Da dem Arzt allerdings nicht die Erkenntnisse der modernen Psychologie bekannt waren, wurde häufig an Geisteskranken ein Exorzismus durchgeführt. Seit 1999 erkennt die Kirche Geisteskrankheit ausdrücklich als mögliche Alternative zur Besessenheit an. Dennoch hält

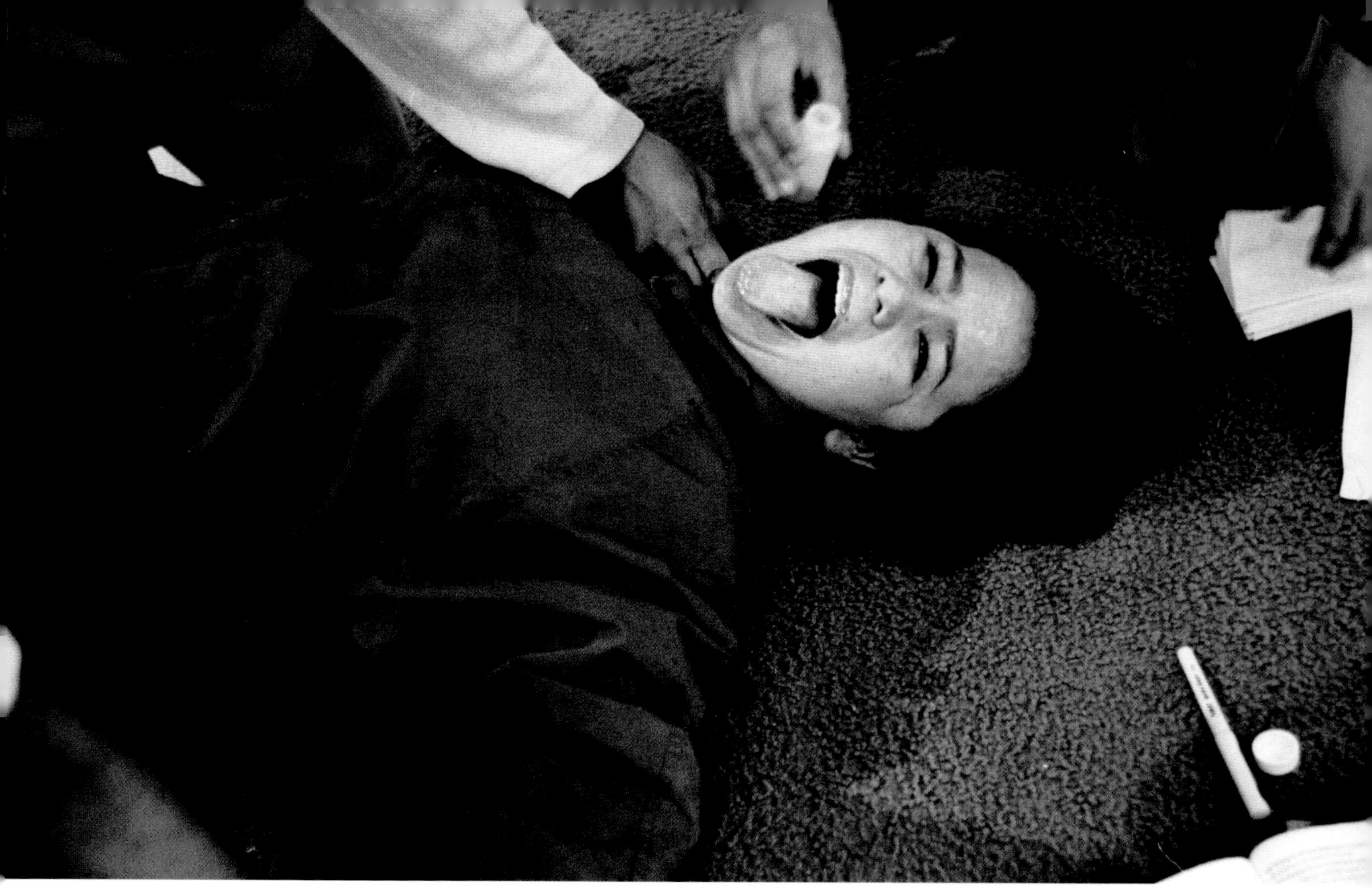
Es gibt keinen einheitlichen Exorzismus. Die Verhaltensweisen der Besessenen sind ebenso unterschiedlich wie die Dauer der Prozedur – einige zogen sich über Jahre hin.

die katholische Kirche am Exorzismus fest. Selbst heute noch werden vom Vatikan Exorzismuskurse angeboten; im Jahr 2004 fand die erste Exorzismuskonferenz in Mexiko statt.

Ältere protestantische Kirchen üben den Exorzismus dagegen nicht mehr aus. Auch hier hat man sich den Erkenntnissen der Psychologie geöffnet und übergibt daher die meisten Fälle in entsprechende Behandlung.

Die orthodoxe Kirche hält noch immer an ihrer Tradition des Exorzismus fest. Diese Traditionen legen unter anderem fest, dass Besessene im Rahmen eines Rituals gekreuzigt werden müssen. Entsprechende Berichte finden sich selbst in unserer heutigen Zeit.

In den meisten Naturreligionen trägt der Medizinmann bzw. Schamane noch heute seinen Kampf mit dem Dämon auf geistiger Ebene aus.

Unklar ist bis heute, welche Vorgehensweise einen Exorzisten letztendlich zum Erfolg geführt hat. Die Fälle von „Besessenheit" konnten fast immer bei nachträglichen Untersuchungen auf Geisteskrankheiten zurückgeführt werden, obwohl nach wie vor Austreibungen vorgenommen werden. Die Ergebnisse liegen dabei allerdings im Dunkeln.

Je nach Kulturkreis können auch Tänze oder bedrohliche Gebärden zu einem Exorzismus gehören.

Parawissen-schaften

Parapsychologie

Als Grenzgebiet der Psychologie beschäftigt sich die Parapsychologie mit den möglichen Eigenschaften, die alle als bekannt angenommenen Fähigkeiten des Menschen übersteigen – besonders die Fähigkeit außersinnlicher Wahrnehmung und Kommunikation. Es war der deutsche Psychologe Max Dessoir (1867–1947), der den Begriff 1889 prägte, und damit all jene Erscheinungen zum Gegenstand der Beobachtung machte, die aus dem normalen Verlauf des Seelenlebens heraustreten.

Parapsychologie beschäftigt sich mit übernatürlich erscheinenden, okkulten Phänomenen auf rein wissenschaftlicher Basis. Sie hat es sich zur Aufgabe gemacht, die Existenz von Telepathie (Weissagekunst und Zukunftsschau), Telekinese oder Psychokinese (Bewegen von Gegenständen ohne physischen Kontakt, Poltergeistphänomene), Psychometrik (durch Berühren Handlungen oder Personen sehen), Nahtoderfahrungen, Spiritismus und Bilokation (gleichzeitig an zwei Orten sein) zu untersuchen. Daneben beschäftigt sich die Parapsychologie mit Teilbereichen der eben genannten Gebiete, wie den besonderen Fähigkeiten einzelner Menschen, zum Beispiel denen von Yogis oder Fakiren.

Vor allem untersucht sie auch die Bedingungen für deren Auftreten im Zusammenhang mit der Umgebung oder anderen Personen. Die Parapsychologie erhebt den Anspruch, eine mit wissenschaftlichen Methoden arbeitende Wissenschaft zu sein. Viele der in den Gegenstandsbereich fallenden Phänomene sind jedoch mit den Sinnen nicht zuverlässig nachzuweisen. Außerdem sind Erfahrungsberichte oft sehr subjektiv geprägt, was ihre Glaubwürdigkeit in Zweifel zieht, denn eine objektivierbare Überprüfung im klassisch wissenschaftlichen Sinn ist nicht immer möglich. Viele der Phänomene konnten bis heute nicht schlüssig erklärt werden, dennoch existieren Beweise für ihr Auftreten und viele Fälle, wie zum Beispiel die Gedankenfotografien von Ted Serios, sind bestens überprüft und dokumentiert.

Ein Paar beobachtet ein Medium, das versucht, Kontakt zur anderen Welt aufzunehmen.

Telepathie

Gibt es Menschen, die Dank besonderer Fähigkeiten seelisch-geistige Vorgänge in anderen Personen wahrnehmen? Die Gedanken lesen, ja, übertragen können, die „fern fühlen", also eine Fähigkeit besitzen, die Frederick W. H. Myers (1843–1901), Gründer der Londoner „The Society for Psychical Research", 1882 als erster Telepathie nannte? Dieses wohl bekannteste Phänomen der Parapsychologie ist eines der großen Geheimnisse menschlicher Existenz.

Kommunikationskanäle, die dem direkten Zugriff entzogen sind

Telepathie ist nicht so umstritten wie andere Phänomene der Parapsychologie, und seit mehreren Jahrzehnten bereits beschäftigen sich seriöse Wissenschaftler damit. Es mag daran liegen, dass viele Menschen in ihrem Leben bereits Erfahrungen auf diesem Gebiet gemacht haben, denn wer hat nicht schon einmal aus heiterem Himmel an einen anderen Menschen gedacht, und plötzlich steht genau diese Person in der Tür? Wir betrachten das meist als Zufall und sind nicht bereit einzuräumen, dass das Herannahen des anderen sich auf einem geistigen Kanal ankündigte, der unserem direkten Zugriff entzogen ist.

Telepathie ist vielfältig einsetzbar

Schon vor Beginn des Kalten Kriegs und noch während des Zweiten Weltkriegs machte man in der Sowjetunion, den USA und England Versuche mit Menschen, die Gedanken anderer Personen „lesen" konnten, und kam zu erstaunlichen Ergebnissen. Gerade für Geheimdienste bietet Telepathie eine vielseitige Möglichkeit der Spionage – man spricht von Psi-Agenten. Allerdings wird in diesem Bereich der Begriff Telepathie mehr und mehr durch die Bezeichnung Remote Viewing (Fernwahrnehmung) ersetzt. Die Agenten versuchen, in ihren Gedanken Orte und Gegenstände zu beschreiben. 1940 wurde der Telepath Wolf Gregorewitsch Messing zu Josef Stalin persönlich gebracht, dies kann als Beginn der

Können Informationen oder Gefühle auch ausserhalb der bekannten Kommunikationsformen empfangen oder gesendet werden?

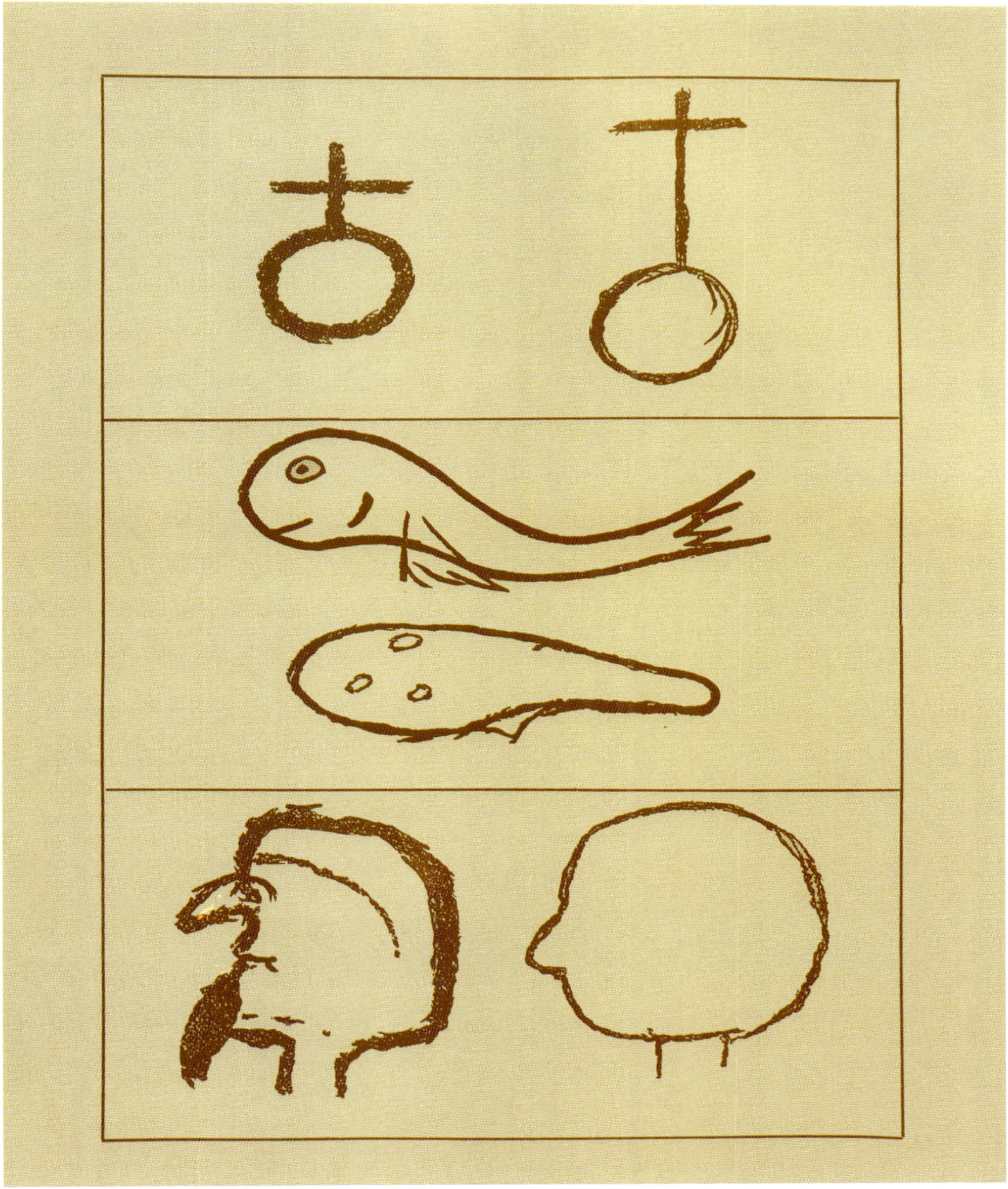

Diese Zeichnungen sind das Ergebnis eines Telepathie-Experiments von 1883, durchgeführt von dem englischen Forscher Samuel Guthrie. Sie zeigen jeweils das Ausgangsbild und die Wiedergabe des telepathischen Eindrucks.

Ein Experiment der britischen BBC brachte erstaunliches zu Tage: In dem Moment, als der Besitzer eines Hunde sich entschloss, nach Hause zurück zu kehren, erhob sich der Hund und wartete an der Tür.

Beschäftigung einer Regierung mit der Anwendbarkeit von Telepathie betrachtet werden. Aber auch der Westen erforschte das Phänomen Telepathie. Zwischen 1934 und 1939 testete der Mathematikprofessor S. G. Soal (1889–1979) an der Universität London 160 Personen in 100 000 Einzelversuchen. Auch die beiden Parapsychologen Basil Shackleton und Rita Elliot kamen 1941 zu Resultaten, die weit jenseits der Zufallsrate lagen.

Die Ursache dieses Phänomens, warum der eine dazu befähigt ist und der andere nicht, bleibt in der Grauzone des Unbekannten verborgen. Viele Wissenschaftler sind davon überzeugt, jeder Mensch habe telepathische Fähigkeiten, und dieser „siebte Sinn“ müsse nur durch entsprechende Sensibilisierung trainiert werden.

Experimente im Bereich der Telepathie haben ein einfaches Muster: Die Versuchsperson sitzt einem Prüfer gegenüber, der auf einem Monitor Symbole oder Bilder ansieht, die zufällig ausgeworfen werden. Der Telepath soll jetzt angeben, welches Bild die Prüfperson anschaut oder es aufzeichnen. Die telepathischen Versuchspersonen konnten tatsächlich „lesen“, was der andere Mensch dachte, konnten Bilder von dem zeichnen, was der andere ansah. Bei unzähligen Versuchen kam es zu beeindruckenden Ergebnissen von Übereinstimmungen.

Die morphogenetischen Felder

Der englische Biologe Rupert Sheldrake beschäftigt sich seit Jahren mit Telepathie und erarbeitete die These der morphogenetischen Felder. Diese These besagt, dass die Natur Informationen in Feldern speichert, die von dort aus anderen zugänglich gemacht werden. In seinem berühmtesten Beispiel verweist er auf englische Meisen, die an einem bestimmten Ort gelernt haben, die Aluminiumdeckel der Milchflaschen zu öffnen. Das einmal Erlernte wurde binnen kürzester Zeit von Meisen an vielen anderen Orten angewandt, sie hatten diese Form der Nahrungsbeschaffung Dank der morphogenetischen Felder erlernt – Telepathie ist grenzenlos. Sie ist derart grenzenlos, dass die morphogenetischen Felder auch Mensch und Tier gemeinsam umgeben. In einem beeindruckenden Experiment weist Sheldrake dies mit einem Papagei und seiner Besitzerin nach. Das Tier war in der Lage, über 500 Wörter und ganze Sätze zu sprechen. Der Papagei saß vor einer laufenden Kamera und die Besitzerin Aimee befand sich zwei Stockwerke tiefer. Aimee öffnete Umschläge mit Bildern und betrachtete sie. Das erstaunliche Ergebnis war, dass das Tier die Gedanken seiner Besitzerin zu empfangen schien, denn der Papagei sagte, was Aimee sah. Der Papagei empfing ihre Gedanken und sprach sie auf Englisch aus. Es handelt sich um ein einzigartiges Ergebnis, denn bislang sind keine weiteren Fälle derartiger Exaktheit und Übereinstimmung bekannt geworden.

Andere Versuche mit Tieren und Menschen

Die BBC dokumentierte andere Versuche mit Menschen und Tieren, bei denen Hunde gefilmt wurden, deren Herrchen ausgegangen war und sich ziellos durch die Stadt bewegte. Zu einem bestimmten Zeitpunkt erhielt der Mensch ein Signal und beschloss, wieder nach Hause zu gehen und zu seinem Hund zurückzukehren. Die Filmteams dokumentierten, dass exakt in diesem Moment, als der Besitzer den Entschluss fasste heimzukehren, der Hund aufstand, zur Tür ging und auf den Menschen wartete. Zahlreiche Wiederholungen dieses Experiments wiesen nach, dass es sich nicht um einen Zufall handelte, die Ergebnisse waren stets dieselben.

Bis heute ist ungeklärt, wie Telepathie wirklich funktioniert. Als sicher kann jedoch nach Jahren der Forschung angesehen werden, dass das Phänomen existiert. Es bleibt die Frage nach der Ursache und der besonderen Ausstattung einzelner Menschen, die zur Telepathie befähigt sind und die dieses Thema zu einem der Rätsel der Menschheit machen.

Der Biologe und Philosoph Rupert Sheldrake (*1942) entwickelte die These, dass Informationen von Generation zu Generation durch eine Art morphogenetische Resonanz über Zeit und Raum hinweg übertragen werden.

Das holländische Medium Gerard Croiset (links) war bekannt dafür, Ereignisse vorhersagen und Vermisste finden zu können. Prof. Hans Bender unterzog ihn mehrerer so genannter Platzexperimente, bei denen Croiset voraussagte, wer auf einem durch das Los gezogenem Platz sitzen würde.

Präkognition

Präkognition ist Vorhererkenntnis, ist Hellsehen, Prophezeiung und Vision der Zukunft. In der Parapsychologie ist es die Gabe, durch außersinnliche Wahrnehmung Ereignisse in der Zukunft zu sehen und vorauszusagen. Tausende Hellseher waren und sind tätig, aber es stellt sich die Frage, wie zuverlässig ihre Deutungen von Horoskopen, Handlinien, Karten und anderen Orakeln wirklich sind. Wie verlässlich ist der Blick ins Geheimnis der Zukunft, und was bedeutet er für die Menschheit und ihre Werte?

Angst vor dem Tod und dem Danach

Solange es Menschen gibt, existiert ein Interesse an dem, was kommt, am dunklen Zeitraum, der vor uns liegt, an möglichen Gefahren, die dieser birgt. Aber auch Hoffnungen und Glücksmomente wollen die Menschen kennen. Vor allem beschäftigt sie seit grauer Vorzeit die Angst vor dem Tod und dem Danach. Orakel waren besonders befähigte Personen, die die Zukunft sehen konnten, darum suchte man sie auf und erbat das geheime Wissen um die Zukunft. Der Wunsch nach derartigem Wissen war aber nicht nur früher groß, er scheint in der Neuzeit sogar gestiegen zu sein. Im Zuge der Esoterikwelle hatten Wahrsager und Medien schon seit dem Mittelalter nicht mehr so großen Zulauf wie heute, allein im deutschsprachigen Raum gibt es über 100 000 von ihnen. An gläubigen Kunden fehlt es nicht, denn 38 Prozent der erwachsenen Bevölkerung sind davon überzeugt, die Zukunft lasse sich vorhersagen. Aber wie deutlich sehen Hellseher die Zukunft? Der wohl

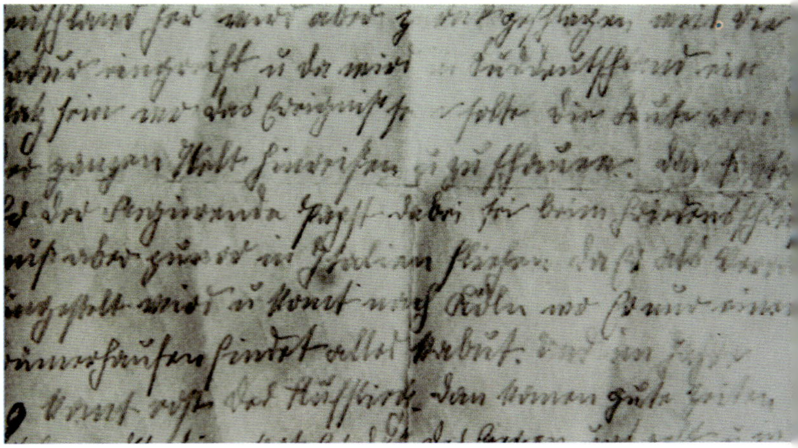

Der bayerische Landwehrmann Andreas Rill berichtete 1914 in zwei Feldpostbriefen von einem „prophetischen Franzosen“, der u. a. genaue Angaben über den Ausgang des 1. Weltkriegs und den Verlauf des 2. Weltkriegs machte. Die Briefe wurden kriminaltechnisch untersucht, sie sind authentisch.

Der in Amerika lebende deutsche Physiker und Parapsychologe Helmut Schmidt konstruierte ein Testgerät für Präkognition, die so genannte „Four-Button-Machine". Eine Versuchsperson drückt einen der vier Knöpfe, um vorauszusagen, dass die damit verbundene Lampe aufleuchtet. Ein Zufallsprozess wird in Gang gesetzt und eine der vier Lampen leuchtet. Ist das Medium gut, ist es die vorherbestimmte.

größte Hellseher des letzten Jahrtausends, Nostradamus (1503–1566), machte eine Reihe wirklich verblüffender Vorhersagen, unter anderem sagte er das Ende der Welt für das Jahr voraus, in dem Ostern auf den 25. April fällt. Dies geschah in den Jahren 1666, 1734, 1886 und 1943. Das nächste Mal tritt es 2038 ein.

Präkognition an sich ist eine Tatsache

Immer noch gibt es Probleme mit der Abgrenzung zu anderen paranormalen Phänomenen wie Telepathie, aber nach über 100 Jahren parapsychologischer Forschung greift man auf recht eindeutige Fälle, tausende von Labortests und experimentelle Studien zur Präkognition zurück. Wobei sich die Forschung weniger auf Einzelphänomene bezieht, sondern von der These ausgeht, dass jeder in der Lage ist, die Zukunft zu erahnen. Der amerikanische Parapsychologe William Cox untersuchte Unglücke und das Verhalten der Menschen, er verglich die Passagierzahlen von verunglückten Eisenbahnzügen mit der durchschnittlichen Passagierzahl auf diesen Strecken an zehn anderen Tagen. Am Unfalltag waren stets erheblich weniger Fahrgäste unterwegs als an den anderen Tagen. Viele Menschen hatten Vorahnungen, schloss er, von denen sie selbst nicht einmal wussten, und haben sich von ihnen leiten lassen.

Das Leben als Abfolge festgelegter Vorgänge

Die Bemühungen, die Zukunft zu entdecken, sind breiter Kritik ausgesetzt, denn wenn es wirklich möglich wäre, die Zukunft zu sehen, würden unser gesamtes Wissen, unsere abendländische Moral und unsere Religion in Zweifel gezogen oder müssten neu definiert werden. Wir gehen vom Phänomen menschlicher Freiheit und Verantwortlichkeit aus. Wenn die Zukunft aber bereits feststeht und von dazu geeigneten Personen „gesehen" werden kann, wäre beides nichts als Illusion und unser Leben eine Abfolge bereits festgelegter Ereignisse. Überdies müssten unsere Vorstellungen von Zeit und Kausalität grundlegend verändert werden, und es bedürfte einer „neuen Physik" mit radikal veränderten Ansichten, um Präkognition in unsere Weltsicht einzubauen.

Die Zukunft sieht man nicht, die Vergangenheit wohl. Das ist seltsam, denn wir haben unsere Augen ja nicht auf dem Rücken.

Eugéne Ionesco

Berühmte Seher

Klassische Seher

In Griechenland gab es die berühmten Seher, die man aus den Mythen kennt, sie waren Seher und Verkünder des göttlichen Willens und an Kultstätten oder Orakeln (z. B. Delphi) tätig. Die bekanntesten sind: Teiresias, Amphiaros, Bakis, Kalchas, Mopsos, Epimenides und Amphilochos. Es gab auch unter den Frauen Seherinnen, beispielsweise Sybille, eine aus Kleinasien stammende Ekstatikerin, die von Ort zu Ort wanderte und Unheil über Städte und Völker voraussagte. Aus der Geschichte Trojas ist Kassandra zu nennen, deren Schicksal es war, den Untergang der Stadt vorherzusehen und dafür bestraft zu werden.

Grosse Seher der Geschichte

Michel de Nostre-Dame, genannt Nostradamus (1503–1566)

Er ist wohl der berühmteste Seher des letzten Jahrtausends und sprach Prophezeiungen bis zum Jahr 3000 aus. Die Verse seines Buchs, die die gesamte Weltgeschichte zu kennen scheinen, sind auf Latein geschrieben und verschlüsselt, darum interpretiert sie jede Generation neu, und immer wieder ergeben sich erstaunliche Übereinstimmungen. Einige seiner großen Voraussagen waren das Attentat auf John F. Kennedy 1963, die Anschläge vom 11. September 2001, der Irak-Krieg 2003, die heutigen Religionskonflikte sowie die Klimaveränderungen.

Michel de Nostre-Dame, genannt Nostradamus, war einer der berühmtesten Seher aller Zeiten.

Stefan Ossowiecki (1877–1944)

Stefan Ossowiecki war ein russischer Seher mit vielen paranormalen Begabungen.

Zu seinen außergewöhnlichen Begabungen zählten Psychometrik (mittels Objekten Personen und Situationen zu sehen), Telekinese (das Bewegen von Objekten ohne Körperkontakt) und Teleportation (gleichzeitig an zwei Orten zu sein). 1917 wurde Ossowiecki von den Bolschewisten zum Tod verurteilt, aber ihm gelang die Flucht nach Warschau. Im Zweiten Weltkrieg half er vielen Menschen beim Auffinden vermisster Angehöriger. Ossowiecki wurde 1944 von der Gestapo ermordet.

Erik Jan Hanussen (1889–1933)

Hanussen arbeitete in den 1920er-Jahren als Illusionist in Varietés. Als Seher beriet er Filmstars, Politiker und Bankiers. Früh schon unterstützte er die Nazis und warb für den Nationalsozialismus. Er soll der Hellseher von Adolf Hitler gewesen sein. Seine Voraussagen über den Reichstagsbrand, die Machtergreifung und die Pogromnacht trafen ein. Tragisch wurde er 1933 als Jude verraten und von der SA ermordet.

Margareta Meerstein, genannt Madame Buchela (1899–1986)

Sie weissagte Soraya die Ehe mit dem Schah von Persien. Konrad Adenauer beriet sie in der Frage der Rückführung von Kriegsgefangenen aus Russland. Willy Brandt, Leonid Breschnjew und Ted Kennedy fragten sie um Rat. Sie weissagte die Ermordung John F. Kennedys, den Krieg auf dem Balkan und die Immunschwächekrankheit Aids. Als „Seherin von Bonn“ soll sie bis zu 80 Personen täglich beraten haben.

Telekinese

Eine der geheimnisvollsten Erscheinungen der Parawissenschaften ist die Tele- oder Psychokinese, die Fähigkeit bestimmter Menschen also, mit mentaler Kraft und Konzentration Gegenstände zu bewegen, zu verändern oder sogar schweben zu lassen. Obwohl diese Fähigkeit wahrscheinlich in jedem schlummert, gelingt es nur wenigen Menschen, diese Urkraft des menschlichen Geists zu wecken.

Geheimnisvolle Fähigkeit dank unbekannten Energien

Ein Mensch, der zur Tele- oder auch Psychokinese (es handelt sich um zwei Ausdrücke für dasselbe Phänomen) fähig ist, bedient sich einer uns noch unbekannten Energie. Forscher vermuten, dass all jene, die diese geheimnisvolle Fähigkeit beherrschen, eine bestimmte Wechselwirkung zwischen ihren eigenen und den Energien des zu bewegenden Objekts herstellen. Man kennt auch die Makropsychokinese, bei der Objekte sichtbar verformt werden, wie es beispielsweise Uri Geller getan hat (siehe Kasten). In diesen Bereich fallen auch Poltergeist- und Spukerscheinungen, auf die später genau eingegangen wird. Verwandte Ausdrücke und Phänomene sind die Veränderung von Daten der Vergangenheit (Retro-Psychokinese), das Anfachen von Feuer durch Geisteskraft (Pyrokinese), das Verwandeln von Wasser zu Eis (Cryokinese) oder Aerokinese für das Beeinflussen von Luft.

Uri Geller 1978 mit einem verbogenem Löffel, den er kraft seines Geistes in diese Form gebracht haben soll.

Die Augen der Würfel bestimmen und andere Experimente

1934 wandte sich ein Spieler mit der Behauptung, er könne den Fall des Würfels bestimmen, an den Psi-Forscher Joseph Banks Rhine. Daraufhin begann Rhine eine Versuchsreihe, in der Probanden Würfel werfen mussten, wofür der Wissenschaftler eine statistische Auswertung zugrunde legte. Die von ihm getesteten Personen und Gruppen warfen sehr oft weit über die vorgegebene statistische Wahrscheinlichkeit, es lag also für Rhine der Schluss nahe, dass sie die Augen der Würfel bestimmen konnten.

In anderen Experimenten sollte gezeigt werden, wie Personen kraft ihres Geists Wassertropfen ablenkten. William E. Cox (einstiger Assistent von Rhine) und Dr. Werner F. Bonin untersuchten dieses Phänomen und kamen zu erstaunlichen Ergebnissen. Bonin erklärte allerdings, den wahren Grund für telekinetische Erscheinungen kenne man nicht und könne ihn auch wissenschaftlich nicht erklären. Oft wird die Telekinese darum in den Bereich der Poltergeistphänomene gerückt, denn auch da spricht man davon, dass Gegenstände buchstäblich „von Geisterhand" bewegt werden.

Uri Geller

Uri Geller wurde 1946 in Tel Aviv geboren und lebt heute in England. In den 1970er-Jahren wurde er weltweit durch das Verbiegen von Löffeln und Gabeln, durch das In-Gang-Setzen alter Uhren und das Bewegen von Kompassnadeln als Mentalist bekannt.

Wer telekinetische Kräfte freisetzen will, sollte

- sowohl körperlich als auch mental in guter Verfassung sein,
- die Energie eines Objekts in seiner Umwelt spüren können,
- sich leicht in einen tranceähnlichen Zustand begeben können,
- sich auf eine Sache absolut konzentrieren können,
- die eigenen Energien tanken und bündeln können,
- in energetischen Kontakt mit dem Objekt treten und es kontrollieren.

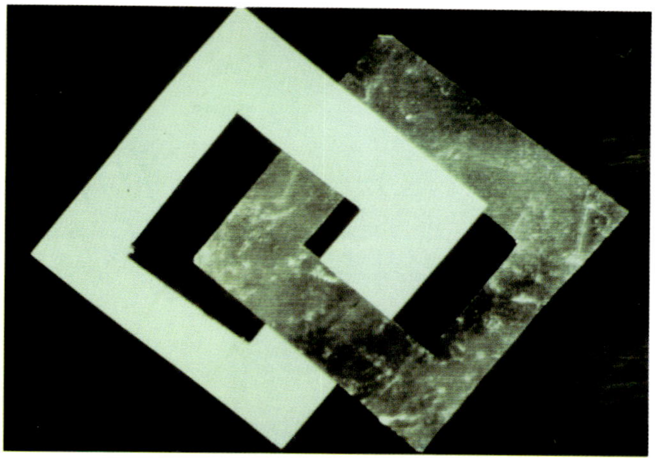

Das „unmögliche Objekt" von Silvio Mattioli: Zwei aus je einem Stück Papier geschnittene Quadrate wurden von ihm offenbar psychokinetisch ineinander verschränkt, ohne dass eine Bruchstelle entstanden wäre.

Zweifel an der Telekinese

Seit dem 18. Jahrhundert hat man immer wieder psychokinetische Experimente mit dem Versuch unternommen, die Phänomene wissenschaftlich zu beweisen. Auch Tisch- und Gläserrücken gehörte in diesen Beobachtungsbereich. Teilweise kamen Resultate zustande, die deutlich belegten, dass gewisse Menschen in der Lage sind, tote Materie zu manipulieren. In jener Zeit war man hingerissen von paranormalen oder übersinnlichen Phänomenen. Zum großen Teil war die Aufklärung als philosophische Bewegung verantwortlich dafür. Man wollte wissenschaftliche, soziale und moralische Parameter neu definieren und sich gegen religiösen Aberglauben und allgemeine Unwissenheit wenden.

Leider ist gerade im Bereich der Psychokinese eine Flut von Schwindel aufgedeckt worden, wie er von Zauberern und Trickkünstlern oft in Varietés vorgestellt wurde. Darum ist die Existenz der Telekinese umstritten. Kritiker der Parapsychologie verweisen stets darauf, dass ein echter – und damit wiederholbarer – Beweis fehle. Außerdem sagen die Kritiker, je weiter die Genauigkeit der Messinstrumente gedeihe, desto kleiner würden die bewegten Objekte.

Eine Versuchsperson des Parapsychologen Richard Broughton soll den Fall von virtuellen Würfeln am Bildschirm psychokinetisch beeinflussen. Die Würfel werden von einem Zufallsgenerator gesteuert.

Psychometrik

Ein Haus, in dem eine besonders traumatische Tat geschehen ist, ein Mord oder Selbstmord, wird von bestimmten, im Psi-Sinn sensiblen Menschen als unerträglicher Aufenthaltsort empfunden. Gleichzeitig ruft ein früheres Spielzeug positive Gefühle hervor. Dinge und Orte sind aufgeladen mit Empfindungen und Erinnerungen. Wie ist es möglich, dass bestimmte Personen in der Lage sind, Dinge oder Orte zu lesen?

Umberto di Grazia an einem präetruskischen Gräberfeld mit Dolmengräbern. Das römische Medium ist darauf spezialisiert, archäologische Stätten paranormal zu entdecken.

Die Tat nachempfinden beim Betasten der Tatwaffe

In der Parapsychologie ist Psychometrik die besondere Fähigkeit, Aussagen über vergangene Zustände oder Handlungen zu machen, wenn eine besondere Person sich an dem Ort befindet oder das Objekt betastet. Seher dieser Art behaupten, sie seien in der Lage, ein Verbrechen nachzuempfinden und erneut zu sehen, wenn sie zum Beispiel die Tatwaffe betasten. Wie viele andere parapsychologische Phänomene ist auch dieses heiß umstritten. Der berühmte russische Seher und Ingenieur Stefan Ossowiecki lieferte auf einem internationalen Archäologie-Kongress eine außergewöhnliche Darbietung seiner Fähigkeit der Psychometrik, er betastete einen Faustkeil, der damals als bedeutender Fund ausgestellt wurde, und machte erstaunlich detaillierte Erklärungen über prähistorische Lebensformen. Jahre später wurden seine Aussagen mit klassischen Methoden der Archäologie und durch ein Fortschreiten der Wissenschaft belegt.

Anwendung in der Medizin

In der Medizin findet die Psychometrik eine handfeste Verwendung. Der Mediziner Tino Merz geht davon aus, dass Tests an Chemikaliengeschädigten nur durch dieses äußerst sensible Verfahren erfolgreich durchgeführt werden können. Es sei in der Lage, hochgradig chemikaliensensible Menschen zu behandeln. Seiner Meinung nach wären bestimmte Studien über Organophosphate ohne diese Tests unmöglich, da Aussagen über Verseuchungen anders nicht getroffen werden könnten.

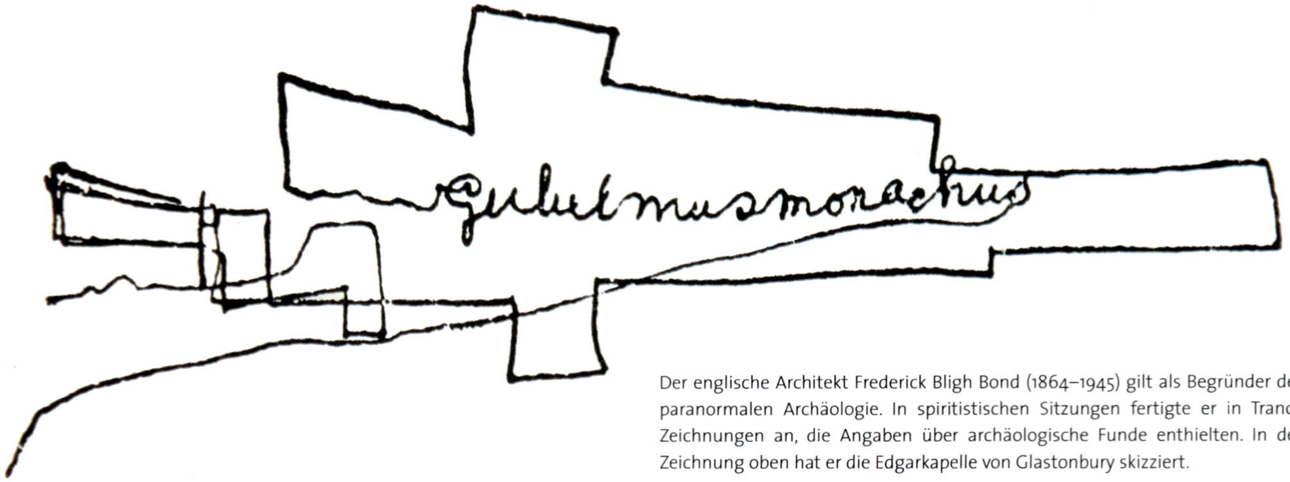

Der englische Architekt Frederick Bligh Bond (1864–1945) gilt als Begründer der paranormalen Archäologie. In spiritistischen Sitzungen fertigte er in Trance Zeichnungen an, die Angaben über archäologische Funde enthielten. In der Zeichnung oben hat er die Edgarkapelle von Glastonbury skizziert.

Aura

Die Aura heißt wörtlich übersetzt der „Hauch". Viele Parapsychologen sind sich einig darüber, dass sie aus dem Zusammenspiel derer besteht, die sie freisetzen und derer, die sie sehen – Angebot und Nachfrage sozusagen. Die eine Person bringt durch ihre spezifische Fähigkeit ihre Aura zum Leuchten und damit ihre Lebendigkeit zum Ausdruck, während der besonders sensible oder geschulte Mensch diese Aura wahrnimmt. Was aber zeigt die Aura an?

Emotional gesundheitliches Kraftfeld

Es war Zeus, der Aura, die Gefährtin der Göttin Artemis, in eine Quelle verwandelte. Noch heute gilt sie deshalb als Verkörperung milder Lüfte, als Kühle spendender Hauch vom Wasser. In der Parapsychologie bedeutet Aura die Ausstrahlung seelischer Zustände eines Menschen, die für bestimmte Seher oder Medien sichtbar ist. Anhand ihrer Farbe oder ihres Zustands können sie die gesundheitliche Verfassung des Menschen bestimmen und ihn entsprechend behandeln, denn die Aura dient nicht nur der Diagnose, sondern auch zur Therapie. Aura als eine Art emotionales oder gesundheitliches Kraftfeld.

In der bildenden Kunst wurde die Nymphe Aura immer mit einem geblähten Tuch über ihrem Kopf dargestellt, besonders bekannt aber sind Auradarstellungen aus den Religionen, wo Buddha, Jesus oder Heilige stets von einem Licht- oder Heiligenschein umgeben gezeigt werden. Bislang ist noch nicht bewiesen, welche besonderen Fähigkeiten nötig sind, um die Aura eines anderen zu sehen und entsprechend zu lesen.

Kirlian-Fotografie

Man bezeichnet diese 1939 von dem Ukrainer Semjon Davidowitsch Kirlian zufällig bei der Reparatur von medizinischen Apparaten entdeckte Art der Fotografie auch als Korona-Fotografie. Eine Person, ein Körperteil oder Objekt, das als einzige Bedingung elektrisch leitfähig sein muss, wird abgelichtet, und es erscheint rundherum ein elektrisches Feld, eine Aura. Je nach Farbe dieses Felds kann eine Energiediagnose stattfinden. Einige Heiler behaupten, selbst Krebs könne auf diese Weise erkannt werden. Es bleibt umstritten, ob durch die Kirlian-Technik Krankheiten oder Gemütszustände tatsächlich erkannt werden können.

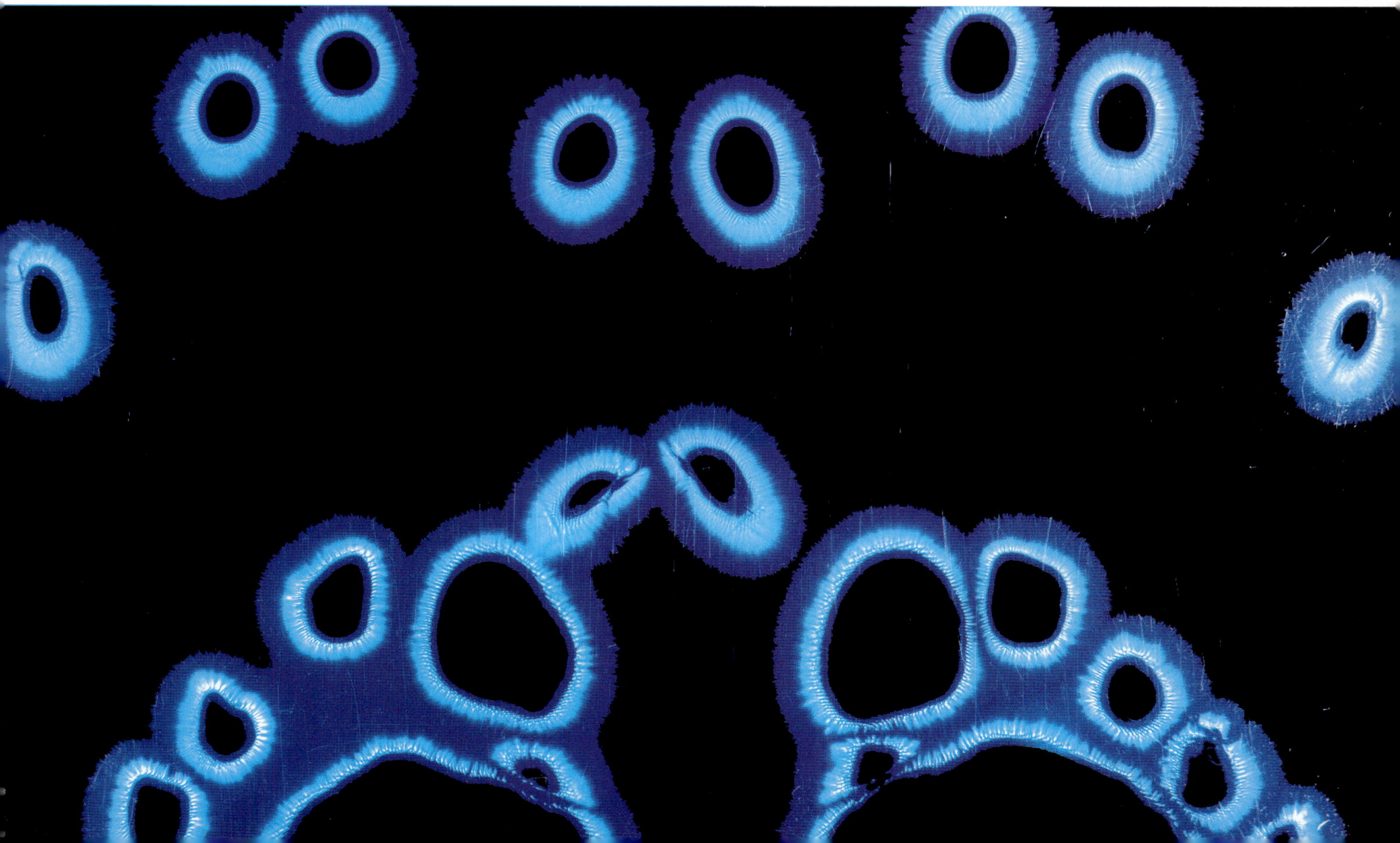

Durch Zufall entdeckte Semjon Davidowitsch Kirlian 1939 diese Art der Fotografie, die die Aura eines Körpers oder Körperteils zeigt, hier die Aura von Fingerkuppen und Zehen einer Person.

Schlösser gelten häufig als Spukorte, z. B Fyvie Castle in Schottland. Hier gibt es Blutflecken, die nicht weggewischt werden können, Berichte von Geistern und kalten Winden, die aus unbekannter Quelle wehen.

Spuk und Poltergeist

Poltergeister geben sich zu erkennen durch Klopfgeräusche, das Bewegen von Gegenständen, statische Entladungen, sie können aber auch Naturgeister sein, die an den Lebenden Rache nehmen wollen. Dann werden sie vom eher harmlosen Störgeist zum dunklen Begleiter. Vielerorts auf der Welt werden Poltergeistphänomene mit den schlimmsten paranormalen Begebenheiten gleichgesetzt.

Verbindung mit der dunklen Seite

Poltergeistphänomene werden innerhalb der Parawissenschaften als Bereich der Telekinese betrachtet, denn auch da heißt es, dass Objekte sich wie von Geisterhand bewegen. Viele Erscheinungen, die als Spuk empfunden werden, stellen sich jedoch bei näherem Hinsehen oder genauerer Untersuchung oft als Schabernack oder Naturphänomene wie Wind- und Wettereinflüsse heraus.

Handelt es sich aber tatsächlich um Klopfzeichen oder Objektbewegungen, die keine erkennbare Ursache haben, und wird Spuk dieser Art wissenschaftlich untersucht und bewiesen, gewinnt der Poltergeist eine parapsychologische Dimension und damit für alle Menschen Faszination, denn er verbindet uns mit der anderen, mit der dunklen Seite.

Spukerscheinungen als Folge seelischer Aufgeregtheit

Bei Untersuchungen hat man festgestellt, dass Poltergeistphänomene oft in der Umgebung pubertierender oder medial veranlagter Personen auftreten. Die beiden amerikanischen Parapsychologen J. Gaither Pratt und William G. Roll bezeichneten 1958 Poltergeist als spontane Psychokinese (RSPK, *recurrent spontaneous psychokinesis*). Laut ihrer Ermittlung ist der Poltergeist kein Geist, Gespenst oder Phantom, sondern die Projektion von emotional angespannten Menschen, zum Beispiel Pubertierenden. In ihren Tests brach sich diese angespannte Energie in telekinetischen Entladungen Bahn. Auch der Freiburger Parapsychologieprofessor Hans Bender untersuchte in den 1960er- und 70er-Jahren derartige Phänomene

DE INFESTIS
OB MOLESTANTES
DAEMONIORVM ET DEFVNCTO-
RVM HOMINVM SPIRITVS, LOCIS,
LIBER VNVS.

IN QVO. SPIRITVVM INFESTANTIVM
genera, conditiones, vires, discrimina, opera, mala quæ viuentibus afferunt; rationes item quibus partim cognoscuntur, partim proscribuntur; modi denique, quibus loca ab ipsorum molestia liberantur, hisq; similia discutiuntur & explicantur.

AVTHORE PETRO THYRÆO NOVESIENS. SOCIETATIS Iesu, D. Theologo, & Professore Ordinario Herbipoli.

Accessit eiusdem Libellus de TERRICVLAMENTIS nocturnis, quæ hominum mortem solent portendere.

Eines der frühesten Bücher über Spukorte: Petrus Thyraeus, Loca infesta, Köln, Cholinus, 1598.

bei Jugendlichen und kam zu dem Ergebnis, es handle sich um eine Art unbewusster Persönlichkeitsabspaltung, die die telekinetischen Erscheinungen verursache. Damit zeigt sich, was in der Forschung gemeinhin angenommen wird, dass nämlich am Spuk das nach innen Gewandte im Vordergrund steht, dass seine Ursache zunächst bei den davon Betroffenen selbst zu suchen ist.

Der Parapsychologe Theo Locher nannte als wissenschaftliche Erklärungen für Spukerscheinungen Schizophrenie, Halluzination oder besondere seelische Aufgeregtheit.

Geisterhäuser

Unheimlich wird es, wenn ein Spuk- oder Poltergeistphänomen in keines dieser gängigen und griffigen Erklärungsmuster passen will. Ein besonderes Beispiel für mysteriöse Vorkommnisse bot ein Haus in Breslau, aus dem Gesang drang, der sich auf keine nachvollziehbare Weise erklären ließ. Die Wissenschaftler, die dem Gesang folgten, endeten an Mauern, aus denen die Klänge zu kommen schienen, oder verliefen sich in Kellergewölben. Kein Gesetz der Akustik konnte die Erscheinungen erklären, auch konnte ausgeschlossen werden, dass die Hörer geistig verwirrt waren, dafür waren es zu viele.

Im Schweizer Ort Stans kann das Spukhaus der Familie Joller besichtigt werden. Die Bewohner führten über lange Zeit Buch über die Ereignisse in ihrem Heim, die eines Tages mit Klopfen und Kratzen begonnen hatten, ähnlich wie in Breslau, vor der versammelten Familie. Zeugen wurden geladen, wissenschaftliche Erklärungen gesucht. Aber die Wissenschaft versagte ihren Dienst und bleibt den Grund für die Vorkommnisse bis heute schuldig. Eines Morgens erwachte der Lokalpolitiker Joller weißhaarig und verwirrt, ein Jahr später, 1865, starb er. Sein Buch „Selbsterlebte mystische Erscheinungen", von dessen Existenz man weiß, weil es aus Aufzeichnungen belegt ist, ist verschollen.

Es gibt zahllose Berichte von Maschinen, die ihren Dienst versagten und ein Eigenleben entwickelten. Für viele sind derartige Erscheinungen ein Beweis für eine Parallelwelt der Geister, Botschaften von Toten. Gibt es neben unserer bekannten eine mysteriöse und unbekannte Parallelwelt, die Geistern gehört?

Dieses Spezialgerät registriert plötzliche Temperaturschwankungen. Es wird eingesetzt, um den „kalten Lufthauch" bei Spukfällen nachzuweisen.

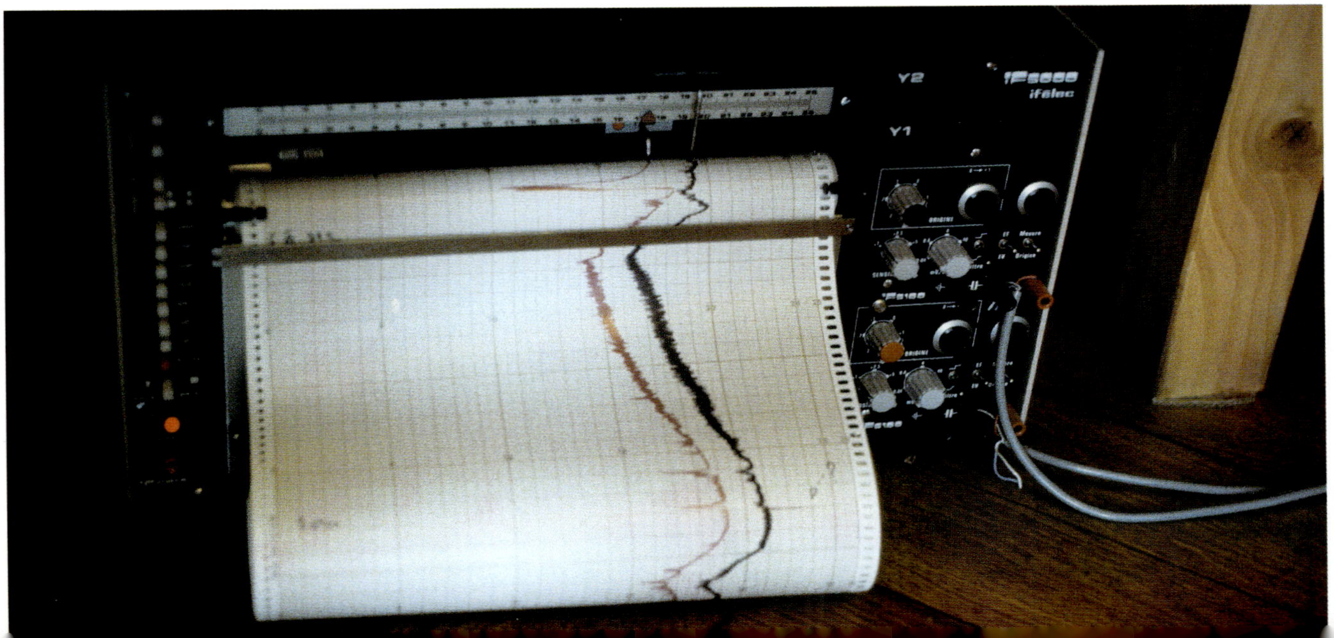

Levitation

Eine Person oder ein schwerer Gegenstand erhebt sich von der Erde und schwebt. Man betrachtet dieses Phänomen innerhalb der katholischen Kirche als ein fast gebräuchliches Charisma, das den Heiligen gewährt wurde. So soll der heilige Josef von Copertino für solche Erscheinungen berühmt gewesen sein. Welche Art der Energieballung ist im Menschen nötig, um sich kraft des Geists vom Boden erheben zu können?

Wasser kann schweben

Als Eis ist Wasser fest, greifbar und sichtbar. Erhöht man seine Temperatur und damit seine Schwingung, schmilzt das Eis und wird flüssig, ist aber immer noch greifbar, wenn auch nicht mehr so leicht wie das harte Eis. Erhöht man die Temperatur weiter, wird aus dem Wasser Dampf, nun ist es flüchtig und nicht mehr greifbar, kaum sichtbar. Es ist immer dasselbe Wasser, aber stets verschieden in seinen drei Aggregatzuständen: fest, flüssig, gasförmig. In der höchsten Schwingung, als Dampf, kann es fortgeweht werden. Kühlt es sich ab, erscheint es an anderer Stelle wieder als Wasser oder Eis. Wasser ist also in der Lage zu schweben, sich zu bewegen, zu reisen. Letzteres ist nicht nur ein anschaulicher Eklärungsversuch für die Levitation, sondern auch für die Bilokation im nächsten Kapitel.

Der Traum vom Fliegen

Levitation gilt in der Parapsychologie als eine Form der Psychokinese, es ist die Fähigkeit von Menschen, ohne Hilfsmittel zu schweben. Berichte über solche Erscheinungen gibt es in fast allen Kulturen. In der Bibel ist belegt, dass Jesus schweben und über Wasser gehen konnte, darum gilt in der katholischen Kirche Levitation als Zeichen von Heiligkeit. Über 230 Heiligen wird diese Fähigkeit zugeschrieben. Einige Heilige berichten in ihren autobiographischen Schriften hiervon, so zum Beispiel die heilige Teresa von Ávila. Fliegen ist vor allem auch, das darf nicht vergessen werden, ein immer wiederkehrendes Motiv von Träumen, an sich der große Traum der Menschheit.

Eine schlafende Schöne wurde vom englischen Zauberer Adelaide Hermann in den Schwebezustand versetzt.

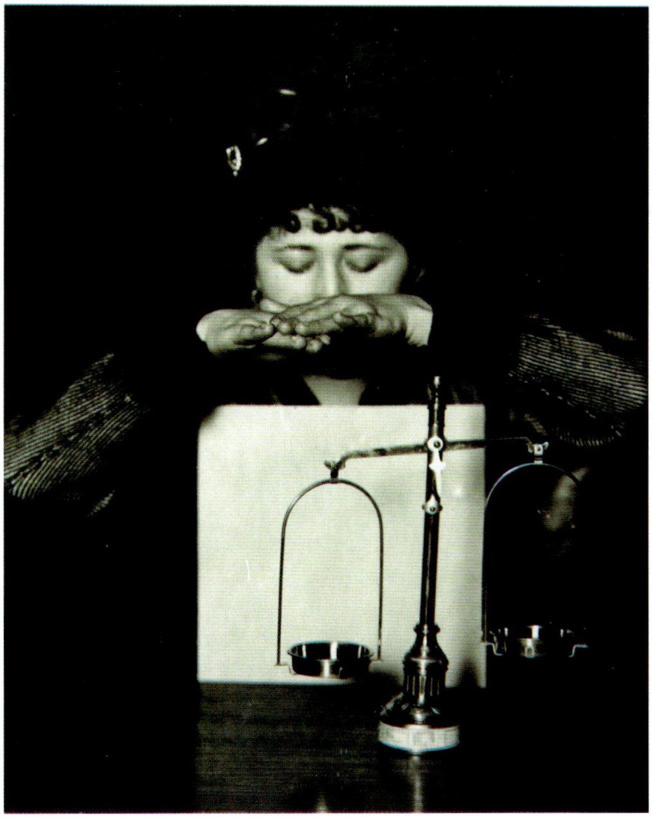

Das polnische Medium Stanislawa Tomczyk war in der Lage, Waagen telekinetisch zu beeinflussen.

Jesus' Gang über die Wellen im Matthäus-Evangelium

„Als es Abend geworden war, war das Schiff schon viele Stadien vom Land entfernt, und es wurde bedrängt von den Wellen, denn der Wind war entgegengesetzt. Aber zur vierten Nachtwache kam Jesus zu ihnen, indem er auf dem Meer umherging. Als die Jünger ihn sahen, wie er auf dem Meer umherging, gerieten sie in Schrecken, und sie sagten, dass es ein Gespenst ist und schrien vor Furcht. Doch sogleich redete Jesus zu ihnen und sprach: Habt guten Mut, ich bin es, fürchtet euch nicht!" (Mt. 14, 22–27)

Yogisches Fliegen, Technik transzendentaler Meditation

In der Esoterik gilt yogisches Fliegen als eine Technik der transzendentalen Meditation (TM), in seiner ersten Stufe hüpfen die meditierenden Personen auf und ab, in der zweiten fliegen sie. Die erste Stufe wurde erreicht, und auf Fotos sieht man Menschen ohne Bodenkontakt im Meditationssitz.

Das Sidhi-Phänomen, wie die transzendentale Meditation das Schweben nennt, führe, so die Anhänger dieser Technik, zur Verbesserung der Geist-Körper-Harmonie. Untersuchungen haben die positive Wirkung auf Geist, Körper, Verhalten und Umgebung gezeigt. Man ist in der transzendentalen Meditation der Ansicht, dass schon eine Gruppe von 1000 Menschen genüge, die gemeinsam das yogische Fliegen ausüben, um das kollektive Bewusstsein derart zu verändern, dass Zusammenhalt, Harmonie und positives Denken steigen, Stress, Gewaltbereitschaft und soziale Spannungen hingegen abgebaut würden. Man belegt dies sogar mit statistischen Werten: Eine Abnahme der Kriminalität um 20 Prozent, der Verkehrsunfälle um 25 Prozent sowie der Arbeitslosenrate um 35 Prozent.

Der Flug aus dem Fenster

Mitte des 19. Jahrhunderts erregte der Amerikaner Daniel Douglas Home (1833–1866) durch seine Fähigkeit zu fliegen Aufsehen in europäischen Zirkeln. Zeugen seiner Flugdemonstrationen waren Persönlichkeiten wie Mark Twain, John Ruskin oder William Crookes, Präsident der Royal Society. Im „Quarterly Journal of Science" schrieb er, er durchlebe einen inneren Zwist zwischen dem, was er gesehen und mit den Händen berührt habe, und dem, was er als sein unumstößliches Wissen bezeichne – dass Menschen nicht fliegen könnten. Er selbst habe gesehen, schreibt er, wie Home in London aus einem Fenster im dritten Stockwerk geflogen sei, um durch ein anderes Fenster wieder hereinzufliegen.

Der heiligen Teresa von Ávila wird die Fähigkeit der Levitation zugeschrieben.

Bilokation

Ein Mensch tritt gleichzeitig an zwei verschiedenen Orten auf – das Phänomen der Bilokation. Von vielen Heiligen der katholischen Kirche sagt man, sie hätten das Charisma dieser geheimnisvollen Gabe besessen. Aber auch anderen Menschen mit besonderen Fähigkeiten ist es gelungen, ihren Astralleib reisen zu lassen.

Astralreisen zu zwei Orten gleichzeitig

Der Astralleib ist der aus feinsten Teilchen bestehende unzerstörbare Leib der zu den Sternen aufgestiegenen Seelen. Nach Paracelsus ist es eine im sichtbaren Körper waltende Kraft. Meditation und höchste Konzentration versetzen den Menschen unter bestimmten Bedingungen in die Lage, Astralleib und Körper zu trennen, Astralreisen zu unternehmen und so gleichzeitig an zwei Orten auf der Welt aufzutreten.

In der Parapsychologie bezeichnet man alles, was sich formhaft außerhalb der Fantasie befindet, aber keiner materiellen Ebene zugeordnet werden kann, als feinstofflich. Physische Manifestationen auf dieser Ebene werden als Fluidalkörper bezeichnet. Andere gängige Bezeichnungen sind Doppelgänger oder Double. Es gab Menschen, wie den englischen Dichter und Abenteurer Lord Byron (1788–1824), der von sich das Bild des Okkulten und (heute würde man sagen) Paranormalen kultivierte und sich dafür des Phänomens der Astralreisen bediente. Er baute sein Image als Teufelsinkarnation auf und heuerte Doppelgänger an, die sich gleichzeitig mit ihm an verschiedenen Orten in Europa zeigten, um Astralreisen vorzugeben.

Religiöse Beispiele für gleichzeitiges Auftreten an mehreren Orten

Die religiösen Beispiele der Bi- oder Multilokation, zum Beispiel des Pater Pio, deuten darauf hin, so erklären Psychologen, dass sehr religiöse Menschen in der Lage seien, derartige Phänomene durch ihren Glauben selbst auszulösen. Pater Pio wurde an unzähligen Stellen auf der Welt gesehen, wo er Menschen vor Unfällen rettete oder, wie im Fall des italienischen Generals Cadorna, dessen Selbstmord verhinderte. Tatsache ist, Pater Pio hat bis zu seinem Tod sein Kloster niemals verlassen. Kritiker und Zweifler werfen der katholischen Kirche übertriebene Frömmigkeit vor und halten die Berichte für eine Strategie der Kirche, durch Mysterien Gläubige im Bann zu halten oder anzuziehen.

Das Phänomen der Astralreisen ist vor allem aus dem Bereich der Nahtoderfahrungen bekannt (s. S. 188), bisher

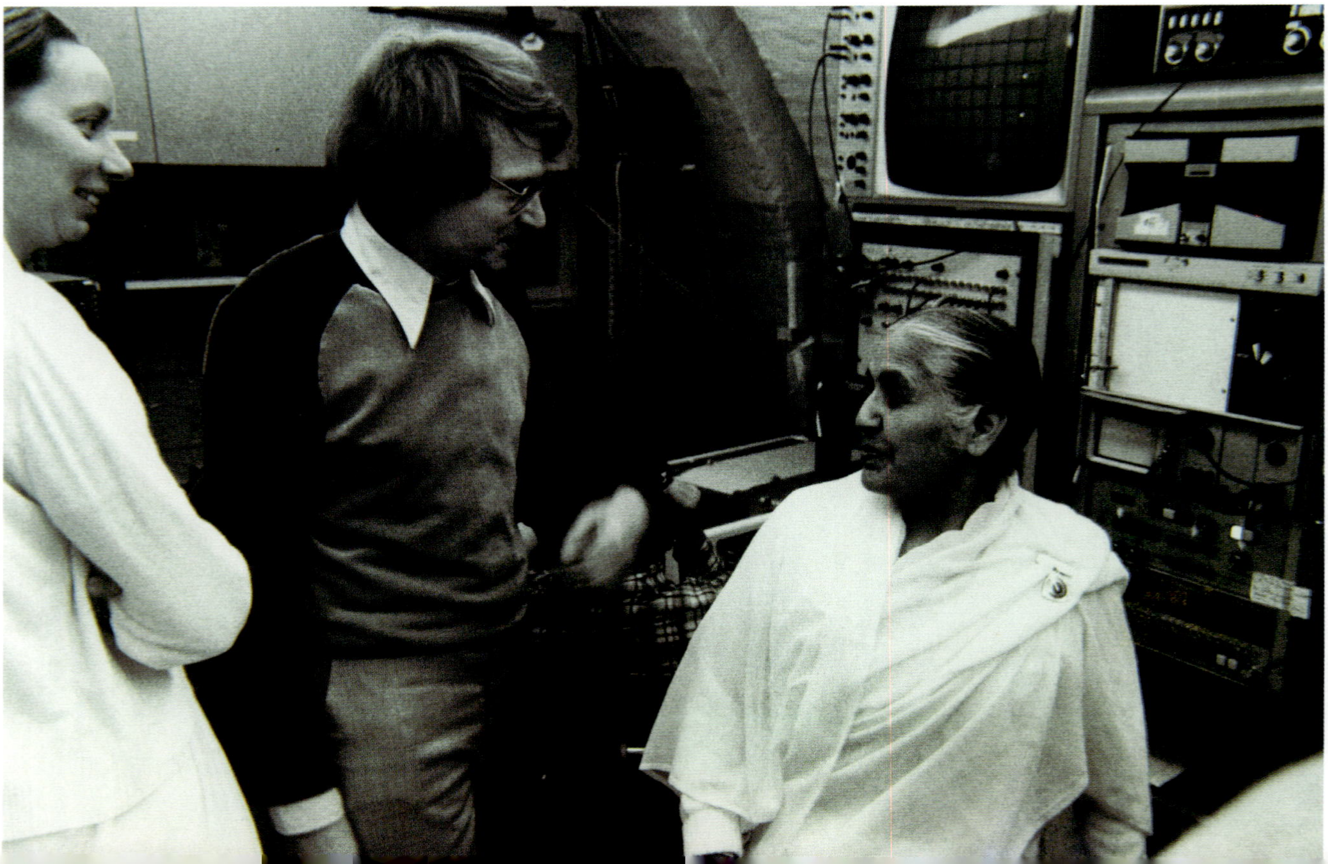

Bei einem Experiment zur außerkörperlichen Erfahrung am Psychologischen Institut der Universität Köln wurde die indischen Yogini Pushpal Behen (rechts) untersucht und die Ergebnisse dokumentiert.

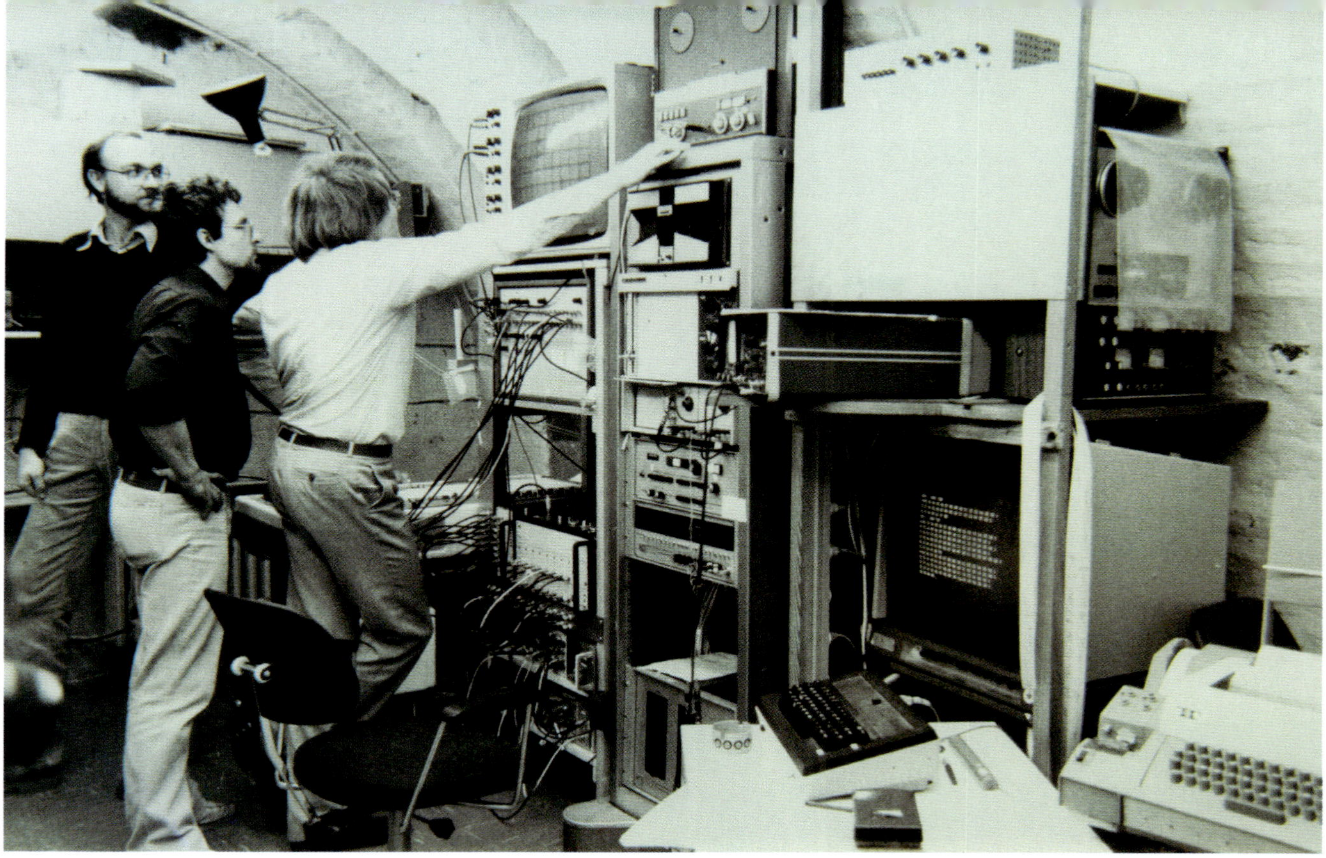

Während der Phase der Astralreise zeigte Behens Gehirnstrommuster (EEG) verstärkt niederfrequente Wellen, was sowohl auf einen tiefen Entspannungszustand als auch erhöhte Aufmerksamkeit hindeutet.

jedoch ist die Parapsychologie den Beweis für die Erscheinung der Bilokation oder der Astralreise schuldig geblieben. Lediglich die Kirche verweist darauf, dass alle Taten der Heiligen vor ihrer Heiligsprechung über einen langen Zeitraum äußerst umsichtig untersucht würden – Zeugen werden befragt, Zusammenhänge bewiesen. Erst dann wird die Person kanonisiert. Es bleibt die Frage offen, ob die Bilokation, welche ein Zeichen vieler Heiliger ist, damit als bewiesen angesehen werden kann.

Augenzeugenbericht zur Bilokation des Pater Pio

Eines Tages betrat ein ehemaliger italienischer Armeeoffizier die Sakristei, und beim Anblick Pater Pios rief er: „Ja, hier ist er. Ich bin hier richtig." Er näherte sich Pater Pio, kniete vor ihm nieder und sagte unter Tränen: „Pater, ich danke Ihnen, dass Sie mir das Leben gerettet haben." Zu den übrigen Anwesenden sagte der Mann: „Ich war Captain der Infanterie. Eines Tages sah ich in einer schrecklichen Stunde mitten auf dem Schlachtfeld in der Nähe einen Ordensmann, der sagte: ‚Herr, gehen Sie weg von dieser Stelle!' Ich ging auf ihn zu, und sobald ich mich bewegt hatte, schlug eine Granate genau an der Stelle ein, an der ich noch vor wenigen Sekunden gestanden hatte. Die Granate riss einen Trichter in den Boden. Ich stolperte weiter in der Absicht, den Ordensmann zu finden, aber er war nicht mehr da." (3) Pater Pio hatte unter der Bilokation sein Leben gerettet.

Der englische Dichter und Abenteurer Lord Byron (1788–1824) liebte es, von sich das Bild einer Teufelsinkarnation zu kultivieren.

Eine Séance, wie sie in dem Stummfilm „Dr. Mabuse, der Spieler" von Fritz Lang dargestellt wurde. Um den Tisch sitzen die Mitglieder der Sitzung und berühren sich an den kleinen Fingern, um den Kreis zu schließen und die Energie zu konzentrieren.

Spiritismus

Der Spiritismus behauptet, es ist möglich, dass Verstorbene sich mittels eines Mediums mitteilen oder sich als Phantome zeigen. Auf der Grundlage des Okkultismus entstanden, versucht der Spiritismus, die Einwirkung der Geisterwelt auf die Welt der Lebenden zu beeinflussen. Gibt es wirklich Geister? Können die Lebenden mit den Verstorbenen Kontakt aufnehmen und mit ihnen kommunizieren?

Kurze Geschichte des Spiritismus als Massenbewegung

Seit 1848 gibt es den modernen Spiritismus als Massenbewegung. Tisch- und Gläserrücken, Séancen und Medien waren Wegbereiter einer Bewegung, die heute in Brasilien 4,6 Mio. gläubige Anhänger und Religionsstatus besitzt. Der Franzose Léon-Hippolithe-Denizart Rivail, besser bekannt unter seinem Pseudonym Allan Kardec, sammelte in den Werken „Buch der Geister" und „Buch der Medien" Manifestationen von Erscheinungen. Beide Bücher können noch heute als Handbücher gelten. Insbesondere durch herausragende Medien, wie zum Beispiel den Amerikaner Daniel Douglas Home (s. Levitation), kamen im 19. Jahrhundert in den USA und England spiritistische Zirkel, Gesellschaften und Zeitschriften auf. 1882 vereinigten sich die vielen Gruppen in der Society for Psychical Research, um gemeinsam paranormale Phänomene zu erforschen. Die moderne Parapsychologie findet in dieser Bewegung ihre Wurzeln.

Seit dem Zweiten Weltkrieg erlebt der Spiritismus in Europa und den USA erneut einen Aufschwung, wobei die modernen Menschen sachliche, auf Tatsachen beruhende Darstellungen einer Forschung suchen, die sich mit dem Jenseits beschäftigt. Sie sind an der Praxis interessiert, nicht mehr an romantischen Ideen und kirchlichen Dogmen. Fragen nach Ewigkeit, Jenseits, Lebenssinn und -ziel, schreibt der Jenseitsforscher und Autor Hans Geisler in seinem Buch „Die andere Welt“ von 1962, sollen mit naturwissenschaftlicher Exaktheit und Gründlichkeit angegangen werden. Prüfung und Experiment stehen im Vordergrund. Weltweit, so schätzt Geisler, sind etwa 200 Mio. Menschen aktiv oder passiv mit dem Thema Spiritismus beschäftigt.

Die Techniken des Spiritismus

Die Techniken der Geisterbeschwörung sind vielfältig und alle auf ihre Weise erfolgreich. Sie dienen der Kommunikation, wobei es gleichgültig ist, ob Tische oder Gläser gerückt werden, ob automatisch geschrieben oder gesprochen wird oder ob Experimente mit Tonbandstimmen gemacht werden. Werden sie richtig angewandt, führen alle zum selben Ziel: der Kommunikation mit der Welt der Geister und Verstorbenen. Ein großer Erfolg stellt sich dann ein, wenn ein besonderes Medium anwesend ist, ein Mensch mit herausragenden energetischen Fähigkeiten.

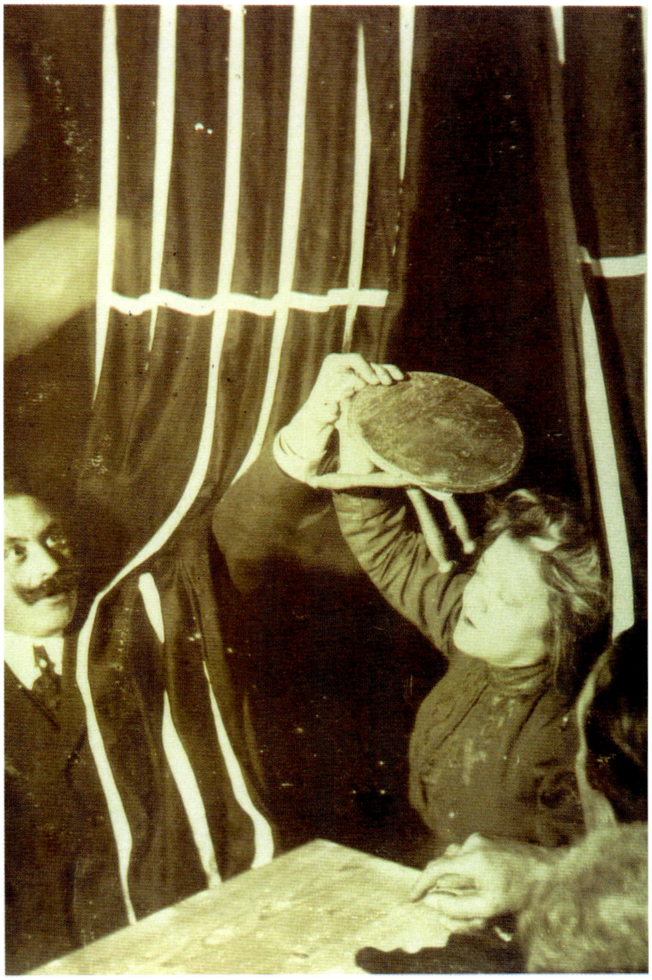

Bei einer spiritistischen Sitzung mit dem italienischen Medium Eusapia Paladino bewegte sich ein Tischchen angeblich telekinetisch. Es ist jedoch relativ offensichtlich, dass es vom Medium selbst gehalten wird.

Auf einem Holzschnitt aus dem 19. Jahrhundert wird eine Geistererscheinung dargestellt, die sich den Mitgliedern einer spiritistischen Sitzung zeigt, um ihnen Informationen aus dem Jenseits zu überbringen.

Natürlich stellt sich die Frage der Identifikation des feinstofflichen Wesens, das kontaktiert wird. Man kann nicht davon ausgehen, dass immer genau das Wesen den Kontakt aufnimmt, das auch gerufen wurde. Johann Heinrich Jung-Stilling schrieb Anfang des 19. Jahrhunderts in seinem romantischen Werk „Theorie der Geisterkunde“, die Welt sei mit Geistern belebt, sie sähen uns so wenig wie wir sie. Komme ein unerwarteter Kontakt zustande, fürchteten sie sich vor uns wie wir uns vor ihnen. Bei positivem Kontakt aber ergebe sich ein für beide fruchtbarer Austausch. Man könne allerdings nicht davon ausgehen, schreibt er, dass einem ein Geist immer gewogen sei, denn so wie es unter den Lebenden gefährliche Menschen gebe, verhalte es sich auch in der Geisterwelt. Fraglos birgt der Kontakt mit der Parallelwelt auch Gefahren. Im Folgenden wird das Gläserrücken als populärste Technik der Beschwörung beschrieben.

Gläserrücken

Gläserrücken ist die einfachste und unter Laien bevorzugte Technik, da sie meist schnellen Erfolg verzeichnet. Man benötigt einen Tisch mit glatter Oberfläche, ein Glas, Papier mit dem Alphabet, den Zahlen Null bis Neun und den Wörtern Ja und Nein. Das Glas steht umgedreht in der Mitte, und die Teilnehmer legen je einen Finger auf seinen Boden. Nach äußerster Konzentration ruft man ein Geistwesen. Hier kann es sich um ein besonderes handeln – den Verstorbenen eines Mitglieds der Runde oder einen anderen, für diese Sitzung gewünschten Toten. Gelingt die Kontaktaufnahme, wird das Glas nach einiger Zeit damit beginnen, sich zu bewegen. Die Teilnehmer stellen Fragen, die nun mit den Bewegungen des Glases über die Buchstaben beantwortet werden. Hier ergibt sich ein Problem, denn oftmals kommen die Antworten auf telepathische Weise in das Bewusstsein der (oder eines) Teilnehmer(s). Hier muss man lernen zu unterscheiden, ob tatsächlich eine Kommunikation mit einem Geistwesen zustande gekommen ist oder ob es sich um Nachrichten aus dem eigenen Unterbewusstsein handelt.

Ektoplasma
In der Biologie bezeichnet man die äußere Protoplasmaschicht des Zellkörpers als Ektoplasma. In der Parapsychologie ist es der hypothetische Stoff, der als gräulichweißes Gebilde wie ein Schleier aus einem Medium aufsteigen soll, wenn der erste Kontakt mit einem Geistwesen hergestellt ist. Ektoplasma gilt als instabile und lichtempfindliche, organische Substanz, die von Geistern ausgeschieden wird und es ihnen ermöglicht, sich zu materialisieren und telekinetische Handlungen durchzuführen. Ektoplasma ist für das nackte Auge oft nicht sichtbar, taucht aber auf Fotos auf. Viele Wissenschafler halten die undefinierbare Substanz für eine Manipulation mit einem Gazestoff.

Gefahren von Spiritismus und Geisterbeschwörung

Eindringlich weisen Parapsychologen auf die Gefahren hin, die mit spiritistischen Handlungen verbunden sind. Da viele Menschen sich diesem Geheimnis ohne positive Einstimmung nähern, sind sich die meisten des Gefahrenpotenzials und der

Häufig wird bei spiritistischen Sitzungen von den Teilnehmern eine spiritistische Kette gebildet, d. h. sie berühren sich an den Fingern und schließen so ihren Kreis. Hinter dem Medium Linda Gazzera (Mitte) erscheint Ektoplasma.

möglichen Auswirkungen nicht bewusst. Der Autor Johann Edgar nennt die folgenden Schattenseiten:

Abhängigkeit und unbedingtes Vertrauen

Oft wird Geisterbeschwörung als Entscheidungshilfe für Lebenssituationen benutzt. Das schwächt die eigene Entscheidungsfähigkeit. Besonders schwache Menschen laufen Gefahr, ihr Urteil von den Befragungen abhängig zu machen. Edgar warnt davor, seinen freien Willen in hohem Maß aus der Parallelwelt bestimmen zu lassen. Geister seien nicht nur gut, einige trieben auch Spaß mit denen, die sie blind befragen, andere hätten sogar böse Absichten.

Angstgefühle

Bei vielen Laien ist die Zeit nach der Séance, besonders wenn sie unsachgemäß durchgeführt wurde, von Angstgefühlen begleitet. Dies geschieht besonders dann, wenn sich Materialisationen (Geisterscheinungen) einstellen. In manchen Fällen werden die Ängste unerträglich und bedürfen medizinischer Hilfe.

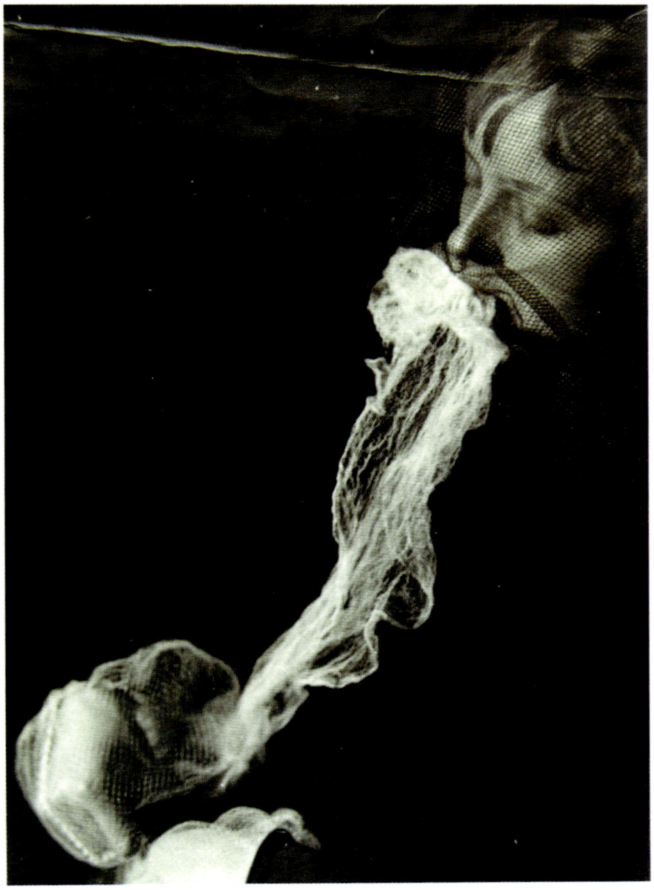

Das polnische Medium Stanslava P. wurde bei einer spiritistischen Sitzung in ein spezielles Trikot eingenäht und trug einen Schleier um Kopf und Hände, um Betrug vorzubeugen. Trotzdem erschien Ektoplasma aus ihrem Mund.

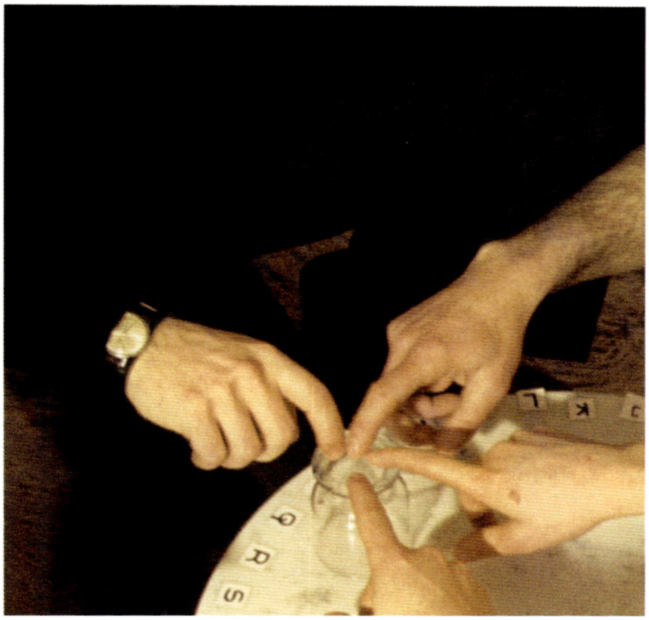

Durch die Kraft eines Geistwesens, das bei einer Séance gerufen wurde, wird ein Glas von Buchstabe zu Buchstabe über einen Tisch geführt, um so eine Nachricht zu schreiben, meist als Antwort auf die Frage eines Teilnehmers der spiritistischen Sitzung.

Umsessenheit und Besessenheit

Als Umsessenheit bezeichnet Edgar die negative Beeinflussung durch Wesen aus der Parallelwelt. Der Betroffene wird buchstäblich von Wesen „umsessen", und sie nehmen Einfluss auf sein Leben, bis er selbst nicht mehr in der Lage ist zu handeln. In der Steigerung wird daraus Besessenheit. Dann nimmt ein fremdes Wesen Besitz vom Körper des Betroffenen und kontrolliert ihn. Alle Gefahren können, ähnlich wie Drogen, in tiefste soziale Abgründe führen und bisweilen in klinischer psychotherapeutischer Behandlung oder sogar in Selbstmord enden.

Allan Kardec

Allan Kardec (1804–1869), Pionier des praktischen Spiritismus, war Schüler Johann Heinrich Pestalozzis und zunächst Pädagoge, später spiritistischer Forscher. Seine Bücher wurden in Auflagen zu Hunderttausenden verkauft. Besondere Anerkennung fand sein Werk in Brasilien, wo man 1957 zu Ehren des 100. Jahrestags der Erstausgabe seines Werks „Buch der Geister" eine Briefmarke mit seinem Bild herausgab.

Der französische Physiologe und Nobelpreisträger Charles Richet würdigte die Bedeutung Kardecs für den Spiritismus ebenfalls maßen: „Man muss vorbehaltlos die intellektuelle Energie Allan Kardecs anerkennen. Er stützt sich immer auf das Experiment, sodass man sein Werk nicht nur als eine grandiose homogene Theorie, sondern auch als eine eindrucksvolle Zusammenfassung von Tatsachen anerkennen muss." (4)

Der Wünschelrutengänger King Faria, ein ehemaliger Rinderzüchter, wurde während der großen Dürre in Kalifornien oft eingesetzt, um Brunnen auf privaten Grundstücken auszupendeln.

Wünschelruten

Schon in Rom und Ägypten finden sich Aufzeichnungen über Wünschelruten, die Mythologien berichten davon. Rutengänger sind in der Lage, Wasseradern, Gold, Kohle, Erze, Erdöl, Mineralien oder sogar verborgene Schätze durch das Ausschlagen ihrer Rute aufzuspüren. Die Wünschelrute bezeichnet man darum auch als Zauberrute, denn wie Zauberei mutet es an, wenn tatsächlich Erze oder Gold gefunden werden.

Aufspüren esoterischer Strahlung

Eine Wünschelrute ist ein v-förmig gegabelter Holzstab, meist Haselnuss oder Weide, neuerdings aber auch aus Plastik oder Metall, der vom Rutengänger an jedem Gabelende mit beiden Händen locker gehalten wird, wobei die Gabelbasis vom Körper wegweist, denn sie ist es, die auf die Erdstrahlen reagiert und ausschlägt. Bei den wahrgenommenen Strahlen handelt es sich den Trägern nach um esoterische und nicht um physikalische Strahlungen. Rutengänger beschreiben ihr Tun als einen gedanklichen Vorgang und nicht als Wahrnehmung. Bei der Suche sind sie nach eigener Aussage in der Lage, sich auf jedes beliebige Material einzustellen – sie eichen sich. Hierbei gehen sie davon aus, dass jeder Stoff eine ihm eigene Schwingung abgibt, die alles durchdringt und die der Gänger spürt. Einige Rutengänger können auch Krankheitsherde entdecken. Als

Wie diese Radierung zeigt, gibt es verschieden Arten, eine Wünschelrute zu halten.

Naturheilkundler bestimmen sie die Verträglichkeit von Arzneien oder Speisen. Kritiker rücken diese Tätigkeiten in den Bereich des Okkultismus, auf jeden Fall dorthin, wo wissenschaftliche Analyse nicht greift.

Geschichte der Wünschelrute

So wie man die Wünschelrute heute gebraucht, ist sie seit dem 16. Jahrhundert bekannt. Dabei geht man davon aus, dass Zweige bestimmter Bäume mit besonderen Kräften ausgestattet sind, allen voran der Mistelzweig. Man leitete diesen Glauben aus den Zauberstäben her, die ja aus „besonderem Holz" sein mussten, oder auch auf die uralte Art des Wahrsagens, bei der Stöcke geworfen werden. Moses schlug den Felsen mit einem Stab auf, um Wasser zu finden, und der griechische Gott Hermes besaß einen Stab in Form einer Schlange, der die Unterwelt öffnete. Der germanische Gott Wotan war der Herr des „Wunschs und des Stabs".

Erst im Mittelalter finden sich Zeugnisse von Wünschelrutengängern, die die Zweige benutzten, um Erze zu finden. Schon damals galt die Methode als umstritten. In der Johannisnacht wurden Haselnusszweige geschnitten, die seitdem als besonders geeignet gelten. Bis ins 19. Jahrhundert hinein fand die Wünschelrute eine breite Anwendung und wurde auch von Geologen und Physikern verwendet. Im 17. Jahrhundert behauptete der französische Rutengänger Jacques Aymar, mit seiner Rute sogar Verbrechen aufspüren zu können. Ihm wurden einerseits übernatürliche Kräfte zugeschrieben, andererseits wurde er heftig kritisiert.

Es geht der Glaube, es gebe besondere „elektrometrische" Kraftfelder, die sich, in sensitiven Personen ausgelöst durch Metall- oder Wasseradern, körperlich äußern.

Immer wieder werden Versuche unternommen, die die tatsächliche Wirkung der Rute nachweisen oder als Schwindel entlarven sollen. Kritiker werten sie jedoch als wenig zuverlässig und führen ihre Ausschläge auf den so genannten Carpenter-Effekt zurück.

Der Carpenter-Effekt

Der Carpenter-Effekt, benannt nach dem englischen Physiologen Walter Benjamin Carpenter (1813–1885), besagt, dass die bloße Vorstellung einer möglichen Bewegung diese bereits in verkleinertem Maß auslösen kann. Als Beispiel diene das Verhalten von Zuschauern bei Sportveranstaltungen: Bei ihnen wird ein Impuls zum Mitvollzug der gesehenen oder gewünschten Bewegung geweckt. Man rechnet dies dem Bereich der Suggestion zu. In der Parapsychologie erklären Kritiker Phänomene wie Gläserrücken, Pendeln oder Wünschelrutengehen mit diesem Effekt.

Ein Wünschelrutengänger versucht herauszufinden, welches homöopathische Medikament für einen Patienten am besten geeignet ist, indem er abwechselnd Medikamente und Patienten mit der Wünschelrute untersucht.

Hypnose

Lange Zeit stand Hypnose, die früher als Magnetismus erklärt wurde, im Ruf, übernatürlicher Art zu sein, und bewegte den Volksaberglauben. Dabei handelt es um veränderte Bewusstseinszustände, die durch einen Hypnotiseur zustande kommen. Wie sehr ist ein geschickter Hypnotiseur in der Lage, den Zustand – auch den körperlichen Zustand – einer Person zu beeinflussen? Laufen in der Hypnose besondere psychische Prozesse ab, und ist der in Trance versetzte Mensch willenloser Spielball? Aus Fragen wie diesen erwuchs die Vorstellung, Hypnose bewege sich im Bereich des Übernatürlichen.

Einflussnahme auf den Geist

Seit 200 Jahren beschäftigen sich Forscher mit der Hypnose, und der Ausdruck selbst wurde Mitte des 19. Jahrhundert von dem englischen Arzt James Braid (1795–1860) eingeführt. Die entscheidende wissenschaftliche Untersuchung des Phänomens aber, die betroffene Person, den Klienten, wie es heute meist heißt, für bestimmte Einflussnahmen empfänglich zu machen, fand in den Jahren zwischen 1950 und 1980 statt. Zu diesen Einflussnahmen zählen beschränkte Aufmerksamkeit und Erinnerung, das Auftreten bestimmter Vorstellungen, Reaktionen und Empfindungen sowie körperliche Veränderungen.

Definition von Hypnose aus medizinischer Sicht
Das Merck Handbuch zur Medizin definiert den Begriff Hypnose wie folgt:
„Die Hypnose ist ein Prozess, bei dem bestimmte mentale Inhalte (Erinnerungen, Vorstellungen, Gefühle, Wahrnehmungen) der bewussten Wahrnehmung verloren gehen und dem willentlichen Zugriff entzogen sind." (5)

Die Hypnose hat eine lange Tradition. Auf diesem Foto, aufgenommen gegen Ende des 19. Jahrhunderts, beobachtet eine Gruppe französischer Ärzte ihren Kollegen beim Hypnotisieren eines Patienten.

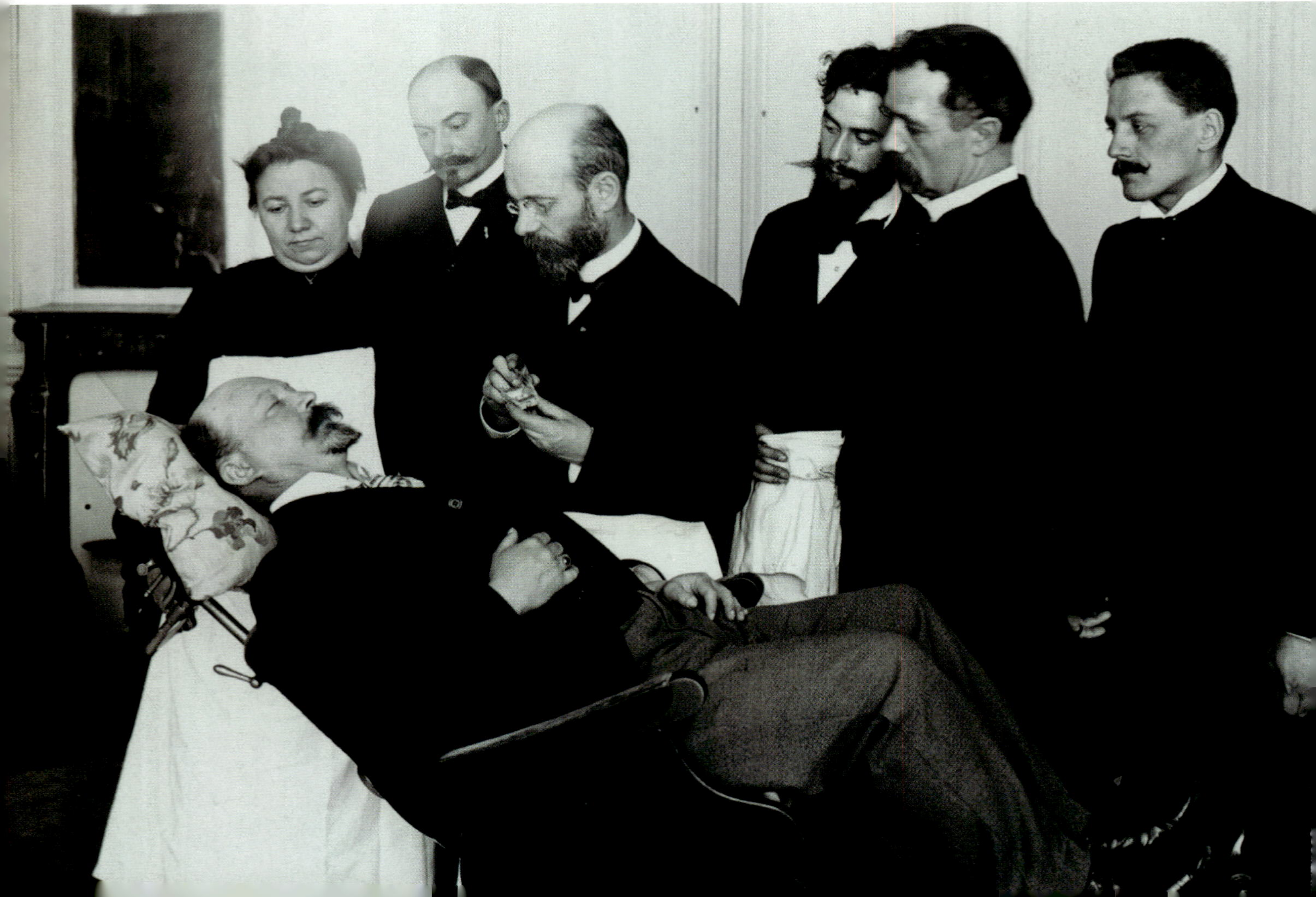

Anwendung von Hypnose als medizinische Therapie

- Gewichtsabnahme
- Nichtrauchen
- Beseitigung von Drogen- oder Alkoholabhängkeit
- Entspannung, Vorbeugung gegen oder Abbau von Stress
- Verbesserung der Konzentration
- Heilung von Phobien
- Beseitigung von Flugangst
- Erfolgssteigerung

Unter dem Phänomen der posthypnotischen Befehle versteht man in Hypnose gegebene Anordnungen mit der Zuweisung von Gründen, die nach dem Aufwachen – aus dem Unterbewusstsein kommend – ausgeführt werden. Dabei glaubt der Klient, aus eigenem Antrieb zu handeln.

Es ist irrig anzunehmen, dass während der Hypnose besondere psychische Prozesse ablaufen, Hypnose ist eine extreme Form der Suggestion (s. unten).

Mit dem Aufdecken von Verbindungen zwischen dem Nerven- und dem Immunsystem, zum Beispiel ihrer Bedeutung für die Gesundheit, hat die Hypnose neue Dimensionen in der Behandlung von Krankheiten oder Abhängigkeiten (Nikotin, Drogen, Alkohol) angenommen. Die klassische Hypnose-Forschung zeigt indes, dass verschiedene Menschen unterschiedlich auf Hypnose reagieren. Es gibt auch Menschen, die gar nicht darauf reagieren.

Drei Hypnosemethoden

Im Volksaberglauben ist der Hypnotiseur eine Art Magier, der einem starr in die Augen sieht und „Schlafen Sie, schlafen Sie!“ murmelt. Das ist nicht mehr so und gilt bestenfalls noch im Zirkus oder bei Varietévorstellungen. Es gibt verschiedene Methoden, um den Hypnosezustand zu erreichen. Drei der üblichsten Methoden sind die Faszinationsmethode, bei der der zu hypnotisierende Mensch auf einen leuchtenden oder das Licht spiegelnden Gegenstand blickt, zum Beispiel ein Pendel. Bei der Zählmethode sagt der Hypnotiseur beispielsweise „Ich zähle jetzt bis zehn, wenn ich dort angelangt bin, werden Sie sich in Hypnose befinden.“ Bei der Fixationsmethode schaut der Hypnotiseur dem Klienten starr in die Augen und erklärt, dass er müde wird, bis ihm tatsächlich die Augen zufallen. Allen Methoden ist gemein, dass der Klient von Suggestionen zur Entspannung und Ermüdung begleitet wird. Es ist auch die Suggestion, die den Zustand herbeiführt und die Zweifel auswischt, die die eigentliche Hypnose behindern. Denn kein Mensch kann hypnotisiert werden, der sich dagegen wehrt oder der von Zweifel zernagt wird. Der Volksglaube also, man könne gegen seinen Willen in Trance geraten und überdies schauerliche Dinge tun, ist abwegig. Immer ist es der Klient, der sich praktisch selbst in den Zustand bringt. Spezialisten nennen das „gelenkte Selbsthypnose“.

Der Psychologe W. J. Ousby steht auf dem steifen Körper eines von ihm hypnotisierten Patienten. Er wandte die Hypnose an, um seine Patienten von psychologischen Problemen zu heilen.

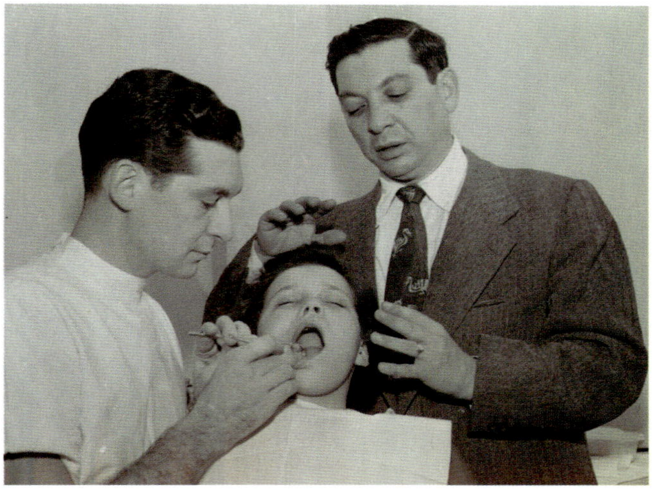

Der Hypnotiseur Edwin L. Baron versetzt Karen Shafer 1954 in Chicago in Trance, damit der Zahnarzt Dr. Arthur M. Krause ohne Betäubung an ihren Zähnen arbeiten kann.

Gedankenfotografie

Es soll Menschen geben, die dazu in der Lage sind, allein durch die Kraft ihrer Gedanken Bilder, Vorstellungen oder Gefühle auf einen unbelichteten Film zu projizieren, auf dem diese dann zu sehen sind. Nach welchen Naturgesetzen funktionieren Psi-Phänomene wie das der Gedankenfotografie? Es muss sich dabei um eine Art von Gesetzen handeln, die uns trotz aller bahnbrechenden Erfolge in den verschiedenen Wissenschaften bis heute verborgen geblieben sind.

Gedanken werden Wirklichkeit

Gedankenfotografien sind Psychogone, das heißt Gedankenschöpfungen, die durch große Konzentration, durch Gefühlswallungen oder eine ausgeprägte Fantasie zur Realität werden. Eine Person sieht ihr Gedankenbild als Objekt vor sich. Handelt es sich bei der Erscheinung um eine Person, kann sie durch wechselwirkende Kräfte mit dem Medium in Verbindung treten und insofern real werden. Die Dichte des zunächst mentalen Bilds hängt ab von der Seelenkraft, die in das Bild fließt. Da es im eigentlichen Sinn keine Gedanken sind, die abgebildet werden (der Ausdruck ist eine Lehnübersetzung des englischsprachigen Begriffs Thoughtography), sondern Fantasiebilder, ist der gewählte Ausdruck nicht wirklich korrekt, es handelt sich überdies um ein psychokinetisches Phänomen.

Auszug aus Dr. Jule Eisenbuds Buch „Gedankenfotografie. Die Psi-Aufnahmen des Ted Serios“ über den Wert der Physik:
„Es ist möglich – wie früher angedeutet – dass das Begriffsgerüst der Physik, dem, wie ich glaube, die Psi-Phänomene übergeordnet sind, niemals in der Lage sein wird, Gedanken dieser Art unterzubringen. Vielleicht werden nur Einblicke von der Art jener, wie sie im mystischen Bewusstsein erreicht werden, das die Dinge nicht von einem abstrakten Standpunkt aus sieht, in der Lage sein, uns zu einem klaren Verständnis von Psi und der Natur in ihrer Ganzheit zu verhelfen.“

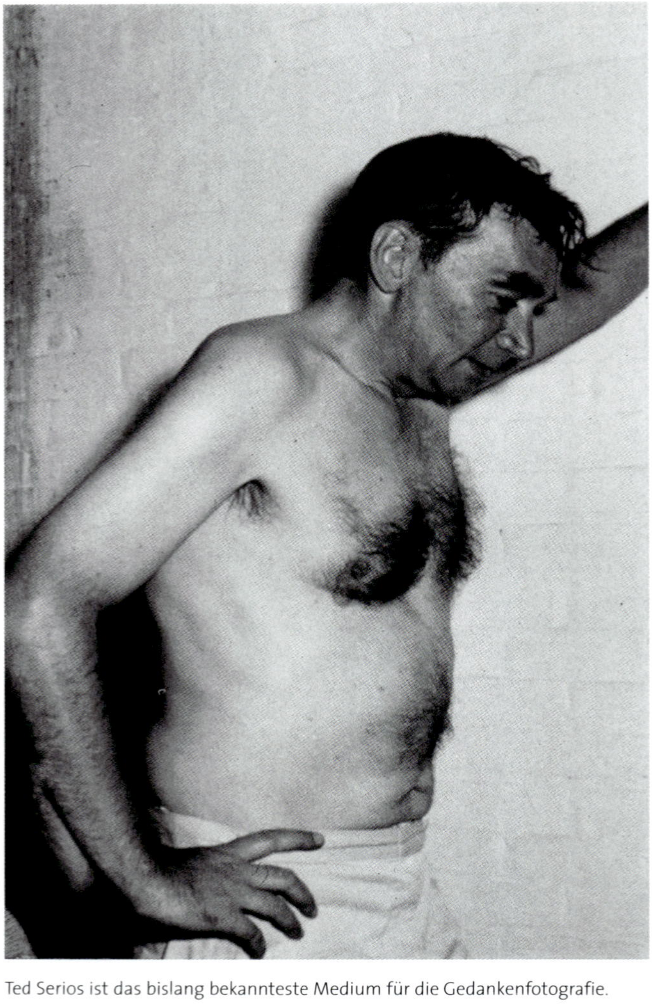

Ted Serios ist das bislang bekannteste Medium für die Gedankenfotografie.

Der spektakuläre Fall des Ted Serios

In der parapsychologischen Forschung gilt der Psychiater und Parapsychologe Dr. Jule Eisenbud (1908–1999) als Pionier der Gedanken- oder Psychofotografie. In seinem Buch aus dem Jahr 1975 beschreibt er seine spektakulären Experimente mit Ted Serios, einem Hotelportier aus Denver in Colorado, der seine Gedanken dadurch aufnehmen konnte, dass er eine Kamera auf sein Gesicht richtete. Viele der Bilder zeigten nur sein konzentriertes Gesicht, doch andere waren äußerst erstaunlich, sie zeigten berühmte Persönlichkeiten oder Sehenswürdigkeiten, auf die er sich konzentrierte und die er anschließend auf Film zu bannen vermochte. Dr. Eisenbud und andere Wissenschaftler ließen Serios medizinisch untersuchen, jedoch ohne Ergebnis. Seine Umgebung und sein Körper wurden detailliert untersucht und überwacht, um Hinweise auf einen möglichen Betrug zu finden, was abermals ergebnislos blieb. Der Fall musste als authentisches parapsychologisches Phänomen gewertet werden, eines der erstaunlichsten der gesamten Psi-Forschung.

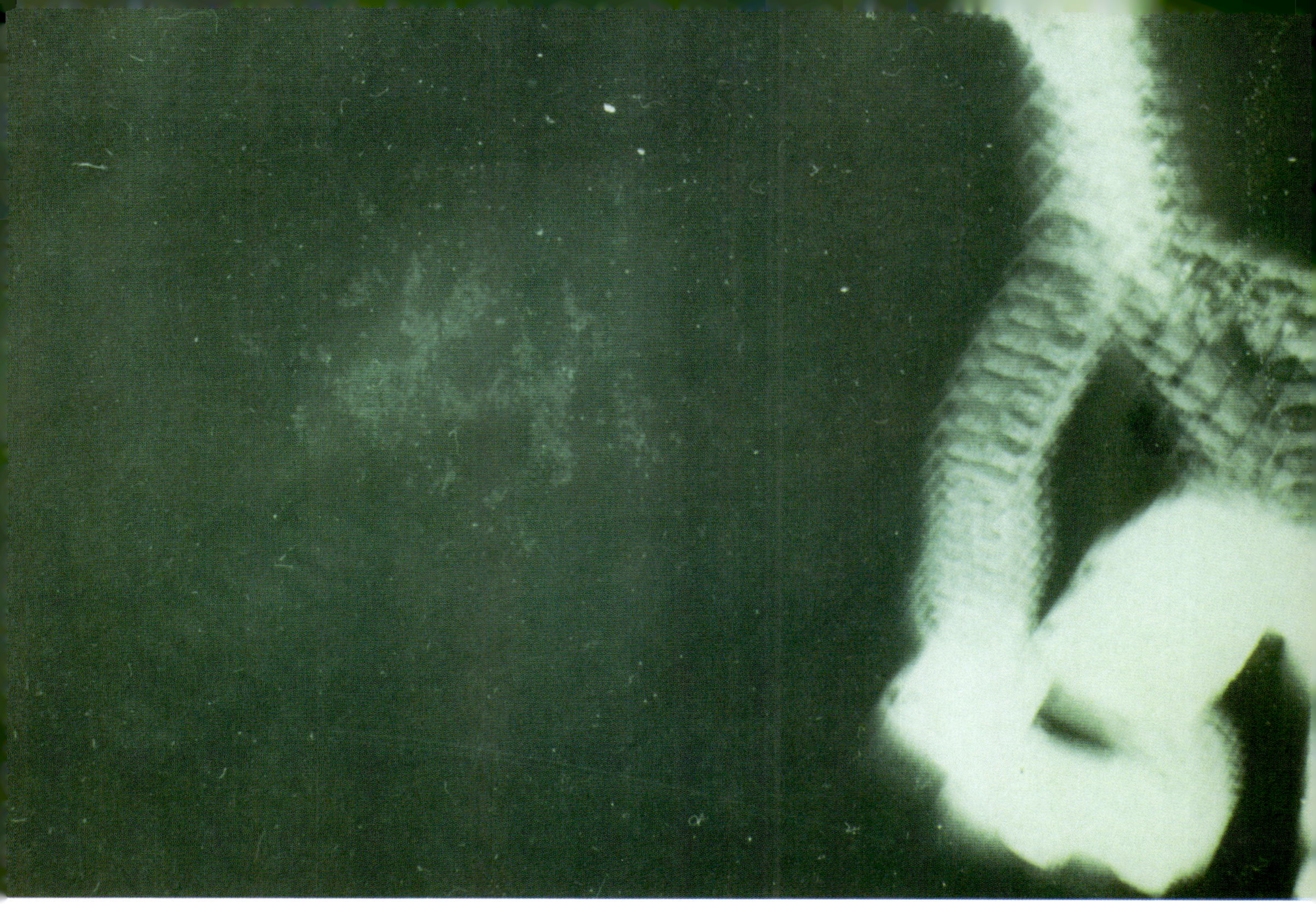

Dieses Gedankenfoto des deutschstämmigen Amerikaners Willi Schwanholz zeigt einen Baseballspieler mit Baseballhandschuh.

Verschüttete Weisheiten aus grauer Vorzeit

Das große Interesse an Ted Serios und seiner Fähigkeit war zum Teil auf die allgemeine Faszination für das Paranormale oder Übersinnliche Anfang der 70er-Jahre zurückzuführen. Neue Religionen, bewusstseinserweiternde Drogen, ein neues Lebensgefühl bestimmten die Zeit. Serios war insofern nur der Teil eines kulturellen Phänomens, und auf eine bestimmte Weise betrachtete ihn Eisenbud wie einen Wilden, einen Wilden aus dem modernen Dschungel der Großstadt. Er sah in ihm aber auch jemanden, der Zugriff auf längst verschüttete Weisheiten und Fertigkeiten aus grauen Vorzeiten besaß. Fertigkeiten, die die Neuzeit in den Bereich des Aberglaubens und Unzivilisierten abgeschoben hatte. Serios verband uns alle mit etwas, das parallel zu der uns umgebenden Welt in uns allen schlummert.

Willi Schwanholz (links) bei einem Experiment zur Gedankenfotografie mit dem Psychiater Jule Eisenbud, der auch die meisten Untersuchung mit Ted Serios durchgeführt hat.

Nahtoderfahrungen

In fast allen Kulturen wird von dem berichtet, was an der Schwelle zum Tod geschieht. Seit über 2000 Jahren ist von Reisen die Rede, auf denen Helden, Propheten und Könige oder auch normale Sterbliche diese Schwelle in zweifacher Weise überschreiten – sie sterben und kehren zurück in die Welt der Lebenden – bei sich tragen sie eine Botschaft für die Menschen.

Ausloten der Zwischenwelt

In allen Epen, Mythen und heiligen Schriften der Welt taucht das Thema der Todeserfahrung auf, wobei es in drei verschiedenen Formen gezeigt wird. Zum einen erscheint es als Abstieg in die Unterwelt.

So versuchen Helden, zum Beispiel Herakles (Held der griechischen Sage), einen Toten dem Totenreich zu entreißen oder wollen an diesem Ort Kenntnis über den Tod erlangen.

Zum anderen führen Ekstasen und Weihen zum Aufstieg in höhere Welten. Der Prophet Mohammed tritt eine himmlische Reise an und kehrt mit Wissen über die paradiesische Welt zurück, die bis heute bei religiösen Moslems Geltung hat. Die eleusischen Mysterien im antiken Griechenland dienten als kultische Rituale der Einstimmung und Vorbereitung auf den Tod. Zarathustra (Priester und Prophet), Paulus (Apostel), Mani (Stifter des Manichäismus) oder Henoch (siebter der Urväter aus der Genesis) kehren ebenfalls mit Schilderungen himmlischer Pracht auf die Erde zurück. Jesus stirbt am Kreuz und kehrt bei der Auferstehung aus dem Totenreich zurück.

Die dritte Variante sind fantastische Abenteuerreisen, hierzu zählen beispielsweise die Irrfahrten des Odysseus, der unter anderem auch in den Hades abstieg. Aber auch die wie Märchen anmutenden Berichte der großen Seefahrer von Marco Polo (ca. 1254–1324) bis Juan Ponce de Léon (ca. 1460–1521) gehören dazu. Alle kehren in ihre bekannte Welt zurück, nachdem sie Grenzen durchbrochen haben, und berichten von unvorstellbaren Schätzen, verzauberten Gärten, Geistern, Fabelwesen und Monstern.

Von Menschen, die Nahtoderfahrungen gemacht haben, wird häufig berichtet, sie hätten sich in einem dunklen Tunnel befunden, an dessen Ende ein helles Licht zu sehen war.

Angesichts der Berichte über Nahtoderfahrungen stellt sich die Frage, ob der Tod wirklich das Ende ist. Es zählt zu den größten Rätseln der Menschheit, was Sterben eigentlich ist.

Augenzeugen der Zwischenwelt

In der heutigen Zeit gibt es unzählige Berichte von Jenseitsreisen, von Menschen, die klinisch als tot galten und wieder ins Leben zurückgeholt werden konnten. Hier handelt es sich aber weniger um blumige Schilderungen exotischer Reisen, sondern meist um ernsthafte Berichte. Der moderne Jenseitsreisende ist eine Art Augenzeuge aus der Zwischenwelt.

Diese Art von Berichten wurde in den 70er-Jahren durch das Buch von Raymond Moody „Leben nach dem Tod“ populär, eine Flut von Büchern und Berichten zum Thema beherrscht seitdem den Markt und die populäre Kultur.

Der amerikanische Ingenieur Tom Sawyer berichtete in einer TV-Talkshow, wie er 15 Minuten unter einem Lastwagen eingequetscht lag:

„Mein Herz hörte auf zu schlagen … diese Leere nahm die Form eines Tunnels an, und dann sah ich vor mir ein gleißenes Licht; es ist das Licht aller Lichter, es ist – einfach gesprochen – die Essenz Gottes.“ (6)

Der folgende Bericht wird dem Heiligen Salvius zugeschrieben und stammt aus dem 6. Jahrhundert:

„Als ich vor vier Jahren starb, wurde ich von zwei Engeln aufgehoben und zu den Höhen des Himmels geführt, sodass ich nicht nur diese traurige Erde, sondern auch Sonne und Mond, Wolken und Sterne unter meinen Füßen zu haben meinte. Danach wurde ich durch ein Tor geführt, das heller strahlte als dieses Sonnenlicht, und ich trat in ein Haus ein, in welchem der Boden glänzte, gleich wie Gold und Silber. Eine unbeschreibliche Helle war darin, und seine Ausdehnung lässt sich nicht beschreiben.“ (6)

Beide Berichte beruhen auf derselben Erfahrung, wenngleich zwischen ihnen 14 Jahrhunderte liegen. Die Übereinstimmungen beeindrucken. Dasselbe Muster findet sich unabhängig von Alter, Geschlecht, sozialer Stellung oder ethnischer Zugehörigkeit auf der ganzen Welt und, wie die Beispiele zeigen, in jedem Zeitalter: Heraustreten aus dem Körper, Tunnel, Licht, Lebensfilm, Begegnung mit Lichtwesen, Lebensbewertung, widerwillige Rückkehr in den sterblichen Körper.

Wenn man sieht, was die Medizin heute fertig bringt, fragt man sich unwillkürlich: Wie viele Etagen hat der Tod?

Jean-Paul Sartre

Auf Michelangelos Fresco des Letzten Gerichts rudert der greise Fährmann Charon die verdammten Seelen zum Hades. Das Werk wurde 1536 von Papst Paul III. in Auftrag gegeben und 1541 vollendet. Es findet sich in der Sixtinischen Kapelle in Rom.

Der Schweizer Architekt Stefan von Jankovich (links) war nach einem Unfall klinisch tot. Nach seiner Reanimation erinnerte er sich in vielen Details an eine beeindruckende Nah-Todeserfahrung, die er in zahlreichen Aquarellen festhielt.

Keine messbaren Hirnströme

Nach einer Studie mit 63 Herzstillstandpatienten in England berichteten sieben aus dieser Gruppe von Nahtoderlebnissen. Die Studie lieferte die bisher besten Hinweise darauf, dass ein Leben nach dem Tod existiert, erklärt der Versuchsleiter Dr. Sam Parnia von der Universität Southampton. Die klinisch wieder ins Leben Zurückgeholten erzählten von Freude, Hoffnung, Licht, Wärme, Lichtwesen, verstorbenen Verwandten. Keiner der Patienten hatte zu diesem Zeitpunkt Hirnströme. Wie ist Empfinden ohne Hirn möglich? Einige Forscher machen Sauerstoff- und Kohlendioxid-Verbindungen im Gehirn für diese Erfahrungen verantwortlich. Dr. Parnia erklärt dagegen, die sieben Personen hätten hohe Sauerstoffkonzentrationen aufgewiesen, Mangel an Sauerstoff scheide als Grund für die Jenseitsreise aus. Auch Halluzinationen könne man ausschließen, sagt er, denn dafür seien die Berichte zu real und detailliert. Ihrem Zustand nach sei ihr Gehirn nicht in der Lage gewesen, derart klare Prozesse ablaufen zu lassen oder Erinnerungen speichern zu können.

Gibt es ein Leben nach dem Tod?

1994 sollten in anderen Versuchen Testpersonen hastig atmen, anschließend wurden sie in Ohnmacht versetzt. Die Versuchspersonen erlebten ähnliche Zustände und Empfindungen wie klinisch Tote.

Für Parnia ist die Frage, ob all das auf ein Leben nach dem Tod hindeutet. Aber um diese Frage schlüssig beantworten zu können, müssten weitaus mehr Studien vorgenommen werden. Es bleibt ein Rätsel, wie die frappierenden Übereinstimmungen möglich sind. Kann es sein, dass der Tod ein Anfang und kein Ende ist? Gibt es ein Sein nach dem Ende des körperlichen, weltlichen Lebens?

Eine englische Studie mit überlebenden Herzstillstandpatienten, die keinerlei Hirnströme mehr aufwiesen, lieferte Hinweise darauf, dass es ein Leben nach dem Tod gibt.

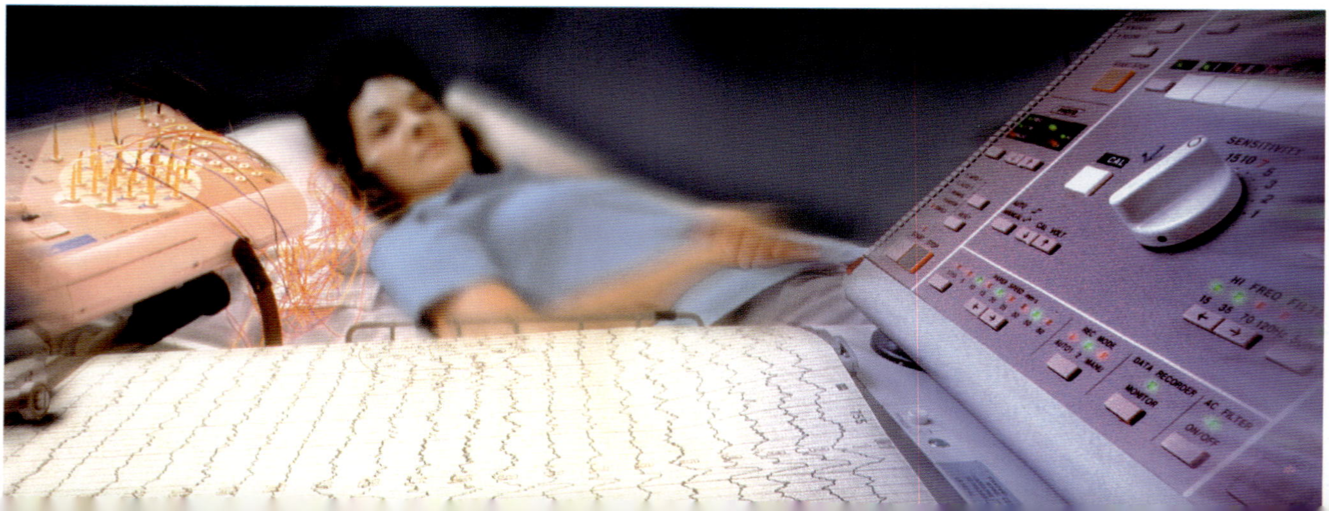

Leben nach dem Tod

Breit gefächerte interdisziplinäre Forschungen haben ergeben, dass es in allen Zeiten, an allen Orten, in allen Kulturen und Religionen eine Sehnsucht im Menschen gegeben hat, das Sein über den Tod hinaus zu erhalten, Unvergänglichkeit und Unsterblichkeit anzustreben und dies durch religiöse, asketische oder ekstatische Mittel zu erzielen. Ist die Hoffnung auf ein Weiterleben nach dem Tod Motor für das Leben?

Hoffnung auf ein Leben nach dem Tod

Der Mensch bildet sich aus der Verschmelzung zweier Zellen, aus einem Minimum genetischen Erbguts. Alles, was er zum Leben braucht, entsteht während der folgenden neun Monate bis zu seiner Geburt im Leib der Mutter. Die Frage, wohin die Energie, die jeder einzelne Mensch darstellt, entschwebt, wenn er stirbt, beschäftigt die Menschen seit Anbeginn des Seins. Im Mutterleib bereitet sich der Mensch auf das Leben auf der Erde vor, und während er sein Erdendasein fristet, bereitet er sich auf die jenseitige Welt vor. Alles, was er benötigt, muss er während des diesseitigen Lebens erwerben. Dies sind die gängigen Vorstellungen fast aller Religionen, die bestimmt werden von der Hoffnung auf ein Leben nach dem Tod.

Aber nicht nur die Religionen, auch der gemeine Volksglauben geht von einem Leben nach dem Tod aus. In allen Kulturgegenden gibt es Berichte von Untoten, von Orten oder Gegenden, wo Gespenster umgehen. Angeblich erscheinen sie um Mitternacht. Die katholische und die anglikanische Kirche bekämpfen dieses Phänomen mit dem Exorzismus (s. S. 180ff), der bewirken soll, dass „gequälte" Seelen Ruhe finden können. Mit diesem Ritual erkennen sie die Existenz von Untoten als festen Teil ihres Dogmas an.

Die katholische und die anglikanische Kirche bekämpfen die Besessenheit eines Menschen durch einen Inkubus oder bösen Geist oder Teufel mit dem Exorzismus. Die „gequälte" Seele soll zur Ruhe gebracht werden. Hier eine Szene aus dem Film „Der Exorzist".

Die Vorstellungen verschiedener Religionen im Überblick

Die östlichen Religionen basieren auf der Vorstellung, die Welt sei ewig und unterliege unveränderlichen Gesetzen des Seins. Dagegen lehren die westlichen Religionen eine Vergänglichkeit der Welt, einen persönlichen, die Welt regierenden Gott. Trotz unterschiedlicher Vorstellungen dominiert in den westlichen Religionen der Glaube, die Seele lebe ewig und werde nach ihren Taten gerichtet, was bestimmt, ob sie ins Paradies, ins Fegefeuer der Läuterung oder in die Verdammnis eingeht.

Hinduismus

Das Karma ist das Schicksal des Menschen, es hängt ab von seinem Handeln in früheren Inkarnationen. Verbunden damit ist der Glaube an die Seelenwanderung – tut der Mensch Gutes, wird es ihm gut gehen. Die Seelen sind ewig, die materiellen Hüllen jeweils nur vorübergehend, die Seelen manifestieren sich also jeweils in verschiedenen Körpern.

Buddhismus

Wie der Hinduismus geht auch der Buddhismus von der Wiedergeburt durch das Gesetz des Karmas, also seinem Handeln im jeweiligen Leben, aus. Im Gegensatz dazu aber kann man den Kreislauf der Reinkarnationen durchbrechen und in das Nirwana als einem Zustand vollendeter Seelenruhe eingehen. Die Seele ist dann von der Wanderung befreit.

Universismus

Der Universismus ist die Zusammensetzung chinesischer Religionen. Allen gemein ist der Ahnenkult. Der verstorbene Ahne nimmt am Schicksal der Seinen teil und hilft als Schutzgeist. Die toten Ahnen werden durch Opfer erfreut und erhalten Geld, Essen, sogar Autos. Sie müssen also in einer uns Menschen ähnlichen Form weiterleben.

Detail der Auferstehung Christi in einem Fresco von Francesco Figini Pagani aus dem 17. Jahrhundert.

Das „Rad der Wiedergeburt", ein Thangka, die einen festen Teil der religiösen Kultur Tibets darstellen. Dieses Rad befindet sich an der Wand des Tibetanischen Happy Valley Flüchtlingszentrums in Darjeeling, Indien.

Judentum

Das Judentum basiert auf dem Alten Testament. Weder Glaubensprinzipien noch die Existenz Gottes sind im jüdischen Glauben dogmatisch festgelegt. Auch Angehörige anderer Religionen haben (im Gegensatz zum Christentum oder dem Islam) Anteil am Leben nach dem Tod, wenn sie ein ethisches Leben geführt haben.

Christentum

Das Christentum basiert nach dem Alten auch auf dem Neuen Testament, das auf der Lehre von Jesus Christus beruht. Das Weiterleben nach dem Tod ist fester Bestandteil des Glaubens und gilt als Dogma.

Islam

Der Islam bezieht sich im Prinzip auf den gleichen Gott wie Juden- und Christentum und baut ebenfalls auf dem Alten Testament auf. Das Paradies als Ort ewigen Lebens fußt zum großen Teil auf dem Bericht der Reise des Propheten Mohammed.

Rückführung

Die spirituelle Erfahrung früherer Leben kann helfen, besondere Fähigkeiten und Talente im momentanen Leben zu entdecken und Ängste besser abbauen zu können. Viele erleben in Hypnose ihre Reinkarnationen und erfahren etwas über ihr Leben zwischen den Leben. Dieses Wissen belebt den Sinn ihres Lebens neu, schafft Lebenskraft und Freude. Die, die zurückgeführt wurden, erlebten ihre Reisen ins eigene Sein ohne religiöse Grundlage. Haben wir vor dem jetzigen andere Leben gelebt und sind diese abrufbar?

Rückführung

Rückführung in frühere Leben werden auf verschiedene Weisen durchgeführt, Hypnose (s. S. 210f) ist die einfachste und schnellste Methode, da keine besonderen Meditationstechniken nötig sind, die meist erlernt werden müssten. In wenigen Minuten ist die Person so entspannt, dass in den Händen eines erfahrenen Helfers eine Rückführung problemlos ist. Angstfrei begibt sich der Mensch auf die Reise ins eigene Sein, denn die Hypnose ist ein wohltuender Zustand. Der Mensch ist geistig aufmerksam und nach innen konzentriert. Alles, was auf der Reise ins Sein erlebt wird, ist erinner- und abrufbar.

Angst vor dem Nichts

Solange es Menschen gibt, werden sie begleitet von der Angst vor dem Tod, von der Furcht vor dem spurlosen Verschwinden im Nichts. Daraus ergibt sich in allen Kulturen die Frage nach dem Sinn der Existenz, die Frage also nach dem Woher und dem Wohin. Es scheint folgerichtig zu sein, dass der Wunsch des Menschen nach Weiterbestand zentrales Anliegen fast aller Religionen ist, darum ist dort die Wiedergeburt oder Reinkarnation fester Bestandteil des Glaubens. Menschen, die durch Hypnose in frühere Leben zurückgeführt wurden, berichteten ekstatisch von Situationen und Bildern aus früheren Leben, denn in der Jenseitsforschung steht fest, dass jeder Mensch in seinem Unterbewusstsein alle Erfahrungen aus ehemaligen Leben gespeichert hat. Das Problem ist, sie wieder abrufen zu können. Durch die Vergegenwärtigung früherer Leben kann der Mensch sich besser erkennen, wird wirklich Herr seines Seins, wird aus der Vergangenheit lernen und damit die Probleme seiner Gegenwart und Zukunft meistern können.

Die Rückführung in frühere Leben kann mit verschiedenen Techniken durchgeführt werden, zum Beispiel durch Hypnose.

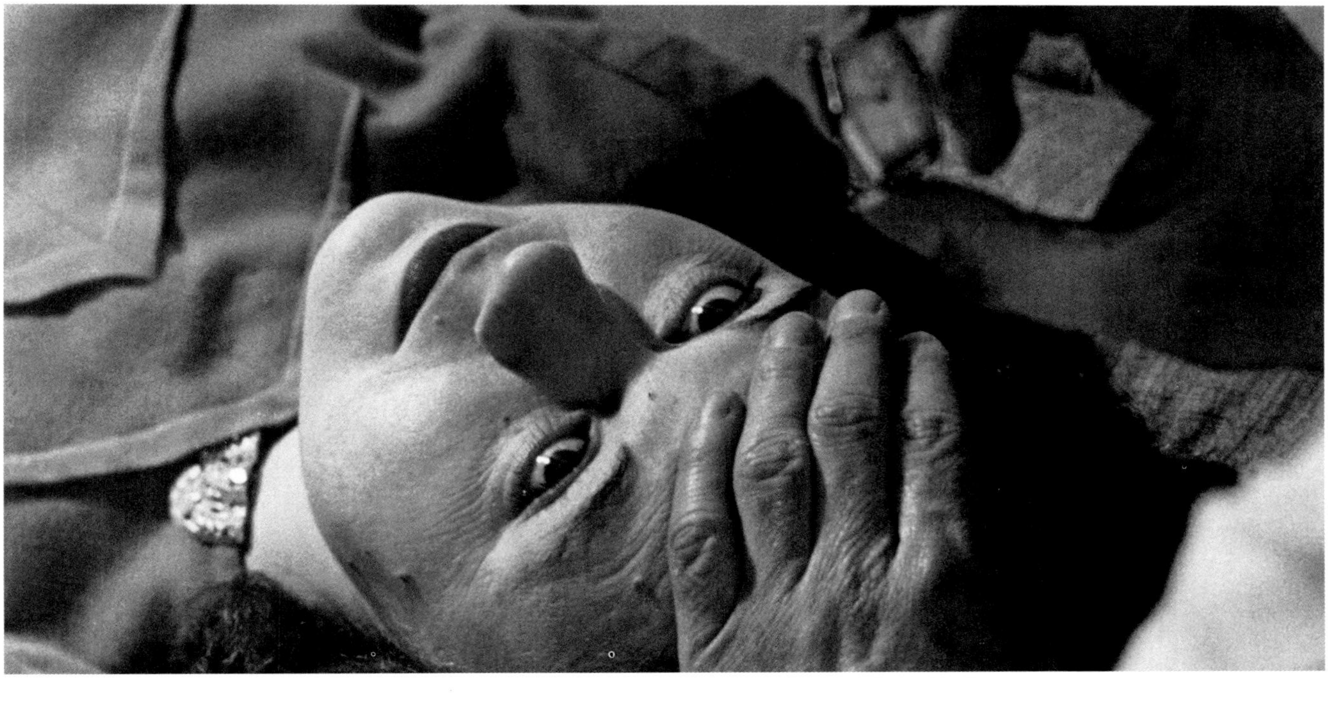

Dieser Fakir ließ sich eingraben und verharrte jahrelang in dieser Lage.

Fakire

Fakire sind faszinierende exotische Gestalten, die die mystische Kultur des alten Indiens hervorgebracht hat – halb Gaukler, halb Heilige, in unserer Vorstellung Zirkusartisten. Wie sind echte Fakire in der Lage, solch außergewöhnliche Körperkontrolle zu demonstrieren? Hat man es mit Trickkünstlern zu tun oder mit Menschen, die mit geheimnisvollen Fähigkeiten ausgestattet sind?

Wundertätige Männer und Zauberkünstler

Fakire gelten als heilige und wundertätige Männer, die durch Meditation und besondere, ihnen von den Göttern verliehene, übernatürliche Kräfte in der Lage sind, Wunder zu vollbringen. Sie liegen auf Nagelbrettern oder Glasscherben, ohne ihre Haut zu verletzen, laufen über glühende Kohlen, zaubern *vibhuti* (heilige Asche) oder Juwelen herbei, befestigten in ihrem Rückenfleisch Haken und ziehen mit daran angebundenen Seilen Autos weg, rammen sich lange Nadeln durch Wangen und Zunge, ohne zu bluten, tauchen ihre Hände in siedendes Öl, erheben sich in die Lüfte, beherrschen den indischen Seiltrick, bei dem der Fakir ein Seil in die Luft wirft, das dann stehen bleibt und an dem er hinaufklettert, lassen sich monatelang lebendig begraben und überleben, schneiden ihre Zunge ab und regenerieren sie, führen Exorzismen durch. Fakire sind asketisch lebende Eingeweihte des Sufi-Bettelordens, heilige Männer, eingeschworen auf Armut. Das bedeutet ihr Name, der aus dem Arabischen stammt. Sie ziehen, nur mit einem Lendenschurz bekleidet, über die Dörfer, vollbringen Wunder, heilen Menschen und unterhalten das Volk. Von diesem letzten Aspekt ihres Tuns leitet sich ihre Bedeutung in unserer Welt ab, wo sie als Varietéartisten und Zauberkünstler gelten.

In Indien kann man hin und wieder einen Fakir auf einem Dornenbett am Wegesrand liegen sehen.

Sai Baba, die Vollendung aller Religionen

Einige Fakire bringen es in Indien zu großem Ruhm und werden zu heiligen Männern. Der wohl bekannteste ist der undurchschaubare und geheimnisvolle Sai Baba. Er wurde 1926 geboren, und schon seit seiner Geburt umgeben ihn Legenden: Eine giftige Kobra habe unter seinem Säuglingsbett gelegen, Musikinstrumente im Haus hätten von selbst zu spielen begonnen, in die Luft geworfene Jasminblüten haben beim Auftreffen auf dem Boden seinen Namen gebildet. 1963 folgt die Offenbarung, er sei eine Verkörperung von Shiva und Shakti, indischen Gottheiten, die das männliche und das weibliche Prinzip symbolisieren. Seine Religion ist der Hinduismus, sein Gott Brahma, die All-Energie. Für seine Anhänger ist er ein Avatar, eine göttliche Materialisierung, ausgestattet mit göttlicher Macht. Er demonstriert unzählige Wunder, sogar die Erweckung von Toten wird ihm zugeschrieben. Sai Baba behauptet, durch ihn werde jede Religion zur Vollendung gebracht. Immer wieder identifiziert er sich mit Christus. Einer wissenschaftlichen Untersuchung der behaupteten Phänomene entzieht sich Sai Baba, darum wird er von Kritikern als Trickbetrüger bezeichnet.

Heilige oder Gaukler

Wissenschaftler von der *Indian Rationalist Association* (IRA) reisten von Dorf zu Dorf und gaben vor, Fakire zu sein. Sie waren und sind davon überzeugt, dass Fakire Betrüger sind, die Taschenspielertricks, Täuschung und andere unlautere Mittel verwenden, um Dörfler von ihren wundersamen Kräften zu überzeugen. So liegen die IRA-Leute auf Glas, gehen über Feuer und zeigen jedem, wie diese Dinge ohne Eingreifen des Übernatürlichen möglich sind. Es ist ihr Ziel, Fakire zu entlarven, die Unwissenheit und den Aberglauben der Dorfbevölkerung nutzen, um sich an ihnen zu bereichern. Dabei bleibt jedoch zu bedenken, dass viele dieser Wundertäter, die auf Volksfesten und Märkten auftreten, sich durch echte Frömmigkeit auszeichnen. Wie trennt man die Spreu vom Weizen? Handelt es sich um Wunder oder um Tricks, um Heilige oder um Gaukler? Die Frage lässt sich bis heute nicht schlüssig beantworten.

Das menschliche Nadelkissen, der Fakir Yvon Yva, zeigt seine Fähigkeit, mit Gewichten auf der Brust auf einem Nagelbrett zu liegen. Sein Assistent kann sogar mit einem Vorschlaghammer auf den Stein auf seiner Brust schlagen, ohne das sich der Fakir verletzt.

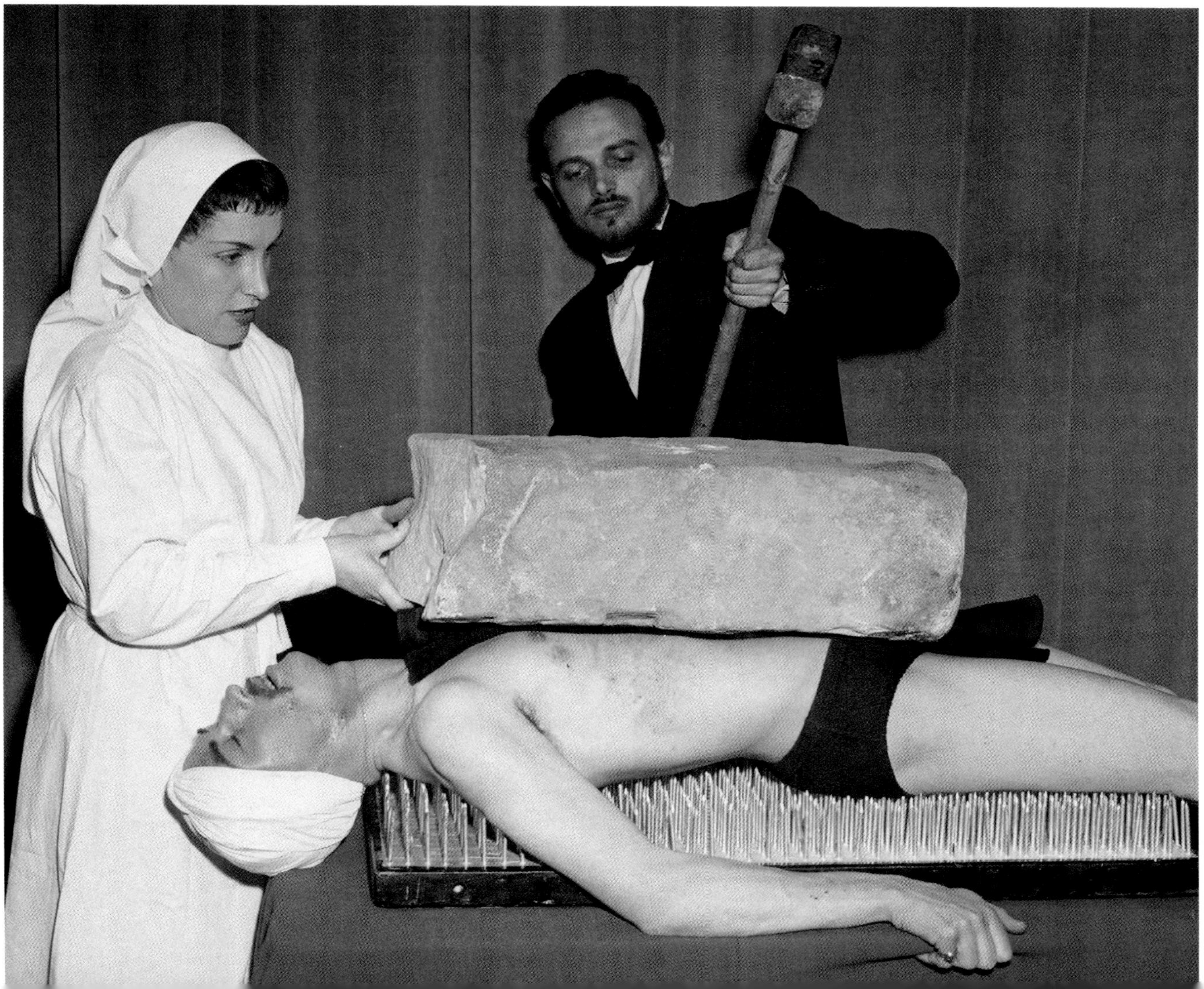

Yogis

In der Übersetzung aus dem Sanskrit bedeutet Yogi „Der-sich-Anspannende", der meditierende, praktizierende Anhänger des Yoga. Für einen Yogi ist Unsterblichkeit als mystische Erfahrung der Ewigkeit ein bereits in dieser Welt existierender Bewusstseinszustand. Welche Energien sind diese heiligen Männer in der Lage freizusetzen und für sich zu konzentrieren, die ihnen jene außergewöhnlichen inneren Kräfte verleihen?

Rote Kleidung in Verehrung der Göttin Amba Mata

In einer Höhle unweit eines Tempels im westindischen Bundesstaat Gujarat lebt ein Eremit, ein heiliger Mann, der Yogi Prahlad Jani. Der Yogi kleidet sich in Verehrung der Göttin Amba Mata stets rot, denn sie war es, so erklärt er, die ihm eine besondere Fähigkeit verliehen habe. Dank eines Lochs im Gaumen, aus dem Flüssigkeit ströme, die ihm zur Ernährung diene, sei es ihm möglich, vollkommen auf Nahrung und Getränke zu verzichten. Seit 1965 habe er nichts mehr zu sich genommen, sagte Prahlad Jani, und auch weder Urin noch Kot ausgeschieden. Gläubige, die den Tempel in Gujarat aufsuchen und den Yogi seit vielen Jahren kennen, bestätigten seine Angaben.

Maharishi Mahesh Yogi neben einem Bild seines Meisters des Shankaracharya. Maharishi Mahesh Yogi war der spirituelle Guru der Beatles.

Ein Leben ohne Nahrungs- und Flüssigkeitsaufnahme

Es war der Neurologe Sudhir Shah, der den 76-jährigen Prahlad Jani schon lange kannte und ihn schließlich dazu überreden konnte, sich zur Beobachtung seiner besonderen Gabe ins Krankenhaus der indischen Stadt Ahmedabad einweisen zu lassen. Dort nahm sich ein Ärzteteam des geheimnisvollen Manns an. Die Ärzte bestätigten die Existenz eines Lochs im Gaumen ebenso wie den Austritt von Flüssigkeit, konnten aber bis dato noch nicht sagen, worum es sich dabei handelt. Der Yogi sei eine Herausforderung für die Wissenschaft, erklärte einer der Ärzte. Im Krankenhaus habe der dürre Mann mit langem, weißem Bart seit zehn Tagen weder Nahrung noch Flüssigkeit zu sich genommen und weder Urin noch Kot ausgeschieden. Rund um die Uhr werde der Yogi nun per Videokamera überwacht, aber man könne keine Erklärung abgeben, die Licht in dieses Geheimnis bringe, heißt es. Prahlad Jani sei körperlich gesund, und alle medizinischen Tests verliefen vollkommen normal. Man fand bei allen Untersuchungen lediglich heraus, dass sich in Janis Blase Urin bildete, der aber von der Blasenwand wieder absorbiert wurde, weshalb es zu keiner Ausscheidung komme. Inzwischen hat der Yogi selbst den Status eines heiligen Mannes, seine Anhänger versichern, er sei nie krank gewesen.

Verwirklicher des Diamantwegs

Ein Yogi ist ein praktizierender Anhänger des Yoga, so einfach ist die Erklärung für die Unzahl mysteriöser Fähigkeiten, mit denen Yogis wie Prahlad Jani ausgestattet sind. Einige sind in der Lage, ihren Pulsschlag so weit zu verringern, dass er praktisch nicht mehr messbar ist und sie wie klinisch tot sind, andere versetzen sich per Meditation in einen Schwebezustand, wieder andere laufen über glühende Kohlen. Befähigt das klassische Yoga des Patanjali aus dem 2. Jahrhundert v. Chr., dieser „Heilspfad mit acht Gliedern" (s. Kasten rechte Seite) dazu, diese Wunder zu vollbringen? Besonders durch Atemübungen und fast akrobatische Körperhaltungen ist der Yogi bestrebt, eine Reinigung und Verwandlung des Körpers zu erreichen. Die Wissenschaft steht indes vor einem Rätsel, wie Yogis, die im tibetischen Buddhismus „Verwirklicher des Diamantwegs" heißen, dies durch pure Meditation schaffen.

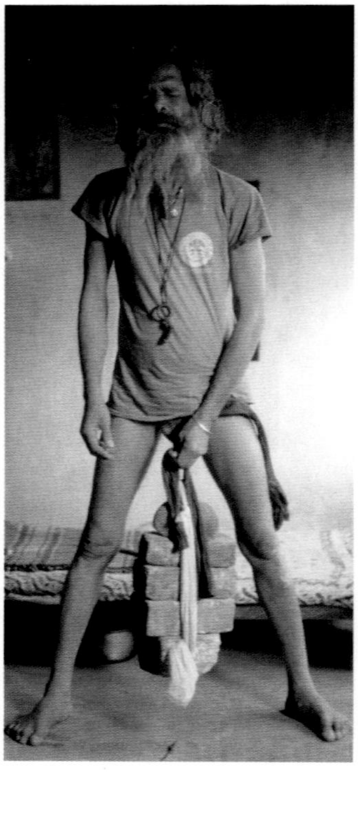

Ein indischer Yogi, der unter enormer Konzentration kiloschwere Steine mit seinen Genitalien hebt.

Ein Yogi in meditativer Lotusstellung.

Heilspfad mit acht Gliedern des klassische Yoga von Patanjali

Die acht Stufen nach Patanjali sind eine oft zitierte Einteilung der Yogamethoden. Dabei wird der Weg nach Fortschrittsstufen und den dazugehörenden Methoden in Richtung zunehmender Innenversenkung gegliedert.

- Sittliches Verhalten
- Beobachtungen
- Sitzpositionen
- Atemkontrolle
- Zurückziehen der Sinne
- Festhalten der Gedanken
- Betrachtungen
- Versenkungen

Thaipusam-Fest

Zu den erstaunlichsten Ritualen des Hinduismus gehört das Thaipusam-Fest. Junge Gläubige, die ein Gelübde abgelegt haben, durchstechen sich Wangen und Zungen, befestigen Haken in ihrer Haut, stechen Spitzen in ihre Körper und tanzen wie in Trance durch die Straßen. Auf geheimnisvolle Weise fließt durch das Auftragen von heiliger Asche kein Tropfen Blut.

Schmerzen als Gabe für Lord Muruga

Wenn im Thai, dem zehnten Monat des Hindu-Kalenders, der Stern Pusam bei Vollmond am Himmel steht, feiern gläubige Hindus eines ihrer größten Feste, dessen Ursprünge 2000 Jahre zurückreichen: Thaipusam wird zu Ehren des Sohns der hinduistischen Obergötter Shiva und Parvathi gefeiert. Ihr Sohn ist der sechsköpfige Lord Muruga, der Erfüller von Wünschen. Jeder, der zu Muruga betet und ihn um seine Gunst bittet, legt das Gelübde ab, ihm zum Thaipusam-Fest zusammen mit Honig, Milch und Blumen seine Schmerzen zu opfern.

In der Nacht versammeln sich die Gläubigen im Hof des Sri-Srinivasa-Perumal-Tempels im indischen Viertel Singapurs, wo das Fest am üppigsten gefeiert wird. Im Kreis ihrer Familien bereiten sich die Teilnehmer auf ihren Gang vor, der Lord Muruga gnädig stimmen soll.

Heilige Männer versetzen die Gläubigen in Trance

Es sind die Fakire und Yogis, die die Geher vorbereiten: Dutzende kleiner Haken dringen in die Rücken und Brusthaut ein, Tapferkeit, Ausdauer und Schmerzlosigkeit sind Tugenden, die hier gefordert sind. Die Blicke sind nach innen gekehrt, die Augen fast geschlossen. Während sechs Wochen hat der junge Hindu gefastet und sich vorbereitet, um sein Versprechen an den Gott einzulösen. An viele der Haken, die in der Haut platziert sind, werden nun Orangen oder Limonen gehängt. Dann folgt das Durchstechen der Wangen, nachdem sie vom heiligen Mann mit geweihter Asche eingerieben wurden. Musik spielt, es ist siedend heiß, Trommeln und Flöten lullen die Gläubigen ein, bis sie die Augen verdrehen und ihnen mit einem Schub

Eingestrichen mit heiliger Asche fließt bei diesem jungen Mädchen, dem Spieße durch Wangen und Zunge gebohrt wurden, kein einziger Tropfen Blut.

Tapferkeit, Ausdauer und Schmerzlosigkeit sind von denen gefordert, die den Gang der Schmerzen auf sich nehmen. Diesem Gläubigen wurden Limonen an Angelhaken in die Rückenhaut gehängt.

Spieße mit bis zu fingerdickem Durchmesser durch beide Wangen geschoben werden – auf geheimnisvolle Weise fließt kein Tropfen Blut. Der Fakir zieht dem jungen Mann die Zunge hervor und durchsticht sie von oben nach unten mit einem kleinen Spieß, damit die beiden Spieße gekreuzt sind. Kein Blut fließt. Der junge Gläubige öffnet die Augen und rückt sich die Spieße in seinem Gesicht und seinem Mund zurecht. Er scheint keine Schmerzen zu spüren. Helfer träufeln Wasser in seinen Mund, der nun bis zum nächsten Morgen offen bleiben wird.

Mit Pfauenfedern und Blumen geschmückt

Kavadis nennt man die bis 3 m hohen Bögen aus Aluminium, die, geschmückt mit Pfauenfedern, Blumen und Götterbildern, mittels langer, spitzer Speichen in der Hüfte und im Oberkörper des Gläubigen verankert sind. Diese Gestelle wiegen bis zu 60 kg. Einige lassen sich noch hölzerne Wagen an einem Haken im Rückenfleisch verankern, dann machen sie sich auf den Weg zum anderen Tempel. Sie scheinen wie betäubt zu sein, Glück überzieht ihre Gesichter, einige der Kavadi-Träger beginnen zu tanzen, drehen sich barfuß auf dem Asphalt der Straße. Immer wieder träufeln Familienmitglieder Wasser in die offenen Münder mit den gekreuzten Spießen. Am Eingang zum Sri-Thendayuthapani-Tempel zerschlagen Helfer Kokosnüsse auf dem Boden als Gabe an den Gott. Dann werden die Geher von der schmerzhaften Last befreit, die sie nicht gespürt zu haben scheinen. Schon sind wieder Fakire zur Stelle, die den Gläubigen mit gekonnten Bewegungen die Spieße aus Zunge und Wangen ziehen und die Löcher mit Asche einreiben – es bleiben nicht einmal Narben. Die Geher sind erschöpft, aber für sie war die Prozedur eine Freude, keine Qual.

Zu Ehren von Lord Muruga trägt ein Mann während des Thaipusam-Fests die Kavadi an Spießen, die sich in sein Gesicht und seinen Körper bohren.

Einige der Sampedranos tragen noch jemandem auf dem Rücken, während sie durch die Holzkohle laufen.

Feuerläufer

Seit tausenden von Jahren laufen Menschen aller Kulturen über glühende Kohlen, um dem heiligen Element des Feuers zu huldigen. Feuer verbrennt, es läutert aber auch. Schamanen vollziehen den Feuerlauf, um ihre Gemeinden zu heilen. Für alle Teilnehmer am Lauf durchs Feuer wird es zu einem Tanz mit dem Feuer des Lebens selbst, bei dem sich auf geheimnisvolle Weise niemand verletzt.

Feuergehen als Initiationsritual

Der Gang über die Glut ist in vielen Kulturen ein ewiges Ritual der Initiation. In der Parapsychologie gilt er als hoher Weg zur eigenen Bewusstheit. In der Esoterik bieten Feuerlaufseminare die Möglichkeit an, dieses alte Ritual ohne Schaden zu vollziehen, um Ressourcen zu aktivieren, Konzentration zu stärken, Stress abzubauen. Feuergeher gibt es fast auf der ganzen Welt, die bekanntesten finden sich in Indien, Sri Lanka, Fidschi und Ländern Südeuropas. In Fidschi gehen sie über glühende Steine und nicht wie anderswo über glühende Kohle. In Agia Eleni, Griechenland, laufen Ende Mai Menschen über glühende Kohlen und halten Ikonen des heiligen Konstantin und der heiligen Helena in Händen. Der bekannteste Feuerlauf Europas findet in dem kleinen spanischen Dorf San Pedro Manrique, Provinz Soria, statt. In Spanien gilt der Ort als Schnittstelle, als „Ende der Welt", wo Soria nicht nur an andere Provinzen stößt, sondern an andere Welten. Der Brauch des Feuerlaufs hat keltisch-heidnische Wurzeln, er entspringt dem Glauben an die Unverwundbarkeit in der Nacht der Sommersonnenwende.

Sampedranos, die Feuerläufer von San Pedro Manrique

Gegen zehn Uhr in der Johannisnacht wird auf dem Vorplatz der Kapelle der Virgen de la Peña mit Eichenholz, das der Tradition nach aus dem Nachbardorf Sarnago geholt wird, ein gewaltiges Feuer entfacht. Die glühenden Kohlen werden anschließend zu einem Rechteck ausgelegt. Der Ort ist geheimnisvoll, hier erschien vor hunderten von Jahren die Madonna an einem Weißdornbusch, der seitdem nie trocken wurde, hier sollen Wunderheilungen stattgefunden haben, die in alten Dokumenten belegt sind. Viele der Dorfbewohner, die in den folgenden Stunden über die glühenden Kohlen laufen, tun es, weil sie an diesem Ort das Gelübde abgelegt haben, für die Mildtätigkeit der Jungfrau das Feuer zu durchlaufen. Barfuß, einen anderen auf dem Rücken tragend, laufen sie fest stampfend durch die glühenden Kohlen, ohne sich zu verbrennen, ohne Schmerzen, ohne Schreie.

Wie ist ein schadloses Durchlaufen der Kohleglut möglich? Bis zu 1000 Grad Hitze strahle die glühende Holzkohle aus, behaupten die, die sie durchlaufen. Wie ist ein schadloses Überqueren der Holzkohlenglut in normaler Alltagsverfassung möglich?

Wissenschaftler, die das Phänomen untersucht haben, erklären es so: Die glühende Holzkohle verursacht Verbrennungen wegen ihrer Wärmekapazität und ihrer Wärmeleitfähigkeit, nicht wegen ihrer Temperatur. Die Asche, die die Glut umhüllt, ist ein schlechter Wärmeleiter, die Oberfläche der Kohlen ist uneben, ihre Kontaktfläche klein.

In Rukua, auf der Insel Beqa der Fidjis ruht sich ein Mann nach einem traditionellen Feuerlauf aus. Seine Füße sind schwarz von Asche, weisen aber keinerlei Verletzungen auf.

Überdies gehen die Feuerläufer schnell durch die Glut, der Kontakt ist nur kurz, weniger als eine halbe Sekunde. Außerdem wird die Wärme vom Blut schnell abtransportiert, weshalb die Füße keine Verletzungen davontragen. Insgesamt verbringen sie nicht mehr als sieben Sekunden auf den Kohlen, dazu sollen die Füße gut durchblutet und schon vor dem ersten Betreten warm sein, außerdem sehr trocken, damit keine glühenden Stücke kleben bleiben. Trotz aller Anleitungen, Empfehlungen und Untersuchungen von Skeptikern bleibt es ein Geheimnis, wie es den Sampedranos, wie die Bewohner des Dorfs heißen, gelingt, unbeschadet durch die glühenden Kohlen zu laufen.

Mit entschlossenen Schritten stampfen die Feuerläufer von San Pedro Manrique in der Johannisnacht durch die Glut.

Kryptozoologie

Die Suche nach unbekannten Tieren aus wissenschaftlichem Antrieb, das Aufstöbern von Wesen, die aus Legenden und Mythen verschiedenster Kulturen bekannt sind, das ist das Anliegen der Kryptozoologie. Handelt es sich um eine ernst zu nehmende Wissenschaft oder sind Kryptologen die letzten romantischen Abenteurer?

Der Begriff Kryptozoologie wurde in den 1950er-Jahren von Dr. Bernard Heuvelmans zum ersten Mal verwendet. Die Kryptozoologie wird zu den Parawissenschaften gezählt und bewegt sich zwischen seriöser Wissenschaft und Fantastik. Das griechische Wort *kryptos* bedeutet „versteckt", „unbekannt", „geheim", in seiner Verbindung mit Zoologie also bezeichnet Kryptozoologie die „Studie versteckter Tiere".

Man geht davon aus, dass es etwa 1,5 Mio. bekannte Tierarten gibt, darüber hinaus aber eine große Zahl bis dato noch unbeschriebener Arten. Einige Wissenschaftler vermuten einen Gesamtbestand von mehr als 15 Mio. Tierarten. Diese Grauzone ist der Arbeitsbereich der Kryptozoologie, sie interessiert sich für Tiere außerhalb jeglicher Klassifikationen, die von der traditionellen Zoologie ignoriert werden. Z. B. hielt man Quastenflosser für ausgestorben, bis ihre Existenz 1986 nachgewiesen wurde. Riesenkraken zählten zu den Mythen der Meere, bis 2005 ein japanisches Team ein lebendes Tier fotografierte. Für Kryptozoologen ist das Vorhandensein dieser Tiere, wie auch der Komodowarane und der Javanashörner, Existenzberechtigung für ihre Wissenschaft.

Der Kryptozoologie geht es aber auch um Wesen, die es nicht gibt oder nicht geben darf, deren Existenz aber trotzdem durch die Jahrhunderte bezeugt wird, wobei man davon ausgeht, dass den Berichten über Tiere, die den Fantasie- und Fabelwesen zugeordnet werden, tatsächlich unentdeckte Arten zugrunde liegen.

Seit Menschengedenken beherrschen seltsame Tierwesen unsere Fantasie, aber auch Mythen und Sagen. Befeuert wurden diese Fantasien immer wieder von Sichtungen merkwürdiger Wesen. Diese kolorierte Radierung zeigt den Angriff eines Seemonsters auf ein Segelschiff.

Kryptozoologen, die letzten Romantiker

Es mag merkwürdig anmuten, auf der Suche nach versteckten Tieren zu sein, wenn gleichzeitig die Aussterberate durch den Einfluss des Menschen mittlerweile das Hundert- bis Tausendfache des natürlichen Maßes beträgt. Die meisten der 794 bedrohten Tierarten leben nur noch an jeweils einem Ort, und die Mehrheit dieser Orte liegt in Entwicklungsländern, wo die Ausrottungsrate am höchsten ist, wo aber auch gerade das Betätigungsfeld der Kryptozoologen liegt. Auf ihre eigene Weise erscheinen diese Wissenschaftler wie die letzten Romantiker, die das Abenteuer auf verlorenem Posten suchen.

Zwei Bereiche der Kryptozoologie

Die Kryptozoologie teilt sich in zwei Bereiche, einerseits geht es um Wesen, die aus Mythen und Sagen bekannt sind, dazu gehören Drachen oder Sirenen. Jedoch vermutet man hinter jeder Legende ein echtes Wesen, das entweder gelebt hat oder noch an verstecktem Ort lebt. Andererseits geht es um tatsächliche Tiere, die angeblich ausgestorben sind oder die als Spezies noch nicht erfasst sind. Zu ihnen gehören Kryptiden, d. h. die von der Kryptozoologie gesuchten Tiere, wie der Yeti oder der Chupacabras. Die Kryptozoologie erlebt in den letzten Jahren eine Renaissance, und die „Detektive der Natur“, wie sie oft genannt werden, die sich an der exotischen Grenze der konventionellen Zoologie befinden, haben durch die

Auf der kleinen indonesischen Insel Komodo leben Komodowarane, eine sonst nirgends auf der Welt vorkommende Echsenart, die mit einer Länge von bis zu 3 m die größte der Welt ist.

Bestätigung mancher ihrer Theorien wichtige Erfolge zu verzeichnen.

Noch 1989 gingen Meldungen durch die Presse, mehrere Personen hätten im Odenwald Panter gesichtet. In keinem Zoo fehlte ein Tier. War es Angst vor dem Unbekannten, oder leben in Deutschland abseits unserer Wahrnehmung Großkatzen?

Vier Gruppen von Kryptiden

In ihrer wissenschaftlichen Vorgehensweise spiegelt die als Parawissenschaft eingestufte Kryptozoologie die wahre Zoologie wider. Man unterscheidet noch unbekannte Tiere, Kryptiden genannt, in vier Gruppen:

1. Unbekannte Tiere – Sie weichen von bekannten Tierarten völlig ab und lassen sich in kein bestehendes zoologisches System einordnen. Hierher gehören z. B. Mothman oder Bigfoot.
2. Potenziell ausgestorbene Tiere – Hierbei handelt es sich um Organismen, die als ausgestorben gelten, etwa moderne Formen von Sauriern.
3. Tiere, die bekannten Arten ähneln – Sie unterscheiden sich von bekannten Tieren jedoch durch Eigenarten. Es können Mutationen oder unbekannte Verwandte bekannter Tierarten sein. Eine Einordnung in das System der Zoologie ist hier relativ einfach.
4. Bekannte Tiere in untypischen Gegenden – Als Beispiel können hier Berichte über Panter im Odenwald o. Ä. angeführt werden. Es gilt herauszufinden, ob es sich um entlaufene Tiere handelt oder ob eine echte Population existiert.

Die Existenzberechtigung der Kryptozoologie

Die Entdeckungen einiger Tierarten, die für ausgestorben gehalten worden waren, sowie die Entdeckung neuer Arten in jüngerer Zeit geben der Kryptozoologie Auftrieb. Zu ihnen gehören:

Quastenflosser (lat. *Crossopterygii*), räuberische Knochenfische mit quastenähnlichen Flossen. Bis 1938 waren sie nur als Fossilien aus dem Devon bekannt. Sie leben in 600–900 m Tiefe und werden bis zu 70 kg schwer. Ihr Körperbau ähnelt vierfüßigen Wirbeltieren.

Javanashorn (lat. *Rhinoceros sondaicus*), eine Wälder bewohnende Nashornart, die früher über ganz Südostasien verbreitet lebte. Es gibt heute noch Restbestände im Schutzgebiet von Udjong-Kulon auf Java.

Komodowaran (lat. *Varanus komodensis*), mit bis zu 3 m Länge und bis zu 135 kg Gewicht die größte heute lebende Echse. Sie wurde 1912 auf der indonesischen Insel Komodo entdeckt.

Bernard Heuvelmans

Bernard Heuvelmans wurde 1916 in Le Havre im Nordwesten Frankreichs geboren. Mit 23 Jahren promovierte er in Brüssel im Fach Zoologie. 1938 begann er, systematisch Berichte und Artikel über alles zu sammeln, was zoologisch aus dem Rahmen fiel. 1955 erschien sein Buch *Auf der Spur unbekannter Tiere* in zwei Bänden, das in über 20 Sprachen übertragen wurde. 1982 gründete er als die International Society of Cryptozoology (ISC). Die Frage, ob die Kryptozoologie eine Para- oder Pseudowissenschaft ist, stellte sich für ihn als Wissenschaftsphilosophen nie.
Bernard Heuvelmans, der „Vater der Kryptozoologie", legte den Grundstein für eine moderne Methodik. Er starb im August 2001. Heute beherbergt das Zoologische Museum Lausanne als weltweit einzigartige Sammlung das kryptozoologische Archiv.

Drache, Einhorn und Fabelwesen

Fabeltiere prägen seit Jahrtausenden das Leben der Menschen. Wir finden sie in Sternbildern wie Pegasus, Hydra, Zentaurus, Phönix u. a. als Symbolfiguren der Religionen und weltlichen Herrscher, als Abbildung auf Zahlungsmitteln seit der abendländischen und asiatischen Antike.

Fabelwesen in der Kryptozoologie

Sie kommen in Liedern vor, in Erzählungen, in der Medizin, sind das Thema von Filmen – sie spielen ein wichtige Rolle in allen Kulturen der Welt. Immer wieder fanden unsere vorzeitlichen Verwandten Knochen, die sie keinem bekannten Tier und keinem Menschen zuordnen konnten. Sie waren zu groß oder so geformt, dass sie nichts Bekanntem entsprachen. In späteren Zeiten brachten Reisende tierische Körpermaterialien mit, die man nicht einordnen konnte. So bildeten sich Legenden und Sagen, denn aus den gewaltigen Knochen eines pleistozänzeitlichen Mammuts wurden die Gebeine eines Riesen. Die modernste Art der Beschäftigung mit diesen unerklärlichen Funden ist die Kryptozoologie. Für viele Forscher sind Fabelwesen nicht einfach als Legende abzutun, sondern haben ihren festen Platz in einer (grenz-)wissenschaftlichen Disziplin gefunden.

Der Drache

Der Drache ist das wohl symbolträchtigste und bekannteste Wesen, das in allen Kulturen auftaucht, in Märchen, Legenden, der Bibel, besonders aber in der chinesischen Mythologie. Er kann Feuer spucken, ist relativ unverletzlich und existiert einerseits als Strafe der Menschheit, andererseits als deren Glück.

Der heilige Georg tötet den Drachen. Orte, an denen Drachen getötet wurden, sind oft Heiligtümer geworden, denn sie bezeichnen Lokalitäten, an denen Christianisierung stattgefunden hat; der Drache wurde stellvertretend für das Heidentum erschlagen und damit überwunden.

Drachen kommen in allen Kulturen und zu allen Zeiten der Menschengeschichte vor, und sie weisen erstaunlicherweise überall die gleichen Merkmale auf. Hier die Skulptur eines Drachen an einer Brücke in Ljubljana (Slowenien).

Ein fabelhaftes Mischwesen

Im zoologischen Sinn ist der Drache kein Tier, sondern ein Wesen, das aus den Körperteilen von Schlange, Echse, Vogel, Fledermaus und Löwe besteht. Oft ist der Drache Hüter eines Schatzes, und wer ihn tötet, gewinnt die Prinzessin oder erhält eine besondere Fähigkeit. Je nach Kultur ist der Drache ein gutes oder ein böses Wesen. In der christlichen Welt gilt er als Form des Teufels, Inkarnation des Bösen, Feind Gottes und der Menschen. In Asien dagegen, und hier besonders in der chinesischen Kultur, bringt der Drache Glück und Weisheit und steht für das männliche Prinzip.

Der Drache in allen Mythologien der Welt

Bis ins 16. Jahrhundert hinein hielt sich die Ansicht, Drachen seien tatsächlich existierende Kreaturen. Der Züricher Arzt und Naturforscher Konrad Gesner (1516–1565) unterschied in seinem insgesamt sechsbändigen Werk über die Tierwelt drei Drachenarten: die ungeflügelte Schlange riesenhafter Größe, die geflügelte Schlange und ein Wesen mit Schlangenleib, häutigen Flügeln, gehörntem Haupt und krallenbewehrten Klauen. Drachen kommen in allen Kulturen vor. Bei den Ägyptern schweben die Gottheiten Nephtys und Isis nach dem Tod des Osiris in Drachen verwandelt über dem einbalsamierten Toten, bis dieser bestattet ist. In der griechischen Mythologie ist Ladon ein Drache mit 100 Köpfen, der im Garten der Hesperiden die goldenen Äpfel bewacht. Der griechische Göttervater Zeus setzt den Drachen Typhon unter den Ätna, und sein Atem lässt die Erde erbeben und bricht als Feuer hervor. Apollon übernimmt von den beiden Drachen Delphyne und Python das Orakel von Delphi. Jason, Held der griechischen Sage, und seine Begleiter, die Argonauten, säen bei König Aietes in Kolchis Drachenzähne – die aufgehende Saat sind unbesiegbare Riesen. Das Goldene Vlies, Ziel von Jasons Reise, wird von einem Drachen bewacht, der sich um die Eiche schlingt, in der es hängt. Kadmos, der Gründer Thebens, sät ebenfalls Drachenzähne und erntet Monster. Medea, Frauengestalt der griechischen Sage, flieht auf einem Wagen, der von zwei geflügelten Drachen gezogen wird. In der christlichen Legende überwindet die heilige Martha in Südfrankreich den Drachen Tarasconus, und der hl. Georg zähmt und tötet einen Drachen. Bei den Germanen hockt am Fuß der Esche Yggdrasil der Drache Niddhögg, das Eichhörnchen trägt ihm die Worte des im Wipfel sitzenden Adlers zu. Fafner heißt der Drache, den Siegfried erschlägt und in dessen Blut er badet, um unverwundbar zu werden.

Im Gegensatz zu den abendländischen Drachen ist der asiatische Drache wohltätig und Glück bringend. Er lebt in Regenwolken, Seen, an Quellen, in China gilt er als Zeichen der Macht, und der Kaiser saß auf einem Drachenthron.

Die Entstehung eines einheitlichen Drachenbildes

In der Kryptozoologie stellt man sich die Frage, wie es möglich ist, dass es in allen Kulturen ein einziges Wesen gibt, das mit denselben Attributen ausgestattet ist und ein nahezu identisches Aussehen hat. Eine Theorie besagt, der Drache sei ein Saurier gewesen, der durch das Erlernen des Fliegens länger überlebensfähig war als andere seiner Art, und er sei ausgestorben, als der Mensch bereits existierte, wodurch er in einer so übereinstimmenden Form in die verschiedenen Überlieferungen eingehen konnte. Eine andere, höchst abenteuerliche These will, dass Drachen in Wirklichkeit UFOs seien, die überall auf der Welt gesichtet werden, wodurch sich das einheitliche Bild formen konnte.

Auch in der deutschen Nibelungensage gibt es Drachen. Der Recke Siegfried tötet den Drachen und badet anschließend in seinem Blut, um unverwundbar zu werden.

Das Einhorn – Fabelwesen mit dem Körper eines Pferdes und einem Horn auf der Stirn. Es kommt in den verschiedensten Kulturen vor, die christliche deutet es als Symbol der Reinheit bzw. als Symbol Christi.

Das Einhorn

Das Einhorn ist ein Fabelwesen mit Pferdekörper und einem Horn auf der Stirn. Der heilige Ambrosius deutete es als Symbol Christi. Seit der Antike und in den verschiedensten Kulturen werden dem Horn magische Qualitäten zugeschrieben. Zu Amuletten verarbeitete Hörner spielen in Volksmedizin und Aberglauben eine große Rolle.

Das Leben eines Einhorns

Bei seiner Geburt hat ein Einhorn noch kein oder nur ein sehr kleines Horn, es wächst im Laufe seines Lebens, und ein abgebrochenes Horn braucht zehn Jahre, bis es nachgewachsen ist.

Das Horn des Einhorn- oder Narwals

Der Stoßzahn des männlichen Nar- oder Einhornwals wird bis zu 3 m lang. Lange Zeit spekulierte man nur über den Zweck dieses degenartigen Zahns: Seine Länge solle über die Rangordnung entscheiden, die Tiere würden damit die Eisschicht durchbohren, den Meeresboden aufwühlen, Fische aufspießen etc. Wie man heute weiß, ist es ein Sinnesorgan, durch das 10 Mio. Nervenbahnen laufen, es ist ein Sensorsystem zur Bestimmung von Temperatur, Druck oder Salzgehalt.

Irgendwann verlässt das Einhorn den Wald seiner Mutter und sucht einen eigenen, in dem es leben wird. Verschiedene Quellen schreiben dem Einhorn ewiges Leben zu, andere ein sehr langes Leben. Menschen gegenüber sind Einhörner scheu, denn diese jagen es, um in den Besitz seines Horns zu kommen. Einhörner zeigen sich nur den Menschen, die an sie glauben, alle anderen sehen ein Pferd. Nur Jungfrauen können die wilde Natur des Einhorns besänftigen. So zeigen sie sich angeblich Jungfrauen, wenn diese am Rand seines Walds sitzen, legen den Kopf in ihren Schoß und schlafen. Oft wird diese Vertrautheit genutzt, um das Tiere zu fangen, die Jungfrau wartet auf das Wesen, und wenn es eingeschlafen ist, kommen die Jäger.

Die Legende vom Einhorn

Unsere Vorfahren fanden immer wieder Knochen, die sie nicht zuordnen konnten, weil sie zu groß waren oder so geformt, dass sie bekannten Tierkörpern nicht entsprachen. So muss sich die Legende vom Einhorn gebildet haben. Dem Pulver aus dem Horn eines Einhorns wurden heilende und Wunder bewirkende Kräfte zugeschrieben. Unsere Vorfahren fanden an Stränden häufiger einen Gegenstand, der optisch den Vorstellungen vom Aussehen eines Einhorn-Horns entsprochen haben mag, in

Wahrheit aber der vom Meer angespülte Schneidezahn eines männlichen Narwals war (s. Kasten linke Seite).

Einige Kryptozoologen halten den vor 1 Mio. Jahren ausgestorbenem Procamptoceras brivatense für den realen Vorfahren des Einhorns, es handelte sich um eine Antilopenart mit zwei sehr dicht beieinander stehenden Hörnern, die für eins gehalten werden konnten.

ANDERE MYTHISCHE WESEN:

Pegasus
Geflügeltes Zauberpferd der griechischen Sage, das aus dem Rumpf der Gorgone Medusa geboren und vom Heros Bellerophon gezähmt wurde. Er ist das Sinnbild dichterischer Fantasie.

Hydra
Neunköpfige Seeungeheuer der griechischen Sage. Der Held Herakles tötete die Hydra von Lerna (auf dem Peleponnes) durch Ausbrennen der nachwachsenden Köpfe.

Aus dem Rumpf der Medusa entsprungen und von der griechischen Sagengestalt Bellerophon gezähmt, gilt Pegasus heute als Symbol der Dichtkunst.

Mit seinem menschlichem Oberkörper und dem Pferdeleib gilt der Zentaurus als lüsternes Naturwesen der griechischen Mythologie.

Zentaurus
Vierfüßiges Fabelwesen aus menschlichem Oberkörper und Pferdeleib. Das lüsterne Naturwesen lebte in den Gebirgen Arkadiens und Thessaliens.

Sirenen
Sirenen sind Todesdämonen, Mädchen mit Vogelleibern der griechischen Mythologie. Bei Odysseus sind sie Meeresdämoninnen, die auf einer Insel hausen und Seeleute durch ihren Gesang in den Tod locken. In späteren Mythen erscheinen sie als Wesen halb Frau, halb Fisch, die zum Symbol der Unsterblichkeit geworden sind. Es war Kolumbus, der in der Nähe der Antillen Sirenen gesehen haben will. Das British Museum in London stellte im 18. Jahrhundert ein Exemplar aus, das vorgeblich in japanischen Gewässern gefangen worden war.

Zerberus
Der Höllenhund mit drei Köpfen und Schlangenschwanz aus der griechischen Mythologie. Er ist es, der die Menschen in den Hades eintreten, sie aber nicht wieder gehen lässt.

Nessie

Sprechen wir von Nessie, so reden wir über die uneingeschränkte Königin der Kryptiden. Seit über 1500 Jahren befeuert sie die Legenden und Mythen des schottischen Hochlands. Im letzten Jahrhundert wurde sie über die Ufer des Loch Ness hinaus weltberühmt, und die halbe Welt machte sich auf die Suche nach ihr.

Das Ungeheuer von Loch Ness

Wenn es so etwas gibt wie eine Liste der meistgesuchten der Kryptozoologie, so steht Nessie, das Ungeheuer aus dem schottischen Loch Ness, obenan. Dabei sieht Nessie den meisten Beschreibungen nach wie ein Plesiosaurier aus.

Der See, Loch Ness, in dem Nessie angeblich leben soll, hat Tiefen bis zu 275 m, eine Länge von 37 km und eine Breite von 1,5 km. Seine Oberflächentemperatur schwankt im Sommer zwischen 5 und 12 °C. Der Grund des Sees ist schlammig, was das Wasser trübe macht und eine Untersuchung seiner Lebensformen erschwert.

Erste Erwähnung fand das „Ungeheuer" im Jahr 565 in einer Biographie des heiligen Columbano durch Abt Adamnan. Columbano, ein irischer Mönch, bemühte sich, die schottischen Heiden zu bekehren, als er und seine Getreuen am Ufer des Loch Ness Zeugen wurden, wie ein Mann von einem Monster getötet wurde. Anschließend versuchte das Monster, einen der Anhänger anzugreifen. Der Heilige gebot dem „Teufel" mit einem Kreuz Einhalt, und das Monster verzog sich in die Tiefen des Sees. Seitdem formt Nessie einen festen Bestandteil der Mythologie der schottischen Highlands.

Im Norden Schottlands liegt Loch Ness. 275 m tief und mit einer Länge von 37 und einer Breite von 1,5 km gilt es als der Ort, an dem Nessie, das sagenhafte Wesen leben soll.

Nessie ist nach dem Yeti das wohl bekannteste kryptozoologische Wesen der Welt, die Unsicherheit über seine Existenz dauert an. Dieses Foto von 1934 zeigt das Tier, es wurde aber später als Fälschung entlarvt.

Nessie – ein Touristenmagnet

Mit dem Bau einer Uferstraße 1933 beginnt der moderne Zeitabschnitt des Ungeheuers aus dem See. Das Ehepaar MacKay gehörte zu den ersten, die das Wesen in einer Entfernung von 500 m sahen, sie verglichen Nessie mit einem Wal. Im selben Jahr folgten 50 weitere Sichtungen, einmal sogar an Land. Ein Ehepaar aus London sah ein etwa 8 m langes, drachenähnliches Wesen mit langem Hals, das ein Lamm im Maul hielt. Einige der Sichtungen dauerten damals bis zu zehn Minuten, andere Zeugen behaupteten, sie hätten das Wesen 18-mal gesehen.

Seitdem gab es zahllose Sichtungen und Fotos, von denen sich jedoch die meisten als gefälscht erwiesen bzw. als etwas anderes als ein lebendes Wesen – meist treibende Äste, Kielwasser von Fischerbooten, Oberflächenstrudel, große Lachse, Seehunde etc. Neueste Technologien wie Echolot und Unterwasserkameras haben in zahlreichen Expeditionen kaum Ergebnisse gebracht, es konnten nicht einmal die unterseeischen Höhlen ausfindig gemacht werden, in denen sich Nessie angeblich aufhalten soll. Immer wieder zeichneten Sonargeräte große Objekte unter Wasser auf, aber nie konnten schlüssige Fotos vorgelegt werden, denn das, was dort gemessen wurde, verschwand wieder oder löste sich buchstäblich auf.

Die Literatur über Nessie füllt Bibliotheken, viele Autoren halten das Wesen für einen ungewöhnlichen Fisch, andere, insbesondere Skeptiker, meinen, Nessie wäre nichts anders als eine am Leben gehaltene Touristenattraktion. Wieder andere halten Loch Ness für eine evolutionäre Sackgasse, denn Fauna und Flora des Sees gehen bis in die letzte Eiszeit zurück.

In der letzten Form der Suche nach Nessies Rätsel wird der See nun 24-stündig von Internetkameras beobachtet.

Bei einer Tauchexpedition 1976 trägt ein Taucher ein ultraviolettes Licht in die schlammigen Tiefen von Loch Ness. Die Oberflächentemperatur beträgt hier im Sommer nur max. 12 Grad.

Andere Wasserwesen und Seeungeheuer

Nessie ist nicht das einzige Wesen, das im Wasser vermutet wird, Loch Ness nicht das einzige Gewässer mit möglichem Leben jenseits seines bekannten Fischbestands. In drei kanadischen Seen gibt es seit Jahrhunderten Sichtungen, weitere Berichte von Seeschlangen existieren von Tasmanien bis Massachusetts seit ewigen Zeiten in großer Zahl. Viele der Wesen ähneln in ihrer Beschreibung dem Körperbau des Monosaurus oder Ichtyosaurus, die während des Pliozän, der jüngsten Zeitstufe der Erdalter des Tertiär etwa vor 3 bis 5 Mio. Jahren, lebten und als lange ausgestorben gelten. Sollten sich diese Wesen in den Tiefen des Meeres verborgen halten und gelegentlich auftauchen?

Manipogo

Im Lake Manitoba in der gleichnamigen Provinz in Kanada nimmt man die Existenz eines schlangenartigen, dunkelbraunen bis schwarzen Seewesens mit buckligem Rücken an, das Manipogo. Man vermutet seine Länge zwischen 3,5 m und 15 m. 1962 gelangen zwei Anglern Fotos, die aber wegen ihrer schlechten Qualität nicht akzeptiert werden, es könnte sich ebenso gut um einen treibenden Ast handeln.

Igopogo

Nördlich von Toronto in Kanada glaubt man im Lake Simcoe an die Existenz des Igopogo, das im nordöstlichen Teil Kempenfelt Kelly heißt. Es soll einen langen Hals und einen hundeartigen Kopf haben. Alle Beschreibungen des Wesens sind übereinstimmend, was die Theorie stärkt, im See lebe tatsächlich ein unbekanntes Wesen. 1970 machte sich John Kirk, Präsident des „British Columbia Scientific Cryptozoology Clubs", auf die Suche – sie blieb ergebnislos. Amateur-Videoaufnahmen zeigen einen dunklen Schatten, dann taucht ein Kopf auf, blickt einige Sekunden um sich, um dann wieder abzutauchen. Kirk kategorisierte das Wesen als Robbe oder Seelöwen.

1550 zeichnete Sebastian Munster verschiedene Seemonster nach Berichten der Entdecker, die von der anderen Seite der Erde zurück nach Europa kehrten.

Weitere Wasserwesen in verschiedenen Ländern und Regionen

- Cardborosaurus „caddy" (Vancouver Island, British Columbia, Kanada)
- Piast, Peiste, Paystha, Allphiast, Ullfish (Irland)
- Morgawr (Cornwall und Wales, England)
- Chessie (Cheasepeak Bay, Maryland, USA)
- Rocky (Rock Lake, Wisconsin, USA)

Ogopogo

Im Lake Okanagan in British Columbia, Kanada, glaubt man an das Tier mit dem Namen Ogopogo, das für die örtlichen Indianer schon vor dem Auftauchen der „Weißen" als mythisches Wesen im See lebte, weshalb sie bei Seeüberquerungen immer ein paar lebende Hühner mit sich führten. Es gibt keine Beweise für dieses Seeungeheuer, seine erste dokumentierte Sichtung erfolgte 1937, es soll ca. 9 m lang gewesen sein. 1986 tauchten sechs Buckel aus dem Wasser auf, der damalige Zeuge schätzte das Wesen auf 15 bis 18 m. Die Fachwelt hält die Erscheinung für ein Reptil oder einen Wal.

Basilosaurus oder Seeschlange

Einige Kryptozoologen ordnen die Wesen als den ausgestorbenen Basilosaurus ein, den Urwal. Da aber die Seen im Winter zufrieren, wäre es dem Säuger unmöglich, zum Atmen an die Oberfläche zu gelangen. Außerdem erreichten Basilosauren

1993 entstand dieses Modell des Urwals, des Basilosaurus, der eine Länge von bis zu 25 m erreichte.

eine Länge von bis zu 25 m, was ihr Verschwinden in Flüsse, die nicht gefrieren, unmöglich macht. Andere Kryptologen sind der Ansicht, es handle sich um die Große Seeschlange, die einerseits unter dem Eis existieren und anderseits ungesehen durch einen Fluss schwimmen könnte.

Zoologen halten die Sichtungen nur für den Beweis, dass Robben bisweilen aus dem Meer in Binnenseen wandern, es handle sich also um nichts anderes als eine Robbe. Bernard Heuvelmans analysierte 587 Berichte von Sichtungen. Er resümiert: „Seeschlange mit dem typischen langen Hals und einem zigarrenförmigen Körper, vier Beinen, Schwimmhäuten und schnellen Bewegungen; seltener beobachtete Meeressaurier, die wie Krokodile aussehen und in tropischen Gewässern auftreten; Wasserpferde, mehrhöckrige Superotter, Meeresflossler, Superaale, Formen von Schildkröten und Gelbbäuchen." (7)

Mit einem Durchmesser von 90 m gilt das Lighthouse Reef oder Blaue Loch, wie die Einwohner von Belize (Mittelamerika) es nennen, mit seinen unterseeischen Höhlen und Untiefen als Aufenthaltsort von Seemonstern.

Bigfoot

Seit frühester Zeit werden in den USA und Kanada, in den Gebirgsregionen der Rocky Mountains und der Appalachen, Wesen mit gewaltigen Füßen *(big foot)*, erheblicher Körpergröße und starker Fellbehaarung gesichtet. Handelt es sich dabei um Affenmenschen, Menschenaffen oder sogar, wie neueste Forschungen nahe legen, um Außerirdische?

Bigfoot – ausgestorbenes Wesen oder Legende?

Bigfoot oder indianisch *Sasquatch*, zu Deutsch, „behaarter Mensch", wird von Kryptozoologen, wie auch Yeti, für einen Überlebenden des ausgestorbenen Gigantopithecus gehalten. Zoologen halten ihn nur für eine Legende. Aber immer mehr Menschen, Wissenschaftler wie Laien, machen sich auf die Suche nach Bigfoot.

Eine frühe Entdeckung des Bigfoot wurde 1818 in einem Zeitungsartikel beschrieben, seitdem reißen die Sichtungen des Wesens nicht mehr ab und reichen bis in unsere Tage. Die Beschreibungen sind immer gleich: Bigfoot hat eine Größe von bis zu 2,5 m, geht aufrecht, ist mit dichtem rotbraunem Fell bedeckt, seine stechenden rötlichen Augen liegen dicht beieinander und versetzen Menschen in Trance, er hat einen klobigen Kopf direkt auf den Schultern, stößt wimmernde Laute aus und verbreitet einen schmutzig-modrigen Gestank.

DNA eines Menschenaffen

Immer wieder findet man Fährten des Bigfoot – und lehnt sie als Fälschungen ab. Kryptologen behaupten, echte seien von gefälschten zu unterscheiden, denn die Gewichtsverlagerung beim Gang eines lebenden Wesens und die daraus resultierende

1981 gelang dem kalifornischen Kryptozoologen C. Thomas Biscardi dieses Foto eines fliehenden Big Foot. Wird es je gelingen, die Existenz dieses Wesens, das unzählige Male gesichtet wurde, nachzuweisen?

Oft wurde der Bigfoot mit einem aufrecht stehendem Grizzly verwechselt.

unterschiedliche Tiefe der Abdrücke lasse sich nicht glaubhaft durch Holz- oder Gummifüße nachbilden.

Neben Fuß- und Körperabdrücken dieses „Menschenaffen" gibt es Kot- und Haarmuster, die nicht zugeordnet werden können. Untersuchungen ergaben jedoch, dass die DNA der eines Menschenaffen vergleichbar ist.

Oft stellt sich ein gesichteter Bigfoot als Grizzlybär heraus, da dieser sich unter anderem auch auf den Hinterbeinen bewegt und sein Körperbau dem menschlichen ähnlich ist.

Feuer frei auf ein Phantom

Es gibt auch Ton- oder Bildaufzeichnungen von Bigfoots, aber wie so oft sind die Fronten verhärtet – Kryptozoologen glauben an die Authentizität zum Beispiel des Patterson/Gimlin-Films. Er wurde 1967 von Roger Patterson aufgenommen, Gimlin stand dabei neben ihm. Befürworter sagen, der Film zeige tatsächlich ein Weibchen, das einen Fluss überquert. Skeptiker hingegen, und zu ihnen zählte auch Heuvelmans, halten den Film für eine Fälschung. Angeblich lasse sich jedoch bei genauer Betrachtung des Bildmaterials ein Muskelriss im rechten Bein unter dem Fell erkennen, so die Verteidiger, und solch eine detaillierte Darstellung sei bei der Entstehung des Films undenkbar gewesen.

Der Autor Roland Horn überschreibt sein Kapitel über Bigfoot mit dem Titel: „Feuer frei auf ein Phantom". Es ist interessant, dass fast jeder, der einen Bigfoot gesehen haben will, immer ein Gewehr dabei hatte und auf das Wesen schoss, obwohl nie eine Bedrohung von ihm ausging. Bemerkenswert ist dabei, dass es nie einen toten Bigfoot aufzuweisen gab, obwohl in einzelnen Fällen ganze Gewehrmagazine abgeschossen wurden. Entweder fiel der Kadaver in eine Schlucht, konnte nicht unmittelbar geborgen werden und war am folgenden Tag verschwunden, die Kugeln machten dem Wesen nichts aus und es überlebte oder es löste sich in Luft auf.

Gigantopithecus
Hierbei handelt es sich um eine Primatenform aus Südchina und Nordindien. Der Gigantopithecus wurde 1935 anhand großer isolierter Zähne aus einer chinesischen Apotheke beschrieben, seit 1956 wurden vier große fossile Unterkiefer bekannt. Man geht davon aus, dass der Gigantopithecus zwischen 12 Mio. und bis vor 500 000 Jahren gelebt hat.

Bigfoot und UFO-Sichtungen

Neue Theorien bringen UFO-Sichtungen mit dem Erscheinen des Bigfoot in Verbindung – beide zeigten sich gleichzeitig. Man fragt sich hier nicht nur, ob der Bigfoot Mensch oder Tier ist, man rückt ihn in den Bereich außerirdischer Wesen, spricht in seinem Zusammenhang auch von Hologrammen, denn nur so sei man in der Lage, sein plötzliches Auftauchen und das ebenso plötzliche Verschwinden sowie die Unempfindlichkeit gegen Schüsse zu erklären.

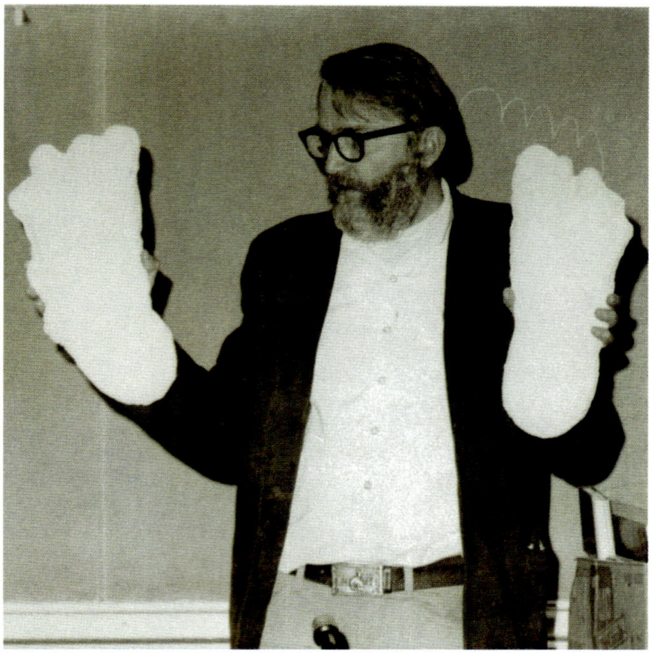

1974 stellte Dr. Grover Krantz, ein Anthropologe aus Washington, diese Abgüsse eines Big Foot vor. Aus Größe und Tiefe der Abdrücke berechnete er, das Wesen müsse um 2,5 m groß sein und zwischen 250 und 350 kg wiegen.

Yeti

Wer kennt ihn nicht, den Yeti oder Metoh Kangmi, den „schrecklichen Schneemenschen", wie ihn die Bewohner des Himalajas nennen. Dort hinterlässt er immer wieder seine Spuren und wird manchmal sogar gesehen, denn der Himalaja scheint die Heimat dieses Wesens zu sein. Ist der Yeti ein Überbleibsel unserer Urahnen oder eine bisher nicht identifizierte Spezies?

Geheimnisvolle Spuren im Schnee

Der Yeti aus dem Himalaja ist ein weiterer Klassiker der Kryptozoologie. Dabei kommt es gar nicht oft vor, dass dieses weltbekannte Wesen wirklich gesichtet wird, meist handelt es sich nur um seine Spuren, deren Größe dabei auf beachtliche Weise zwischen 15 und 45 cm Länge schwankt.

Doch immer wieder spricht man von Sichtungen des geheimnisvollen Wesens. In seinem 1998 erschienenen Buch „Yeti – Legende und Wirklichkeit" schreibt Reinhold Messner, er sei einem Yeti begegnet – jedenfalls wollten es so seine einheimischen Begleiter. Bei genauerer Untersuchung stellte Messner jedoch fest, dass es sich um einen Tibet-Braunbären handelte. Immer wieder sind es Bären, die wegen ihrer Knochenstruktur und der Tatsache, dass sie aufrecht gehen können, mit Kryptiden verwechselt werden. Menschen jedoch, die Yetis aus der Nähe gesehen haben wollen, sind sich immer einig, dass es sich weder um einen Affen noch um einen Bären handelte.

Drei Typen des Yeti

Für die Eingeborenen des Himalaja, die an die Existenz des Yeti glauben, steht fest, dass es mehrere Typen gibt, den kleineren *yeh-the*, den größeren *meh-the* und den riesenhaften *dzu-the*. Diese Unterscheidung in drei Größen würde auch die verschieden großen Spuren erklären. Bei den kleineren und mittleren handelt es sich wahrscheinlich um Affenarten, die im Himalaja oft für Yetis gehalten werden. Sollte es den Yeti tatsächlich geben, so stammt er sicher vom Gigantopithecus ab, dem ausgestorbenen Riesenaffen (s. S. 241). Als er vor einer halben Million Jahren ausstarb, wuchs der Mount Everest gerade um ca. 500 m. Es ist möglich, dass dadurch viele Spezies isoliert wurden.

Eine andere Theorie für die Herkunft des Yeti legt nahe, er sei in den Wäldern und Tälern unterhalb der Schneegrenze beheimatet. Diese versteckten, üppig bewachsenen und sehr nebligen Täler im Himalaja bekommen nur sehr selten menschlichen Besuch. Um sich von einem ins andere Tal zu bewegen, müsste der Yeti immer wieder durch Schnee gehen, was als Erklärung für die Fußspuren dienen mag, die regelmäßig gefunden werden.

Fester Bestandteil des Glaubens der Eingeborenen des Himalaja

Reinhold Messner legt in seinem Buch nahe, dass der Yeti als behaartes, wildes und fürchterliches menschenähnliches Wesen zum festen religiösen Glauben der Eingeborenen des Himalajas zählt. Tatsache ist, dass es außer einigen äußerst schlechten (und meist als Fälschung identifizieren) Fotos und

Das Thema Yeti fasziniert die Menschen seit langem. So zog es viele Besucher ans Filmset der Produktion Yeti, Gigant des 20. Jahrhunderts.

religiösen tibetanischen Texten keine wirklichen Beweise für die Existenz des Yeti gibt. Überreste des Wesens werden immer wieder in entlegenen tibetanischen Klöstern gefunden, als Beweis für seine Existenz vorgelegt – und widerlegt, denn meist handelt es sich um bekannte Tierarten. So untersuchte Heuvelmans 1960 einen vorgeblichen Yeti-Skalp, einen Ritualgegenstand von Eingeborenen des Himalaja. Durch den Vergleich mit den Haaren einer Himalaja-Bergziege, die er im Brüsseler Naturkundemuseum fand, konnte er herausfinden, dass es sich um dasselbe Haar dieser recht unbekannten Ziegenart handelte.

Wirkliche Beweise gibt es also nicht. Abgesehen von den tausenden von Zeugenaussagen, die immer wieder gemacht werden, bleibt die Existenz dieses Kryptiden ein geheimnisvolles Rätsel in den schwindelnden Höhen des Himalajas.

1960 zeigte der Mount-Everest-Erstürmer Sir Edmund Hillary auf einer Pressekonferenz Zeichnungen eines Schneewesens, das er im Himalaja gesichtet hatte.

Anfang der 1990er-Jahre wurde in einem Dorf im Khumbu-Tal in Nepal der Balg eines Wesens gefunden – angeblich des sagenhaften Yeti.

Affenmenschen

Neben den bereits besprochenen bekanntesten Formen von Homoinoiden, Yeti und Bigfoot, gibt es auf den verschiedenen Kontinenten und in ihren Ländern andere Affenmenschen, die im Laufe der Geschichte gesichtet und dokumentiert worden sind. Auffallend sind ständig wiederkehrende Eigenheiten. Wie ist es möglich, dass unabhängig von Zeit und Ort immer wieder identische Charakteristika beschrieben werden? Die folgenden Fälle stellen nur eine Auswahl der wichtigsten Kryptiden dar. Die Existenz keines dieser Wesen gilt als wissenschaftlich erwiesen.

Diese Rekonstruktionszeichnung des Homo floresiensis zeigt das Wesen, dessen Skelett auf der indonesischen Insel Flores gefunden wurde. Es hatte eine Größe von knapp 1 m.

De-Loys-Affe

Der De-Loys-Affe (lat. Ameranthropoides loysi, auch bekannt als Didi, Vasitri, Guayazi oder Fallhammer), ist eine Menschenaffenart oder Affenmenschenart, die in Südamerika beheimatet sein soll. Seit mehr als 400 Jahren gibt es Berichte über dieses Wesen, und schon Sir Walter Raleigh (1552–1618) brachte 1595 erste Berichte über ihn mit nach Europa. 200 Jahre später gab Alexander von Humboldt (1769–1859) Indianergeschichten von menschenfressenden Affenmenschen wieder, die er selbst jedoch für Bären hielt. In den Berichten der Eingeborenen waren diese Wesen aggressiv, verschleppten Frauen und töteten Männer.

Auf der Suche nach Erdöl wurde 1920 eine Expedition unter Leitung des Schweizer Geologen François de Loys (1892–1935) am Rio Tarra im Dschungel zwischen Kolumbien und Venezuela von Wesen angegriffen, die, größer als Affen, auf den Hinterbeinen liefen und keinen Schwanz hatten. Sich zur Wehr setzend, erschossen die Männer eines der Weibchen. Um es zu fotografieren, setzten sie den Kadaver auf eine Kiste und hielten ihn mit einem Stock aufrecht. Das Tier soll etwa 1,50 m groß gewesen sein, mit rotbraunem Fell, langen Armen, greiffähigen Füßen und 32 Zähnen (südamerikanische Affen haben in der Regel 36 Zähne). Außerdem zeichnete das Tier eine gewaltige Klitoris aus, die leicht für einen Penis gehalten werden konnte. Der mit de Loys befreundete französische Zoologe Georges Montandon stufte das Tier als neue Art ein, Ameranthropoides loysi, (Loys' amerikanischer Menschenaffe). Die zoologische Fachwelt jedoch nahm den Fund mit großer Skepsis auf, man behauptete, de Loys habe einem ortsüblichen Affen den Schwanz abgeschnitten und stufte das Tier wegen seiner Haarfarbe und der Größe der Klitoris als Spinnenaffen ein.

Verteidiger der neuen Art gaben an, die Kiste, auf der das Tier fotografiert wurde, sei 45 cm hoch gewesen, womit die Größe des Affen bei etwa 1,5 m liegen müsse, viel zu groß für

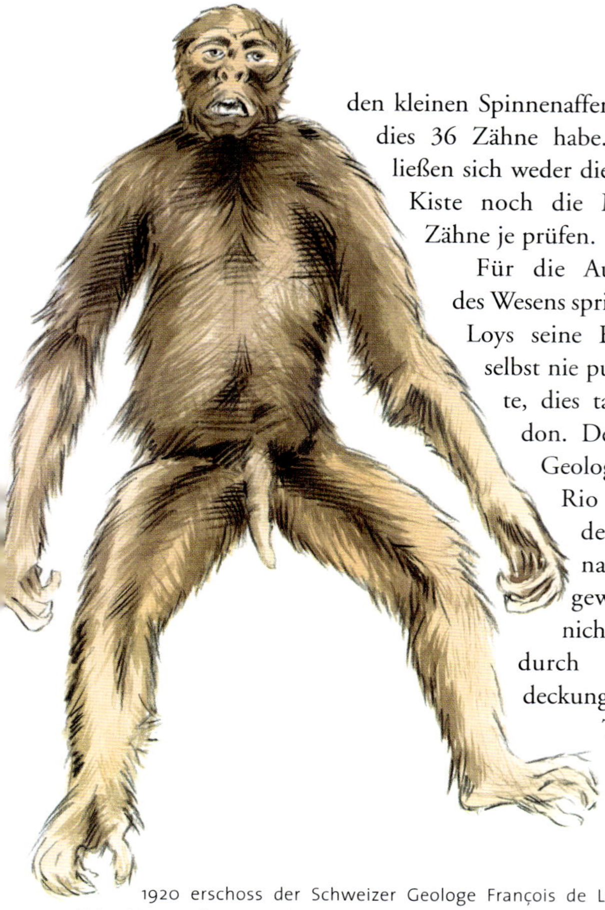

den kleinen Spinnenaffen, der überdies 36 Zähne habe. Allerdings ließen sich weder die Größe der Kiste noch die Menge der Zähne je prüfen.

Für die Authentizität des Wesens spricht, dass de Loys seine Entdeckung selbst nie publik machte, dies tat Montandon. De Loys war Geologe und am Rio Tarra auf der Suche nach Erdöl gewesen, also nicht am Ruhm durch die Entdeckung seltener Tiere interessiert.

1920 erschoss der Schweizer Geologe François de Loys zwischen Kolumbien und Venezuela dieses Affenwesen, das anschließend gezeichnet wurde. Es handelt sich um ein Weibchen von etwa 1,50 m Größe. Das Tier zeichnet eine gewaltige Klitoris aus, die zunächst für einen Penis gehalten wurde. Der Zoologe Montandon stufte das Tier als neue Art ein: den De-Loys-Affen.

Orang Pendek

Der Orang Pendek, der „Kleine Mensch“, weil er nicht größer als etwa 75 cm sein soll, ähnelt dem Orang Utan, dem „Waldmenschen“, und soll in den Dschungeln Nord-Sumatras leben. Bei diesem Kryptiden handelt es sich vermutlich um eine neue Primatenart. Vom Namensvetter unterscheidet er sich vor allem durch die Größe, aber auch durch seinen aufrechten Gang. Die Indizien, die für seine Existenz sprechen, sind einzelne Fußabdrücke, nicht einzuordnende Fellreste sowie Gewebematerial. Die Abdrücke unterscheiden sich deutlich von anderen humanoiden Kryptiden, wie Bigfoot oder Yeti. Bis dato konnten noch keine schlüssigen Beweise für seine Existenz vorgelegt werden. Einzig sicher ist, dass Haar- und Fellreste keinem bekannten Affen oder einem anderen Säugetier gehören. Alle Fotos dieses Wesens wurden allerdings entweder als Fälschungen erkannt oder sie sind unbrauchbar. Die, die ihn gesehen haben wollen, sagen aus, er ähnele dem Paranthropus, einem zweibeinigen Verwandten der Ahnen der frühen Menschen. Durch die Funde des Homo floresiensis 2004, einer vor einigen tausend Jahren ausgestorbenen, sehr kleinwüchsigen Menschenart auf der indonesischen Insel Flores, vermutet man, der Orang Pendek könnte ihr Verwandter oder Nachfolger sein.

Wegen seiner dünnen, langen Arme und Beine heißt diese südamerikanische Affenart Spinnenaffe. In der Schulwissenschaft stuft man den De-Loys-Affen als Spinnenaffen ein, obwohl er nur etwa 40 cm groß wird.

Immer schon zeichnete man Affen als Arten von Menschen und stellte sie mit menschlichen Qualitäten dar. Hier eine Studie aus dem 18. Jahrhundert.

Welche Geheimnisse verbergen sich noch im südamerikanischen Regenwald? Leben dort versteckte Wesen, von deren Existenz wir bisher noch nichts wissen?

Yeren

In der chinesischen Provinz Hubei nennt man ihn Yeren, den „Wilden Mann" von Shennongjia oder Yen Hsiung, einen Affenmenschen, der in den Bergen der Provinz leben, mit rotbraunem Fell bedeckt und zwischen 1,50 und 2 m groß sein soll. Seit seiner ersten Sichtung 1920 gibt es über 400 Berichte über sein Erscheinen. Kryptozoologen gehen davon aus, dass es sich bei den Yeren ebenfalls um Vertreter des angeblich ausgestorbenen Gigantopithecus (s. S. 241) handelt, denn in dieser Region Chinas wurden Fossilien gefunden.

Alma

Der Alma soll bis zu 2 m groß sein – er ist der legendäre Affenmensch der Mongolei. Sein Körper ist mit rotbraunem Fell bedeckt, er hat lange Arme und eine auffallend flache Stirn. Die als sehr scheu geltenden Almas kommen in den Gebirgen der Mongolei und im chinesischen Tien-Shan-Gebirge vor. Erste Berichte gehen bis auf das Jahr 1420 zurück. Einheimische bezeichneten die Kreatur als „Wildmenschen". In zahllosen Expeditionen wurde dieser Affenmensch gesucht – außer angeblichen Fußabdrücken und Fellbüscheln, die jedoch nie verifiziert werden konnten, fand man keinen schlüssigen Beweis für seine Existenz.

Minnesota Iceman

1968 besuchten die Zoologen Ivan T. Sanderson und Bernard Heuvelmans eine Wanderausstellung in Minnesota, denn in einem Wohnanhänger war ein in Eis eingefrorener Hominoide zu sehen. Sie dokumentierten das Wesen in Fotos und Zeichnungen genau. „Das erste Mal in der Geschichte wurde der frische Kadaver eines dem Neandertaler ähnlichen Menschen gefunden. Es bedeutet, dass diese Form von Hominoid, ausgestorben gedacht seit prähistorischen Zeiten, noch heute lebt", schrieb Heuvelmans begeistert (7). Er vermutete, der Minnesota Iceman könnte in Wirklichkeit aus Vietnam stammen und in Leichensäcken für tote amerikanische Soldaten in die USA gelangt sein, denn Captain Hansen, der ihn austellte, war während des Vietnamkriegs 1966 dort stationiert gewesen. Seine tatsächliche Herkunft wird vermutlich nie ans Licht kommen, denn es gibt ständig wechselnde Berichte über seine Herkunft, die meisten stammen von Hansen selbst. So behauptete er, das Wesen in Minnesota erschossen, dort zurückgelassen und ihn nach Jahren im Eis eingefroren wieder gefunden zu haben. Dann wieder gab er an, er habe ihn in einem vor Sibirien treibenden Eisblock aufgefischt. Später hieß es, er habe den Kadaver in einem Plastiksack bei einem Chinesen in Hong Kong entdeckt. Der Minnesota Iceman der Wanderausstellung verschwand, weil seine Leiche wohl verweste, und wurde gegen eine Fälschung ersetzt. Die beiden Zoologen belegten dies anhand von 15 Details. 1997 tauchte in Frankreich ein weiterer Hominoid auf, der dem Minnesota Iceman ähnlich sah. Bernard Heuvelmans erkannte ihn ebenfalls eindeutig als Fälschung.

Weitere Namen für Affenwesen in verschiedenen Ländern und Regionen

- Yowie (Australien)
- Moehau-Monster (Neuseeland)
- Chuchunaa (Ostsibirien)
- Jag-mort (Uralgebiet)
- Mechenji (Westsibirien)
- Kaptar und Almastij (Kaukasus)
- Hibagon (Japan)
- Dwendis und Duende (Belize und Guatemala)
- Shiru (Ecuador und Kolumbien)
- Didi (Guayana, Surinam und Franz.-Guayana)
- Mapinguary oder Maricoxis (Brasilien)
- Ucumar, Umahuaca und Ucu (Argentinien)

„Das erste Mal in der Geschichte wurde der frische Kadaver eines dem Neandertaler ähnlichen Menschen gefunden.", schrieb Bernard Heuvelmans begeistert, als er den so genannten Minnesota Iceman auf einer Wanderausstellung sah.

Chupacabras

Auf halbem Weg zwischen Legende und Wirklichkeit findet sich der Chupacabras, zu Deutsch der „Ziegensauger". Seine bestialische Art, Haus- und Nutztiere zu töten und sie blutleer zu saugen und sogar ihre Organe zu entfernen, rückte ihn gleich nach seinem ersten Auftauchen 1995 ins Rampenlicht kryptozoologischer Aufmerksamkeit. Dieses Wesen und seine Herkunft umgeben zahllose Fragezeichen, man bringt es in die Nähe von Außerirdischen, für andere ist es das schreckliche Ergebnis genetischer Experimente.

Mischung aus Saurier, Drache und Vampir

Der Chupacabras, der Ziegensauger, wie die lokale Presse die Kreatur taufte, weil er seine Opfer ohne einen Tropfen Blut zurücklässt, wurde zuerst in den 1990er-Jahren in Puerto Rico gesichtet. Später bezeugte man dieses Angst einflößende Wesen auch in Süd- und Lateinamerika, in den Südstaaten der USA und mittlerweile auch in Afrika. Die Beschreibungen ähneln sich zumeist sehr, es handelt sich um ein 1,5 m großes Wesen mit ausgeprägtem Unterkiefer, großen, roten Augen, kleinen Nasenlöchern, schlitzartigem Mund mit gebogenen Reißzähnen. Sein Fell ist schwarz und rau, laut anderen Zeugen könne es, einem Chamäleon gleich, seine Hautfarbe ändern. Über den Rücken sollen sich zackige Auswüchse ziehen. Das Wesen soll sehr schnell laufen sowie weit und hoch springen können. Der Autor Wladislaw Raab beschreibt es so: „... es wirkt saurierhaft, vergleichbar mit einem Deinonychus oder Velociraptor ... Auch der in Südamerika verbreitete Vampir-Mythos spielt in die Berichte hinein, denn es finden sich an den Kadavern die klassischen Bissspuren à la Dracula." (8)

Brachten Ausserirdische das Tier mit?

Viele Kryptologen vermuten hingegen, die Wahrheit über die Herkunft des Chupacabras wäre im Kontext von UFO-Sichtungen zu suchen. Der UFO-Forscher Tito Armstrong hält den Chupacabras für das wilde Haustier Außerirdischer, das auf Erden sein Unwesen treibt. Der Kryptozoologe Scott Corales bezeichnet das Wesen als eine Kreuzung zwischen den „grauen Aliens" und einem irdischen Tier wie einem Stachelschwein oder einem Känguruh. Die Kreatur, sagt er weiter, sei tag- und nachtaktiv, andere Tiere würden panisch, sobald sie in ihre Nähe kommt. Dabei sei der Chupacabras sehr geschickt darin, sich unsichtbar zu machen. Fast immer jedoch sei sein

Manch ein Wesen, das man für einen Chupacabras hielt, entpuppte sich am Ende als Kojote.

Die vielen toten Tiere in Puerto Rico wurden durch Rhesusaffen erklärt, für die Töten angeblich „Sport" ist. Gegen diese Theorie spricht aber, dass unzählige Zeugen, die den Chupacabras gesehen haben wollen, berichteten, er sei größer und stärker als ein Rhesus-Affe gewesen.

Auftauchen mit UFO-Sichtungen einhergegangen. Einige Gruppen gehen so weit, von einem gezielten Programm Außerirdischer zu sprechen, Menschen mittels vampirischer Kräfte in großen Mengen zu töten, bis der Planet menschenleer sei und somit bereit für eine Besiedlung durch Außerirdische. Bis dato jedoch wurden nie Menschen angegriffen.

Mischung verschiedener Spezies

Professor Juan Riviero aus Puerto Rico gibt eine natürliche Erklärung für die vielen toten Tiere in seinem Land. Rhesusaffen seien verantwortlich hierfür, die zu Versuchszwecken auf eine küstennahe Insel gebracht worden seien. Rhesusaffen, sagt er, töteten aus „Sport" und könnten für die befremdlichen Todesfälle verantwortlich sein. Gegen diese Theorie spricht, dass unzählige Zeugen den Chupacabras gesehen haben wollen. Andere Theorien sprechen von genetischen Experimenten der NASA, bei denen etwas fehlgeschlagen sein soll.

In Nicaragua wurde angeblich ein Chupacabras von einem Schäfer bei einem Angriff auf seine Herde erlegt. Der Kadaver hatte tief liegende Augenhöhlen, weiche Haut wie die einer Fledermaus, auffallend große Klauen und Fänge und über Strecken der Wirbelsäule erstreckte sich eine Art Kamm. Er sähe aus wie eine Mischung verschiedener Spezies, in jedem Fall aber nicht wie ein bekanntes Tier, erklärten Veterinäre, die ihn untersuchten. Der Chef des Polizeilabors ließ den Kadaver einziehen, und seitdem fehlt jede weitere Information.

Das Eigenartige an den toten Tieren, meist Ziegen, die gefunden wurden, ist die Tatsache, dass ihr Fleisch nicht gefressen wurde. Sie wurden stattdessen buchstäblich leer gesaugt; kein Tropfen Blut fand sich mehr in ihnen.

Der Mottenmann ist mit seinen hypnotisierenden rötlichen Augen eines der beunruhigendsten Wesen der Kryptozoologie. Er suchte monatelang den US-amerikanischen Bundesstaat West-Virginia heim.

Mottenmann

Mit seinen hypnotischen roten Augen wurde der Mottenman zu einem fantastischen Wesen dieses Jahrhunderts, das in keines der gängigen Erklärungsraster passen will, wie sie die etablierte Wissenschaft auslegt. Mehr als 100 Zeugen berichten von diesem merkwürdigen Wesen, halb Mensch, halb Fledermaus, das über zwei Jahre hinweg den US-Staat West-Virginia in Panik versetzte, um 1967 wieder spurlos zu verschwinden.

Das Vogelwesen von West-Virginia

1966 und 1967 gab es im US-amerikanischen Bundesstaat West-Virginia unzählige Sichtungen eines gigantischen geflügelten Wesens, eines „Tiers", wie es von denen genannt wurde, die es plötzlich aus der Dunkelheit auftauchen sahen. Es hatte große kreisrunde, rote und in der Dunkelheit glühende Augen, von denen eine hypnotische Wirkung ausgegangen sei. Das Wesen war geformt wie ein Mann, aber mit seinen über 2,10 m größer als ein solcher. Es hatte keinen erkennbaren Kopf, die Augen schienen direkt auf den Schultern zu sitzen. Hinten am Körper falteten sich große Flügel, die, einmal ausgebreitet, eine Spannweite von bis zu 3,5 m bekamen. Zeugen sagten aus, es habe quiekende Geräusche wie eine Maus gemacht. Das Wesen war grau, lief auf starken menschlichen Beinen und musste über übermenschliche Kräfte verfügen, denn es hob schwere Eisentore aus den Angeln und bewegte sich mit Geschwindigkeiten von über 150 km/h – das sagten Zeugen, die versucht hatten, ihm mit dem Wagen zu entkommen, es aber stets auf gleicher Höhe über sich fliegen gesehen hatten. Gleich in der ersten Nacht seines Erscheinens bekam das Wesen einen Namen – Mottenmann.

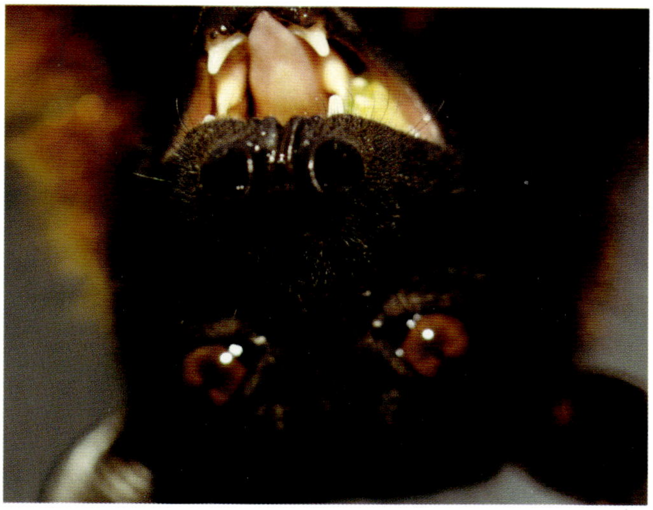

Die Nahaufnahme einer Fledermaus zeigt die beängstigende Gewalt ihrer Zähne. Schon immer galten Fledermäuse als unheimliche Wesen mit magischen Kräften.

Andere rätselhafte fliegende Wesen

- Schon zwischen 1877 und 1880 gab es in Brooklyn, USA, Sichtungen fliegender Wesen. Es handelte sich um keinen Vogel, sondern um eine schwarze, fliegende, geflügelte Gestalt.
- 1963 wurde in Kent, England, eine Fledermaus von menschlicher Größe gesichtet.
- 1969 tauchte in der Nähe von Da Nang, Vietnam, eine Vogelfrau mit Fledermausflügeln auf.
- 1971 sahen Zeugen in Kristianstad, Schweden, ein großes fliegendes Wesen.
- 1973 gab es in Maryland, USA, zahlreiche Sichtungen so genannter Smallygasters, mythischer, nächtlicher Kreaturen, halb Vogel, halb Reptil und bedeckt mit Haar.

Die lähmende Wirkung der glühenden Augen

Es gab Zeugen – vorwiegend Frauen während der Menstruation – die von der Gestalt regelrecht bis in ihre Häuser verfolgt wurden. Dabei bezeichneten die einen das Wesen als riesigen Vogel, während andere es wegen seiner fehlenden Federn und seiner oft als glatt dargestellten Haut eine gewaltige Fledermaus nannten. Allen Beschreibungen ist gemein, dass die glühenden, teilweise bis zu 5 cm großen Augen eine lähmende Wirkung gehabt haben sollen. Da es in jenem Jahr unzählige Sichtungen in diesem Bundesstaat gab, entstand eine Art Panik, obwohl niemandem je Leid zugefügt wurde. In einer Woche Ende 1966 gab es Berichte von merkwürdig aussehenden, großen, dem Mottenmann ähnlichen Vögeln in Ohio und Pennsylvania. Da die Presse zu der Zeit voll von Nachrichten über das merkwürdige Wesen war, ist schwer zu sagen, ob es sich um tatsächliche Sichtungen oder um eine kollektive Hysterie gehandelt hat.

Mysteriöse Zusammenhänge zwischen UFO-Sichtungen und dem Mottenmann

John Keel sagt in seinem Buch „The Mothman Prophecies“: „Wer den Mottenmann sah, sah auch UFOs, wer diese sah, hatte auch Kontakt mit den Aliens.“ (9) Das Auftauchen eines jeden der drei Phänomene wurde meist begleitet von statischer Kakophonie (Misstönen), einige nannten es lautes Piepen oder entstellten Lärm. Viele Zeugen aus West-Virginia berichten, dass das Geräusch klang, als würde man eine Tonbandaufnahme mit viel zu hoher Geschwindkeit abspielen.

Die gesichteten Wesen bleiben ein Geheimnis. Einerseits sind sie eine biologische Unmöglichkeit, denn sie sind zu groß zum Fliegen, andererseits machen sie – so die Zeugen – von ihren Flügeln keinen Gebrauch, sondern fliegen wie ein Helikopter.

Insgesamt sahen in den beiden Jahren mehr als 100 Menschen diese „geflügelte Unmöglichkeit“, wie Keel sie nennt. 1975 soll es in Texas zu dem Mothman ähnlichen Erscheinungen gekommen sein, aber sie allerdings nicht dokumentiert. 2001 wurde der Film „The Mothman Prophecies“ nach dem gleichnamigen Buch von John Keel mit Richard Gere in der Hauptrolle gedreht.

In dem Versuch, das Unerklärliche zu deuten, stellte man den Mottenmann auch in der Kunst immer wieder auf verschiedene Weisen dar. Hier eine Fledermaus, die zum Mothman stilisiert wurde.

Kongamato und Thunderbird

In Indonesien, Afrika, Australien und auf den beiden amerikanischen Subkontinenten gibt es seit ewigen Zeiten Sichtungen gewaltiger Vogelwesen. Besonders der afrikanische Kongamato und der nordamerikanische Thunderbird wurden von Kryptozoologen intensiv untersucht. Man rückt sie sogar in die Nähe außerirdischer Flugobjekte.

Kongamato

Der Kongamato, der „Überwältiger der Boote", ist nach Ansicht der Kryptozoologie ein Flugsaurier mit einer Flügelspannweite von 1,20–2,10 m, der noch heute in den Jiundu-Sümpfen in West-Zaire leben soll. Er wird als federlos beschrieben, habe statt dessen eine glatte, rot oder schwarz gefärbte Haut und einen langen, mit Zähnen gespickten Schnabel. Seinen Namen erhielt dieses Tier von den Eingeborenen, deren Fischerkanus er auf seiner Jagd angeblich zum Kentern bringt. Weiterhin will die Volksmythologie, dass dieses Wesen jedem, der es ansieht, den Tod bringt.

1923 wurde dem britischen Abenteurer Frank H. Melland von Eingeborenen des Stamms der Kaonde von einem „Dämon der Sümpfe" berichtet. Bei dem Versuch, das Tier zu identifizieren, zeigte der Brite den Eingeborenen Abbildungen von Flugsauriern. Angeblich ohne zu zögern identifizierten sie ihren Kongamato.

Einige Jahre später befanden sich der Journalist J. Ward Price und der spätere König Edward VIII. auf einer Expedition in den britischen Kolonien Afrikas. Nahe der Jiundu-Sümpfe stießen sie auf einen Eingeborenen, der schwere Verletzungen am Rücken davongetragen hatte, ein gewaltiger Vogel mit großen Zähnen habe sie ihm zugefügt. Auch dieser Mann erkannte auf Bildern von Flugsauriern sofort das Tier, das ihn angegriffen hatte. 1957 behauptete ein Mann mit Fleischwunden in der Brust bei seiner Einlieferung ins Krankenhaus, in den Bangweulu-Sümpfen in Südrhodesien von einem großen Vogel angegriffen worden zu sein. Als er seinen Angreifer zeichnete, skizzierte er die Umrisse eines Flugsauriers. Bis in die späten 50er-Jahre kam es immer wieder zu Sichtungen in den besagten Gegenden. Das Foto eines Kongamato stellte sich jedoch bei späterer Analyse als Fälschung heraus.

Ein Mensch in Panik sieht auch in einem normalen fliegenden Storch ein fabelhaftes Wesen, oft vielleicht einen Thunderbird.

Es ist ungeklärt, um welches Phänomen es sich bei dem Kongamato gehandelt hat. Zoologen halten ihn für den einheimischen Schuhschnabel-Storch, der in jenen Sümpfen lebt. Man weiß jedoch von keinem Fall, da ein solcher Vogel

Zoologen halten den Kongamato für den einheimischen afrikanischen Schuhschnabel-Storch. Es ist jedoch kein Fall bekannt, in dem dieser Vogel einen Menschen angegriffen hätte.

Menschen angegriffen hätte. Bei einem weiteren Erklärungsversuch hält man ihn für ein noch nicht klassifiziertes großes Fledertier. Unter Kryptozoologen gilt jedoch die Ansicht, es handle sich um einen fälschlicherweise für ausgestorben gehaltenen Flugsaurier.

Thunderbird

Der „Donnervogel", der Thunderbird, ist eine den Mythologien nordamerikanischer Indianer entstammende Version des afrikanischen Kongamato. Seit der frühesten Zeit der Besiedlung gibt es immer wieder Sichtungen von großen unbekannten Flugtieren, vor allem in den nördlichen US-Bundesstaaten kann man von einer wahren Sichtungswelle sprechen.

Kryptozoologen, allen voran der amerikanische Forscher Ivan T. Sanderson, sind der Ansicht, beim Thunderbird handle es sich wie in Afrika um überlebende Flugsaurier. Als vorzeitliches Flugtier kämen allerdings hier nur die ausgestorbenen amerikanischen Teratornen infrage, riesige Verwandte der heutigen Geier, deren größte Vertreter Flügelspannweiten bis 8 m erreichten.

Bei der Einordnung dieser Tiere gehen manche Wissenschaftler, die der Argumentation der Prä-Astronautik nahe stehen, so weit anzunehmen, die indianische Mythologie des Thunderbirds sei auf prähistorische Sichtungen außerirdischer Flugkörper zurückzuführen.

Die amerikanischen Indianer verehren seit ewigen Zeiten den Thunderbird als Totemtier.

Dieses Wesen, ein Ajolote, wurde in den 1980er-Jahren in Baja California, Mexiko, fotografiert. Mit seinen kleinen Vorderpfoten sieht es dem sagenhaften Tatzelwurm sehr ähnlich – und bestätigt die Möglichkeit seiner Existenz.

Tatzelwurm

Eine Tatze ist eine Pranke, ein Bein – ein Tatzelwurm ist ein sagenhaftes Kriechtier mit zwei oder vier Beinen aus den Alpen. Seit dem 15. Jahrhundert gibt es Sichtungen dieses Kryptiden, der so manchen Wanderer in Schrecken versetzt haben soll.

Ein kleiner Drache oder Lindwurm

Oft wird der Tatzelwurm als schuppig beschrieben, dann wieder als behaart, er soll einer Schlange ähneln, manchmal einem Säugetier, gelegentlich einen Katzenkopf haben. In manchen Berichten ist dieses Tier 30 cm lang, in anderen über 1 m. Der Tatzelwurm – ein kleiner Drache oder Lindwurm, in jedem Fall soll er eine aggressive Bestie sein, die Tiere und Menschen anfällt. Er haust in Höhlen und Stollen, die er in den Fels gräbt. Es heißt, er sondere giftige Dämpfe ab und speie sogar Feuer. In manchen Berichten spuckt er giftigen Schleim, und seine Haut ist ebenfalls giftig.

Seit 50 Jahren fast keine Sichtungen mehr

Ähnliche Wesen wurden in ganz Europa gesichtet. 1924 fanden zwei Wanderer ein 1,20 m langes Skelett des sagenumwobenen Wurms, das leider verloren ging. Fotos, die vorgelegt wurden, wurden stets als Fälschungen identifiziert. Eine der letzten Sichtungen ereignete sich 1954 in der Nähe von Palermo, Sizilien. Bauern sahen ein Wesen mit Vorderbeinen und Katzenkopf, das eine Schweineherde angriff. Danach gab es fast keine Sichtungen mehr.

Heuvelmans vermutete, der Tatzelwurm sei ein Verwandter des Gilamonsters, Heloderma suspectum, oder des in Japan und China vorkommenden Riesensalamanders Megalobatrachus. Andere Kryptozoologen vermuten eine Verwandtschaft mit der beinlosen Panzerschleiche Ophisaurus apodus.

Kann es möglich sein, dass der Lebensraum eines Wesens, das vor unserer Haustür lebte, durch Tourismus und Besiedlung so verkleinert wurde, dass es vor unseren Augen ausstarb? Kryptozoologen vermuten allerdings irgendwo in den Bergen versteckt noch Exemplare des Tatzelwurms.

Mongolischer Todeswurm

Die unwirtliche Weite der Wüste Gobi ist die Heimat eines mysteriösen Wesens, Allghoi khorkhoi, des Mongolischen Todeswurms, der in der Lage sein soll, Menschen und Tiere aus größerer Distanz auf der Stelle zu töten.

Tödliches Wesen unter dem Wüstensand

Der Todeswurm soll zwischen 60 cm und 1,50 m lang sein und wird als dickes, grell rotes, schlangenartiges Tier beschrieben. Die mongolische Bevölkerung fürchtet das Wesen, und schon seine Erwähnung gilt als Unglück, denn es versprüht angeblich tödliches Gift, das auf der Stelle tötet, oder schleudert starke elektrische Schläge.

Der tschechische Autor Ivan Mackerle beschäftigte sich als Erster mit der Kreatur. Mongolische Nomaden erzählten ihm, der Wurm würde durch die Farbe Gelb angelockt. So besaß beispielsweise ein Kind eine gelbe Spielzeugkiste, der Wurm kroch hinein, und als der Junge ihn berührte, starb er auf der Stelle. Seine Eltern sahen nur noch einen Schwanz im Sand verschwinden und wollten den Wurm töten – stattdessen tötete er sie.

Hier, in der Wüste Gobi, soll der Mongolische Todeswurm leben. Mit mit fast 2 Mio. m² und in einer Höhe von 1000 m gelegen, ist sie die größte Wüste Asiens.

Wüstentodesnatter oder Verwandter des Tatzelwurms

Es gibt viele Spekulationen über diese Kreatur, eine Theorie besagt, bei dem Todeswurm handle es sich um eine Desert Death Adder, eine Wüstentodesnatter. In der Beschreibung gleicht sie dem Allghoi khorkhoi, und sie verspritzt ebenfalls Gift. Die Death Adder könnte wegen ihrer Beschaffenheit sehr wohl in der Gobi-Wüste überleben, aber sie kommt nachweislich nur in Australien und Neu-Guinea vor. Skeptiker meinen, ein herkömmlicher Wurm könne unmöglich in der Wüste überleben, er würde in kürzester Zeit vertrocknen. Entweder also lebt in der Wüste Gobi eine unentdeckte Art der Todesnatter, deren Aussehen und Gefährlichkeit durch Übertreibungen oder bestimmt von Aberglauben aufgebauscht wurde, oder die Kreatur entspringt der Fantasie der Nomaden, die so versuchen, unerklärliche Tode zu begründen.

Über den Mongolischen Todeswurm gibt es unzählige Theorien. Eine besagt, es handle sich um eine Wüstentodesnatter. Sie gleicht dem Todeswurm und verspritzt ebenfalls Gift.

Geheimnisse der Gegenwart

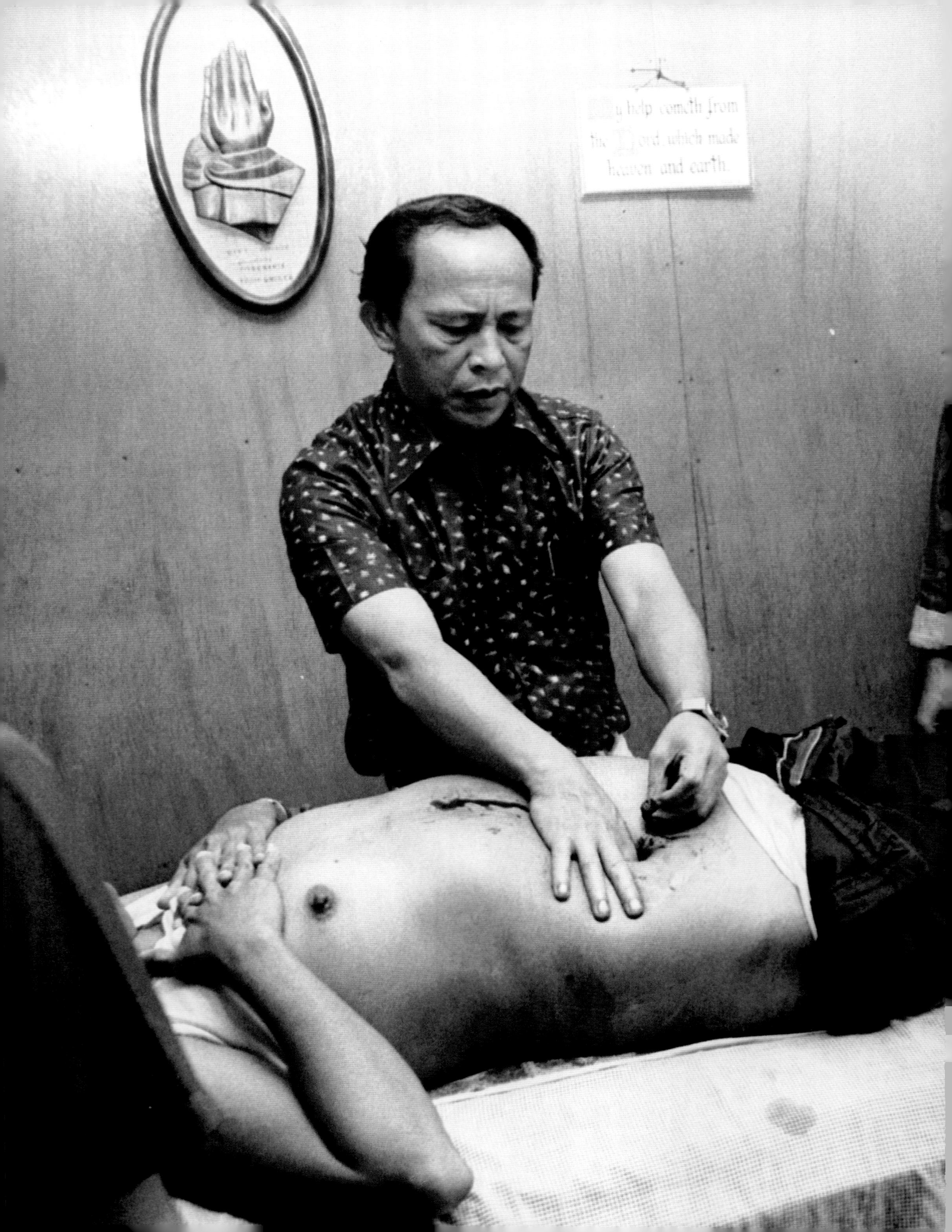
My help cometh from
the Lord which made
heaven and earth.

Medizinisch-psychologische Phänomene

Nachdem der Traum und damit das Unterbewusste dank Sigmund Freud und C. G. Jung systematisiert und als wissenschaftliche Disziplin anerkannt worden war, begannen Forscher verschiedenster Bereiche, sich mit anderen Grenzgebieten zu beschäftigen bzw. den Zonen, die noch nicht in den Kanon der Wissenschaften aufgenommen worden waren. In diese Bereiche fielen v. a. Phänomene, die man als paranormal bezeichnet.

Dazu gehören verschiedene alternative Heilverfahren, die von Schamanen primitiver Völker über Wunderheiler bis hin zu Geistheilern reichen. Es geht ferner um belegte und dokumentierte Fälle von Fernheilungen, um erfolgreiche Operationen mit bloßen Händen und darüber hinaus um spontane Heilungen Kranker, die ohne erkennbare Behandlung und wie von Geisterhand von schweren Krankheiten kuriert wurden. Aber auch andere Erscheinungen fielen und fallen in den Gegenstandsbereich: Leichen, die nicht verwesen, Menschen, die mit besonderen Gaben ausgestattet sind, wie die russischen Kinder, die die mysteriöse Gabe von Röntgenaugen haben, dank derer sie Menschen durchleuchten und Krankheiten diagnostizieren können. Kein Schulmediziner wagt sich an diese Phänomene heran, sie werden von vornherein als Scharlatanerie abgetan. Woher stammt diese unbegründete Angst vor dem Unerklärlichen oder besser noch: dem Unerklärten?

Es geht allerdings in diesem Kapitel nicht nur um die körperliche Seite der Heilung, sondern auch die psychologischen Aspekte werden hinterfragt und beleuchtet.

Der philippinische Geistheiler Laurence S. Cacteng operiert einen Patienten mit bloßen Händen.

Spontanheilung

Spontane Heilungen oder z. B. Rückbildungen von bösartigen Tumoren sind jedem Mediziner aus der Praxis bekannt, wobei das Warum unklar bleibt. Da Ärzte sich den Naturwissenschaftlern zurechnen, spricht niemand je von einem Wunder. Man sucht weiterhin nach Erklärungen, die in die bekannten Schemata der Medizin passen wollen, und lehnt jede andere Deutung ab. Die Frage, die sich die Medizin sich, lautet: Was bedeutet eigentlich Heilung?

Blinde kann wieder sehen

Die heute 74-jährige Joyce Urch erlitt 2004 einen schweren Herzinfarkt, bei dem sie in ein Koma fiel. Die Ärzte im englischen Coventry kämpften um ihr Leben. Als sie nach drei Tagen aus dem Koma erwachte, konnte die seit 25 Jahren blinde Frau wieder sehen. Eine Erklärung für die unerwartete Heilung haben die Mediziner bislang nicht gefunden. Joyce war 1979 an grünem Star erkrankt und fast völlig erblindet, sie konnte nur noch schemenhaft sehen und sich allein nicht mehr bewegen. Sie hatte damals ihr Augenlicht graduell verloren und erhielt es nun mit einem Mal zurück. Die Ärzte stehen vor einem Rätsel, denn die Spontanheilung entzieht sich jeder bisherigen Erfahrung. Die Patientin und ihre Familie sprechen von einem Wunder.

Zwei weitere Patientenschicksale

Ein deutscher Patient litt an einem Bronchialtumor, ein anderer an bösartigem Hautkrebs. Es war in beiden Fällen bereits zu Metastasen gekommen, die verschiedene lebenswichtige Organe befallen hatten. Der erste Patient wurde von den Ärzten aufgegeben, und man verabreichte nur noch schmerzlindernde Mittel. Plötzlich und ohne jede andere medizinische Hilfe bildeten sich jedoch alle Tumore und Metastasen zurück, der Patient lebte noch zehn Jahre ohne Krebs und starb an einer Lungenembolie.

Bei dem Hautkrebspatienten wurde der Tumor operativ entfernt, und gegen die Metastasen verabreichte man Chemotherapie, zusätzlich wurden die Metastasen im Gehirn mittels Bestrahlung behandelt. Trotz der Behandlung gab man den Mann auf. Der Patient begann alternative Therapien und stellte seine Ernährung auf fleischlose Vollwertnahrung um. Innerhalb von drei Jahren verschwanden alle Tumore, und seit 1986 ist der Mann geheilt. Die Medizin steht vor einem Rätsel.

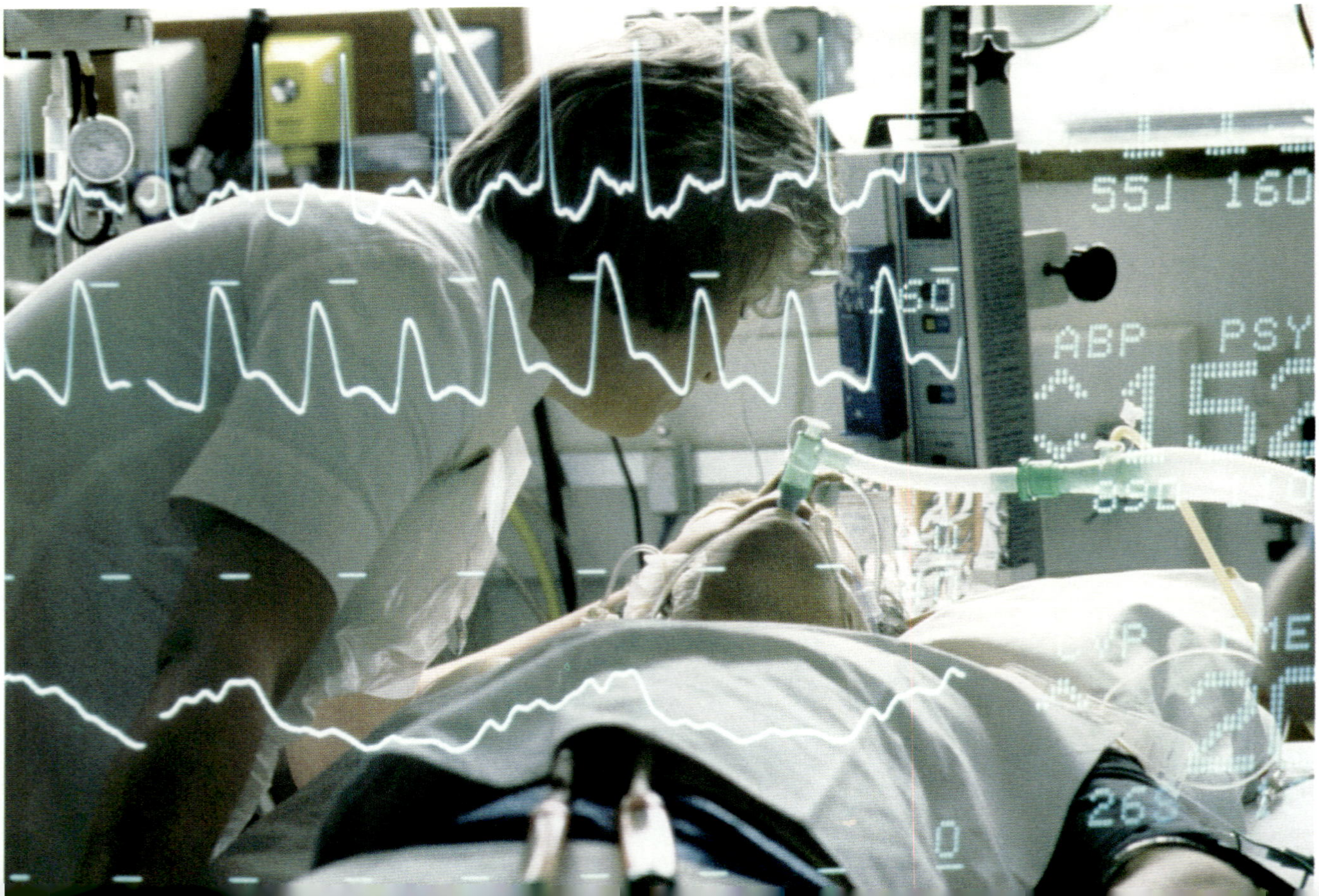

Manchen Menschen widerfahren Spontanheilungen, die für Ärzte rätselhaft sind. So auch im Fall einer Blinden, die nach einem überstandenen Herzinfarkt wieder sehen konnte.

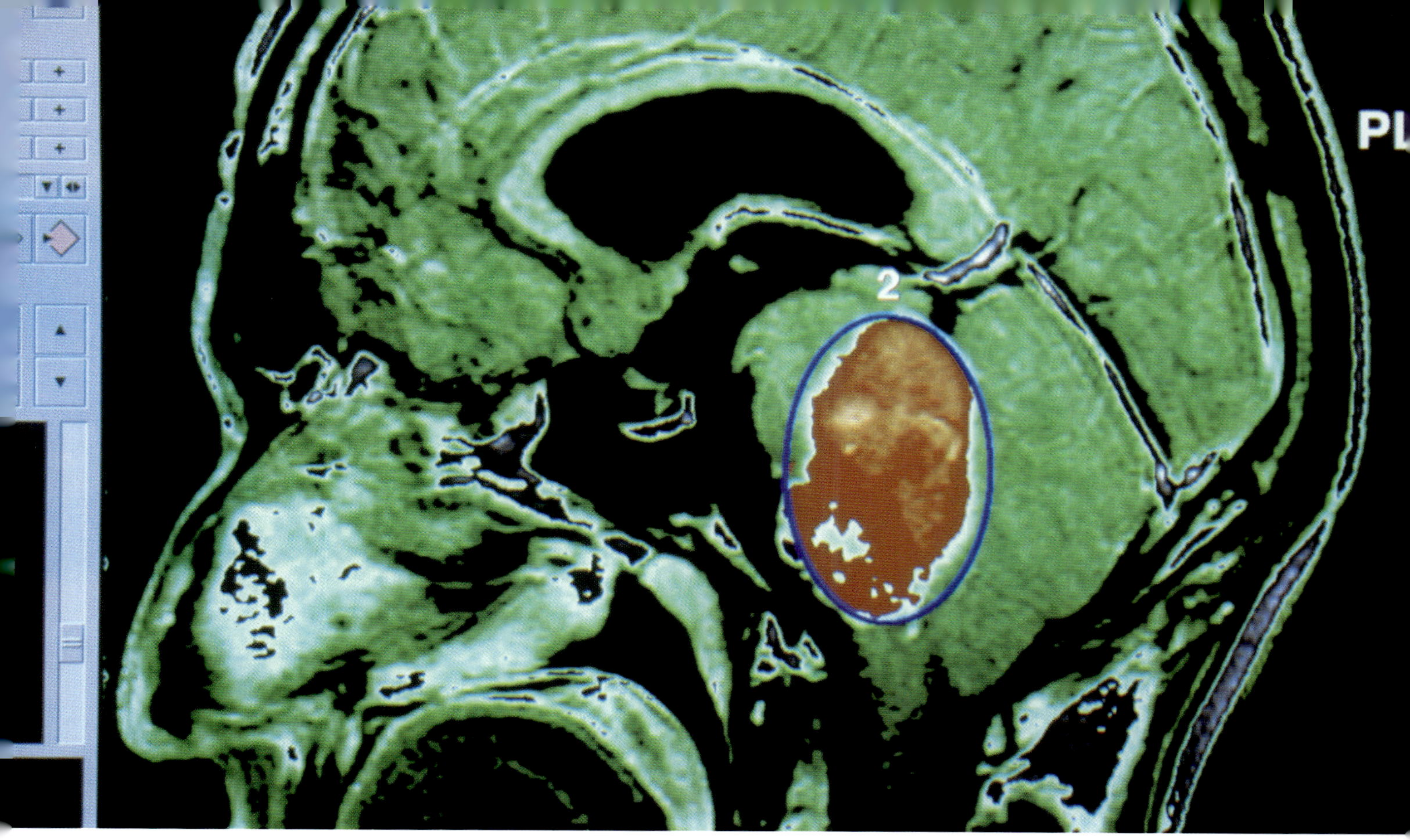

Es gibt Fälle von unerklärlichen Spontanheilungen, bei denen sich sogar Gehirntumore – hier eine Computertomographie – wieder völlig zurückbilden.

Spielt das eigene Bemühen eine Rolle?

Menschen, die eine spontane Heilung erlebt haben, führen sie oft auf ihr eigenes Bemühen, die Änderung ihrer Lebensumstände oder die Anwendung alternativer Therapien zurück. Internationale Wissenschaftler sammeln seit einigen Jahren Daten zu Spontanheilungen und versuchen, diese statistisch auszuwerten. Aber die Forscher bleiben weiterhin eine Erklärung schuldig. Forschungsgruppen des Klinikums Nürnberg und des Universitätsklinikums Heidelberg erklären, derzeit gäbe es weder Empfehlungen für Patienten noch Deutungen, wie eine Spontanheilung zu fördern sei.

Immer wieder versucht man besonders in alternativen Therapie- oder auch parapsychologischen Kreisen, bestimmte Persönlichkeitsmerkmale, Verhaltensweisen oder spirituelle Faktoren für die Heilung hinzuzuziehen. So sind Fälle von Spontanheilungen, die mit religiösem Hintergrund und tiefer Gläubigkeit verbunden waren, bestens dokumentiert. Die Medizin lehnt es jedoch ab, eine ursächliche Verbindung herzustellen, und verweist auf das Zufallsprinzip. Was für die Heilungen verantwortlich war, ob Einwirkung spiritueller Kräfte oder Zufall, bleibt unbeantwortet.

Eine wissenschaftliche Erklärung spiritueller Vorgänge

Faktoren wie das Lebensverhalten des Kranken, seine Lebensqualität und die persönliche Art der Bewältigung seiner Krankheit spielen eine große Rolle bei der Genesung. Wissenschaftler räumen eine „existenzielle Transformation" ein, wenn der Kranke das „Sein" oder Gott entdecke. Als Folge sei er dankbar für seine Krankheit, und dieses Denken setze, so fanden Forscher heraus, Mechanismen im Immunsystem in Gang, die eine Heilung fördern können.

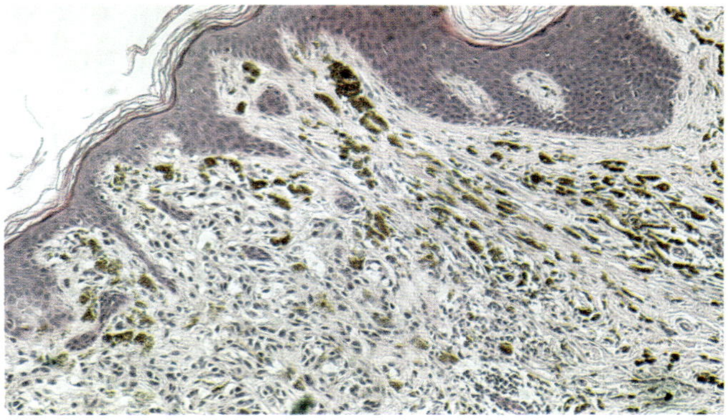

Ein Melanom, Hautkrebsanalyse in einem finalen Stadion. Eine Statistik besagt, dass auf 500 Hautkrebsfälle ein Fall von Spontanheilung zu erwarten ist.

Wunderheilungen

Immer weniger Menschen vertrauen der Schulmedizin und begeben sich zu so genannten Heilern oder Wunderheilern, um von ihnen Linderung ihrer Leiden zu erfahren. Die Methoden alternativer Heiltherapien sind vielfältig und reichen von Handauflegen bis zum Auspendeln von Krankheiten. Viele Heiler behandeln über weite Entfernungen hinweg, erkennen die Schwingungen einer Krankheit und senden Heilenergie. Wo liegt die Grenze zwischen den Schwindlern und denen, die ihre geheimnisvolle Fähigkeit in den Dienst der Mitmenschen stellen?

Eine Menschenmenge wird Zeuge, wie der Wunderheiler Harry Edwards 1951 in London während einer Veranstaltung in der Royal Festival Hall eine verkrüppelte Frau wieder gehen lässt.

Das Unbegreifliche begreifbar machen

Seit Jahren überraschen Erfolgsmeldungen aus der alternativen Heilerszene die Welt: Tumore verschwinden, Krebskranke werden gesund, Lahme gehen, als unheilbar geltende Krankheiten werden in kürzester Zeit geheilt, totgesagte Patienten leben. Heiler müssen enormen Aufwand betreiben, um als seriös eingestuft zu werden, daher sollten sie ihre Fähigkeiten gezielt in den Dienst der Sache stellen. Die Schulmedizin weigerte sich lange Zeit, alternative Formen des Heilens anzuerkennen oder sie für ihre Arbeit nutzbar zu machen. Doch immer mehr seriösen Wissenschaftlern kommen angesichts der Erfolge der „Anderen" Zweifel, immer mehr Forscher versuchen, das Unbegreifliche begreifbar zu machen und nehmen mit Wärmebildkameras, Herzfrequenzmessern und hochkomplexen Zellexperimenten Tests vor, um die Frage zu klären, ob es Heilenergie gibt.

Zwei Heiler aus Deutschland

Immer mehr Menschen vertrauen Heilern und immer weniger der „Apparatemedizin", denn sie bekommen hier etwas, das in der Schulmedizin selten geworden ist: Zuwendung, Hoffnung, Heilung.

Der gebürtige Grieche Christos Drossinakis, Deutschlands wohl bekanntester und weltweit am meisten getesteter Wunderheiler, ist in der Lage, die Molekülstruktur von

Erfolg der alternativen Medizin

Den Erfolg alternativer Medizin beschreibt Dr. Harald Wiesendanger wie folgt: „Geistiges Heilen wird mitgetragen von einer breiten Hinwendung zu ‚sanften', ‚natürlichen' Heilverfahren, die irreführenderweise als ‚alternative' Medizin bezeichnet werden. Mehr als verdoppelt hat sich in den letzten zwanzig Jahren der Anteil der Bundesbürger, die regelmäßig Naturheilmittel einnehmen; nicht weniger als 84 Prozent stehen ihnen inzwischen ‚positiv' gegenüber. Allein in Westdeutschland hat jeder sechste Erwachsene mindestens ein von der Schulmedizin nicht anerkanntes Heilverfahren ausprobiert; neun von zehn Behandelten sind mit dem Ergebnis zufrieden." (10)

Zitat von Christos Drossinakis
„Ich selbst heile im Grunde niemanden, Kranke heilen sich selbst, mit Gottes Hilfe. Meine Aufgabe ist es, die Voraussetzungen zu schaffen." (11)

Wasser über eine Entfernung von mehreren Kilometern völlig durcheinander zu bringen. Wie gelingt ihm das? Wie kann er durch Konzentration die Körpertemperatur eines Patienten beeinflussen? Wie ist es ihm möglich, einen Patienten über tausende von Kilometern von einer Asthmaattacke zu kurieren?

Der in Rheinland-Pfalz lebende Heiler Pjotr Elkunoviz kann nicht erklären, wie er Menschen von ihren Gebrechen heilt, es sei die göttliche Kraft, die durch ihn wirke, sagt er. Eine Patientin mit fortgeschrittener Osteoporose verlässt nach Minuten schmerzfrei das Behandlungszimmer, durch eine Handbewegung Pjotrs wird der Beckenschiefstand einer anderen Frau korrigiert, und ihre Beine sind wieder gleich lang. Tausende Menschen loben Pjotr Elkunoviz' Fähigkeit und leben den Erfolg seiner Heilmethode. Für sie ist er eine Mischung aus Gott, Sai Baba (s. S. 221) und Mutter Theresa, wie ihn eine Patientin beschreibt.

Die Wunderheilerin Olga Worrall legt einem Mann in Baltimore, USA, beide Hände auf, um ihn von seinem Leiden zu kurieren.

Der Geistheiler ist Mittler zwischen den Welten

Die Schulmedizin tut es als Scharlatanerie ab, es handle sich um einen Placeboeffekt, um blinden Glauben. Aber immer mehr Schulmediziner bedienen sich der mysteriösen Fähigkeiten. Prof. Kasper Rhyner, Chefarzt des Kanton-Spitals von Glarus, arbeitet mit einer Heilerin zusammen. Er hat dokumentiert, wie seine Patienten, die von der Schulmedizin bereits abgeschrieben worden waren, durch sie wieder gesund wurden.

Geistiges Heilen wird auf alle Therapiemethoden angewendet, die sich auf geistige Kräfte und Fähigkeiten berufen. Auf geheimnisvolle Art werden Energie, Licht, ein Heilstrom zum Einsatz gebracht. Ursprung dieser Quelle ist nicht der Geistheiler, er ist Mittler zwischen den „Welten", der Ursprung liegt im universell Göttlichen oder Kosmischen, und die Energieströme werden durch ihn geordnet und gebündelt. So erklärt sich auch, wie Heilung über große Entfernungen erfolgreich sein kann. Mit jeder Heilung setzt auch eine seelische Reifung ein. Geistheiler erklären ihre Taten Patienten gegenüber meist so: „Nicht ich, sondern dein Glaube hat dich geheilt."

Der gebürtige Grieche Christos Drossinakis ist Deutschlands bekanntester Wunderheiler und der am meisten getestete Heiler der Welt.

Geistheiler

Die von den Philippinen stammende Psychochirurgie bringt es fertig, mit bloßen Händen in einen Körper einzudringen, dort negative Energien greifbar zu machen und sie zu entfernen. Psychochirurgen erklären ihre Fähigkeit mit der Kraft des Heiligen Geistes, der durch sie wirke. Die Hände dringen auch in den Körper ein und entfernen krankes Gewebe. Das mysteriöseste an dieser Heilungsform ist die Tatsache, dass sich die Haut schließt, ohne eine Wunde oder Narbe zu zeigen.

Die Bereitschaft des Patienten, geheilt zu werden

Sie greifen in die Körper ihrer Patienten, operieren mit bloßen Händen und neutralisieren Krankheiten aller Art. Patienten aus aller Welt schwören auf sie. Von der Schulmedizin als Scharlatane verschrien, von den Geheilten als Wundertäter verehrt – wo sind diese Menschen mit ihren geheimnisvollen heilenden Fähigkeiten anzusiedeln? Wie wichtig ist Autosuggestion für den Erfolg? Handelt es sich um Wunder?

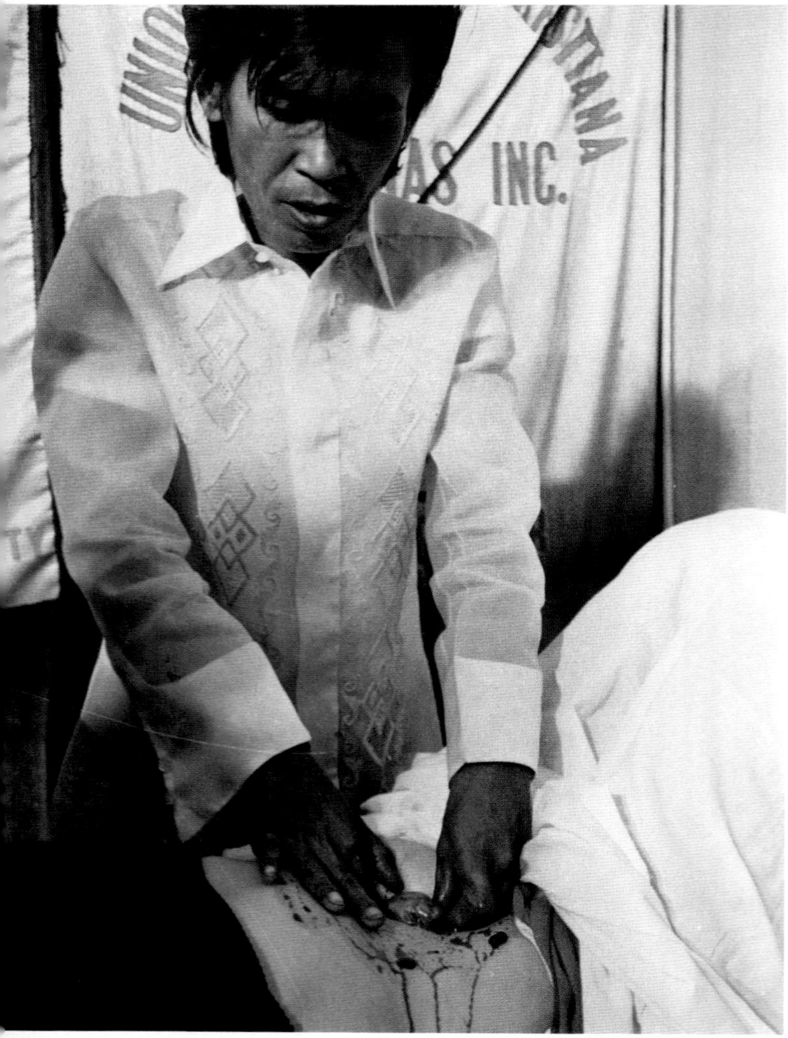

Der Geistheiler Alex Orbito ist einer von zahllosen philippinischen Geistheilern. Das Foto zeigt ihn bei einer Blinddarmoperation mit bloßen Händen.

Die Zahl der Menschen, die durch konventionelle Medizin keine Heilung mehr erfahren, die durch Chemotherapie und Gerätemedizin geschleust werden, ohne noch selber an ihre Genesung zu glauben, steigt von Jahr zu Jahr. Gleichzeitig zeigt sich weltweites Interesse an alternativen Heilverfahren, vor allem an Naturheilkunde und an Geistheilern und Geistchirurgen.

Der Hamburger Arzt Matthias Kamp ist Leiter einer medizinisch-wissenschaftlichen Fachgruppe, die sich mit dem Phänomen der Geistheilungen beschäftigt. Die Ergebnisse der Untersuchungen schwanken, es scheine nur folgerichtig, dass auf einem neuen Sektor wie diesem nicht nur positive Elemente freigesetzt würden, erklärt er. Ein diffuses Feld wie die Geistheilung rufe auch Betrüger auf den Plan, das liege in der Natur der Dinge, dürfe aber nicht die positiven Leistungen echter Heiler schmälern.

Der amerikanische Arzt Dr. Donald McDowall beschäftigte sich jahrelang mit Geistheilungen und psychischer Chirurgie. Jeder, der sich entschließe, sich auf diesen Weg der Heilung zu begeben, erklärt er, müsse unbedingt Empfehlungen über den Chirurgen einholen. Er stellt an Patienten zwei Bedingungen: Glaube an die Heilkraft und Bereitschaft, geheilt zu werden, beides muss ungebrochen sein.

Heilende Kräfte seit ewigen Zeiten

Alle Zeiten und Kulturen wussten von heilenden Kräften, doch je technisierter die Menschen wurden, umso mehr meinten sie, darauf verzichten zu können. Geistheilern haftet überdies ein zweifelhafter Ruf an, ein Ruf, der von Schulmedizin und Pharmakonzernen geschürt wird, denn nichts wäre beiden lieber, als alle Heiler als Scharlatane zu entlarven, um ihre eigene Position zu stärken. Doch die Menge medizinisch belegter Erfolge steigt ständig, Ärzteberichte, Laborauswertungen und Krankengeschichten belegen, dass tatsächlich Heilung stattfindet. Berichte über Gene-

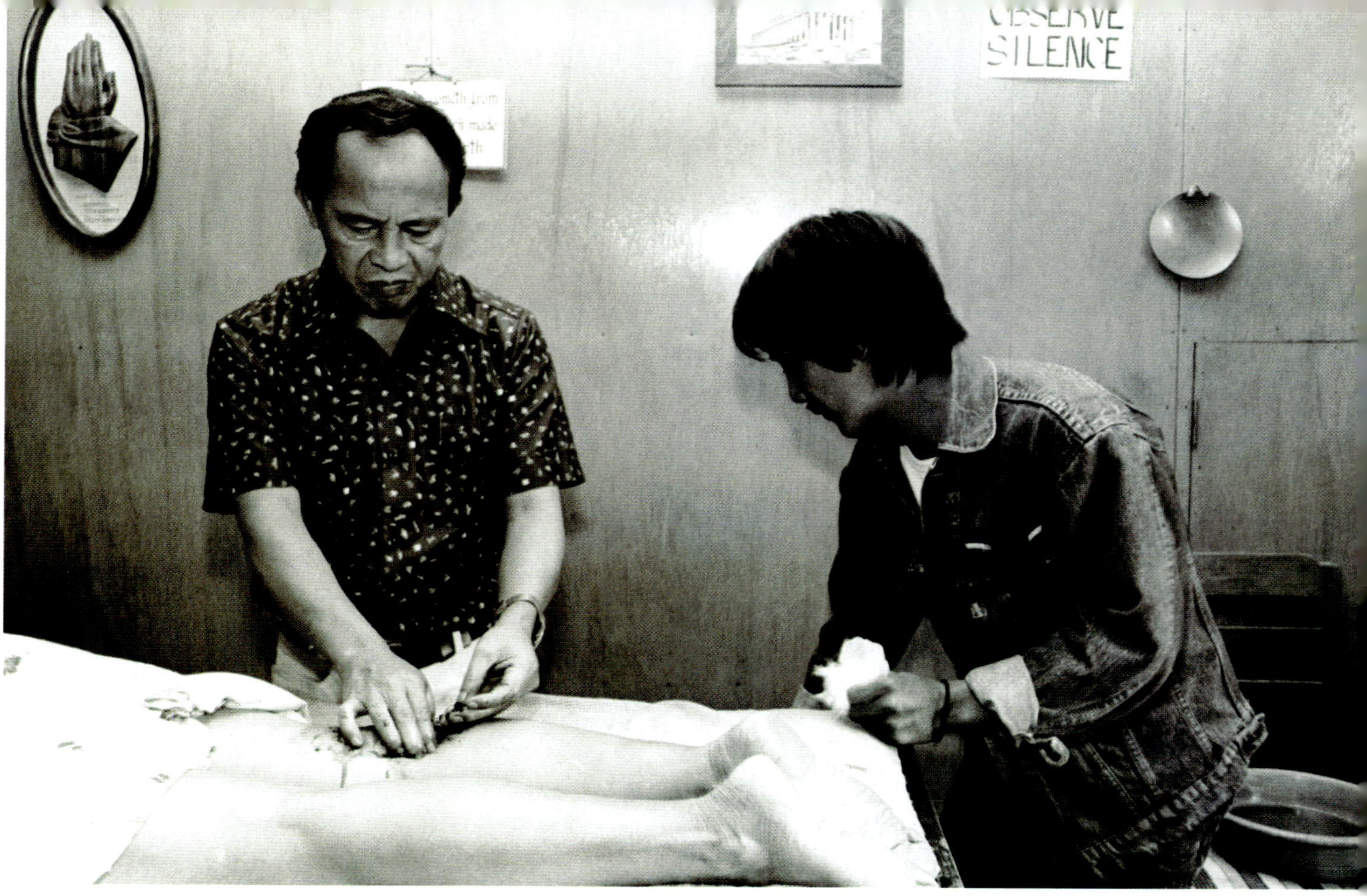

Laurence S. Cacteng, ein bekannter philippinischer Geistheiler, behandelt einen Patienten mit einem Venenproblem in der Wade.

sungen von Schwerhörigen, von im Rollstuhl Sitzenden, von Gelähmten und von austherapierten Rheumatikern häufen sich. Es gibt Spontanheilungen, aber der Heilprozess kann sich auch über einen längeren Zeitraum erstrecken. Tatsache ist, dass die Heilungen medizinisch belegbar sind. Unbedingt wichtig für den Heilerfolg ist, versichert auch Dr. Kamp, dass die Patienten sich der heilenden Kraft öffnen.

Mittler göttlicher Energie

Geistheiler arbeiten mit Energie, die sie selbst als göttliche Energie bezeichnen. Sie erklären folglich, die Energie arbeite mit ihnen, durch sie, sie seien nichts weiter als Mittler. Zu erleben, wie die Energie die Hände des Heilers in den Körper gleiten und operieren lässt, muss ein spezielles Erlebnis sein. Dabei zu sein, wie Heilung ohne Schmerzen und ohne Nebenwirkungen geschieht, zeigt uns, wie weit wir uns von uns selbst und unseren Wurzeln entfernt haben.

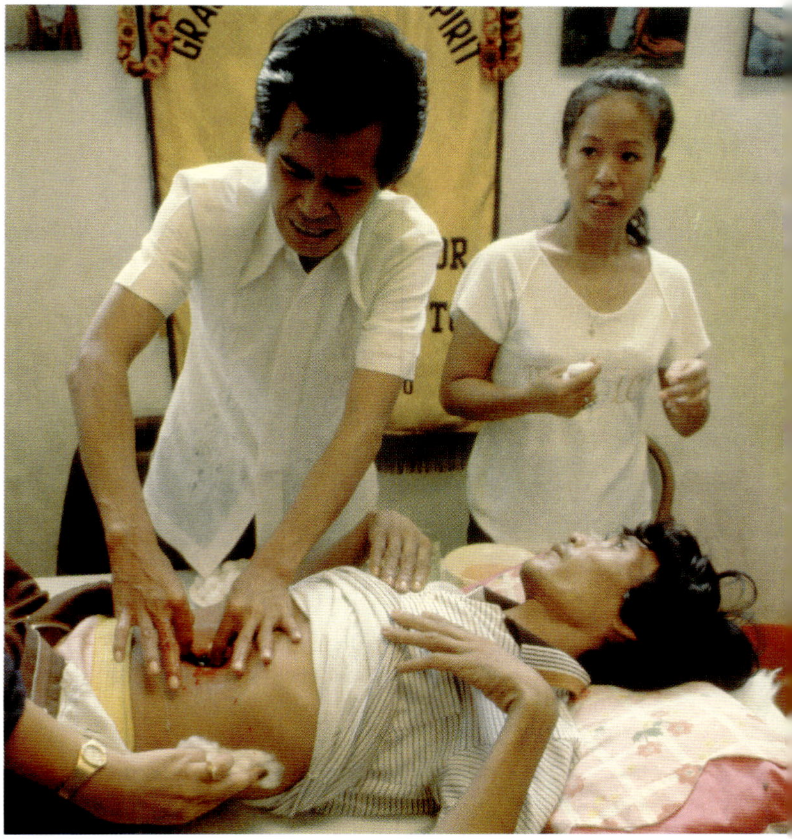

Ein weiterer philippinischer Geistheiler bei einer Operation. Die Geistheiler nennen sich „Chirurgen Gottes". Sie nehmen für sich in Anspruch, Menschen behandeln zu können, denen die Schulmedizin nicht mehr helfen kann.

Fallschilderungen

Im Folgenden werden vier Fälle (12) von Menschen geschildert, die von dem Geistheiler João Teixeira da Faria, der auch unter dem Namen João de Deus bekannt ist, geheilt wurden. Die Berichte entstammen Aufzeichnungen seines Sekretärs im brasilianischen Abadiânia. Nach dessen Worten ist es schwer zu bestimmen, wie viele Menschen João geheilt hat, was schon durch die Menge der Fernheilungen fast unmöglich sei.

Pastorin einer eucharistischen Kirche in Vitoria, Brasilien, 1996

„Ich wurde zweimal operiert, aber die Bandscheibenprobleme traten erneut auf, dann wurden meine Beine von Muskelschwund befallen, und ich war gezwungen, Gehhilfen zu benutzen. Ich betrat den Behandlungsraum. João de Deus erschien, legte seine Hand zwischen meine Beine und dann auf meine Wirbelsäule. Unmittelbar nach der Behandlung entledigte ich mich meiner Krücke und ging nach Hause. Ich werde nie wieder die Krücke benutzen müssen."

Allesandreo Nardes Krug und Terezinha Krug, Mutter und Sohn, Brasilien, 1995

Ein gesunder 15-jähriger Jugendlicher bekam quälende Schmerzen in den Beinen. Er war schließlich an den Rollstuhl gefesselt. Die Ärzte wussten nicht weiter, gaben an, es könnte Osteoporose, multiple Sklerose oder ein Bandscheibenvorfall sein – sie waren sich aber nicht sicher. „Allesandreo läuft nun wieder, als ob ihm nie etwas gefehlt hätte", sagt der Vater. „Er

Der brasilianische Geistheiler João Teixeira da Faria, genannt João de Deus, behandelt einen Patienten mit Angina Pectoris.

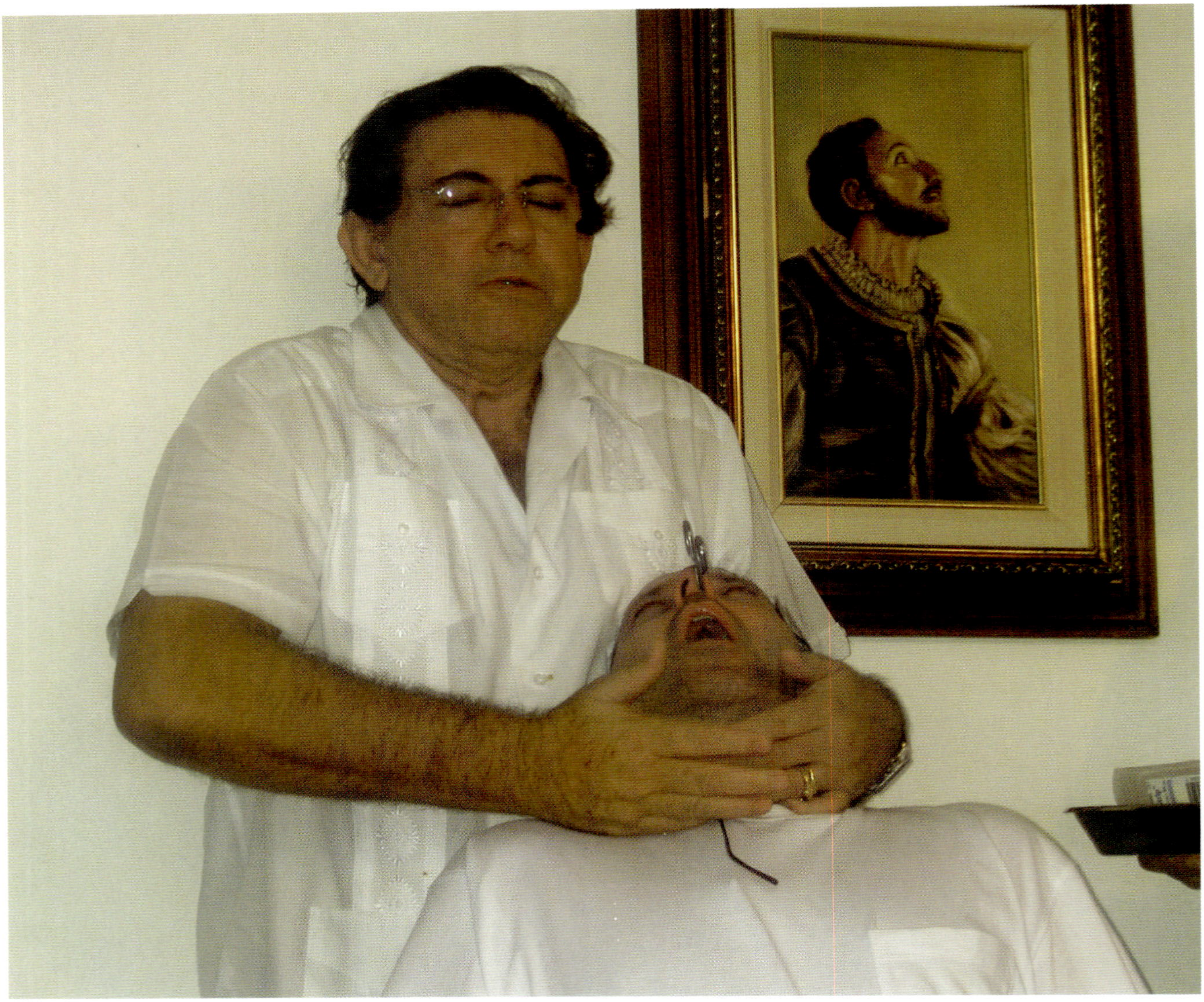

wurde durch eine unsichtbare Operation, Kräuter und spirituelle Energie geheilt. Ich habe nichts bezahlt, bis auf die Reisen nach Abadiânia." Terezinha Krug, Allesandreos Mutter, konnte wegen eines bösartigen Tumors in der Gebärmutter nicht mehr laufen, die Schmerzen waren unerträglich. „Sie wurde durch eine schmerzlose, chirurgische Entfernung des Tumors ohne Betäubung geheilt. Eine Operation, die nur fünf Minuten dauerte.", erklärte Herr Krug.

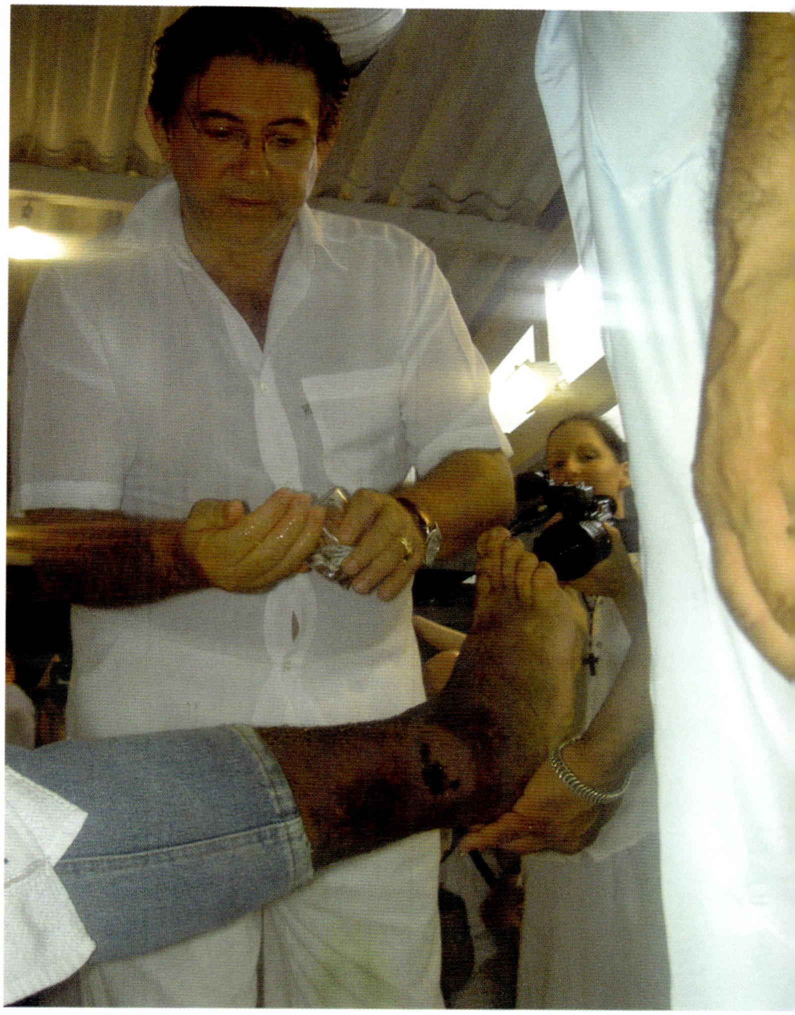

João de Deus bestreicht Fuß und Bein eines Mannes, der erhebliche Verbrennungen erlitten hat, mit geweihtem Öl.

Dr. Romeu Correa de Araujo Filho aus Goiania, Brasilien, 1996

Die Operation wurde von Dr. Romeus Kollegen Dr. Divaldo Matos Sautana und drei weiteren Ärzten beobachtet. Romeu selbst wurde gebeten, auf einem niedrigen Stuhl Platz zu nehmen. Ein Medium des Hauses stellte sich vor ihn, um Energie zu spenden, als João „überschattet" einen ungefähr 6 cm langen Einschnitt auf dem rechten Schulterblatt machte. Teile des Geschwürs wurden entfernt, als er sich zum Haupttumor durcharbeitete, bis auch dieser fast an einem Stück entfernt wurde. Die Aushöhlung wurde dann mit „aufgeladenem" Wasser ausgespült, um den Bereich zu sterilisieren. Zwei Stiche verschlossen den Einschnitt und der junge Doktor ging zum Erholungsraum zur postoperativen Ruhe. Die gesamte Operation wurde von den Ärzten beobachtet. Der Tumor wurde den Doktoren zur pathologischen Analyse übergeben.

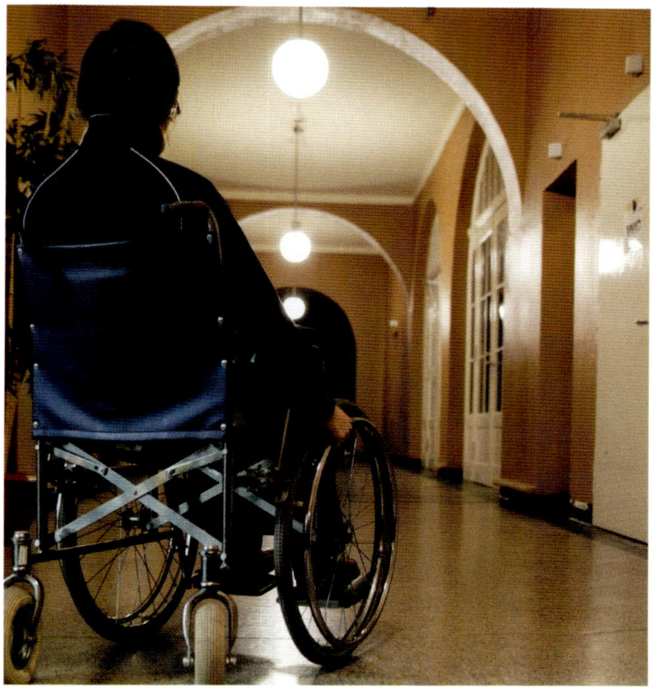

Viele gelähmte Menschen geben die Hoffnung nicht auf, sondern suchen Hilfe bei alternativer Medizin oder Wunderheilern. Einige verlassen ihren Rollstuhl für immer.

Dankesbrief von Caterina Pellgrino aus Florenz, Italien, 1996

„Ich schreibe, um Dir für die unsichtbare Operation, die ich letzte Woche in Abadiânia erhielt, zu danken. Das Wesen Dr. Augusto de Almeida entfernte ein großes Geschwür aus meinem Dünndarm, Geschwüre aus meiner rechten Niere und ein kleines murmelgroßes Geschwür aus meinem Hals. Das Darmgeschwür wurde vor einiger Zeit in Australien diagnostiziert, aber ich hatte zu viel Angst, es in einer herkömmlichen Operation entfernen zu lassen. Ich kann Dir und Deinen Wesen niemals genug dafür danken, dass Du mein Leid gelindert hast.

Mein Besuch in Deinem Hospital war eine bemerkenswerte Erfahrung, ich danke Dir dafür.

Hochachtungsvoll, Caterina Pellgrino"

Ein Schamane vom Stamm der Ndebele in Südafrika betrachtet die untergehende Sonne. Auf dem Kopf trägt er die so genannte *isiba*, einen Kopfschmuck mit Stachelschweinstacheln. Es gehört zu seinen Aufgaben, aus dem Fall von Knochen die Zukunft zu lesen.

Schamanen

Ein Schamane ist ein mit ungewöhnlichen geistigen Fähigkeiten begabter Mensch, der in der Lage ist, Kranke zu heilen, Unheil abzuwenden und das Wetter zu beeinflussen. Schamane wird man durch ein Berufungserlebnis innerhalb eines Traums oder einer Vision. Schamanen stehen in direkter Verbindung mit jenseitigen Welten, ihr Anliegen ist es, das gestörte Verhältnis zwischen Mensch und Gottheit wieder herzustellen. Schamanen sind also Mittler zwischen den Menschen und der spirituellen Welt.

Die weiblichen Magiere der Manju

Wörtlich übersetzt bedeutet Schamane „Heiler" und „geistiger Führer", der Begriff entstammt den manju-tungusischen Sprachen von Stämmen in Sibirien und Zentralasien und wird 1194 erstmals schriftlich belegt. Es war die Bezeichnung der Vorfahren der Manju für ihre weiblichen Magier. Schamanen sind an keine spezifische Religion gebunden. Im Zuge der Esoterik und der New-Age-Bewegung konnte das spirituelle Konzept des Schamanismus auch in Europa Fuß fassen. Sie sind Mittler zwischen der spirituellen und der materiellen Welt und verfügen über altes Wissen der Menschheit. Dieses Wissen gibt ihnen Zugang zu speziellen Techniken und Ritualen, die sie in Kontakt mit der unsichtbaren Wirklichkeit setzt, die alles umgibt. Oft werden sie auch Medizinmänner genannt. Sowohl Praktiken als auch Aufgaben der Schamanen innerhalb der Gemeinschaft sind bei asiatischen, afrikanischen und indianischen Stämmen ähnlich. Zu ihren intensiven Erfahrungen, die neben der Heilung der Seele auch die des Körpers beinhalten, zählen körperliche Nahtoderfahrungen, durch die sie in Kontakt mit der Zwischenwelt treten.

Selbsterfahrung, Lebenshilfe, Heilung sind seine Aufgabe

Seit Urbeginn der Menschheit existieren bestimmte Menschen, deren Aufgabe es ist, altes Wissen über Medizinen und Heilverfahren zu bewahren und weiterzugeben. In Europa leben und wirken Schamanen noch heute meist im Verborgenen, denn, so sagen sie, unsere Gesellschaft ist noch nicht reif für ihre geheimen Gaben und Fähigkeiten. Menschen, die sich hilfesuchend an sie wenden, tun dies meist nicht öffentlich, obwohl die Weltgesundheitsorganisation (WHO) inzwischen schamanische Heilrituale anerkennt und überdies schreibt, sie seien oft von gleicher Wirksamkeit wie die Schulmedizin. Immer häufiger arbeiten in den USA Schulmediziner mit Schamanen in Krankenhäusern zusammen. Die westliche Medizin kann von der uralten, magisch-rituellen Tradition lernen, die die Natur als belebt und beseelt empfindet und Krankheiten als Eindringlinge in den Organismus betrachtet. Schamanen beherrschen auch Methoden, die zur Diagnose von Krankheiten dienen. Sie sehen heute ihre Aufgabe darin, krankhafte Eindringlinge aufzuspüren und zu entfernen. In tranceartigen Zuständen nimmt ein Schamane Kontakt mit Krafttieren, Lehrern und spirituellen Ahnen, mit Tieren, Pflanzen, Steinen, mit allen Elementen auf. So stehen Selbsterfahrung, Lebenshilfe und Heilung im Mittelpunkt seiner Arbeit.

Dieses Foto von Edward Curtis zeigt einen Medizinmann vom nordamerikanischen Indianerstamm der Arikara.

Ekstase mit Tänzen und Drogen

Schamaninnen und Schamanen erzeugen ihre Ekstase mit Tänzen und manchmal mit Drogen. Oft erinnert die Ekstase an Besessenheit, doch die magische Situation ist bewusst eingeleitet und wird während der gesamten Zeit gesteuert. Durch ihre Rituale öffnen sich Schamanen übernatürlichen Kräften, um Kontakte zu Energien herzustellen, die von Nutzen sein können. Dabei werden sie nie von den Geistern, die sie rufen, kontrolliert, Schamanen sind Mittler zwischen Himmel und Erde, Menschen und Göttern. Ihr Tun ist eine Seelenreise, mittels derer sie in der Lage sind, die Zukunft zu sehen, Verstorbene an ihr Ziel zu geleiten und vor allem Kranke zu heilen, um ihrer Gemeinde Dienste zu leisten.

Schamanen verfügen über besonderes Wissen, das ihnen Zugang zu einer unsichtbaren Wirklichkeit verschafft. Dieser Schamane aus Nigeria benutzt bei einem Ritual eine Rassel.

Druiden

Druiden waren man die sagenumwobenen Priester der Kelten, aber sie sorgten auch für die Lehre der Jugend in Mythologie und Moral. Mittels Himmels- und Sternbeobachtungen, zum Teil auch durch Menschenopfer, sagten sie die Zukunft voraus. Der Kult der Druiden hat es geschafft, sich bis heute zu halten.

Die geistige Elite der Kelten

In ihrer Funktion als Priester stellten die Druiden in der keltischen Gesellschaft eine Art geistiger Elite dar. Darüber hinaus waren sie allerdings auch noch Dichter, Ärzte, Astronomen, Philosophen und Magier. Alles, was man heute über Druiden weiß, stammt von Schriftstellern der Antike, wobei die Informationen keineswegs objektiv sein müssen, denn die Verfasser der Quellen waren nicht immer um eine neutrale Beschreibung bemüht. Ob es sie in der immer wieder dargestellten Form gegeben hat, kann man nicht mehr sagen. Die christlich-mittelalterlichen Beschreibungen und vor allem Darstellungen neueren Datums, die aus esoterischen oder neokeltischen Quellen stammen, sind nicht belegbar und meist sehr subjektiv. Nicht einmal die Bedeutung des Namens ist eindeutig belegt, Druide leitet sich von keltisch *dru*, „gründlich" oder „durch", und *uid*, „Priester", ab, aber andere Etymologen leiten es von *drus*', „Eiche", her.

Eine Gruppe von modernen Druiden zelebriert am 21. Juni innerhalb des Steinkreises von Stonehenge die Mittsommernacht.

Weibliche Druiden

Vielfach hört man von weiblichen Druiden. In den keltischen Mythen tauchen Mebd von Connacht und Ceridwen auf. Ceridwen soll eine Druidin gewesen sein, die einen Trank mischen konnte, der Wissen über Vergangenheit, Gegenwart und Zukunft verlieh. Das Gemisch war ursprünglich für ihren Sohn Affagdu bereitet worden, um seine Hässlichkeit durch Wissen auszugleichen. In Versuchung geführt, trank ihr Gehilfe drei Tropfen davon und floh, um ihrer Wut zu entgehen. Auf der Flucht verwandelte er sich in verschiedene Geschöpfe und Dinge, schließlich in ein Getreidekorn – Ceridwen verschluckte es. Als Folge wurde sie schwanger und gebar einen weiteren Sohn, der als Urvater aller Druiden gilt. Dieser Legende nach glaubt man an die Existenz von weiblichen Druiden, die sogar glaubenstiftende Funktion hatten.

Weitergeben von Wissen durch mündliche Überlieferung

Julius Cäsar berichtet in seinem Werk „Der Gallische Krieg" über die Arbeit der Druiden, Plinius der Ältere beschreibt sie als weiß gekleidete Männer mit goldener Sichel und Mistelzweigen, die als keltische Priester ihre Blüte zur Zeit der Römerfeldfeldzüge hatten. Andere Quellen behaupten, sie seien schon seit Stonehenge tätig gewesen. Kritiker halten dagegen, Stonehenge wäre schon eine Ruine gewesen, als die Druiden den Ort vorfanden. In jedem Fall ist den römischen Berichten zu entnehmen, dass Druiden keine eigenen Tempel errichtet haben, sondern ihre Rituale in Hainen oder auf Waldlichtungen abhielten.

Aus den zitierten Schriften wissen wir, dass die Druiden ihren Novizen sämtliches nötige Wissen in Versform weitergaben. Über 20 Jahre benötigte man für das Auswendiglernen, berichten die historischen Quellen. Die Kelten besaßen zwar in jener Zeit wohl eine Schriftform, den Druiden war es jedoch verboten, ihr Wissen über Astronomie und Naturereignisse schriftlich zu fassen. Daher durfte es nur mündlich vermittelt werden. Die Reimform vereinfachte das Auswendiglernen der

Druiden waren die Priester der Kelten. Mittels Himmels- und Sternbeobachtungen sollen sie in der Lage gewesen sein, die Zukunft vorher zu sagen.

vielen Verse – man bedenke, wie viel Wissen man in 20 Jahren aufnehmen musste. Ganz allgemein waren damals viele Werke, die mündlich überliefert wurden, in Versform gehalten. So konnten sie leichter von einer Generation auf die nächste vererbt werden. Man weiß heute z. B., dass im Pazifik Segelanweisungen für Seereisen durch mündliche Überlieferung mehrere Jahrhunderte lang erhalten geblieben sind.

Neo-keltische Druiden

Der Altertumsforscher William Stukeley (s. Stonehenge, S. 40ff.) gilt als Vater der modernen Druiden. 1792 wurde in seinem Sinn in Wales eine Zeremonie zur Sonnenwendfeier entworfen, bei der Druiden geweiht wurden. Mit keimendem Nationalismus sahen sich Irland und Wales nicht mehr als Teil Englands, sondern als eigenständige Staaten mit eigener Sprache und Kultur. Zur Geheimhaltung gezwungen, wurden Druiden immer in die Nähe von Geheimbünden gerückt. Neo-keltisches Druidentum zählt heute als Religion zum Heidentum (Neopaganismus), heutige Druiden sehen sich in direkter Linie zu historischen Druiden.

Druiden benutzten Misteln als Zutat für ihre Zaubertränke. Für die Hohepriester war die Mistel ein Zeichen für die Anwesenheit der Götter in einem Baum und somit eine heilige Pflanze. Deshalb wurde sie nur während eines Gottesdienstes abgeschnitten – mit einer goldenen Sichel – und in einem weißen Tuch aufgefangen.

Spontane Selbstentzündungen

Körper stehen plötzlich in Flammen. In den vergangenen 300 Jahren sind mindestens 200 Fälle dieses rätselhaften Phänomens beschrieben worden, doch kein Wissenschaftler ist in der Lage, eine schlüssige Erklärung vorzulegen. Parawissenschaftliche Deutungen reichen von der Gottesstrafe über atomare Kettenreaktionen bis hin zu noch unbekannten chemischen Prozessen. Welche Energien werden freigesetzt, um eine Selbstentzündung zu entfachen?

Stadtbekannter Trinker verbrennt auf seinem Strohlager

Der Umstand, dass Menschen ohne äußere Einflussnahme plötzlich verbrennen, zählt zu den mysteriösesten Erscheinungen, die wir kennen. Erste Berichte von spontanen Selbstentzündungen stammen aus dem Jahr 1671, weiß der unumstrittene Spezialist auf diesem Gebiet, der Engländer Larry Arnold. In Paris verbrannte ein bekannter Trinker auf einem Strohlager bis auf Kopf und Fingerkuppen, wobei sich das Stroh erstaunlicherweise nicht entzündete. Seitdem erklärt man von polizeilicher Seite aus Fälle dieser Art mit der Entzündung von Gasen, die sich bei Alkoholikern bilden. Aber diese Erklärung reicht heute nicht mehr aus, denn zu oft sind derartige Fälle beschrieben worden. Die am häufigsten gestellte Frage bleibt: Wie ist es möglich, dass ein Mensch vollkommen verbrennt, ohne dass seine Umgebung entflammt?

Erklärungsversuche für das Unerklärliche

In allen Fällen spontaner Selbstentzündung ist die Einwirkung großer Hitze erkennbar. Aber es ist kein normaler Verbrennungstod, den die Menschen erleiden, sie brennen förmlich aus und sterben nicht an Erstickung oder Verletzungen. Von Menschen, die so verbrannten, blieb buchstäblich nur ein Häufchen Asche übrig. Wissenschaftler verschiedener Disziplinen legten im Laufe der Zeit Erklärungen für dieses mysteriöse Phänomen vor. Es sei eine Strafe Gottes für Trinker, denn anhaltender Alkoholkonsum habe die Zellen des Körpers mit Alkohol gesättigt, sodass

Handelt es sich bei Selbstentzündungen um eine Gottesstrafe, wie Parawissenschaftler oft vermuten, oder um eine atomare Kettenreaktion? Das Rätsel um das bemerkenswerte Phänomen ist noch nicht gelöst.

Anfang des 19. Jahrhunderts entwickelte Sir David Brewster das Kaleidoskop. Als Universalgelehrter beschäftigte er sich auch mit dem Phänomen der Selbstentzündung und verfasste einen berühmten Bericht über einen dieser Fälle.

Die Opfer von spontaner Selbstentzündung verbrennen meist vollkommen. Dass hin und wieder ausschließlich die Beine übrig bleiben, wird von manchen Forschern auf den Dochteffekt zurückgeführt.

schon die geringste Flamme, z. B. vom Entzünden einer Zigarette, genügt habe, ihn in Brand zu setzen. Versuche mit in Alkohol eingelegtem Fleisch konnten diese These nicht bestätigen. Andere Forscher machten Kugelblitze für das Verbrennen verantwortlich, aber auch diese These ist widerlegt, denn die in Kugelblitzen (s. S. 306) enthaltene Energie ist zu gering. Eine neue Theorie macht atomare Kettenreaktionen in Körperzellen dafür verantwortlich. Andere sprechen von der kalten Kernspaltung, die in der Lage sei, derartige Energien freizusetzen. So ließe sich auch die extreme Hitze erklären. Es gibt jedoch keine bekannten nuklearen Elemente im tierischen oder menschlichen Körper, die zu einer Kernspaltung führen könnten. Konventionelle Wissenschaftler behaupten, das Phänomen der Selbstentzündung gäbe es überhaupt nicht. Da der Körper zu drei Vierteln aus Wasser bestehe, sei er schlichtweg zu nass, um so zu verbrennen.

Charakteristika der spontanen Selbstverbrennung

- 80 Prozent der Opfer waren Frauen.
- Die Opfer waren meist übergewichtig und/oder stark alkoholisiert.
- Die Opfer waren fast immer allein und oft für hohen Alkoholkonsum bekannt.
- Die Körper waren nahezu vollkommen verbrannt, der Raum, in dem sie gefunden wurden, aber nicht.
- Die Körper sind meist bis auf den Kopf und/oder die Extremitäten verbrannt, während die Kleidung häufig unbeschädigt blieb.
- Gelbes, faulig riechendes Öl umgibt die Opfer.

Der Dochteffekt

Der betroffene Mensch verbrennt wie eine Kerze, die Bekleidung wirkt wie der Docht, das körpereigene Fett wie Wachs. So lässt sich auch das gelbe, faulig riechende Öl auf dem Boden um die Opfer erklären, behauptet der Parapsychologe Larry Arnold. Fest steht, dass Körper vollkommen verbrennen, eine Tatsache, die es nicht einmal bei Feuerbestattungen gibt, bei der immer Knochen übrig bleiben. Es entstehe, erklärt Arnold, zunächst gerade genügend Hitze, um das Körperfett zum Brennen zu bringen, danach setzt der Dochteffekt ein und verglüht den Körper über einen langen Zeitraum, bis nichts mehr übrig bleibt. Denn Temperaturen über 800 °C in Verbindung mit einem langen Zeitraum zersetzen auch Knochen. Wie es möglich ist, dass oft Beine übrig bleiben, erklärt er so: Wenn eine Person sitzt, brennt die Flamme nach oben, nie jedoch nach unten.

Kristalltränen

Ein altes Märchen erzählt von einer jungen Frau, der guten Zauberin Aryuda. Sie fühlte sich zurückgewiesen, denn ihre Magie hatte Neid geweckt. Von den Menschen und den anderen Zauberern enttäuscht, zog sie sich auf einen hohen Berg zurück, um allein zu sein. Aus Kummer über ihre Erlebnisse begann sie zu weinen, und ihre Tränen gerannen zu glitzerndem Kristall. Sie weinte, bis ihr ganzer Körper von den Kristallen bedeckt war, bis sie selbst zu einer Kristallstatue geworden war.

Nicht nur im Märchen

Die Fähigkeit, Kristalltränen zu weinen, gibt es jedoch nicht nur im Märchen, und sie zählt zu den großen Geheimnissen, für die die Wissenschaft keine Erklärungsmuster bereithält. Im März 1996 befand sich die zwölfjährige Hasnah Mohamed Meselmani in der Schule, als sie sich über Schmerzen im Auge beklagte. Etwas verursache ihr stechende Schmerzen, als habe sie etwas Scharfkantiges im Auge. Tatsächlich zeigte sich zum großen Erstaunen der Lehrerin im Auge ein kleines Stück Kristall, scharfkantig und glitzernd. Zu aller Verblüffung hatte es ihr Auge nicht verletzt. Damit nicht genug, binnen weniger Minuten produzierte ihr Auge eine weitere Kristallträne, denn als solche bezeichneten die Zeugen das, was sie sahen.

Im Märchen wurden die Tränen einer Zauberin zu glitzerndem Kristall. Die 12-jährige Hasnah Mohamed Meselmani klagte über Schmerzen im Auge – auch sie soll Kristalltränen geweint haben.

Die Ärzte bleiben ratlos

Hasnahs Vater brachte sie zu einem Augenarzt, der das Mädchen während zwei Wochen stationär beobachtete. Täglich produzierte sie Kristalltränen, über deren Ursprung der Arzt jedoch keine Diagnose stellen konnte, obwohl ihm bei aller Skepsis keine andere Wahl blieb, als die Echtheit der Tränen, die inzwischen so scharfkantig geworden waren, dass sie Papier zerschnitten und Glas ritzten, zu bestätigen. Gleichzeitig verletzten die Kristalltränen das Auge des Mädchens auf geheimnisvolle Weise nicht.

Hasnahs Vater brachte seine Tochter zu einem anderen Augenarzt, Dr. Salomoun vom amerikanischen Akademischen Krankenhaus in Beirut. Aber auch dort konnte man das geheimnisvolle Phänomen nicht erklären. Bis heute bleiben die Ärzte eine Erklärung schuldig. Der Augenchirurg Dr. Nasib El-Lakkis fertigte eine detaillierte Fallstudie an, helfen konnte er auch nicht. Hasnahs Vater versuchte, von europäischen und amerikanischen Spezialisten Hilfe zu bekommen – ergebnislos.

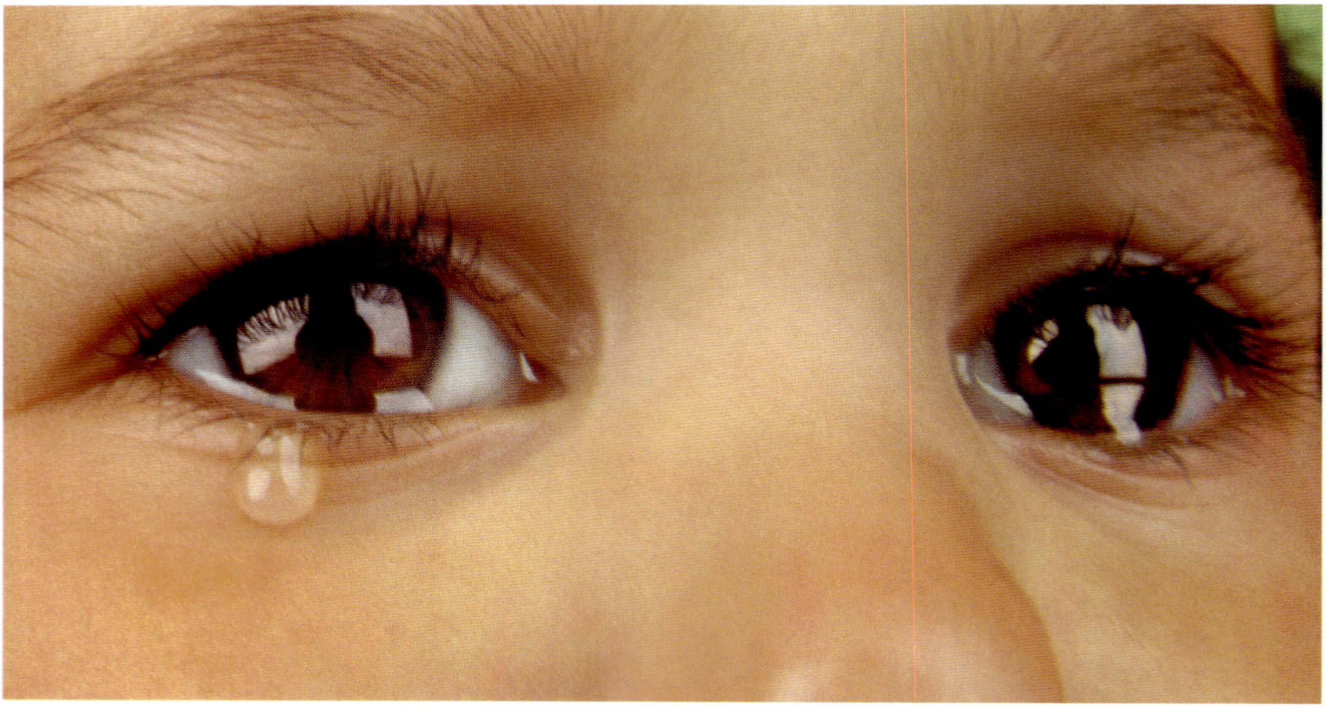

Kristalle gelten in vielen Kulturen als Tränen der Götter, und man schreibt ihnen besondere, auch heilende Fähigkeiten zu.

Nächtlicher Besuch eines weissen Ritters

Nach einigen Wochen der Ungewissheit und täglicher Kristalltränen erzählte Hasnah ihrer Familie, fast jede Nacht klopfe jemand an ihr Fenster. Wenn sie aufstehe, sehe sie einen ganz in Weiß gekleideten Ritter, der sie bitte, nach draußen zu kommen. So begann sie eine Unterhaltung mit ihm. Sie sei eine Botin Gottes auf Erden, verkündetete der „weiße Ritter", und die Kristalltränen der Beweis. Sie solle sich nicht fürchten, alles geschehe nach Gottes Willen. Auf ihre Frage, wann sie aufhören würde, Kristalle zu weinen, erhielt sie keine Antwort. Der Gottesbote erschien mehrere Male, Hasnahs Bruder war einmal dabei, allerdings sah und hörte er nur seine Schwester, die weiße Gestalt konnte er weder sehen noch hören.

Die Behörden bringen den Fall zum Schweigen

Der Fall erlangte weltweite Aufmerksamkeit, seine christlichen Aspekte jedoch beunruhigten die zuständigen islamischen Behörden, die Hasnahs Vater schließlich mittels einer größeren Geldsumme dazu verpflichteten, Stillschweigen zu wahren. In der Folge wurde der Rummel um die Erscheinung von der Öffentlichkeit als Betrug gewertet, man unterstellte dem Vater, selbst die Tränen in das Auge seiner Tochter geschafft zu haben, um dadurch an Geld zu kommen.

Der Fall allerdings ist bis heute nicht geklärt, und Hasnah weint weiterhin mehrere geheimnisvolle Tränen an jedem Tag.

Immer wenn Hasnah Mohamed Meselmani Kristalltränen weinte, sagte sie, sie sehe einen weißen Ritter, mit dem sie sich auch unterhielt.

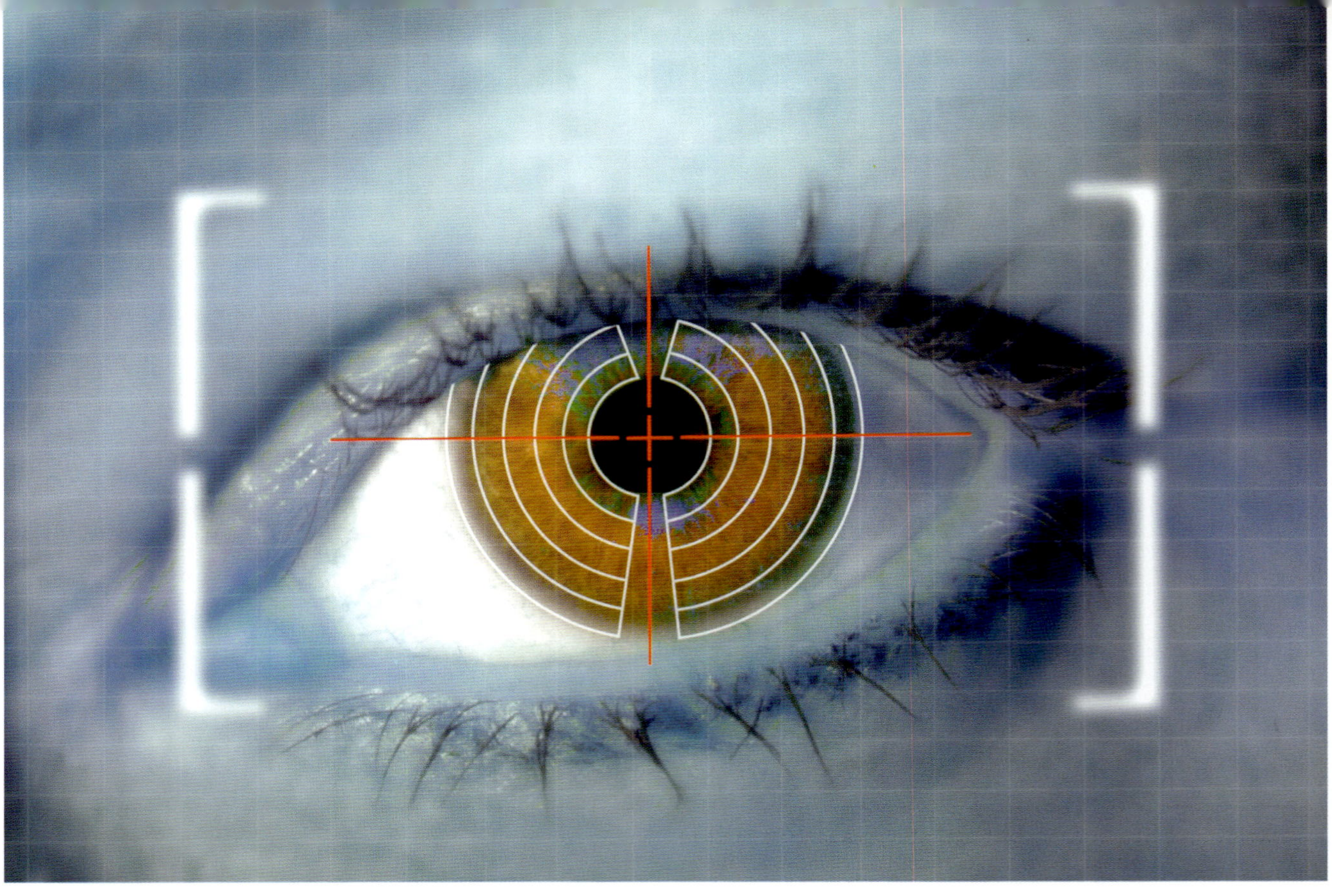

Ist das menschliche Auge in der Lage, durch die Gewebe des Körpers hindurch zu schauen und damit die Fähigkeit des Röntgens zu besitzen?

Röntgenaugen

Unter der Röntgenmethode versteht man das Durchleuchten einer Person, um Organ- oder Knochenschäden feststellen zu können. Eine Person mit Röntgenaugen ist im Volksmund jemand, der andere durchschaut, sie aber nicht durchleuchtet. In Russland sind jedoch gleich zwei junge Menschen mit der mysteriösen Gabe bekannt geworden, andere buchstäblich durchleuchten und Krankheiten diagnostizieren zu können.

Vom normalen zum medizinischen Blick

Natalja Demkina aus Saransk östlich von Moskau ist 17 Jahre alt. Seit ihrem zehnten Lebensjahr weiß man, dass sie ihren Blick nach ihrem Willen ändern kann, von normal auf „medizinisch", wie sie es nennt, was bedeutet, sie besitzt dann die Fähigkeit, Menschen klinisch zu durchleuchten. Trotz dieser besonderen Gabe ist sie jedoch nicht in der Lage, in sich selbst zu schauen.

Als sie zehn Jahre alt war, zeichnete sie die inneren Organe ihrer Mutter und anderer Mitglieder ihrer Familie. Ihre Umwelt fand dieses Motiv morbide und brachte das Kind zum Arzt. Dort zeichnete sie dessen Magen mit einem Geschwür. Der Arzt war frappiert, denn er wusste, dass er ein Magengeschwür hatte.

Eine göttliche Gabe

Anfang 2004 brachte die BBC einen Beitrag über Nataljas geheimnisvolle Fähigkeit, ihr wurden vier ihr unbekannte Personen vorgeführt, die sie durchleuchten sollte. In allen vier Fällen stellte sie die korrekte Diagnose: eine fehlende Niere, einen Wirbelsäulenschaden, eine Schulterverletzung und eine Operationsnarbe an der Milz. Moderator wie zur Beobachtung eingeladene Ärzte waren sichtlich beeindruckt, denn Natalja war wirklich in der Lage, in andere Menschen hineinzuschauen. Natürlich wurde sie über Nacht zu einer Berühmtheit, und Menschen stehen seitdem vor ihrer Tür Schlange. Natalja schaut sie alle an und stellt ohne Bezahlung ihre Diagnose. Sie ist davon überzeugt, sie sei es ihren Mitmenschen schuldig, ihre besondere Gabe, die sie selbst für göttlich hält und für die niemand eine Erklärung hat, allgemein zugänglich zu machen. Die Chefärztin des Krankenhauses ihrer Heimatstadt, Irina Katschan, kennt Natalja: „Der Prozentsatz der von ihr richtig diagnostizierten Fälle ist überaus hoch", erklärte sie.

Die Menschen kommen in Massen, um geheilt zu werden

Rafael Batyrov aus der südöstlichen russischen Provinz Bashkiria ist elf Jahre alt. Er hat die paranormale Gabe, in einem Spiegel Krankheiten anderer Menschen diagnostizieren zu können. Nach Aussage der Menschen, die ihn in immer größerem Strom aufsuchen, ist er sogar dazu befähigt, sie zu heilen. Das Haus der Familie ist ebenso wie das von Natalja Demkina seit der großen Medienaufmerksamkeit, die ihm gewidmet wurde, von Menschenmassen belagert. Der Junge entdeckte seine Gabe vor einigen Jahren, als sein Vater von Leuten erzählte, die durch andere Menschen hindurchsehen könnten. Er bat seinen Vater, sich vor den Spiegel zu stellen, den Rafael für seine Diagnose braucht, und erkannte seinen Lungenkrebs. Rafaels Mutter, Rasima Batyrov, ist Grundschullehrerin. Voller Stolz berichtet sie, ihr Junge habe bereits mehrere ihrer Kollegen geheilt.

Der 11-jährige Rafael Batyrov aus Südrussland kann Krankheiten diagnostizieren, wenn er das Spiegelbild eines Menschen betrachtet.

Der Laser-Junge aus Südrussland

Seine Anhänger nennen Rafael gern den Laser-Jungen. Der intelligente Junge ist Vegetarier, verzichtet auf Milchprodukte und liest heilige Schriften, denn er ist davon überzeugt, seine Gabe sei göttlichen Ursprungs. Er möchte seine paranormale Gabe auch in Zukunft in den Dienst der Menschheit stellen, wie Natalja Medizin studieren und sich vor allem den Parawissenschaften widmen. In der medizinischen Fachwelt steht man fassungslos vor den Fähigkeiten dieser beiden jungen Menschen. Selbst extremen Skeptikern ist es nicht möglich, ihre als nachgewiesen geltenden Fähigkeiten in Frage zu stellen oder zu erklären.

1895 entdeckte der deutsche Physiker Wilhelm Conrad Röntgen die nach ihm benannte Röntgenstrahlung, die es erstmals gestattete, Menschen zu durchleuchten. Aber können Menschen wirklich Röntgenaugen haben?

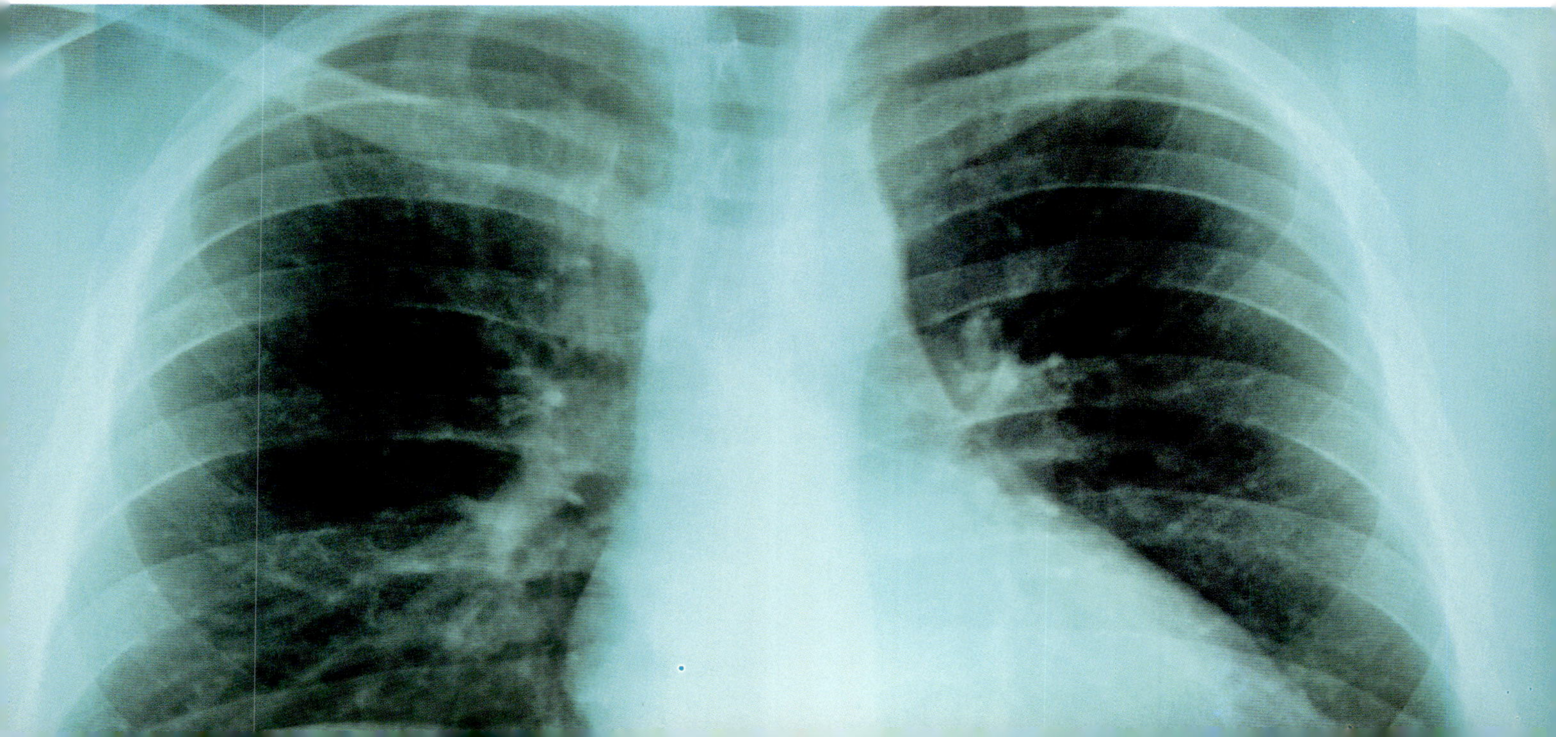

Déjà-vu

Wörtlich aus dem Französischen übersetzt, bedeutet Déjà-vu „schon einmal gesehen" und bezeichnet in der Psychologie eine Erinnerungstäuschung, in der eine neue Situation gefühlsmäßig als bekannt angesehen wird. In der Psychologie ordnet man ein solches Erlebnis oft als psychische oder neurotische Störung ein. Die Esoterik glaubt an Seelenwanderungen und frühere Leben als Erklärung für Déjà-vu-Erlebnisse.

Oft trifft man Menschen, bei denen man das intensive Gefühl hat, sie früher oder an anderem Ort schon einmal getroffen zu haben.

Leben vergehen und blühen anderswo wieder auf

Déjà-vu ist das unheimliche Gefühl, eine Situation schon einmal durchlebt, einen Ort besucht, eine Person schon einmal gesehen zu haben. Der Ausdruck stammt von dem französischen Philosophen und Sprachwissenschaftler Emile Boirac (1851–1917), der ihn in einem seiner Romane zum ersten Mal verwendete. Der Begriff ist an der Vergangenheit orientiert, hat aber eigentlich mehr mit der Gegenwart zu tun, denn es geht um das in diesem Moment vorhandene Gefühl, etwas schon einmal durchlebt zu haben. Oft stellt man sich Fragen wie: Habe ich den Film schon einmal gesehen? War ich schon einmal in dieser Stadt? Kenne ich diesen Menschen? Die Parapsychologie erklärt derartige Erlebnisse als Rückgriff auf verschüttete Erinnerungen, was bedeuten soll, auf frühere Leben, räumt aber auch Phänomene wie Hellsicht ein. In der Esoterik setzt sich das Leben eines jeden Menschen in all seinen Inkarnationen aus immer neuen Leben und jeweils neuen Mitspielern darin zusammen. Ein kleines Kind stirbt ohne besonderen Grund, weil es sich im Kreis derer, die es wählte, nicht wohl fühlte. Leben vergehen und blühen anderswo wieder auf.

Seelenwanderung als Erklärung für ein Déjà-vu-Erlebnis

Man trifft eine Person, die einem irgendwie vertraut erscheint, aber man weiß nichts von ihr und kennt sie nicht aus seinem jetzigen, erkennt aber die verwandte Seelenenergie aus einem anderen Leben. Menschen mit besonders feiner Wahrnehmung treffen im Laufe ihres Lebens viele frühere Mitspieler, und manche darunter nennen sie ihre eigentliche Familie. Medial veranlagte Personen suchen Orte auf, an denen sie schon einmal gelebt haben. Dort finden sie Zeichen von sich selbst als andere Wesen. Andere Menschen in unterschiedlicher menschlicher Hülle stoßen auf Urkräfte ihrer eigenen Seele. Forscher stellen sich die Frage, woher jemand wisse, wann und wo er oder sie gelebt habe. Die Esoteriker sind der Ansicht, im

Menschen, die öfter Déjà-vu-Erlebnisse haben, suchen häufig Orte auf, von denen sie meinen, früher oder in einem anderen Leben schon einmal an ihnen gelebt zu haben.

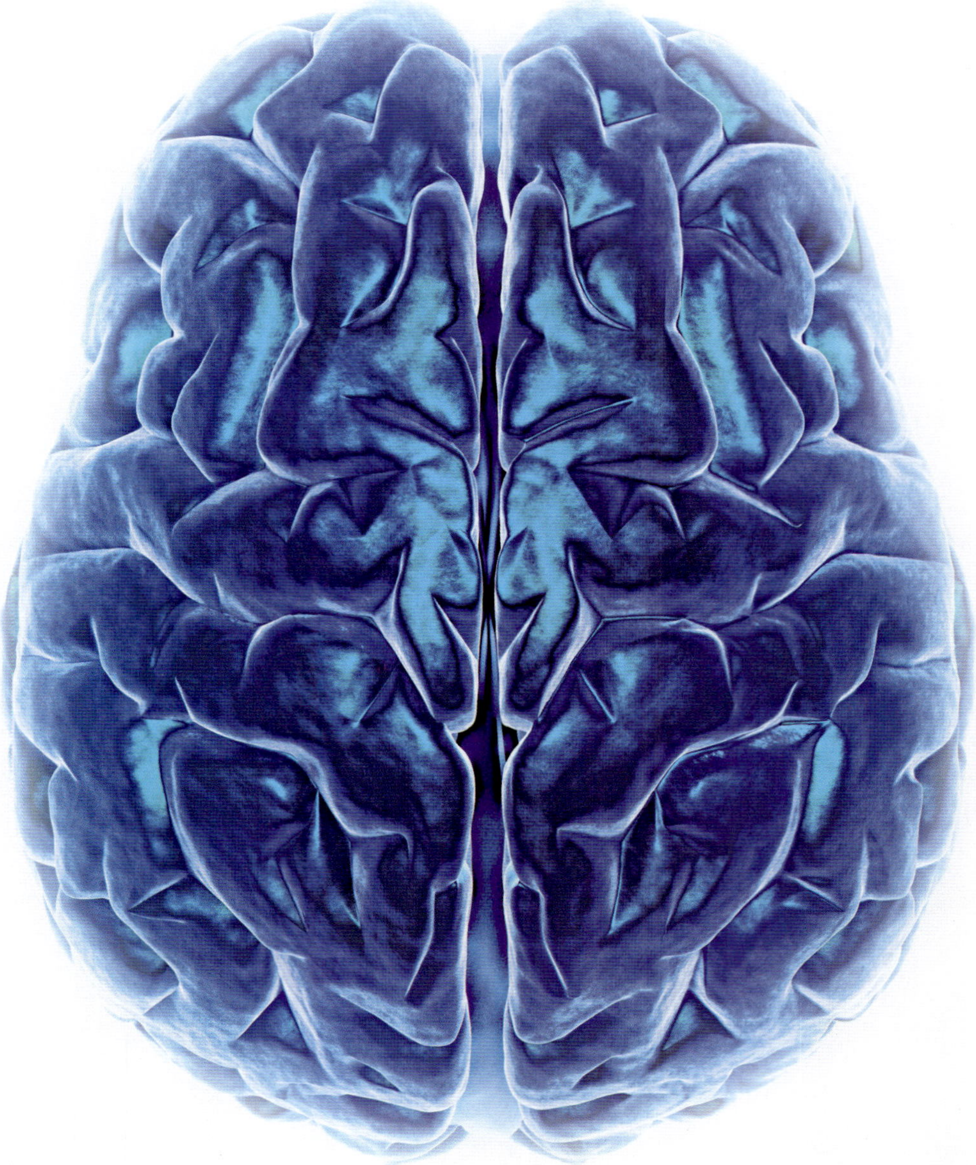

In der Psychologie betrachtet man Déjà-vu-Erlebnisse als Störungen der Gehirnfunktionen. Die Esoterik dagegen hält sie für einen Ausdruck von Seelenwanderungen.

Grunde „wisse" dies jeder, für sie ist alle Erinnerung, alles Wissen im Unterbewusstsein gespeichert. Für sie ist der Weg, um Zugriff auf dieses Wissen zu haben, durch Rückführungsmeditation gegeben. Man sehe so seine anderen Leben wie Filme ablaufen, dies sei unter Umständen mit Ängsten verbunden, die jedoch leicht überwunden werden könnten. Déjà-vu ist so betrachtet nichts anderes als ein Wiedererleben von Ereignissen aus früheren Leben.

Drei Erklärungen der Psychologie

Die Psychologie betrachtet dieses Phänomen als pathologische Erscheinung, als Erklärungen bietet diese, sich zu den exakten Wissenschaften zählende Disziplin drei Möglichkeiten an: (a) Ein emotionaler Zustand ist noch nicht abgeschlossen, eine Neuorientierung oder ein Zurechtfinden in der neuen Situation gelingt wegen eines psychischen Defekts nicht gleich. Darum findet eine Übertragung des einen in den anderen Umstand statt. (b) Eine wahrgenommene Situation löst Assoziationen mit verdrängten Erinnerungen aus. Der Mensch will sich nicht erinnern, kann es aber nicht verhindern. (c) Eine so genannte Bekanntheitstäuschung liegt vor, d. h., man hält eine wahrgenommene Situation für ein früheres Erlebnis, obwohl es so nie stattgefunden hat, nur legt es sich der Geist so zurecht.

Traumdeutung

Der Traum ist ein optisch gefühlsmäßig vorgestelltes Erlebnis, das während des Schlafs auftritt und der Kontrolle des Wachbewusstseins entzogen ist. Man betrachtet den Traum als Pforte zum Unterbewusstsein, und seit Urzeiten repräsentiert er den Bewusstseinszustand von Mystikern, Dichtern, Malern und Musikern. Träume sind wichtig, und ihre Behinderung kann zu seelischen Störungen führen. Seit Urzeiten ist die Deutung der Träume Anliegen der Menschen, und sie erhoffen daraus Rückschlüsse auf ihr Leben im Wachzustand.

Die Systematisierung der Träume

Es war Sigmund Freud, der Ende des 19. Jahrhunderts die Psychoanalyse aus der Taufe hob und damit eine systematische Wissenschaft schuf, die sich mit dem Unterbewusstsein auf der Grundlage von Träumen beschäftigt, um psychische Defekte oder Traumata zu heilen. Neben Freud gibt es viele unterschiedliche Traumtheorien. Die bedeutendsten Psychologen, die sich bahnbrechend mit dem Thema beschäftigt haben, waren C. G. Jung, Alfred Adler und Erich Fromm. Sie unterschieden zwischen maskierten Aggressionsträumen, Fluchtträumen, Kompensationsträumen, Tagträumen, Alpträumen und Träumen als Scheinbefriedigung von Wünschen. Egal, um welchen geheimen Sinn es sich bei der inneren Bilderschau handelt, es ist immer die projizierte Darstellung des jeweiligen Seelenzustands. Besonders Jung beschäftigte sich mit dem Begriff der Archetypen. Dabei handelt es sich um Urbilder oder Urvorstellungen, die allen Menschen seit Urzeiten genetisch gemeinsam sind und wie eine Erbmasse weitergegeben werden. Archetypen sind Teil des kollektiven Unbewussten, sie offenbaren Symbole, die in allen Völkern und Zeiten lebendig waren. Besonders in Märchen, Mythen, in der Religion und in der Kunst finden sie ihren Ausdruck.

Im Schlaf treten optische Vorstellungszusammenhänge und Gefühle auf, die nicht der Kontrolle des Wachbewusstseins unterliegen – der Mensch träumt.

Seit Sigmund Freud ist die Traumdeutung wesentlicher Teil der psychotherapeutischen Sitzung zur Heilung neurotischer Störungen, denn Träume sind Ausdruck des Unterbewusstseins.

Erbe aus antiken Kulturen

Über lange Zeit war man in westlichen Zivilisationen davon überzeugt, dass die Entdeckung und methodische Erforschung von Träumen eine westliche Errungenschaft sei, die mit der Psychoanalyse ihren Anfang genommen habe. Aber schon in antiken Kulturen wie Mesopotamien, Persien, Griechenland, Ägypten, Indien, China, Tibet und den indianischen Kulturen Amerikas galt die Traumdeutung als hohe Kunst. Schon immer waren Menschen aller Kulturen von den Symbolen der nächtlichen Bilderwelt fasziniert. Träume und ihre Inhalte wurden auch prophetisch oder hellseherisch betrachtet. Man unterschied immer schon zwischen diesen und profanen Träumen, die nur persönliche Konflikte des täglichen Lebens verarbeiten. Träume tragen Lösungen für unzählige Probleme in sich, damit wirken sie an sich schon als Therapie und können auch körperliche Genesung in Gang bringen, sie bieten also Möglichkeiten zur Selbstfindung und zur Selbsthilfe.

Der luzide Traum

Moderne Traumforschung beschäftigt sich vermehrt mit dem Phänomen des luziden Träumens, d. h. des klaren und durchsichtigen Traums. Darin erkennt der schlafende Mensch plötzlich, dass er träumt. Es scheint, als erwache er mitten im Traum zu klarem Bewusstsein, und es stellt sich die Frage, was ist wahrer und echter, der Traum oder die Wirklichkeit. Indianerstämme des brasilianischen Dschungels vermuten in ihren Mythen hinter der Wirklichkeit der Träume schon lange die Illusion der Realität und richten nach dieser Vorstellung ihr Leben aus.

Was in den Geheimlehren von Schamanen und Weisen als bekanntes Wissen existiert, ist für die Psychoanalyse des Westens zum Studienobjekt geworden, denn in Träumen spricht die Seele. Allerdings scheint es schwer zu sein, diese verschlüsselte Sprache der Träume mit rein wissenschaftlichem Denken entschlüsseln zu können. Man muss, ähnlich wie in der Welt der so genannten Primitiven, auf intuitive Weise in die Traumwelt dringen, sonst bleibt sie ein undurchdringliches Labyrinth.

Sigmund Freud (1856–1939), der Vater der Psychoanalyse, beschäftigte sich ausgiebig mit der Traumforschung.

Nicht verwesende Leichen

Einige Heilige vollbringen bis lange nach ihrem Tod Wunder. Viele bleiben vom natürlichen Verwesungsprozess, der alle Sterblichen trifft, verschont. Ohne dass Konservierungsmethoden an ihnen vorgenommen wurden, sehen ihre Körper aus wie zum Zeitpunkt ihres Todes.

Die hl. Bernadette von Lourdes

1879 stirbt mit 36 Jahren die heilige Bernadette. 1908 wird ihr Sarg geöffnet, und ihr Leichnam sieht aus, als wäre sie erst kürzlich gestorben – die Adern des Unterarms schimmern bläulich und treten leicht hervor, die Fingernägel sind unversehrt und rosig. 1919 öffnet man den Sarg abermals, noch immer ist sie unversehrt, sie hat fast das gleiche Aussehen wie elf Jahre zuvor. Mit einer Wachsschicht überzogen, liegt ihr Körper bis heute in einem Schrein in der Kapelle der Schwestern von Nevers.

Auch Leichname anderer Heiliger sind unverweslich

Der hl. Cuthbert von Lindisfarne im Nordosten Englands starb im Jahr 687, im 16. Jahrhundert war sein Leichnam noch immer unversehrt. 900 Jahre hatte sein Körper in vollkommener Unversehrtheit überstanden.

1922 wurde das Grab des heiligen Andreas Bobola in Polen von Rotarmisten gewaltsam geöffnet, der Körper dieses schon 1657 verstorbenen Heiligen war perfekt erhalten. Schon im Jahre 1917 hatte man seinen Leichnam intakt vorgefunden und ausgestellt, damit Gläubige dort beten konnten. Der Leichnam ist heute in einer Kirche in Warschau aufgebahrt.

Es scheint, als blieben insbesondere die Körper stigmatisierter Menschen vom Zerfall verschont. Bei der heiligen Katharina von Siena traten 1375 die Stigmata auf. Sie bat Gott darum, diese wieder verschwinden zu lassen, nur der Schmerz sollte bleiben. Der Wunsch wurde ihr bewilligt, doch nach ihrem Tod 1380 zeigten sich die Stigmata erneut unter ihrer noch intakten Haut. 1430 erteilte der Papst die Erlaubnis, ihren bis dahin vollkommen unversehrten Körper zu exhumieren und zu zerteilen, um Reliquien zu erhalten. 400 Jahre später wurde 1855 eine letzte Zerteilung vorgenommen, auch jetzt noch waren die Überreste fast perfekt erhalten.

Der Körper eines unverweslichen sibirischen Lamas

1927 verstarb Dashi Dorjo Itigilow, das buddhistische Oberhaupt Sibiriens, im Alter von 75 Jahren. Zuvor bat er seine versammelten Schüler, in 30 Jahren seinen „Körper zu besuchen und zu betrachten". Seine Anhänger exhumierten 1957 seine Leiche. Wie er gestorben war, so fanden sie ihn jetzt: in der Lotusposition mit gekreuzten Beinen. Da religiöse Themen in der UdSSR in den 50er-Jahren verboten waren, verscharrte man die Leiche wieder und sprach nur in inneren buddhistischen Zirkeln davon.

2002 wurde der Körper auf Betreiben des jungen Lama Bimba Dorschijew abermals exhumiert. Er hatte einen alten Mönch gefunden, der in den 50er-Jahren bei der Exhumierung anwesend gewesen war und noch wusste, wo die Leiche lag.

Die heilige Bernadette von Lourdes starb 1879 im Alter von 36 Jahren. Selbst 1919, 40 Jahre später, weist ihr Körper – wie geweissagt – keine Verwesungsspuren auf.

Bimba Dorschijew dokumentierte das Ereignis zusammen mit zwei Kriminaltechnikern, einem Fotografen und einem Dutzend weiterer Zeugen – Itigilows Körper war völlig erhalten. Heute befindet sich der Leichnam, noch immer in der Lotusposition, in einem Kloster in Iwolginsk. Ein Reporter der New York Times schrieb über den Körper, er sitze umgeben von Kerzen und mit Öl gefüllten Metallschalen auf einem einfachen Tisch. Sein Körper weise unbestreitbare Ähnlichkeit mit seinem Foto von 1913 auf. Seine Glieder seien flexibel, die Haut weich, die Fingernägel intakt und das Haar auf dem Kopf immer noch kurz.

„Das ist das größte Wunder meines Lebens“, erklärte Hambo Lama Ajuschejew, der seit 1995 das geistige Oberhaupt des Klosters ist. „Es zeigt sich, dass es Erscheinungen gibt, über die die Zeit keine Macht hat. Viele Leute sehen einfach nicht, was offensichtlich ist, sie wollen es, auch wenn sie es sehen, nicht verstehen.“ (13)

Der heilige Cuthbert von Lindisfarne im Nordosten Englands starb 687 n. Chr. Im 16. Jahrhundert war sein Leichnam noch immer unversehrt. in der Kathedrale von Durham in England steht die so genannte Neville Screen, die seit 1380 den Altar vom Grab des Heiligen Cuthberts teilt.

Es bleibt ein unerklärliches Geheimnis, warum bestimmte Leichen nicht dem Verwesungsprozess anheimfallen, sondern über Jahrhunderte unbeschadet bleiben.

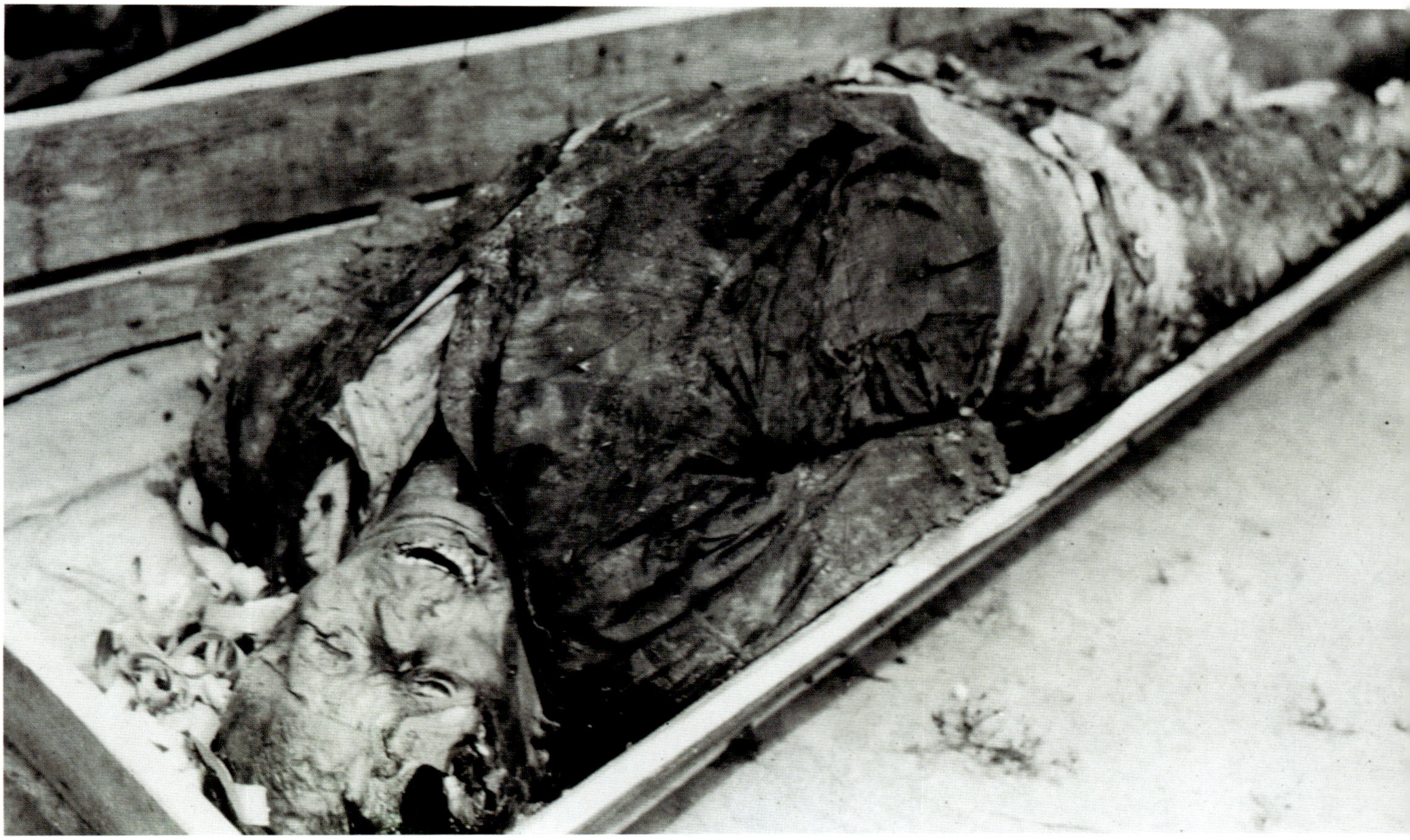

Seltsame Kräfte

Zu den ersten Themen derer, die sich mit dem Paranormalen, Fantastischen, Grenzüberschreitenden beschäftigen, gehört das Weltall, das uns umgibt. Die Frage danach, ob wir in unserem Universum allein sind oder ob andere Kulturen auf entfernten Planeten existieren, beschäftigt die Menschen, seitdem sie denken können. Es liegt nahe, dass diese Frage auch als eine der Grundfesten der Religion zu gelten hat, denn die kosmischen Zusammenhänge – seien es Existenzen oder Katastrophen – stehen in engem Zusammenhang mit unserer Vorstellung von Religion.

Viele Forscher beobachten Phänomene und seltsame Kräfte auf der Erde und interpretieren sie im Licht der neuesten Erkenntnisse aus der UFO-Forschung. Wie kann es möglich sein, dass der Stamm der Dogon aus dem nordafrikanischen Mali esoterisches Wissen über die Sirius-Sterne besitzt, das heutige Wissenschaftler erst vor kurzer Zeit gewonnen haben? Wie verhält es sich mit den mysteriösen Kornkreisen, die überall auf der Welt in immer komplizierteren Konstellationen auftauchen? Andere Denker suchen nach möglichen Verbindungen zwischen Schwarzen Löchern und Zeitsprüngen, wie sie immer wieder in der Geschichte dokumentiert werden, und gehen der Frage nach, ob Zeitreisen für uns Menschen einmal Wirklichkeit werden können. Natürlich untersuchen sie den Punkt auf der Erde, wo unerklärliches Verschwinden am häufigsten aufgetreten ist, das Bermuda-Dreieck. Welche unheimlichen Kräfte arbeiten an diesem tropischen Ort, wo Schiffe und Flugzeuge plötzlich verschwinden? Auch untersuchen Wissenschaftler das gewaltige, 4,5 km lange Bodenbild in der australischen Wüste. Wer war in der Lage, ein solch gewaltiges Werk zu schaffen, dessen Abbild eines Aborigines nur aus extrem großer Höhe erkennbar ist?

Praktisch über Nacht bilden sich geometrische Muster in Kornfeldern, für die es bislang keinerlei Erklärung gibt. Hier die Luftaufnahme eines komplexen Musters in einem Kornfeld.

Tausende Sichtungen von unbekannten Flugobjekten lassen die Vermutung zu, dass die Erde schon seit tausenden von Jahren von außerirdischen Wesen besucht wird. Hier die Science-Fiction-Darstellung einer fliegenden Untertasse über dem ehemaligen World Trade Center in New York.

Unidentifiziertes Flugobjekt – UFO

Fotos fliegender Dreiecke oder Scheiben über verschiedenen Ländern der Welt, Lichterscheinungen, Muster in Kornfeldern, Berichte über abgestürzte Raumschiffe, Notizen über Entführungen von Menschen durch fremde Wesen – UFO-Begeisterte und Forscher sprechen von tausenden von Sichtungen unidentifizierbarer Erscheinungen am Himmel, das Internet vibriert durch immer neue Meldungen von Geheimdienst- oder Militärverschleierungen. Doch was steckt wirklich hinter diesen Meldungen? Sind wir nicht allein im Universum? Gibt es intelligentes Leben auf anderen Planeten und waren bzw. sind „sie" hier?

Altägyptische Aufzeichnungen über Flugobjekte

In alten indischen Schriften ist die Rede von fliegenden Wagen am Himmel. In den Chroniken der Römer tauchen Beschreibungen von fliegenden Schilden auf. Die wohl detailliertesten Darstellungen jedoch finden sich im Ägypten des Pharaos Thutmosis III. (etwa 1483–1425 v. Chr.). Im so genannten Tulli-Papyrus heißt es in der Übertragung des Ägyptologen Donald J. Long 1993 folgendermaßen: „Im 22. Jahr, dritter Monat, erster Tag, in der sechsten Stunde ... geschah es, dass die Schreiber im Haus des Lebens waren, als ein Feuerkreis am Himmel erschien, ohne Kopf. Seinem Mund entströmte ein Atem, der schrecklich stank. Sein Körper war eine Rute lang und eine Rute weit [1 Rute = 52,30 m]. Er war lautlos … Nun geschah es, dass diese Objekte in ihrer Form zahlreicher … auftauchten, nach drei Tagen mehr als je zuvor. Diese Objekte leuchteten am Himmel wie die Sonne! Sie reisten bis an die vier Ecken des Himmels … Hoch stiegen sie in Richtung Süden auf und flogen davon." (14)

Waren es UFOs, die der Pharao vor fast 3500 Jahren an seinem Himmel sah?

DIE SKEPTIKER

Die Lobby der UFO-Befürworter spricht immer wieder von Beweisen, dass UFOs gesichtet oder sogar auf der Erde gelandet seien. Jedoch werden diese Sichtungen von keiner offiziellen Seite bestätigt. Die Vertreter der Verschwörungstheorien sind davon überzeugt, dass Regierungen und Geheimdienste Beweise gezielt verschleiern oder vernichten. Tatsächlich melden immer wieder als sicher geltende Zeugen wie Polizisten, Piloten oder Astronomen unidentifizierte Flugobjekte am Himmel. In einer 1991 durchgeführten Studie mit über 300 UFO-Meldungen zeigte die GWUP (Gesellschaft zur wissenschaftlichen Untersuchung von Parawissenschaften e. V.), dass der Großteil der Sichtungen auf optische Täuschungen oder andere Objekte, wie z. B. Modellballons, zurückgeht. Vor allem gelte, dass Meldungen von Sichtungen immer weitere Meldungen nach sich zögen, heißt es. Darüber hinaus gibt es die Sektion derer, die mit UFOs Geld verdienen. Filme werden als Beweise gehandelt, Fotos von Leichen Außerirdischer verkauft, Bücher mit Sensationsenthüllungen geschrieben, Geheimpapiere der CIA entdeckt. Wie aber verhält es sich mit den Sichtungen, für die es keine Erklärung gibt? Haben sie stattgefunden oder nicht?

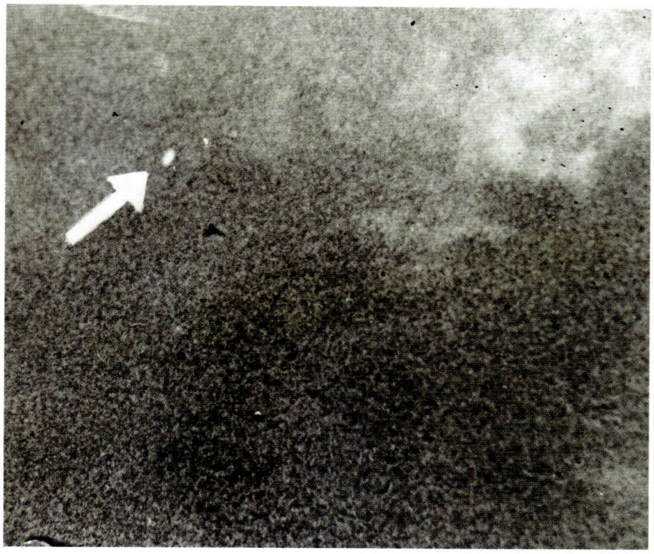

Immer wieder tauchen Fotos von angeblichen UFOs auf. Viele dieser „Beweisfotos" haben allerdings nur wenig Beweiskraft.

In dem kleinen Ort Rachel im US-amerikanischen Bundesstaat Nevada befindet sich das A'le'Inn, ein Gasthaus, das seine Innenausstattung auf UFOs und Außerirdische abgestimmt hat und damit viele Besucher anlockt.

Ein Geigerzähler, der zur Messung radioaktiver Substanzen eingesetzt wird.

Landung eines UFOs im russischen Woronesch

1989 ging folgende Meldung der sowjetischen Presseagentur TASS um die Welt: „Sowjetische Wissenschaftler haben die Landung eines unbekannten Flugobjekts in einem Park in der russischen Stadt Woronesch bestätigt. Sie haben die Landestelle identifiziert und Spuren von Außerirdischen gefunden … Außerirdische besuchten diese Stelle mindestens drei Mal jeweils nach Einbruch der Dunkelheit, erklärten Einheimische. Woronescher Bürger sahen eine große, glänzende Kugel über dem Park. Den Augenzeugen zufolge ist das UFO gelandet, eine Tür öffnete sich und ein, zwei oder drei uns Menschen ähnliche Wesen und ein kleiner Roboter kamen heraus. Die Außerirdischen waren 3 oder sogar 4 m groß, mit sehr kleinen Köpfen, sagen die Zeugen. Sie spazierten nahe der Kugel oder Scheibe und verschwanden dann darin. Die Zuschauer waren von einem Angstgefühl überwältigt, das mehrere Tage angehalten hat.“

Woronesch liegt etwa 500 km südlich von Moskau und hat rund 800 000 Einwohner. Zahllose Zeugen bestätigten mehrere Landungen, denn im Anschluss an die erste folgten weitere. Bei einer Landung drückte das Flugobjekt Gras und Pflanzen wie durch ein Kraftfeld nieder, ähnlich wie bei den geheimnisvollen Kornkreisen.

Wissenschaftliche Untersuchungen des russischen Phänomens

Professor Genrich Silanow, Physiker des Laboratoriums für Spektralanalysen des Geophysikalischen Instituts in Woronesch, erklärte: „Wir entdeckten einen Kreis von 20 m Durchmesser. Vier 4 bis 5 cm tiefe Abdrücke, jeder mit einem Durchmesser von 14 bis 16 cm, waren deutlich erkennbar und lagen an den vier Ecken eines Rhombus. Wir entdeckten zwei rätselhafte Gesteinsproben. Auf den ersten Blick sahen sie aus wie schwarzer Sandstein. Aber mineralogische Analysen zeigten, dass diese Substanz nirgends auf der Erde zu finden ist.“

Die Leiterin der Untersuchung, Ljudmilla Marakow, sagte: „Die erhöhte Radioaktivität, die wir messen konnten, beweist, dass hier etwas Ungewöhnliches vorgefallen ist.“

Ein anderer Ansatz

Der englische UFO-Theoretiker Ivan T. Sanderson kritisiert in seinem Buch *Uninvited Visitors* von 1967 die Beschäftigung mit UFOs als zu sehr auf den Menschen bezogen, und wir betrachteten das, was möglicherweise aus dem All kommt, als Replika von uns, als „Menschen“ anderer Planeten. Der Autor Donald Keyhole z. B. spricht von einer sterbenden Rasse, die neue Lebensräume sucht. Sanderson

Der sowjetische Botaniker Valeri Dvuzhilny zeigte am 23. Dezember 1989 Materialien, die angeblich von Außerirdischen auf der Erde zurückgelassen wurden.

dagegen entwickelte die Theorie, dass UFOs das Produkt Künstlicher Intelligenz (KI) seien, einer hervorragenden, uns weit überlegenen Maschinenintelligenz, und schlägt vor, Insassen von UFOs als künstliche Lebensformen zu betrachten. Menschen oder menschenähnliche Wesen seien nicht dafür geschaffen, erklärte er, im All zu überleben, es bedürfe dafür künstlicher Wesen, einer neuen Art, die vielleicht sogar mit Teilen unserer DNA ausgestattet sein könnte oder als reine Maschinen agierte.

Am Rand einer neuen Zivilisation

Wissenschaftler, die sich mit dem Thema KI beschäftigen, sind grundsätzlich davon überzeugt, dass wir am Rand einer neuen Zivilisation stehen. Was sie Singularität nennen, bezeichnet die Möglichkeit von Computern, sich selbst zu entwickeln, sich selbst immer wieder neu zu programmieren, bis sie schließlich „Bewusstsein" erlangen. Computerintelligenz entwickelt sich dann derartig schnell, dass sie menschliche Intelligenz weit hinter sich lassen wird. Die menschliche Intelligenz „explodiere" in biologischen Dimensionen in einigen Millionen Jahren. Maschinenintelligenz wäre ungleich schneller. Man bedenke das Moore'sche Gesetz von 1965 (benannt nach Gordon E. Moore von Intel). Es besagt, dass die Menge der Transistoren in integrierten Schaltkreisen sich alle 18 Monate verdoppelt – 1971 enthielt der führende integrierte Schaltkreis etwas über 2000 Transistoren, im Jahr 2000 waren es bereits 42 Mio. Der Forscher Ray Kurzweil sagt es so: „Die Entwicklung wird so schnell gehen, dass sie unserer Vorstellungskraft enthoben ist. Die Menschen werden es wohl nicht einmal bemerken, denn wenn es beginnt, wird immer noch ein erkennbares Bild der Welt bestehen. Aber die Essenz dessen, was wir menschliche Intelligenz nennen, wird langsam abgelöst. Wir werden eine Intelligenz erleben, die auf menschlicher aufbaut, ihr aber haushoch überlegen ist." (15)

Kurzweil glaubt, im Jahr 2040 wäre es so weit, dass eine dominierende Maschinenintelligenz die Welt beherrscht – vorausgesetzt, die Menschheit überlebt lange genug, um ihr dabei behilflich zu sein.

Außerirdische und ihre Darstellung spornen immer wieder die Fantasie von Künstlern an. Der englische UFO-Theoretiker Ivan T. Sanderson kritisiert sie als zu sehr auf den Menschen bezogen.

Intelligentes Leben im Universum

Seitdem der Mensch weiß, dass die Erde nicht der Mittelpunkt des Universums ist, seitdem bekannt ist, dass die Erde sich um die Sonne dreht und nicht umgekehrt, und seitdem Teleskope existieren, mit denen er das All erforscht und immer neue Teile kennen lernt, stellt er sich die Frage, ob er in diesem für ihn täglich unendlicher werdenden Universum allein ist. Vieles spricht dafür, dass wir nicht die einzigen Lebewesen sind und dass auch auf anderen Planeten intelligentes Leben existiert.

Eine kleine Wahrscheinlichkeitsrechnung

Allein im System der Milchstraße gibt es etwa 135 Mrd. Sterne. Besitzt ein Prozent davon eine Atmosphäre, bleiben 1,35 Mrd. übrig. Würde wiederum ein Prozent die Bedingungen für Wasser und niedrige Lebensformen besitzen, verblieben 13,5 Mio., auf denen sich ebenso wie auf der Erde Leben entwickeln könnte. Würden sich auf ein Prozent dieser erdähnlichen Sterne höhere Lebewesen entwickeln, gäbe es in unserer Milchstraße etwa 135 000 Planeten mit Leben, auf denen Hochkulturen und Fortschritt existieren, wie wir sie verstehen. Wäre ein Prozent davon höher entwickelt als wir, blieben 1350 Planeten, die auf weitaus höherem Niveau dächten und lebten als wir. Die restlichen 133 650 Planeten befänden sich auf anderen Entwicklungsstufen. Zu bedenken zu geben sei darüber hinaus, dass bisher nur von unserem Milchstraßensystem die Rede war.

Das Meta-Universum

Die moderne Wissenschaft geht nicht nur davon aus, dass unser Universum eines von vielen, sondern vielmehr eines von unendlich vielen ist. Es liegt nahe, das anzunehmen, denn egal, wie unser Universum entstanden ist, bei der Menge, die hier angedacht wird, kann man davon ausgehen, dass dieselben

Sehen Aliens dem Menschen ähnlich oder handelt es sich um Wesen, wenn sie denn existieren, die nichts mit unseren Vorstellungen von Lebewesen zu tun haben?

Mechanismen auch für die Entstehung anderer Universen Gültigkeit haben. Die Gesamtheit aller Universen nennt man Meta-Universum. Jedes Universum ist einzigartig und lebt seine Geschichte, aber es scheint nur logisch zu sein anzunehmen, dass es zahlreiche Universen gibt, die unsere Entwicklung lange hinter sich haben, für die also alles schon geschehen ist, was uns noch bevorsteht. All jene Universen müssen von Leben durchdrungen sein. Leben in jeder möglichen Form, wie wir es kennen und uns vorstellen können oder wie wir es uns nur in den kühnsten Gedankenspielen ausmalen – künstliches Leben oder Arten von Bewusstsein und Intelligenz, die nichts mit unseren Vorstellungen davon zu tun haben. Mit Sicherheit kann man davon ausgehen, dass ein breites Spektrum möglicher Lebensformen nebeneinander existiert.

Datenaustausch zwischen den Universen

Es liegt in der Natur von Leben, besonders von intelligentem Leben, dass es sich aufmacht, ausdehnt, forscht, neue Lebensräume erschließt oder nur erkundet. Leben sucht immer neue Wege. In unserer Welt gibt es Verbindungen und Wechselwirkungen zwischen völlig unterschiedlichen und auch voneinander abgetrennten Teilen. Ähnlich muss es sich mit den verschiedenen Universen des Meta-Universums verhalten, besonders, wenn man bedenkt, dass eines aus dem anderen hervorgegangen ist. Darum scheint es denkbar zu sein, dass zumindest ein Datenaustausch stattgefunden hat. Information würde man es wohl nicht nennen, denn diese wäre verarbeitet worden und wieder abruf- und einsetzbar. Daten jedoch bleiben bis zu ihrer Vernetzung mit anderen Daten zunächst nur das – Daten. Sind sie vernetzt, entwickeln sie sich zu Informationen. Es liegt nahe anzunehmen, dass sich Leben seit unendlichen Zeiten im gesamten Meta-Universum grenzüberschreitend ausgebreitet hat.

Leben wird sich durchgesetzt haben und weiterhin durchsetzen und ausdehnen. In jedem Fall muss die Geschwindigkeit, mit der das Leben das Meta-Universum durchdringt, unendlich hoch sein. Hatten wir schon Kontakt? Haben wir ihn? Werden wir ihn haben? Die Wahrscheinlichkeit spricht dafür.

Am 26. Januar 1989 kehrte das Raumschiff Viking mit Aufnahmen von der Oberfläche des Planeten Mars zurück, unter denen sich auch das berühmte „Gesicht im Mars" befindet. Von manchen Parawissenschaftlern wird es als Zeichen außeridischen Lebens gedeutet.

ET – der wohl berühmteste Außerirdische aus dem gleichnamigen Film von Steven Spielberg aus dem Jahr 1982.

Kornkreise

Zu den bekanntesten unerklärlichen Phänomenen der Welt gehören die immer wieder auftretenden Kornkreise. Praktisch über Nacht bilden sich äußerst komplexe geometrische Muster, für die kein Forscher bisher eine schlüssige Erklärung anbieten kann. Berichte über die rätselhaften Kornkreise gehen über mehrere Jahrhunderte zurück. Wissenschaftler vermuten starke Energiefelder, andere machen UFOs und damit außerirdische Wesen für diese Kreise verantwortlich.

Eine Luftaufnahme von Kornkreisen, die 2003 in Rockville im US-Bundesstaat Colorado von einem Weizenfarmer entdeckt wurden.

Kornkreissaison vom Frühjahr bis zum Sommer

Schon 1880 berichtete das renommierte Wissenschaftsblatt *Nature* über Kornkreise im englischen Surrey. Seit 1978 traten die Kreise zuerst in England, dann aber überall auf der Welt immer häufiger auf und wurden Gegenstand weltweiter Untersuchungen. England scheint noch heute ein bevorzugter Ort für diese Kreise zu sein, denn 1991 wurden allein dort über 300 Stück dokumentiert, weltweit muss es sich um tausende handeln, die in ihrer Struktur und Anlage immer komplizierter werden. Kornkreise treten nicht das gesamte Jahr hindurch auf, es gibt eine regelrechte Saison, die im Frühjahr beginnt und den Sommer hindurch währt – was natürlich erscheint, denn nur dann steht Korn auf den Feldern. Beachtenswert an den Kreisen ist die Tatsache, dass die Halme weder gebrochen noch geknickt, sondern einige Zentimeter über dem Boden umgebogen sind, sodass sie horizontal weiter wachsen. Keine Spuren führen in die Muster oder aus ihnen heraus, und die Erde darunter ist vollkommen unberührt.

Kreise von Kornkreisimitatoren

Bei Beobachtungen innerhalb der Muster hat es immer wieder geheimnisvolle Erscheinungen gegeben. Vögel änderten ihre Flugrichtung, Kameras funktionierten nicht, blinkende Lichter befanden sich in der Luft darüber, es kam zu Batterieentladungen. Forscher aus den verschiedensten Wissenschaften haben sich mit dem Phänomen beschäftigt und Thesen über ihre Entstehung geliefert. Sie reichen von Insektenbefall über Balzplätze von Rotwild bis zu plötzlich auftretenden kleinen Tornados. In den letzten Jahren gibt es überdies eine Anzahl von Kornkreisimitatoren, d. h. Menschen, die sich nachts in Kornfelder begeben und Kreise anlegen. Spezialisten entlarven aber menschliche Kreise sehr schnell, da ihnen die komplexe Struktur und die Präzision fehlen.

Grösse im Verhältnis wie die Intervalle einer Tonleiter

Der amerikanische Biophysiker William C. Levengood beschäftigt sich seit Jahren mit den Kreisen. Er stellte fest, dass die Beschaffenheit der Körner und die Flüssigkeitsverteilung

innerhalb der Pflanzen so ist, dass es sich nur um einen extremen Hitzeimpuls vergleichbar mit einer Mikrowelle gehandelt haben kann. Die Erhitzung müsse in weniger als 30 Sekunden stattgefunden haben, erklärt er. An manchen Bodenstellen und

Die Halme sind innerhalb der mysteriösen Kornkreise nie geknickt, sondern nur umgelegt und richten sich später wieder auf, ohne dass das Korn Schaden genommen hat. Kornkreise ziehen immer wieder viele Schaulustige an.

Dieser Kornkreis wurde im Jahr 2000 in England entdeckt und aufgenommen. In den letzten Jahren werden die Muster der Kreise immer komplexer.

auf Halmen befand sich eine Eisenoxidschicht, die wie Glasur aussah. Ein Phänomen, das nur bei Temperaturen von über 500 °C auftritt. Überdies finden sich in den Kreisen starke Energiefelder, die die vorher genannten Auswirkungen haben. Der Mathematiker Gerald Hawkins entdeckte, dass die Größe sehr vieler Kreise im selben Verhältnis steht wie die Intervalle einer Tonleiter. Beide Wissenschaftler schließen die Intervention von Menschen aus.

Bewohner von anderen Planeten

Immer wieder werden UFOs mit den Kornkreisen in Verbindung gebracht. Zahlreiche Augenzeugen wollen über den Orten, wo später Kornkreise gefunden wurden, UFOs oder Lichter gesehen haben. Viele haben die Erscheinungen mit Kameras dokumentiert. Der englische Autor Benjamin Crème erklärt, mit Ausnahme der Fälschungen durch Menschen seien Bewohner anderer Planeten für die Kreise verantwortlich. Ganz deutlich sagt er: „Die Insassen der UFOs visualisieren die Form, die sie erzeugen wollen. Durch Gedankenkonzentration beschließen sie jede dieser Formationen, die sie mitunter noch mit Ergänzungen versehen. Dann bringen sie ihre Fahrzeuge bis nahe an die Oberfläche des Feldes herunter.“ (16)

Das Sirius-Rätsel

Die Dogon sind ein altnigritisches Volk in Zentralmali und im Norden von Burkina Faso. Sie sind einfache Savannenpflanzer, die auch Vieh halten und sich am bedeutendsten durch ihre Schmiede- und Holzschnitzkunst hervorgetan haben. Allerdings besitzen die Dogon Kenntnisse über einen der hellsten Fixsterne am Firmament, den Sirius, Kenntnisse, die nicht einmal moderne Astronomen besitzen. Wissenschaftler sind dem Geheimnis auf der Spur, ob die Dogon Besuch von intelligenten Wesen vom Hundsstern Sirius hatten.

„Das Sirius-Rätsel" von Robert K. G. Temple

„Es sieht so aus, als ob es massive Beweise gäbe, dass sich ein Kontakt dieser Art [Besuch von Wesen von Sirius] vor relativ kurzer Zeit – vor etwa 7000 bis 10000 Jahren – ereignet haben könnte; das Material, das uns zu dieser Vermutung führt, lässt jedenfalls keine andere Deutung zu." Dies schreibt der Engländer Robert K. G. Temple 1976 in seinem Buch „Das Sirius-Rätsel" (17).

Es häuften sich die Anhaltspunkte, so erklärt Temple, dass das Wissen der Dogon mehr als 5000 Jahre alt sei und schon die alten Ägypter darüber verfügten, von denen es die Dogon als ihre direkten Nachfahren geerbt hätten.

Diese Aufnahme vom Sternbild des Orion mit dem hell leuchtenden Sirius wurde 1995 in Flagstaff, Arizona aufgenommen.

Der Schöpungsmythos der Dogon

Ausgangspunkt des Dogon-Mythos ist der Stern Digitaria, der ein Trabant des Sirius sein soll und ihn umkreist. Digitaria sei seit Anbeginn stoffgewordene, schöpferische Bewegung. Als kleinster, aber schwerster aller Sterne enthalte er die Keime aller Dinge, besagt der Mythos. Seine Bewegung um die eigene Achse und rings um den Sirius sei der Garant für den Fortbestand schöpferischer Kräfte im All.

Es geht also nicht um den etwa 8,6 Lichtjahre von der Erde entfernten Sirius, sondern um dessen Trabanten. Beide formen ein Doppelsternsystem. Das Mysteriöse an den Überlieferungen der Dogon ist, dass sie von diesem Begleiter wissen, obwohl er mit bloßem Auge nicht zu sehen ist und erst spät im 20. Jahrhundert von einem Teleskop gesichtet wurde. Man unterscheidet heute zwischen Sirius A und B. Der Legende nach sollen von diesem Sternensystem, das insgesamt neun bekannte

Sirius in der Geschichte
Schon im alten Ägypten hatte Sirius eine besondere Bedeutung. Dort wurde er unter dem Namen Sopdet (gr. Sothis) verehrt, und viele Tempel waren so gebaut, dass sein Licht auf den Altar fiel. In Ägypten war der Sirius sowohl für den Alltag wie für die Religion von großer Bedeutung, und der Jahresablauf wurde nach ihm berechnet. Viel später im Mittelalter galt Sirius als Zeichen und Ankündiger der Tollwut. Deshalb findet sich in mittelalterlichen Darstellungen von „Jakobspilgern" oft ein Hund, der auf den Hundsstern, Sirius, verweist. Frühe Pilger des Jakobswegs folgten auf ihrer Reise dem Sirius, weshalb der Pilgerweg oft Sternenweg genannt wurde. In den späten 90er-Jahren des vorigen Jahrhunderts begingen Anhänger der Sonnentempelsekte kollektiven Selbstmord. Sie glaubten, auf Sirius wiedergeboren zu werden.

Sterne umfasst, Lebewesen gekommen sein, die Nommo, wie sie die Dogon nennen. Sie seien Fischen ähnliche Wesen, die in einer Arche in der Form einer Spirale landeten. Viele der von den Dogon hergestellten Masken sollen dies symbolisieren und aussehen wie raketengetriebene Raumschiffe. Es handelt sich oft um geometrische, obeliskenähnliche Muster.

Weisse Zwerge

Sirius A ist fast doppelt so groß wie unsere Sonne, und seine Oberflächentemperaturen sind doppelt so hoch, dabei strahlt er etwa 24-mal so hell. Sirius B dagegen ist etwas kleiner als die Erde, ist aber von so großer Dichte, dass 1 m^3 seiner Materie 3 Mio. t wiegt. Wegen seiner hohen Temperatur und seiner geringen Größe zählt man ihn zu den so genannten „Weißen Zwergen". Weiße Zwerge sind relativ kleine Sterne, die am Ende ihres Lebens angelangt sind und begonnen haben, sich zusammenzuziehen, wodurch sich ihre Dichte weiter erhöht. Ist das Wissen der Dogon tatsächlich so gewaltig, dass die Vermutung nahe liegt, außerirdische Intelligenzen vom Sirius hätten vor Jahrtausenden Völker im afrikanischen Raum besucht? Die zentrale und ungelöste Frage jedoch bleibt, wie Menschen ohne astronomische Instrumente Wissen über Bewegungen und Eigenschaften von Himmelskörpern besitzen können, die mit bloßem Auge nicht sichtbar sind. Wahrscheinlich seien die Dogon ein intelligentes Volk, aber die Frage bleibe, schreibt Walter Hain, ob man daraus den Kontakt mit außerirdischen Intelligenzen ableiten könne.

Eine alte Sternenkarte des Orion. Im Mittelalter galt Sirius als Zeichen und Ankündiger der Tollwut, darum wird in mittelalterlichen Darstellungen oft ein Hund dargestellt, der auf den „Hundsstern" Sirius verweist.

Hatten die Dogon, ein altnigritisches Volk in Zentralmali und im Norden von Burkina Faso, Besuch von intelligenten Wesen vom Hundsstern Sirius, die ihnen geheimes Wissen über den Stern vermittelten?

Bermuda-Dreieck

Das Bermuda-Dreieck ist eines der großen Geheimnisse unserer Welt. Unzählige Filme und Bücher berichten von mysteriösen Unfällen, die sich in diesem berüchtigten Meeresgebiet ereignet haben – denn seit einem Jahrhundert verschwinden dort Schiffe und Flugzeuge spurlos.

Am 5. Dezember 1945 um 14:00 Uhr verließen fünf Bomber vom Typ Grumman Abenger den Marinestützpunkt Fort Lauderdale in Florida zu einem routinemäßigen Übungsflug. Sie kehrten nie zurück.

Das Buch von Charles Berlitz

Das Gebiet zwischen Florida, den Bermudas, Puerto Rico und den Bahamas bezeichnet man seit dem Buch des Schriftstellers Charles Berlitz (1914–2003) von 1974 als Bermuda-Dreieck. Berlitz bietet in seinem Buch gleichen Titels eine Reihe von Theorien an, die das mysteriöse Verschwinden von Schiffen und Flugzeugen in diesem Gebiet erklären sollen. Neben diesen Erklärungsversuchen existieren unzählige Berichte von Augenzeugen, die die Unfälle überlebt haben.

Einige Vorfälle

Zwischen 1945 und 1975 wurden 37 Flugzeuge, ein Fesselballon und 41 Schiffe in der Region des Bermuda-Dreiecks als verschollen gemeldet. Es soll auch ein Atom-U-Boot verschwunden sein, und man fand eine Yacht, die ohne Besatzung durch das Gebiet trieb. Niemals jedoch gab es einen Notruf. Plötzlich herrscht Funkstille – dann ist alles verschwunden. Augenzeugenberichte Überlebender sprechen von farbigen Nebelschwaden, brodelndem Wasser, Stille oder schrecklichen Geräuschen und defekten Instrumenten. Sind die Fahrzeuge einmal aus dem Nebel heraus, beginnen die Geräte wieder zu arbeiten.

In einem anderen Fall war der Funkkontakt vom Tower aus mit einem Passagierflugzeug der National Airlines für zehn Minuten unterbrochen, und es war vom Radarschirm verschwunden. Nach der Landung berichtete die Mannschaft keineswegs von einem unerklärlichen Vorfall, sie hatten die Unterbrechung des Kontakts nicht bemerkt, aber alle Uhren an Bord sowie die von Crew und Passagieren gingen zehn Minuten nach.

Erklärungsversuche und Theorien

Es existieren folgende Theorien:

- Außerirdische von der Venus haben unter der Wasseroberfläche in 910 m Tiefe einen Posten errichtet, der den Druckverhältnissen auf ihrem Heimatplaneten Venus entspricht. Sie verwenden starke Magnetantriebe, die Materie entmaterialisieren.
- Der geheimnisvolle Kontinent Atlantis liegt unter dem Gebiet. Atlantis ist während der Sintflut untergegangen, die das Ergebnis eines vorzeitlichen Atomkriegs war.

Die Ruhe im Bereich des Bermuda-Dreieckes trügt. Hier verschwanden auf unerklärliche Weise seit Menschengedenken unzählige Schiffe und Flugzeuge spurlos.

- Hier haben sich die physikalischen Kräfte verändert. Es ist ein Zeit-Raum-Sprung entstanden, und die verschwundenen Objekte wurden entweder in die Zukunft, die Vergangenheit oder an einen anderen Ort auf der Welt geschafft oder treiben im Universum.
- Auswirkungen des mysteriösen Philadelphia-Experiments (s. Kasten) der US-amerikanischen Navy von 1943 sind verantwortlich.
- Menschen und Objekte werden von Außerirdischen zu Studienzwecken entführt.
- Außerirdische von Wüstenplaneten saugen hier Wasser ab. Schiffe und Flugzeuge geraten in den Strudel.
- Eine Kolonie von unbekannten menschenähnlichen Wesen lebt unter Wasser. Sie sind für die Fälle verantwortlich.
- Über diesem Gebiet befindet sich im Himmel eine Art Loch. Dadurch existiert eine starke Krümmung des Raums, die alles ins Weltall reißt.
- Aus dem Erdinnern entweichen hier unbekannte chemische Gase mit starker Strahlung, diese zerstören Schiffe und Flugzeuge und lösen bei Menschen Trancezustände aus.

Die unzähligen Theorien zeigen, wie sehr dieses geheimnisvolle Phänomen die Menschheit beschäftigt. Erscheinungen werden aufgelistet, Theorien verfasst, Beweise für eine der möglichen Ursachen konnte indes bislang niemand finden. Gibt es Orte auf der Welt – dem Forscher Ivan T. Sanderson nach soll es zwölf solcher Zonen geben –, in denen Vergangenheit, Gegenwart und Zukunft parallel existieren? Die Lösung liegt in der Hand der Wissenschaft, die aufgerufen ist, sich verstärkt um mysteriöse Fälle dieser Art zu kümmern.

Das Philadelphia-Experiment
In den 1940er-Jahren führte die US-Navy das so genannte Philadelphia-Experiment durch. Man wollte ein Schiff der Marine samt Besatzung unsichtbar machen. Ziel war es, auf diese Weise die feindlichen Linien zu durchbrechen. Einsteins unvollendet gebliebene Feldtheorie sollte hier praktische Anwendung finden. Angeblich wurden sehr potente elektromagnetische Felder eingesetzt, und das Experiment soll gelungen sein: Die Ansicht des Schiffs begann zu flackern, dann löste sie sich kurzfristig auf. Kurz nach dem Experiment verstarb der Großteil der Besatzungsmitglieder, die Überlebenden litten an unheilbaren psychischen Störungen. Da politisches Stillschweigen über das Experiment bewahrt wird, bleibt es ein Geheimnis, ob es tatsächlich stattgefunden hat und ob es dem amerikanischen Militär gelang, ein Magnetfeld dieser Dimension zu erzeugen.

Eine Karte des Bermuda-Dreiecks vor dem Golf von Mexiko: Von der amerikanischen Küste erstreckt es sich nach Süden bis Puerto Rico und dann nach Osten bis zu den Bermudas, die ihm seinen Namen gaben.

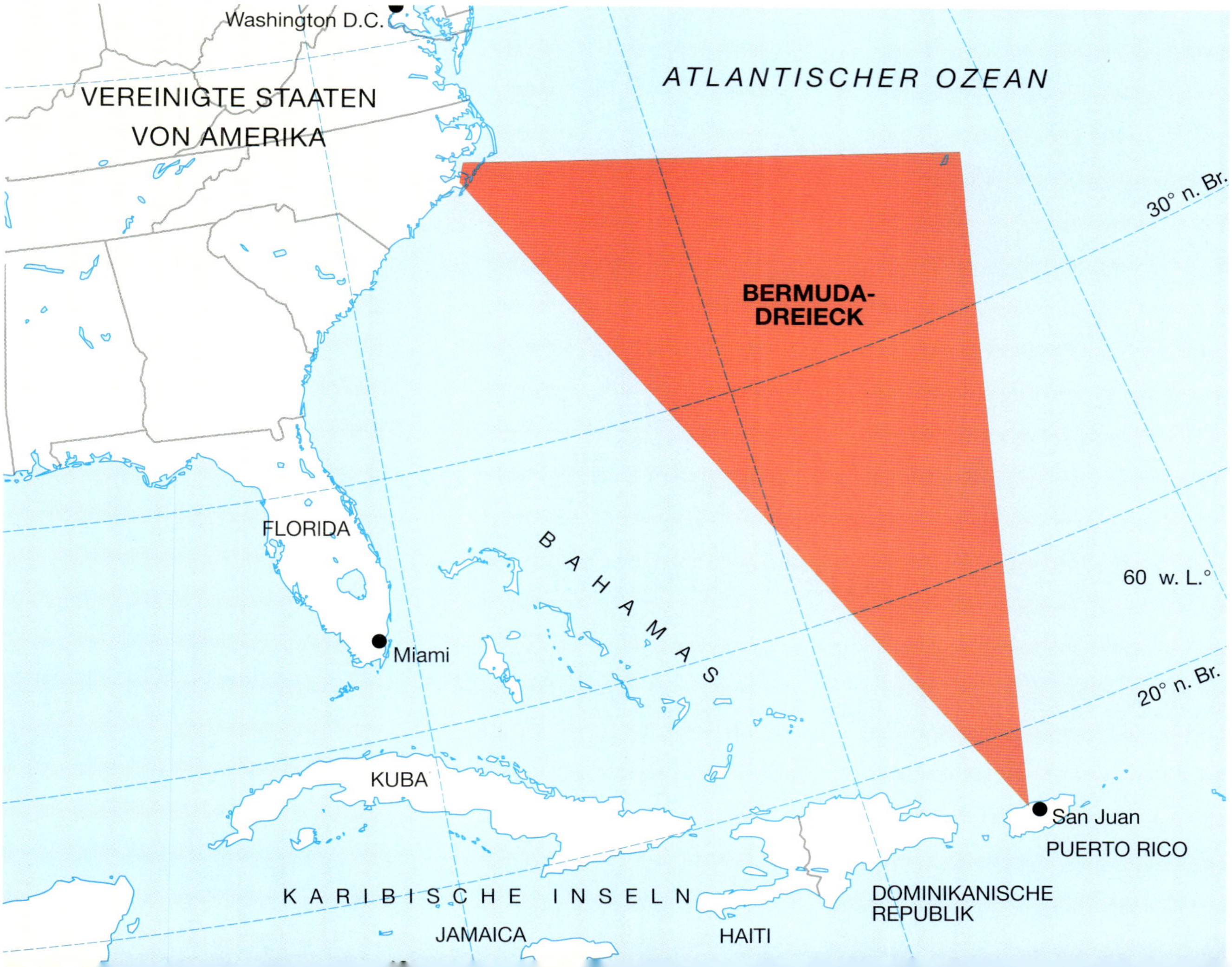

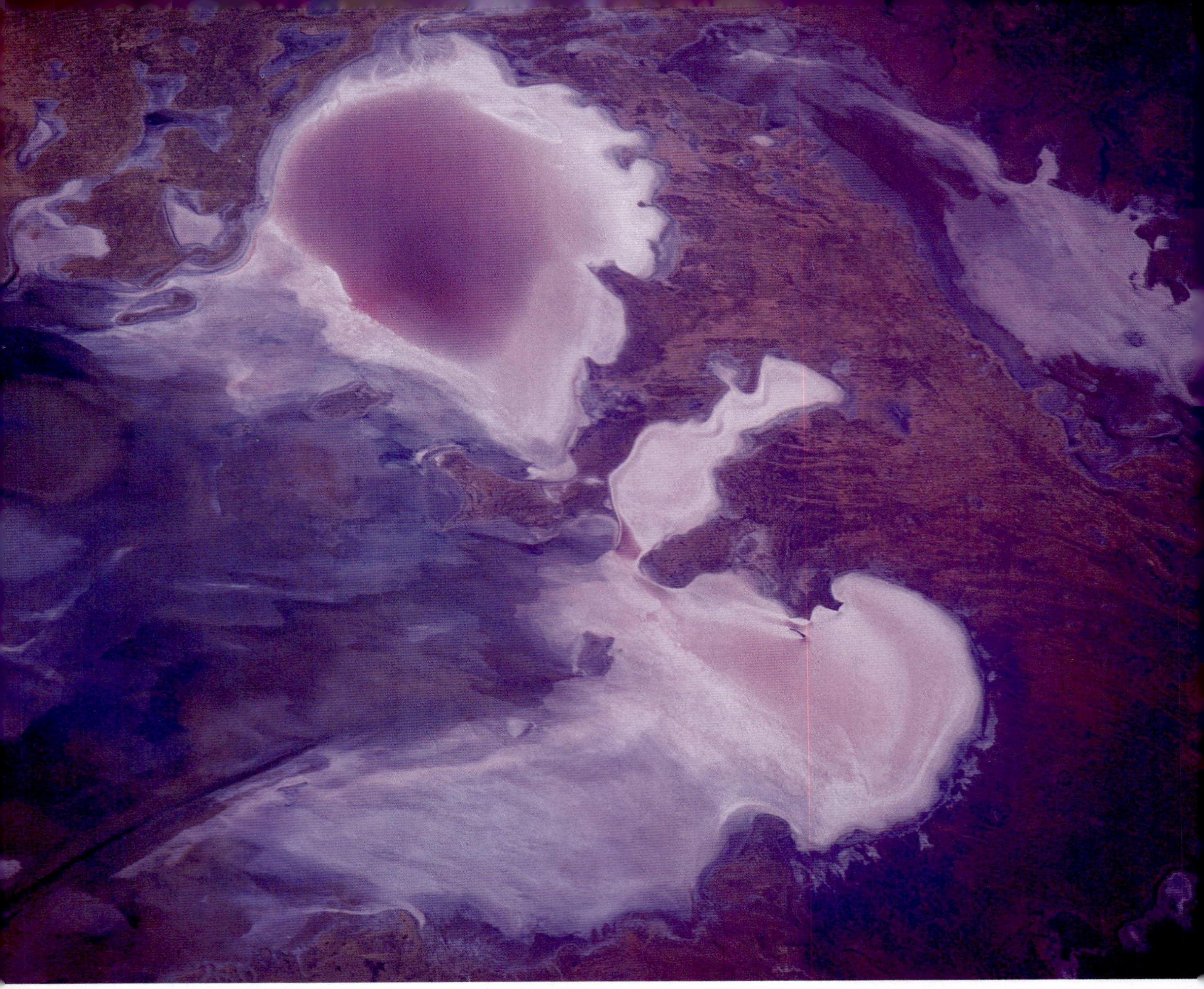

16 m unter dem Meeresspiegel liegt der südaustralische Lake Eyre in der Wüste. Er ist einer der größten Salzseen der Erde.

Abbild eines Aborigines im australischen Busch

Der in der südaustralischen Wüste 16 m unter dem Meeresspiegel gelegene Lake Eyre ist einer der größten Salzseen der Welt. Je nach Lichteinfall gleicht er einem gleißenden Schneefeld in der Wüste. 1998 wurde hier das gewaltige, 4,5 km lange Abbild eines Aborigines entdeckt. Das Bild ist erst aus einer Höhe von 1000 m auszumachen. Es müssen tausende von Flugzeugen darübergeflogen sein, wieso wurde es erst so spät entdeckt?

Eine Figur aus 6 m breiten Erdfurchen

Nördlich von Adelaide in der Nähe des Lake Eyre in der Wüste wurde im Juli 1998 das riesige Bild eines australischen Ureinwohners entdeckt. Es handelt es sich um eine gut erkennbare, klar gezeichnete und perfekt proportionierte Gestalt mit einer Länge von 4,5 km und einem Gesamtumfang von über 15 km. Sie wurde von Ray Goss, einem Geschäftsmann aus einer benachbarten Stadt entdeckt, der wiederum durch anonyme Faxe darauf aufmerksam gemacht worden war.

Gezeichnet, oder besser ausgelegt bzw. gegraben, war das Bild durch eine 6 m breite Erdfurche, die auf der Erde praktisch nicht zu erkennen ist, dafür ist sie zu groß und breit, die aber aus einer Höhe von 1000 m als dunkle, rostbraune Kontur auszumachen ist. Der blass beigefarbene Wüstenboden bildet einen perfekten Kontrast. Goss erklärte, bei der Figur handle es sich um das Abbild eines Manns mit einem Speer in der Hand.

Auf dem Land der Aborigines plant die australische Regierung eine Gift- und Atommülldeponie. Es wird vermutet, dass das Abbild geschaffen wurde, um diesen Plan zu verhindern.

Ausserirdische als Autoren des Bildes

Die Meinungen über den Ursprung der Erdzeichnung gehen weit auseinander. Die geheimnisvolle Figur hat die Aufmerksamkeit internationaler Medien erregt und eine Reihe verschiedener Spekulationen auf den Plan gerufen. Das Spektrum reicht vom Scherz Ortsansässiger, die durch diese Figur internationales Publikum anlocken wollen, um ihrem Tourismus eine Finanzspritze zu verpassen, bis hin zu paranormalen Erklärungsversuchen, die die Autoren des Bildes im außerirdischen Bereich vermuten.

Eine dritte Theorie

In den Jahren zwischen 1953 und 1963 wurden von den Engländern in dieser südaustralischen Wüste Atomtests durchgeführt, die weite Teile des Landes verstrahlten und viele Ureinwohner lebenslang schädigten. Damals (!) galten Aborigines aber noch nicht als Bürger des Landes, sie wurden behandelt wie Aussätzige oder Tiere. Erst 1960 wurden sie australische Bürger mit Recht auf Sozialleistungen. Erst zwei Jahre später erhielten sie das Wahlrecht, und erst 1967 erlangten sie alle Bürgerrechte. Inzwischen werden den Aborigines von der Regierung Entschädigungszahlungen von etwa 14 Mio. AU-$ für die erlittenen Schäden als Spätfolgen der Atomtests zugestanden.

Heute jedoch plant die Regierung in diesem Gebiet eine Gift- und Atommülldeponie. In einem Kommuniqué der Aborigines heißt es: „Sie nannten unsere Heimat Terra Nullius. Aber dies ist keine unbewohnte Einöde für Minen, Uran- und Atommülldeponien. Es ist unsere Heimat. Mit der ersten Welle der Invasion wurden wir durch die Weidewirtschaft enteignet und zu Flüchtlingen in unserem eigenen Land und durch den ganzen Völkermord hindurch ist es uns trotzdem gelungen, den Kontakt zu unserem Land zu halten. Heute wird unser Land von der größten Uranmine der Welt bedroht – Roxby Downs und dem geplanten Atommülllager in Billa Kalina, im Lake Eyre Tal."

Die Vermutung gewinnt zunehmend an Gestalt, dass die Zeichnung auf dem Boden der Wüste genau das erzielen sollte, was sie tat – internationale Aufmerksamkeit zu erregen, die verhindern soll, dass hier eine Atommülldeponie errichtet wird und weiterer Raubbau am Land und seinen Bewohnern betrieben wird.

Die Theorie der Außerirdischen hält sich jedoch hartnäckig. Wer das aufwändige Bild wirklich angelegt hat, bleibt ein Geheimnis.

Australische Polizisten verhaften eine halb aboriginile Frau auf einer Demonstration für das Recht der Ureinwohner Australiens auf Land.

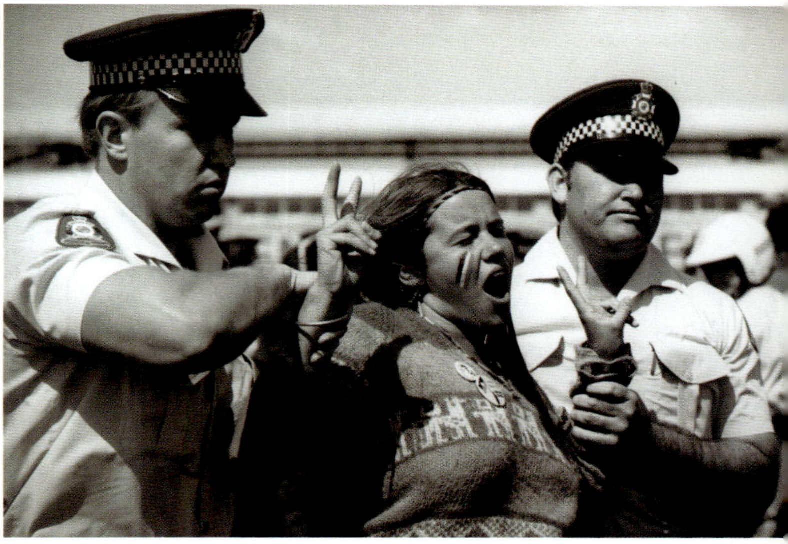

Zeitsprünge

In der Geschichte tauchen immer wieder Fälle von Personen auf, die mit einem Schlag verschwinden und an anderen Orten wieder auftauchen. Verschiedene Forscher sprechen von nebeneinander existierenden Zeitdimensionen. Sie erklären, Vergangenheit, Gegenwart und Zukunft liefen parallel zueinander ab, und man könne sich durch Löcher innerhalb dieses Zeit-Raum-Kontinuums zwischen den verschiedenen Orten und Zeiten hin und her bewegen. Gibt es also auch kontrollierte Zeitreisen? Ist H. G. Wells' Traum von der Zeitmaschine Wirklichkeit?

Drei Fälle von Zeitsprüngen

Der Soldat aus Manila

1593 erkannten Soldaten in Mexiko-Stadt einen neuen Wachposten in einer vollkommen anderen Uniform, als sie selbst sie trugen. Befragt, was er tue, antwortete er, er befolge seine Befehle und bewache den Gouverneurspalast von Manila. Ihm sei aufgefallen, dass er im Moment nicht vor dem Palast stehe, den er als den des Gouverneurs kenne, aber Befehl sei Befehl, er tue seine Pflicht. Manila befindet sich etwas 18 000 km von Mexiko-Stadt entfernt. Er wurde als Geisteskranker behandelt und ins Gefängnis gesteckt. Zwei Monate später traf in Mexiko-Stadt die Nachricht ein, der Gouverneur von Manila sei genau in jener Nacht einem Attentat zum Opfer gefallen, als der mysteriöse Soldat auftauchte. Indes wurde er in Manila verzweifelt gesucht – er war spurlos verschwunden und wurde mit dem Attentat in Verbindung gebracht. Da der Soldat Spanier war, hatte es keine Kommunikationsprobleme gegeben, obgleich der Soldat für die Mexikaner mit einem merkwürdigen Akzent gesprochen hatte.

Der Diplomat Benjamin Bathurst

1809 reiste Benjamin Bathurst in diplomatisch wichtiger Mission von Wien nach London. An einem Rastplatz auf der Reise verschwand er von einem Augenblick auf den nächsten hinter der Kutsche und wurde nie wieder gesehen. Die Engländer beschuldigten die Franzosen, ihn entführt zu haben, diese jedoch schworen, nichts davon zu wissen. Mr. Bathurst blieb auf ewig verschwunden.

Zeitreisen

Wird es zukünftig möglich sein, Zeitreisen in Zukunft oder Vergangenheit durch Schwarze Löcher unternehmen zu können? Eine Antwort auf diese Frage ist simpel: Zeitreisen sind einfach, und wir unternehmen sie schon immer – leider nur in eine Richtung ... Philosophen sprechen schon seit tausenden von Jahren vom Kontinuum der Zeit, vergleichen sie mit einem Fluss. Das Problem ist, dass wir gegen den Strom schwimmen bzw. weiter vorne hineinspringen möchten. Ziel ist es, in jeder beliebigen Richtung durch Zeit und Raum zu reisen. Natürlich eröffnet diese Vorstellung faszinierende Perspektiven. Unüberwindbare Entfernungen zu unendlich weit entfernten Planeten stellen vielleicht für außerirdische Zivilisationen schon jetzt oder stellten früher kein Hindernis dar. Vielleicht sind für sie Größen wie Raum und Zeit relativ und die Grenzen nicht klar abgesteckt. Wer kann sagen, ob wir bald in die Vergangenheit reisen können, um zu erleben, wie unsere Vorfahren lebten? Es sind in der Forschung Orte bekannt, an denen sich Zeichnungen befinden, auf denen Wesen mit Ausrüstungen und Instrumenten abgebildet sind, wie sie damals niemand kennen konnte. Viele Forscher sind der Ansicht, es handle sich um Darstellungen Außerirdischer. Ebenso gut mag es sich um Zeitreisende gehandelt haben, die aus heutiger Zeit in die Vergangenheit reisten, um die Urmenschen zu sehen.

Der Film „Zurück in die Zukunft" von Robert Zemecki aus dem Jahr 1985 ist einer der berühmtesten Filme über Zeitreisen.

Vor mehreren Zeugen verschwand der Richter August Peck aus Montana spurlos, als er über ein offene Feld ging. Bis heute fehlt jede Spur von ihm.

Der Richter August Peck

Im September 1880 besuchte Richter August Peck aus Gallatin, Montana in den USA, seinen Freund David Lang. Mehrere Zeugen sahen ihn über ein Feld gehen, als er plötzlich vor aller Augen spurlos verschwand. Die Leute glaubten, er wäre in ein Loch gefallen, aber weder sie noch die Polizei noch die Feuerwehr fanden die geringste Spur des Richters. Bis heute ist der Verbleib von August Peck unbekannt.

Ein Soldat wurde 1593 abgestellt, um vor dem Gouverneurspalast in Manila auf den Philippinen Wache zu stehen. Dort verschwand er und tauchte zur selben Zeit in Mexiko-Stadt auf.

Wenn erdmagnetische Unstimmigkeiten auftreten, kommt es zu Kompass-Störungen – der Kompass spielt verrückt.

Was ist Sonnenmasse?
Astronomische Maßeinheiten dienen der Berechnung, Einordnung und dem Vergleich astronomischer Größen. Ihre Dimensionen sind nur schwer vorstellbar. So besitzt die Erde ein Gewicht von $5{,}9736 \cdot 10^{24}$ kg, die Sonne aber eins von $1{,}9891 \cdot 10^{30}$ kg, somit entspricht das Gewicht der Sonne 332.946 Erdmassen. Ist also von fünf Sonnenmassen (s. o.) die Rede, handelt es sich um wahrhaft „astronomische" Dimensionen.

Zwölf Gegenden, wo Zeitsprünge beobachtet wurden

Der englische Autor Ivan T. Sanderson (1911–1973) hat in seinen parawissenschaftlichen Untersuchungen insgesamt zwölf Gegenden auf der Erde entdeckt, in denen von Zeitsprüngen und dem spurlosen Verschwinden von Menschen berichtet wurde. Zehn davon liegen auf dem 30. und 73. Längengrad. Eine dieser Zonen fällt in das Gebiet der Tuareg in der Sahara. Bei den Tuareg ist dieses Gebiet als so genanntes Dünenland ohne Wiederkehr bekannt. Man warnt Fremde seit Urzeiten davor, es zu betreten. Sie würden sich verlaufen und nie mehr wiederkehren, lauteten und lauten die Warnungen. Es ist Forschern bekannt, dass hier Kompass-Störungen auftreten, weil erdmagnetische Unstimmigkeiten entdeckt wurden.

Sanderson entwickelte aus seinen Studien die Theorie, dass Menschen an manchen Punkten der Welt in andere Dimensionen eintauchen und verschwinden, man nennt dieses Phänomen ein Schwarzes Loch, obwohl es mit den Schwarzen Löchern der Astronomie nichts gemein hat. Seit Einstein betrachten Forscher den dreidimensionalen Raum und die Zeit nicht mehr getrennt voneinander, sie sehen sie als zwei Aspekte einer vierdimensionalen „Raum-Zeit". In der Untersuchung subatomarer Partikel gehen Quantenphysiker heute sogar davon aus, dass sich die Zeit vorwärts und rückwärts bewegen kann.

Aufgabe der Wissenschaft wird es bleiben nachzuweisen, wie es zu den mysteriösen Phänomenen kommt, und der Frage nachzugehen, ob in der Zukunft Zeitreisen möglich werden.

Bild rechts: Die Tuareg kennen ein Gebiet in der Sahara, das sie als Dünenland ohne Wiederkehr bezeichnen. Fremde werden davor gewarnt, es zu betreten. Sie würden nie mehr wiederkehren, heißt es.

Bild unten: Der deutsche Physiker Karl Schwarzschild (1873–1916) prägte den Ausdruck Schwarzes Loch für das Endstadium einer Sternentwicklung. Sterne stürzen, wenn die Kernprozesse in ihrem Innern erloschen sind, infolge der Schwerkraft in sich zusammen.

Schwarze Löcher

Der deutsche Physiker Karl Schwarzschild (1873–1916) prägte den Ausdruck Schwarzes Loch für das Endstadium einer Sternentwicklung. Sterne stürzen infolge der Schwerkraft in sich zusammen, wenn die Kernprozesse in ihrem Innern erloschen sind. Es geschieht der so genannte Gravitationskollaps. Andere, sehr massereiche Sterne schrumpfen auf kleinste Durchmesser mit extrem hoher Dichte zusammen, es bilden sich „Weiße Zwerge" (s. S. 296). Es handelt sich um ein neu geschaffenes Raum-Zeit-Kontinuum, dem nun weder Licht noch Materie entweichen kann. Die Gravitation innerhalb des Schwarzen Lochs ist so groß, dass es jedes Raum-Zeit-Gefüge zu einer Singularität verformt, d. h. zu einer Ringform in der Raum-Zeit, während das Loch in der Mitte den Übergang an einen anderen Ort oder in eine andere Zeit ermöglicht. Dabei entstehen Schwarze Löcher immer aus sehr hoch massereichen Sternen, man geht von mindestens fünf Sonnenmassen (s. Kasten) aus. Außer stellaren Schwarzen Löchern vermutet man noch die Existenz von so genannten Ur-Schwarzen-Löchern, die noch aus der Urzeit des Universums stammen, etwa die gewaltigen, extrem massereichen Schwarzen Löcher mit mehreren Millionen Sonnenmassen, die man in den Zentren von Galaxien glaubt. Allerdings gibt es noch keine Gewissheit für ihre Existenz. Ein Stern implodiert im Sinn des Worts, und Zeit und Raum bekommen in Schwarzen Löchern neue Dimensionen. Zeit kann durch Schwerkraft und Geschwindigkeit verformt werden. Der österreichische Mathematiker Kurt Gödel (1906–1978) war davon überzeugt, dass man Tunnel durch die Zeit bohren könne, wenn man sie nur stark genug deformiert. Bis zur Entdeckung der Schwarzen Löcher war niemandem bewusst, wie das erreicht werden könnte. Zumindest theoretisch scheint das heute näher gerückt zu sein.

Seit 1986 treten auf der ganzen Welt mysteriöses Lichtzeichen und Lichtkreuze auf, deren Ursprung unbekannt ist.

Lichtzeichen und Lichtkreuze

Seit 1986 erscheint ein mysteriöses Phänomen auf der ganzen Welt – Lichtzeichen und Lichtkreuze zeigen sich an Fassaden, aber auch als Hologramme frei in der Luft schwebend. Die Erscheinungen begannen in den USA und dehnten sich von dort in viele andere Länder aus. Ohne erkennbare Lichtquelle zeigt sich von einem Moment auf den anderen ein hell leuchtendes Kreuz oder eine andere Form. Die Lichtzeichen sind meist sichtbar, wenn die Sonne scheint, und nicht während der Nacht. Niemand jedoch ist in der Lage, die geheimnisvolle Lichtquelle zu identifizieren.

Forscher aus allen Ländern stehen vor einem Rätsel

Von einem Tag auf den nächsten treten die Lichtzeichen auf, ohne dass Scheiben oder Fenster manipuliert oder ausgetauscht worden wären. Von den USA, wo das Phänomen zuerst erschien, dehnte es sich über Kanada und Mexiko nach Deutschland, Frankreich, Slowenien, Australien, Neuseeland und bis auf die Philippinen aus. Augenzeugen sprechen von einem Gefühl tiefer Ehrfurcht und Friedens beim Betrachten der Lichtzeichen und -kreuze. Eine wissenschaftliche Hypothese, die die Erscheinungen erklären könnte, gibt es nicht. Forscher aus allen Ländern stehen vor einem Rätsel.

Mögliche Erklärungen für die Lichtzeichen

Als nahe liegend wird von Skeptikern die These angesehen, dass es sich um eine einfache Reflexion durch benachbarte Fensterscheiben handelt. Dagegen spricht, dass die Form eines Kreuzes nur von einem Rahmen, von horizontalen und vertikalen Teilen also, geschaffen werden könnte, diese reflektieren jedoch kein Licht. Scheiben würden das Licht in ihrer eigenen Form spiegeln, als Rechteck, Quadrat oder Kreis. Durch die Art der Produktion von Fensterglas aber, das in der industriellen Fertigung ein leicht wellenförmiges Profil bekommt, reflektieren solche Gläser fast nie konkrete Formen, sondern zeichnen diffuse Reflexe auf gegenüberliegende Wände, was man in jeder Großstadt leicht sehen kann. Überdies, und das ist das Erstaunlichste an den Lichtzeichen, treten sie meist in nicht urbanen Gegenden auf, d. h., es gibt keine großen Fassaden in der Nähe, die für die Spiegelungen verantwortlich sein könnten. Doppelfenster sollen, so legten Physiker dar, durch das Vakuum zwischen den Scheiben Kurven erzeugen, die in der Lage sind, Kreuze zu produzieren. Dagegen spricht allerdings, dass Doppelverglasungen meist kein Vakuum enthalten, sondern trockene Luft. Keine der unzähligen Theorien ist in der Lage, die Phänomene zu erklären. Vor allem kann niemand aufklären, wie es möglich ist, dass die Erscheinungen in dem Ausmaß zunehmen, wie es weltweit zu beobachten ist. Fensterscheiben in den betroffenen Gegenden wurden nicht erneuert, sondern befinden sich seit Jahren an denselben Stellen, ohne dass sich in ihrer Nähe derartige Phänomene gezeigt hätten. Gleichzeitig mit den scheiternden Erklärungsversuchen verbreitet sich das Phänomen immer weiter, aber die Frage seiner Entstehung bleibt ungeklärt.

Neben den Lichtkreuzen tauchen auch Hologramme als frei in der Luft schwebende Lichtkreuze auf. Wissenschaftler stehen vor einem Rätsel.

Zeichen von Ausserirdischen oder der Wiederkehr Christi

Derzeit zeigt sich das Phänomen der Lichtkreise und -kreuze verstärkt in Süddeutschland. Zeichen aus Licht werden wie von Geisterhand an die Fassaden der Münchner Innenstadt gepinselt. Handelt es sich um Wunder, Außerirdische oder nur ein Phänomen, das Wissenschaftler nicht erklären können? Viele Menschen vermuten, es handle sich um die wahre Erscheinungsform von UFOs, und sind der Ansicht, mit bloßer Wissenschaft komme man nicht weiter. Sie glauben, die Lichtzeichen seien Fingerzeige einer neuen Zeit. Viele Menschen, die Zeugen der fantastischen Lichtzeichen geworden sind, berichten, sie hätten insbesondere durch die Kreuze größere Festigkeit und Hoffnung für ihren Lebensweg gewonnen, das Kreuz sei ein Symbol für die Nähe Christi. Besonders gläubige Christen sprechen von seiner unmittelbar bevorstehenden Wiederkehr und sind überzeugt, ein echtes Wunder gesehen zu haben.

Lichtzeichen zeigen sich auf einer Fassade in Berlin. Sie stammen aus keiner erklärbaren Quelle und sind keine Reflexionen von z. B. gegenüberliegenden Fenstern.

Kugelblitze

Unter den verschiedenen Varianten von Blitzen, wie Linien- und Flächenblitzen, ist der Kugelblitz das atmosphärische Phänomen, um das sich eine Unzahl geheimnisvoller Geschichten rankt. Viele Forscher glauben, es handle sich um eine Täuschung, doch es gibt zu viele Menschen, die von dieser Erscheinung Zeugnis ablegen.

Erzeugung von Plasmabällen in einem japanischen Labor

Ein Blitz ist eine Lichtbogenentladung von sehr kurzer Dauer, aber mit extrem hoher Stromstärke und einer Spannung von etwa 100 Mio. V. Blitze entladen sich zwischen Wolken ungleicher Ladung oder zwischen Wolken und Erde. Menschen ist geraten, sich bei Blitzschlag nicht unter Bäumen, in Höhlen oder in der Nähe von Metallgegenständen aufzuhalten, sie könnten pulverisiert werden. Geheimnisvolle Varianten von Blitzen sind Kugelblitze, deren Existenz immer wieder geleugnet wird. Die Erklärungen gehen dahin, es handle sich um eine optische Täuschung, ein Geblendetsein, bei dem man einen hellen Lichtfleck als Nachleuchten wahrnehme.

Japanische Forscher glauben, bei Kugelblitzen handle es sich um Plasmabälle. Dies wird jedoch meist angezweifelt, denn Plasmakugeln steigen wie Heißluftballons auf, Kugelblitze aber nicht. Der russische Physiker Pjotr Kapitsa meint, Kugelblitze seien elektrodenlose Entladungen, die durch statische Ultrakurzwellen unbekannten Ursprungs verursacht werden, in jedem Fall aber entstehen sie zwischen Erde und Wolken. Die beiden Neuseeländer John Abrahamson und James Dinniss halten Kugelblitze für locker zusammenhängende Kügelchen brennenden Siliziums, die von Gabelblitzen erzeugt werden.

Dauer von Kugelblitzen bis zu 30-mal länger als die anderer Blitze

Den Augenzeugenberichten nach sind Kugelblitze etwa 20 cm große Lichtbälle, die in einer Vielzahl von Farben leuchten können – grün, blau, gelb, orange und rot sind die häufigsten Farben. Man muss sich jedoch immer auf die Berichte der Zeugen verlassen, denn es gibt kaum Fotos von Kugelblitzen und die, die dennoch existieren, sind wegen der Natur der Dinge unbrauchbar – Fotos von Lichtphänomenen sind immer schwer anzufertigen und geben nur wenig Aufschluss, denn sie könnten meist fast alles sein und dienen nicht als Beweise. Somit ist dem Geheimnis, das Kugelblitze umgibt, nur schwer beizukommen.

Ein Kugelblitz dauert sehr viel länger als ein normaler Blitz, die Blitzbälle halten zwischen 1 und 8 Sek. an, es gibt sogar Berichte von bis zu 30 Sek. anhaltenden Blitzen. Ihre Lebensdauer steigt mit der Größe und nimmt mit der Helligkeit ab. Kugeln, die deutlich orange und blau erscheinen, leben Augenzeugen zufolge offenbar länger als die mit anderen Farben. Kugelblitze durchdringen Wände und Fenster, ohne Schaden zu hinterlassen, bewegen sich dabei aber relativ lang-

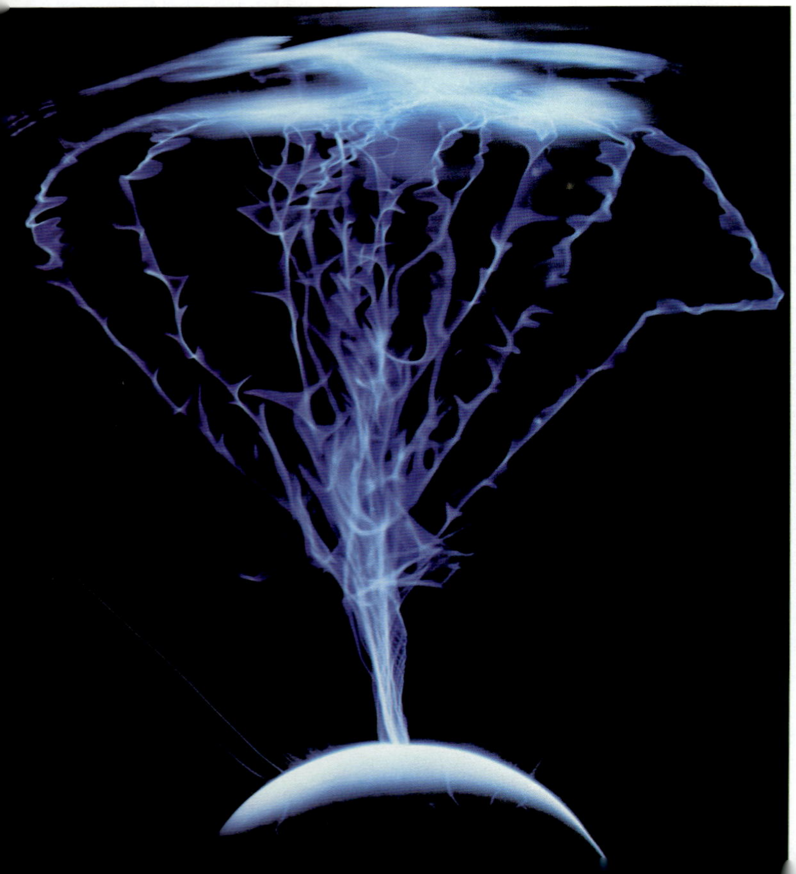

Japanische Forscher glauben, bei Kugelblitzen handle es sich um Plasmabälle.

Augenzeugenbericht von Brad Jagger, USA

„Als ich neun Jahre alt war, besuchte ich mit meiner Familie Pittsburg. Auf dem Hotelparkplatz sah ich plötzlich einen Lichtball auf mich zufliegen, der aussah wie ein Komet. Er hatte etwa die Größe eines Volleyballs und zog einen Lichtschweif hinter sich her. Er traf mich am Handgelenk und hinterließ eine Verbrennung in Form eines Vs. Am erstaunlichsten war, dass die Lichtkugel auf den Asphalt traf und wieder nach oben sprang – sie kam in einem Winkel von 45 Grad und tippste in einem Winkel von 45 Grad weg. Ich bin heute 36, die Narbe habe ich noch an meinem Gelenk." (18)

sam mit einer Geschwindigkeit von nur 2–3 m pro Sek. Dabei bewegen sie sich normalerweise parallel zum Erdboden, machen aber gelegentliche Sprünge nach oben.

Ein Blitz entlädt sich mit enormer Gewalt über einer Stadt. Von manchen Forschern wird angenommen, Kugelblitze seien nur eine optische Täuschung und in Wahrheit handle es sich um Nachleuchten normaler Blitze.

Ihre Energie entspricht der eines Glühwürmchens

Lange Zeit hat man angenommen, dass Kugelblitze dem Menschen sehr gefährlich sein können, man hat sogar vermutet, das Phänomen der Selbstentzündung stünde im Zusammenhang mit ihnen. Große Gefahr scheint von ihnen jedoch nicht auszugehen, einige Forscher sprechen davon, die in ihnen enthaltene Energie entspreche der eines Glühwürmchens. Es gibt sogar den Bericht eines Zeugen, der die Kugel mit der bloßen Hand beiseite geschoben haben will, ohne Verletzungen davongetragen zu haben.

In allen Zeiten hat man das Phänomen des Kugelblitzes überall auf der Welt beobachtet. Wissenschaftler zweifeln nicht an ihrer Existenz, sind aber noch nicht in der Lage, eine Erklärung zu geben.

Manche Wissenschaftler glauben, die in Kugelblitzen enthaltene Energie entspreche der eines Glühwürmchens. Sie können also nicht, wie lange vermutet, Menschen wirklich gefährlich werden.

Die Explosions-Katastrophe von Tunguska

Am 30. Juni 1908 ereignete sich um 7:14 Uhr Ortszeit in der Nähe der steinigen Tunguska in Sibirien, einem Nebenfluss des Jenisseijs, eine Explosion von unvorstellbarer Stärke. Die Explosion hatte eine Stärke von zehn bis 15 Megatonnen TNT – manche Schätzungen gehen bis zu 50 Megatonnen TNT. Das entspricht der 1150-fachen Sprengkraft der Atombombe, die die Amerikaner 1945 über Hiroshima abwarfen. Die Katastrophe von Tunguska ist noch 100 Jahre später eines der ungelösten Rätsel des 20. Jahrhunderts.

Positive Wirkung von Meteoriteneinschlägen

Der englische Astrophysiker Fred Hoyle erklärt das Ereignis mit einem Meteoriteneinschlag. Erst im Jahr 1927 gelang eine Expedition in das unwegsame Gebiet des Tunguska-Flusses, und man fand ein Szenario der Zerstörung vor, mehr als 6000 m^2 Wald waren zerstört worden, ganze Rentierherden pulverisiert, jedes Leben vernichtet. Der Himmelskörper zerbrach bereits in der Atmosphäre in etwa 10 km Höhe, weshalb es keinen Einschlagkrater gibt. Die Druckwelle entwurzelte Bäume in einem Umfeld von vielen Kilometern oder verbrannte sie infolge der freigesetzten Hitze. Der Knall der Explosion hatte die Kraft von 10 000 Donnerschlägen. Augenzeugen berichteten, dass in der 65 km entfernten Siedlung Wanawara alle Fenster und Türen zerstört wurden. Noch in 500 km Entfernung nahm man die Druckwelle und den Feuerschein wahr, und eine Frau Stephen aus Huntingtonshire bezeugt den Lichtschein kurz nach Mitternacht sogar in England.

Laut Hoyle muss die Erde durchschnittlich einmal pro Jahr mit dem Durchgang eines Kometenschwarms rechnen. Oft kommt es zu Einschlägen. Für ihn sind diese Katastrophen für viele ungeklärte Phänomene auf der Erde verantwortlich – das Ende der Eiszeit, die Vernichtung der Saurier. Aber nicht nur Zerstörung brachten diese Einschläge, sie brachten die Menschheit auch weiter, denn durch die große freigesetzte Hitze entstand eine Masse glühender Holzkohle, und dort, wo sich gleichzeitig Erzadern an der Erdoberfläche befanden, kam es zu natürlichen Schmelzvorgängen. Nomadisierende Stämme fanden das geschmolzene Kupfer und konnten es wegen seiner Weichheit in verschiedene Formen schlagen und gebrauchen. Die Steinzeit endete, und das Zeitalter der Metalle brach an.

Dieses Foto vom 13. Februar 1929 zeigt die verheerenden Schäden in Sibirien, die der dort niedergegangene Meteorit angerichtet hatte.

Die Klippen am Ufer des Tunguska-Flusses in Sibirien heute.

Andere Theorien

Andere Augenzeugen sahen ein längliches, in bläulich-weißem Licht leuchtendes Objekt vom Himmel fallen, dann erhob sich eine 20 km hohe Lichtsäule, worauf eine pilzförmige Wolke folgte. Dutzende Hypothesen wurden in den folgenden Jahren über das Ereignis aufgestellt. Der deutsche Astrophysiker Wolfgang Kundt vertritt die Ansicht, es habe sich um eine Erdgas-Explosion gehandelt, 10 Mio. t Erdgas wären tagelang über Risse entwichen, in hohe Atmosphärenschichten aufgestiegen und hätten sich dort entzündet. Alternative Erklärungen sprechen von einem sehr kleinen Schwarzen Loch, vom Absturz eines außerirdischen Raumschiffs, Antimaterie oder einer nuklearen Detonation als Folge eines Unfalls in einem UFO. Nur wenige Stunden nach dem Tunguska-Ereignis wurde in einem ukrainischen Dorf in der Umgebung Kiews ein Meteoritenfall bezeugt, was Hoyles Theorie stärken würde, denn Meteoriten treten in Schwärmen auf. 100 Jahre nach der Katastrophe sind alle Fakten dieses mysteriösen Ereignisses bekannt, aber auch nach all diesen Jahren der Forschung lässt sich keine endgültig klärende Aussage machen.

Ähnliche Vorfälle

1930 soll über dem Amazonasgebiet eine ähnliche, wenngleich etwa 100-mal schwächere Explosion stattgefunden haben. In Nordamerika soll es in den 60er-Jahren ein solches Ereignis gegeben haben. Am 22.09.1979 gab es über dem Südatlantik eine Explosion, bei der es sich aber um einen gemeinsamen atmosphärischen Atombombentest Südafrikas und Israels gehandelt haben soll. Die Explosion ist als Vela-Ereignis bekannt, weil ein Satellit der Vela-Generation die Explosion registrierte. Es bleibt aber ungeklärt, ob es sich tatsächlich um eine Atombombe gehandelt hat, denn der Satellit identifizierte sie wegen eines elektronischen Schadens nicht zweifelsfrei als Nuklearexplosion. Amerikanische Forscher behaupteten, es habe sich um den Einschlag eines kleinen Meteoriten gehandelt. Ein Atomtest aber, besonders mit israelischer Beteiligung, hätte zu politischen Problemen führen können. Darum vermutet man, die amerikanische Interpretation sei einseitig gewesen.

War ein Meteoriteneinschlag die Ursache für die Katastophe von Tunguska, die jedes Leben in einem Gebiet von 6000 km^2 auslöschte?

Rocca die Papa ist ein kleiner Ort am Albaner See im Latium, etwa 25 km entfernt von Rom. Hier gibt es eine Straße, auf der Autos den Berg hinauf rollen und Wasser nicht nach unten fließt, wo also die Schwerkraft aufgehoben ist.

Rocca di Papa

Rocca die Papa ist ein kleiner Ort am Albaner See im Latium, etwa 25 km entfernt von Rom. Sein Name geht auf Papst Eugenio II. zurück. Hier stellt man sich die Frage, ob die Naturgesetze an allen Orten und zu jeder Zeit gültig sind. Gibt es Orte auf der Welt, wo sie nicht gelten? Wo Wasser den Berg hinauffließt und die Schwerkraft also aufgehoben wird?

Ein Bus mit 30 Personen rollt bergauf

Einer der ersten Augenzeugen, der die geheimnisvolle Erscheinung bezeugen konnte, war 1992 ein deutscher Pfarrer. „Plötzlich hielt der Bus auf der Fahrt von Neapel nach Florenz an jenem Stück der Via dei Laghi", sagt er, „von dem man uns schon berichtet hatte, dort flösse das Wasser bergauf. Der Busfahrer hielt am Fuß des Hügels an und legte den Leerlauf ein. Zuerst langsam, dann allmählich gewann der Reisebus an Fahrt und rollte mit über 30 Personen bergauf." Im Bus waren auch ein Polizist und ein Ingenieur, beide bestätigten das Unbegreifliche und versicherten: Da war kein Trick dabei. Gibt es Orte auf der Welt, wo die Schwerkraft aufgehoben ist und wo Steine nicht nur bergab, sondern auch bergauf rollen? Wo Wasser auf der einen Seite des Bergs aufwärts fließt, um auf der anderen Seite bergab zu fließen? Wie verhält sich der Mensch in einer Welt, die ihn ohnehin zunehmend verunsichert, die aber sogar das Zuverlässigste infrage stellt, dass nämlich alles, was losgelassen wird, nach unten fällt? Allerdings gilt immer auch der Satz, dass die Ausnahme die Regel bestätigt – das beruhigt, auch in den exakten Wissenschaften, auch im Bereich des exakten Messens und Prüfens.

Ein Stein fällt zu Boden, Wasser fliesst bergab

Galileo Galilei (1564–1642), Johannes Kepler (1571–1630) und Isaac Newton (1643–1727) erkannten und postulierten das Gesetz der Schwerkraft, und es gilt als eines der sichersten, denn ohne Gravität würde unsere Welt nicht existieren, sie müsste sich in ihre Bestandteile auflösen. Die Schwerkraft ist die beständigste aller Grundkräfte, und sie kann nicht von anderen Kräften beeinflusst oder aufgehoben werden. Gleichzeitig ist sie die geheimnisvollste aller Naturkräfte, denn obwohl wir sie täglich spüren und in allem nachweisen, fehlt bis dato eine Theorie, die sie in das mathematische Gleichgewicht aller vorhandenen Naturkräfte einpassen kann. Wenn aber diese Kraft aufgehoben ist, wenn Wasser den Berg hinauffließt, Steine nach oben rollen, wäre auch die Kraft nicht mehr gewährleistet, die alles zusammenhält – die Grundfesten des Universums wären erschüttert.

> „Die verstehen sehr wenig, die nur das verstehen, was sich erklären lässt."
>
> Marie v. Ebner-Eschenbach (1830–1916)

Die drei Fotos zeigen ein Exper ment mit einer Flasche, die auf der Straße in Rocca di Papa den Berg hinaufrollt.

Nur eine optische Täuschung?

Wenn man vom Ort Rocca di Papa kommt, sieht man einen langen, geraden Straßenabschnitt der Via dei Laghi. Zunächst fällt er ab, etwa nach der Mitte aber und dem tiefsten Punkt steigt die Straße wieder an. Dort befindet sich der geheimnisvolle Abschnitt, an dem Autos den Berg hinaufrollen und Wasser nach oben fließt. Der Diplomgeologe Dr. Johannes Fiebag wurde zu diesem Phänomen befragt und erklärte: „Wenn die Wasserwaage zeigt, dass wir dort hinten eine Steigung statt eines Gefälles haben, dann könnte es sich um eine optische Täuschung handeln. Oder aber wir haben es tatsächlich mit einem unerklärten Gravitationsphänomen zu tun, das natürlich dann auch die Wasserwaage verfälscht. Letztlich ist das im Moment schwer zu entscheiden, wir stehen vor einem Rätsel.“ (19)

Der Autor Eckhard Etzold erklärt das Phänomen damit, dass die scheinbare Gravitationsanomalie psychologische und keine physikalischen Ursachen habe, die Menschen sähen, wie Wasser bergauf fließe, weil sie es glaubten. Die optische Täuschung werde durch landschaftliche Gegebenheiten erzeugt. Andererseits, räumt er ein, sei man nicht in der Lage, mit aller Sicherheit zu beurteilen, um was es sich handelt, eine optische Täuschung oder ein unerklärliches Phänomen, obwohl man mit verschiedenen klassischen und alternativen Mess- und Auswertungsmethoden vorgegangen sei.

In einem Raumflugsimulator wird die Schwerkraft, wie es ja im Raum der Fall ist, aufgehoben. Objekte schweben und fallen nicht mehr nach unten. Kann es sein, dass an manchen Orten das Gesetz der Schwerkraft aufgehoben ist?

Quellennachweis

(1) Michell, John: *The New View over Atlantis.* New York 1983
(2) Wilhelm, Richard: *Die Seele Chinas.* Frankfurt 1980
(3) www.padrepio.catholicwebservices.com
(4) Richet, Charles: *Souvenirs d'un Physiologiste.* Paris 1933
(5) *Merck Manual of Medical Information.* Whitehouse Station 2004
(6) in: Zaleski, Carol: *Nah-Todeserlebnisse und Jenseitsreisen.* Frankfurt 1993
(7) Heuvelmans, Bernard: *On the Track of Unknown Animals.* London 1955
(8) Raab, Wladislaw: *Unheimliche Begegnungen. Ein Forschungsbericht.* München 1998
(9) Keel, John: *The Mothmann Prophecies. Tödliche Visionen.* München 2002
(10) Wiesendanger, Harald: *Geistheiler. Der Ratgeber.* Schönbrunn 2005
(11) www.drossinakis.de
(12) www.staette-der-heilung.de
(13) www.diewunderseite.de
(14) in: Lars A. Fischinger: *Die Götter waren hier! Außerirdische Besucher durch die Jahrtausende.* Leipzig 2002
(15) Kurzweil, Ray: *Homo sapiens. Leben im 21. Jahrhundert. Was bleibt vom Menschen?* Köln 2002
(16) Crème, Benjamin: *Die große Annäherung. Neues Licht und neues Leben für die Menschheit.* München 2002
(17) Temple, Robert K. G.: *Das Sirius-Rätsel.* Frankfurt 1985
(18) www.amasci.com
(19) Fiebag, Johannes: *Rätsel der Menschheit.* Luxemburg 1982

[o. A.] Rätselhafte Vergangenheit. Gütersloh 1987
[o. A.] Das Undenkbare denken. Vom Ursprung des Lebens bis zum Weltuntergang. Gütersloh 1987
Borrmann, Norbert: *Vampirismus.* München 1999
Borrmann, Norbert: *Lexikon der Monster, Geister und Dämonen.* Köln 2001
Brookesmith, Peter (Hg.): *Unglaubliche Erscheinungen: Wenn's Fische regnet und Steine wandern.* Gütersloh 1986
Charpak, Georges / Broch, Henri: *Was macht der Fakir auf dem Nagelbrett?* München 2003
Cotterell, Arthur: *Die Enzyklopädie der Mythologie: nordisch – klassisch – keltisch.* Reichelsheim 2000
Cox, William: *Precognition: An Analysis,* in: Journal of the American Society for Psychical Research 50/1956, 99-109
Derlon, Pierre: *Unter Hexern und Zauberern. Die okkulten Traditionen der Zigeuner.* München 2002
Dessoir, Max: *Vom Jenseits der Seele.* Stuttgart 1967
Eisenbud, Jule: *Gedankenfotografie. Die Psi-Aufnahmen des Ted Serios.* Remseck 1987
Fiebag, Johannes und Peter: *Zeichen am Himmel. Ufos und Marienerscheinungen.* Berlin 1997
Fiebag, Johannes: *Von Aliens entführt. Die 25 spektakulärsten Fälle seit Roswell.* Berlin 1997
Fiebag, Johannes: *Das UFO-Syndrom.* München 2001
Fischinger, Lars A.: *Begleiter aus dem Universum.* Lübeck 1999
Frayling, Christopher: *Alpträume.* Köln 1996
Gonzáles, José G. David Heylen: *El enigma de los animales imposibles.* Madrid 2002
Gööck, Roland: *Die letzten Rätsel dieser Welt.* Augsburg 1994
Hale, Gill: *Feng Shui.* Köln 1999
Horn, Roland M.: *Gelöste und ungelöste Mysterien der Welt.* München 2000
Horn, Roland M.: *Rätselhafte und phantastische Formen des Lebens.* Lübeck 2002
Hoyle, Fred: *Kosmische Katastrophen und der Ursprung der Religion.* Frankfurt 1997
Jung-Stilling, Johann Heinrich: *Theorie der Geisterkunde.* Nördlingen 1987
Kardec, Allan: *Buch der Medien. Medial empfangene Antworten auf unsere Daseinsfragen.* Darmstadt 2004
Kardec, Allan: *Buch der Geister. Grundsätze der spiritistischen Lehre.* Darmstadt 2004
Messner, Reinhold: *Yeti – Legende und Wirklichkeit.* Frankfurt 1998
Moody, Raymond: *Leben nach dem Tod. Die Erforschung einer unerklärlichen Erfahrung.* Reinbek 2001
Sanderson, Ivan T.: *Uninvited Visitors.* Spearman 1967
Schreiber, Hermann Georg: *Geheimbünde.* München 1993
Westwood, Jennifer (Hg.): *Atlas de lugares misateriosos.* Madrid 1989

Bildnachweis

Archiv Christos Drossinakis: 263 (u.)

Archiv Reinhard Habeck: Dr. A. M. Juanéda-Calvier 76, 77 (o.); Erich von Däniken 79 (o.); 79 (u.)

Archiv Ulrich Hellenbrand: 171

Berhorst, Robert (www.berhorst-net.de): 55 (r.)

Brachhausen, Robert (www.rolf-keppler.de): 311 (o.)

Corbis: 2/3 Bettmann, 4 Gianni Dagli Orti, 5 Greenhalf Photography, 6 Parapictures Archiv, 7 Dale O'Dell, 8 Bettmann, 10/11 Gianni Dagli Orti, 12/13 Jason Hawkes, 14 Danny Lehman, 15 Paul C. Pet/zefa (u.), 17 Klaus Hackenberg/zefa (o.), PNC/zefa (u.), 18 Kazuyoshi Nomachi, 19 Paul C. Pet/zefa (o.), Reuters (u.), 20 Randy Faris, 21 Gianni Dagli Orti (o.), Charles & Josette Lenars (u.), 22 Gianni Dagli Orti, 23 Archivo Iconografico, S.A. (o.), Angelo Hornak (u.), 24 Wolfgang Kaehler, 25 Hubert Stadler, 27 Bettmann (u.), 28 Lucidio Studio Inc., 29 Lucidio Studio Inc., 30 Paul Almasy, 31 David Reed (o.), Robert Holmes (u.), 32 Dave Bartruff, 33 Richard T. Nowitz (o.), Vanni Archive (u.), 34 José Fuste Raga/zefa, 35 Hans Georg Roth (o.), Gérard Degeorge (u.), 36 Chris Hellier, 37 Araldo de Luca (o.), Roger Wood (u.), 38 Adam Woolfitt, 39 Hugh Rooney/Eye Ubiquitous (o.), Adam Woolfitt (u.), 40 Adam Woolfitt, 41 John Wilkinson/ Ecoscene (o.), Adam Woolfitt (u.), 42 Roger Ressmeyer, 43 Stapleton Collection (l.), Hulton-Deutsch Collection (r.), 44 Adam Woolfitt, 45 Sandro Vannini, 46 Greenhalf Photography, 47 Sandro Vannini (o.), Cordaiy Photo Library Ltd. (u.), 48 Homer Sykes, 49 Adam Woolfitt (o.), Barry Lewis (u.), 50 Tim Hawkins/Eye Ubiquitous, 51 Greenhalf Photography (o.), Darryl Gill/Eye Ubiquitous (u.), 52 Adam Woolfitt, 53 Felix Zaska (o.), Philippe Giraud (u.), 54 Fridmar Damm/zefa, 55 Wolfgang Meier/zefa (o.), 56 Keren Su, 57 Richard T. Nowitz (o.), James L. Amos (u.), 58 Mark Laricchia, 59 Paul A. Souders, 60 Georgia Lowell, 61 Nevada Wier, 62 J. Balhi/Le Cherche-Midi/Corbis Sygma, 63 J. Balhi/Le Cherche-Midi/Corbis Sygma (o.), Dean Conger (u.), 64 William Manning, 65 Mimmo Jodice (o.), Paul C. Pet/zefa (u.), 66/67 Charles & Josette Lenars, 68 Bettmann, 69 Dave G. Houser/Post-Houserstock (o.), Kevin Schafer (u.), 70 Layne Kennedy (o.), Roman Soumar (u.), 71 Skyscan, 72 Charles & Josette Lenars, 73 Sophie Bassouls/Corbis Sygma (l.), Charles & Josette Lenars (r.), 74 Hulton-Deutsch Collection, 75 Angelo Hornak (l.), David Cumming/Eye Ubiquitous (r.), 84 Bettmann (o.), Macduff Everton (u.), 86 Buddy Mays, 87 Bob Krist (o.), Carl & Ann Purcell (u.), 88 Craig Lovell, 89 Bettmann (u.), 92/93 Greenhalf Photography, 94/95 Burstein Collection, 96 Ted Spiegel, 97 Mimmo Jodice (o.), Bettmann (u.), 98 Macduff Everton, 99 Third Eye Images (o.), Bettmann (u.), 100 Kevin Schafer, 101 Massimo Mastrorillo (o.),

Reuters, 105 Adam Woolfitt (o.), Staffan Widstrand (u.), 106 Chuck Keeler, Jr., 107 Bettmann (o.), Michael St. Maur Sheil (u.), 108 Hulton-Deutsch Collection, 109 Jonathan Hession/ Touchstone/Bureau L.A. Collections (o.), Richard T. Nowitz (u.), 110 Origlia Franco/Corbis Sygma, 111 Elio Ciol (o.), Bettmann (u.), 112/113 Hulton-Deutsch Collection, 114 Stefano Bianchetti, 115 Bettmann (o.) (s/w-Stich), David Keaton (u.), 116 John C. Trever, PhD./The Dead Sea Scroll Foundation, Inc., 117 Richard T. Nowitz (o.), Bettmann (u.), 118 Elio Ciol, 119 Brooklyn Museum of Art (o.), Dennis di Cicco (u.), 120 Bettmann, 121 Bettmann (o.), Inst. Optique/Zoko/Corbis Sygma (u.), 122 Inst. Optique/ Zoko/Corbis Sygma (o.), David Lees (u.), 123 Marco Torello/Grazia Neri/Corbis Sygma, 124 Brooklyn Museum of Art, 125 Lynsey Addario (l.), Bettmann (r.), 127 Paul C. Pet/zefa (u.), 128 Matthew Klein (u.), 130 Werner Forman, 131 Elio Ciol (o.), Christie's Images (u.), 132 Layne Kennedy, 133 Michael Nicholson (l.), Bettmann (r.), 134 Hulton-Deutsch Collection (l.), Francis G. Mayer (r.), 135 Christie's Images, 136 Orban Thierry/Corbis Sygma, 137 Reuters (o.), Damir Sagolj/Reuters (u.), 138 Bettmann (l.), Hulton-Deutsch Collection (r.), 139 Alessandro Bianchi/Reuters, 140 Brooklyn Museum of Art, 141 Brooklyn Museum of Art (o.), Mimmo Jodice (u.), 142 Magnus Johansson/ Reuters (o.), Fabian Cevallos/Corbis Sygma (u.), 143 Thierry Orban/Corbis Sygma, 144 Julio Donoso/Corbis Sygma, 145 Michael Boys (o.), Neri Grazia/Corbis Sygma (u.), 146 Bettmann, 147 Stefano Bianchetti (o.), Fine Art Photographic Library (u.), 148 Bettmann, 149 Reuters (o.), Gianni Dagli Orti (u.), 150/151 Bettmann, 152 Massimo Listri, 153 Stapleton Collection (o.), 154 Bettmann, 155 Bettmann, 156 Bettmann (l.), Corbis (r.), 159 Bettmann (o.), 160 Stapleton Collection, 161 Bettmann (o.), Bob Krist (u.), 162 Stapleton Collection, 163 Alberto Pizzoli/Corbis Sygma (o.), The Cover Story (u.), 164 Bettmann (o.), Sven Hagolani/zefa (u.), 165 Strauss/Curtis, 166 Theo Allofs/zefa, 167 Stapleton Collection (o.), Bettmann (u.), 168 Earl & Nazima Kowall (o.), Michael T. Sedam (u.), 169 Claudius/zefa, 170 Joson/zefa, 171 Jon Davies/Jim Reed Photography (o.), 172 Joson/zefa, 173 Aaron Horowitz (o.), Patrick Bennett (u.), 174 Michael & Patricia Fogden (o.), Fernando Camino/Cover (u.), 175 Underwood & Underwood, 176 Leonard de Selva, 177 Bettmann (o.), Jeff Vanuga (u.), 178 Paul Mounce, 179 Dave G. Houser/Post-Houserstock (o.), Bettmann (u.), 180 Bettmann, 181 Historical Picture Archive (o.), Austrian Archives (u.), 182 Keith Dannemiller, 183 Keith Dannemiller (o.), Bettmann (u.), 186/187 Bettmann, 188 Roy McMahon, 190 Bill Varie (o.), 193 Bettmann (u.), 194 Hulton-Deutsch Collection, 200 Bettmann, 201 Archivo Iconografico, S.A. (u.), 203 Bettmann (u.), 204 Bettmann, 208 Bettmann, 210 Bettmann, 211 Hulton-Deutsch Collection (o.), Bettmann (u.), 214 George B. Diebold (o.), Edward Holub (u.), 215 David Lees, 216 Lester Lefkowitz (u.), 217 Bettmann, 218 Sheldan Collins (o.), Elio Ciol (u.), 219 Hulton-Deutsch Collection, 220 Kapoor Baldev/ Sygma (o.), Reuters (u.), 221 Bettmann, 222 Bettmann (o.), Craig Lovell (u.), 223 William Findlay, 224 Earl & Nazima Kowall, 225 Roman Soumar, 226 Felix Ordonez/Reuters, 227 Anders Ryman (o.), Reuters (u.), 228/229 Bettmann, 230 Theo Allofs, 231 Tom Brakefield (o.), 232 Courtesy of Museum of M.D. Mallorca; Ramon Manent (o.), Ladislav Janicek/zefa (u.), 233 Corbis, 234 Buddy Mays, 235 Walter Geiersperger (o.), Stapleton Collection (u.), 236 Charles Philip Cangialosi, 237 Vo Trung Dung/Corbis Sygma (o.), Ralph White (u.), 238 Bettmann, 239 DK Limited (o.), Kevin Schafer (u.), 240 Bettmann, 241 Paul A. Souders (o.), Bettmann (u.), 242 Bettmann, 243 Bettmann (o.), Jason Burke/Eye Ubiquitous, 244 Peter Schouten/National Geographic Society/Reuters, 245 Kevin Schafer (u.), 246 Julie Houck (o.), Leonard de Selva (u.), 248 George D. Lepp, 249 Kevin Schafer (o.), Annie Griffiths Belt (u.), 250 Michael & Patricia Fogden, 251 W. Perry Conway (o.), Richard T. Nowitz (u.), 252 Guy Motil (l.), Darrell Gulin (r.), 253 Ron Watts, 254 Chris Mattison/Frank Lane Picture Agency, 255 Steve Bein (o.), Michael & Patricia Fogden (u.), 256/257 Dale O'Dell, 258/259 Alain Nogues/Corbis Sygma, 260 Ian Bradshaw, 261 Pallava Bagla (o.), Ron Boardman/Frank Lane Picture Agency (u.), 262 Hulton-Deutsch Collection, 263 Roger Ressmeyer (o.), 264 Bettmann, 265 Alain Nogues/ Corbis Sygma (o.), Nik Wheeler (u.), 267 Ragnar Schmuck/zefa (u.), 268 Lindsay Hebberd, 269 Christie's Images (o.), Paul Almasy (u.), 270 Reuters, 271 Chris Rainier (o.), Bettmann (u.), 272 Creasource (l.), Hulton-Deutsch Collection (r.), 273 Bettmann, 274 Chris Collins/zefa, 275 Phil Schermeister (o.), Summerfield Press (u.), 276 Cameron Heryet/MaXx Images Inc./zefa, 277 Frank Bodenmueller/zefa (o.), Robert Llewellyn (u.), 278 M. Thomsen/ zefa (o.), Ronald W. Weir/zefa (u.), 279 Matthias Kulka/zefa, 280 Turbo/zefa, 281 Jose Luis Pelaez, Inc. (o.), Corbis (u.), 282 Bettmann, 283 Angelo Hornak (o.), Corbis (u.), 284/285 Gideon Mendel, 286 G. Baden/zefa, 287 Bettmann (o.), Mark Peterson (u.), 288 Lester V. Bergman (o.), Bettmann (u.), 289 Thom Lang, 290 Envision, 291 Roger Ressmeyer/NASA (o.), Christian Simonpietri/Sygma (u.), 292 Paul Chinn/San Francisco Chronicle, 293 Reuters (o.), Christopher Cormack (u.), 294 Roger Ressmeyer, 295 Peter Adams/zefa (o.), Stapleton Collection (u.), 296 Bettmann (o.), Lawson Wood (u.), 298 Corbis, 299 Penny Tweedie, 300 Corbis Sygma, 301 Danny Lehman (o.), Paul Almasy (u.), 302 William Whitehurst (o.), 302/303 Aaron Horowitz (u.), 303 Jose Fuste Raga (o.), 306 Josh Westrich/zefa, 307 Rob Matheson (o.), Pat Jerrold/Papilio (u.), 308 Bettmann, 309 Wolfgang Kaehler (o.), Denis Scott (u.), 311 Jim Sugar (u.)

Dahmke-Schag, Petra (www.share-berlin.de): 304, 305

Fiebag/Dunkel: 16 (u.)

Fiebag/Eenboom: 81

Fischer-Leitl, Astrid: 101 (u.), 297

Habeck, Reinhard (www.reinhardhabeck.com): 78, 80, 82, 83, 85, 89 (o.)

Hausdorf, Hartwig: 77 (u.)

Ouvarov, Valerij/Hartwig Hausdorf: 90, 91

Parapictures Archiv: 184/185, 189, 190 (u.), 191, 192, 193 (r.), 195, 196, 197, 198, 199, 201 (o.), 202, 203 (o.), 205, 206, 207, 209, 212, 213, 216 (o.l., o.r.)

Ritter, Thomas (www.thomas-ritter-reisen.de): 26, 27 (o.)

Herbert Schöttl/SAFE – Schweiz. Arbeitsgemeinschaft für Freie Energie (safeswiss.org): 314

Schorch, Robert M. / Hartwig Hausdorf: 15 o.

Stempell, Kyra: 128 (o.), 153 (u.), 157, 158, 159 (u.), 231, 245 (o.), 247

Tschirwa, Alexander (www.frankreich-experte.de): 126, 127 (o.), 129

Van de Weijgaert, Rien: 79 (o.)

Wiesli, Beatrix (www.lichtfluss.org): 266, 267 (o.)

Register

Queen Street House
4 Queen Street
Bath BA1 1 HE, UK

Packaging: ditter.projektagentur Gmbh
Projektkoordination und Bildbeschaffung: Irina Ditter-Hilkens
Lektorat: Ulrike Kraus
Design: Claudio Martinez
Lithographie: Klaussner Medien Service GmbH

Texte:
Herbert Genzmer: 20–23, 30f., 40–65, 136f., 187–311
Ulrich Hellenbrand: 11–19, 24–29, 32–39, 67–135, 138–183

ISBN 13: 978-1-4054-7897-7

Printed in Indonesia